Schlömer u.a.
Mittelstand und Mitbestimmung

Uschi Backes-Gellner, geb. 1959, Prof. für Personalökonomik, Universität Zürich, bis 2006 Vorstand im Institut für Mittelstandsforschung, Bonn; Arbeitsschwerpunkte: Betriebliche Personalpolitik, Mittelstandsökonomie und Berufsbildungspolitik.

Rosemarie Kay, geb. 1960, Dr. rer. pol., Senior Researcher im Institut für Mittelstandsforschung, Bonn; Arbeitsschwerpunkte: Personalpolitik in kleinen und mittleren Unternehmen, Existenzgründung sowie Frauen als Gründerinnen und Unternehmerinnen.

Wolfgang Rudolph, geb. 1949, Soziologe, wiss. Angestellter im Büro für Sozialforschung, Kassel; Arbeitsschwerpunkte: Gewerkschaftliche Betriebspolitik, Soziologie kleiner Betriebe, industrielle Beziehungen in Deutschland, Fragen regionaler Strukturentwicklung.

Nadine Schlömer, geb. 1978, Junior Researcher im Institut für Mittelstandsforschung, Bonn; Arbeitsschwerpunkte: Personalpolitik in kleinen und mittleren Unternehmen und Unternehmensnachfolge.

Wolfram Wassermann, geb. 1946, Dr.rer.pol., wiss. Angestellter im Büro für Sozialforschung, Kassel; Arbeitsschwerpunkte: Gewerkschaftliche Betriebspolitik, industrielle Beziehungen in Deutschland und Europa, letzte Veröffentlichung *„Sie konnten nicht zueinander finden ..."* - *Betriebsräte und Angestellte in mittelständischen Betrieben*, Köln 1994, u.a. zusammen mit Wolfgang Rudolph *Betriebsräte im Wandel*, Münster 1996.

Nadine Schlömer/Rosemarie Kay/Uschi Backes-Gellner/
Wolfgang Rudolph/Wolfram Wassermann

Mittelstand und Mitbestimmung

Unternehmensführung, Mitbestimmung und
Beteiligung in mittelständischen Unternehmen

WESTFÄLISCHES DAMPFBOOT

Bibliografische Information der Deutschen Bibliothek
Die Deutsche Bibliothek verzeichnet diese Publikation in der Deutschen
Nationalbibliografie; detaillierte bibliografische Daten sind im Internet über
http://dnb.ddb.de abrufbar.

1. Auflage Münster 2007
© 2007 Verlag Westfälisches Dampfboot
Alle Rechte vorbehalten
Umschlag: Lütke Fahle Seifert AGD, Münster
Druck: Rosch-Buch Druckerei GmbH, Scheßlitz
Gedruckt auf säurefreiem, alterungsbeständigem Papier
ISBN 978-3-89691-666-2

Inhalt

A. Vorbemerkung zu zwei empirischen Studien 9

B. Mittelstand, Mitbestimmung und Partizipation 12
  1. Einleitung 12
  2. Die empirische Basis 14
    2.1 Zur Anlage der Befragung 14
    2.2 Die Auswahl der Stichprobe 15
    2.3 Die Struktur der befragten Unternehmen 17
      2.3.1 Branchen- und Regionalstruktur 17
      2.3.2 Unternehmensgrößenstruktur 19
      2.3.3 Rechtsform und Eigentumsstruktur 20
      2.3.4 Mitarbeiterstruktur 23
  3. Determinanten der geringen Verbreitung von Betriebsräten im Mittelstand 24
    3.1 Verbreitung von Betriebsräten im Mittelstand 24
    3.2 Besonderheiten mittelständischer Unternehmen 27
      3.2.1 Merkmale mittelständischer Geschäftsführer 27
           Eigentümerfunktion 28
           Einstellung zum Betriebsrat 30
      3.2.2 Kommunikations- und Entscheidungsprozesse 33
           Direkte Kommunikation und Konfliktregelung 33
           Entscheidungsprozesse und Kontrolle 36
    3.3 Einflussfaktoren auf die Existenz eines Betriebsrats 39
      3.3.1 Modellwahl und Beschreibung der Merkmale 39
      3.3.2 Die Variablen 42
      3.3.3 Zentrale Einflussfaktoren 44
    3.4 Zwischenfazit 49
  4. Andere Formen der Arbeitnehmervertretung im Vergleich zum Betriebsrat 50
    4.1 Verbreitung und Erscheinungsformen 51
    4.2 Unterschiede und Gemeinsamkeiten mit dem Betriebsrat 54
      4.2.1 Gründungsumstände 54
      4.2.2 Wahl und Zusammensetzung der Gremien 58
      4.2.3 Ausmaß der Beteiligung 60

4.3	Auswirkungen anderer Vertretungsformen auf die Existenz eines Betriebsrats	61
4.4	Zwischenfazit	63

5. Mitbestimmung aus Sicht der unterschiedlichen Akteure ... 64
   5.1 Sicht des Betriebsrats vs. Sicht der Geschäftsführung aus einem Unternehmen ... 66
      5.1.1 Kommunikations- und Entscheidungsprozesse ... 66
      5.1.2 Entstehung des Betriebsrats und Zusammenarbeit mit der Geschäftsführung ... 69
   5.2 Gründe für die Betriebsratslosigkeit – aus Sicht von Geschäftsführern und Arbeitnehmervertretern ... 73
   5.3 Zwischenfazit ... 76

6. Mitbestimmungskonstellationen im Mittelstand im Überblick ... 78

C. Mittelständler und Betriebsräte ... 81

1. Anlage und Methode der Untersuchung ... 81
   1.1 Fragestellungen ... 81
   1.2 Betriebsauswahl und Untersuchungsmethode ... 81
   1.3 Überblick über die Präsentation der Ergebnisse ... 86

2. Führungsstile und Arbeitnehmerbeteiligung ... 87
   2.1 Inhabergeführte Kleinbetriebe ... 88
      2.1.1 Der Patriarch ... 88
      2.1.2 Der Modernisierer ... 90
      2.1.3 Ein gespaltener Chef ... 92
      2.1.4 Wo sich Beteiligung und Mitbestimmung ergänzen ... 94
      2.1.5 Zwischen Inhaberhegemonie und Belegschaftsbeteiligung ... 97
   2.2 Mittlere Betriebe mit kleinem Management ... 100
      2.2.1 Führung nach Handwerkstradition ... 100
      2.2.2 Das Harmoniemodell ... 102
      2.2.3 Betriebsrat in familiären Verhältnissen ... 105
      2.2.4 Der Prokurist als Vermittler ... 108
      2.2.5 Symbiose zwischen Personalchef und Betriebsrat ... 110
      2.2.6 Betriebsrat nach Art des Hauses ... 111
      2.2.7 Konzernmanagement in familienbetrieblicher Tradition ... 113
      2.2.8 Vermittlung zwischen Inhaber und Belegschaft ... 114
   2.3 Neuer Mittelstand („Übernahmeunternehmer") ... 117
      2.3.1 Der Firmensammler ... 119

2.3.2 Suche nach Alternativen zum Betriebsrat	122
2.3.3 Arbeitgeber nach Gutsherren Art	124
2.3.4 Vom Krisenmanager zum Inhaber	127
2.3.5 Die Freiheit, die sie meinen ...	128
3. Vom Umgang mit Betriebsräten im Mittelstand	130
3.1 Auf den richtigen Betriebsrat kommt es an!	131
3.1.1 Arbeitgeber und Generationswechsel im Betriebsrat	132
3.1.2 Erzwungene Neuorientierung	133
3.2 Mittelständische Kooperation mit Betriebsräten	134
3.2.1 In die Führung integriert	134
3.2.2 Betriebsorientierung und Motivierung	136
3.2.3 Leistungsträger im Betriebsrat	137
3.2.4 „Geben und Nehmen"	138
3.3 Spannungen und Konflikte	140
3.3.1 Konfliktpunkt Freistellung	140
3.3.2 Konfliktherd Weiterbildung	142
3.3.3 Personalentscheidungen als Chefsache	143
3.4 Ringen zwischen Patronat und Mitbestimmung	145
4. Mitbestimmung aus der Sicht der Betriebsräte	150
4.1 Zwischen Betriebsverfassung und Inhaber	150
4.2 Hintergründe für die erstmalige Wahl von Betriebsräten	151
4.3 Gesetzliche Norm und betriebliche Praxis	153
4.4 Ancienität und Betriebsbindung	160
4.5 „Geben und Nehmen" contra Mitbestimmung	162
4.6 Betriebsratsarbeit mit Augenmaß	163
4.7 Wie sähe es im Betrieb ohne Betriebsrat aus?	167
5. Interessenvertretung und Arbeitnehmerbeteiligung in betriebsratslosen Betrieben	171
5.1 Was sind „andere Vertretungsorgane" und was leisten sie?	171
5.2 Diskontinuität und unscharfe Organisationsstrukturen	172
5.3 Vorgesete als Interessenvertreter ihrer Leute	175
5.4 Versammlungen und Gesprächsrunden	177
5.5 Familiäre Beziehungsstrukturen im Betrieb	182
6. Gibt es noch ein Patriarchat?	190
6.1 Mittelstandshabitus	190
6.2 Mittelständische Urängste	192
6.3 Vom Patriarchat zur „Teamorientierung"?	195
6.4 Beteiligung ja – aber ohne Verpflichtung!	199
6.5 Intergenerativer Wandel im Führungsstil	202

6.6 Charisma und Führungskunst	205
6.7 Traditionelles und aufgeklärtes Patriarchat	209
6.8 Vom Januskopf mittelständischer Führung	210
6.9 Varianten mittelständischer Führung heute	214
6.9.1 Kollegiale Führung	214
6.9.2 Aufgeklärtes Patriarchat	215
6.9.3 Gespaltenes Patriarchat	216
6.9.4 Traditionelles Patriarchat	217
6.10 Patriarchat und Mitbestimmung	219

D. Zum Verhältnis von Mittelstand und Mitbestimmung – Ausgewählte Untersuchungsergebnisse   225

1. Die Fragen der Untersuchung   225

2. Warum gibt es nur wenige Betriebsräte in mittelständischen Betrieben?   226

3. Betriebliche Mitbestimmung in mittelständischen Betrieben   228

4. Mittelständische Führungs- und Entscheidungsmuster und ihr Verhältnis zur Mitbestimmung   230

5. Andere Formen der Beteiligung und Interessenvertretung   235

Anmerkungen	238
Abbildungsverzeichnis	247
Tabellenverzeichnis	249
Literatur	250

A. Vorbemerkung zu zwei empirischen Studien

Ausgangspunkt der Untersuchung ist das bemerkenswerte Phänomen, dass die mittelständische Wirtschaft, die mit mehr als drei Millionen Unternehmen die große Mehrheit aller Unternehmen und aller Beschäftigten umfasst, bis heute weitgehend „mitbestimmungsfrei" geblieben ist. Seit 1952 schreibt das Betriebsverfassungsgesetz zwar vor, dass in Betrieben ab fünf ständigen wahlberechtigten Arbeitnehmern ein Betriebsrat zu wählen ist. Diese gesetzliche Normvorgabe ist aber auch 50 Jahre danach in der überwiegenden Mehrheit der nach dem Gesetz betriebsratsfähigen Mittelstandsbetriebe nicht realisiert. Nach Ergebnissen der IAB-Betriebsbefragung aus dem Jahre 2000 haben nur 6 Prozent der Kleinbetriebe zwischen 5 und 20 Beschäftigten einen Betriebsrat, in der Betriebsgrößenklasse zwischen 21 und 100 Beschäftigten beträgt der Verbreitungsgrad von Betriebsräten (Betriebsratsquote) rund 30 % (vgl. IAB 2000). Eine Befragung von Führungskräften in Mittelstandsunternehmen mit bis zu 500 Beschäftigten ergab in den Unternehmen mit weniger als 20 Beschäftigten einen Verbreitungsgrad von Betriebsräten von nur 4 %, in Unternehmen mit 21 bis 50 Beschäftigten lag er bei 16 %. Insgesamt – also unter Einschluss größerer Unternehmen – gab es zum Zeitpunkt dieser Mittelstandsbefragung nur in jedem zehnten Mittelstandsunternehmen einen Betriebsrat (vgl. MIND 1999). Neuere empirische Studien zur Verbreitung von Betriebsräten in der mittelständischen Wirtschaft liegen bisher nicht vor.

Betriebliche Mitbestimmung ist auch nach der Reform des Betriebsverfassungsgesetzes des Jahres 2001 in der mittelständischen Wirtschaft weiterhin ein Randphänomen. Das speziell auf die Verhältnisse in Kleinbetrieben gemünzte neue „vereinfachte Wahlverfahren" wurde mittlerweile in der Mehrheit der Mittelstandsbetriebe zwar angenommen, zu einer spürbaren Ausweitung des Betriebsrätewesens im kleinbetrieblichen Bereich ist es bisher allerdings nicht gekommen (vgl. RUDOLPH/WASSERMANN 2006). Dies provoziert die Frage nach den tiefer liegenden, offenbar sehr stabilen, strukturellen Verhältnissen in diesen Betrieben, die einer Anwendung der Normen des Betriebsverfassungsrechts entgegenstehen. Die Fragestellungen des Projekts richteten sich folglich auf die Führungs- und Kommunikationsstrukturen in kleinen und mittleren Unternehmen, auf typische Formen der Entscheidung, der Konfliktregelung und der Arbeitnehmerbeteiligung. Die Sichtweise und die Einstellungen mittelständischer Arbeitgeber gegenüber dem Komplex Mitbestimmung/Beteiligung sollten eingehend untersucht werden: Was wissen Mittelständler über Mitbestimmung? Was sind die ihr Verhalten beeinflussenden Befürchtungen und Ängste im Zusammenhang damit? Welche

Motive führen bei ihnen u.U. zur grundsätzlichen Ablehnung einer gesetzlich legitimierten Arbeitnehmervertretung im Betrieb? Welche alternativen Mechanismen zur Arbeitnehmerbeteiligung und Konfliktlösung existieren in den Betrieben? Welche Erfahrungen haben Mittelständler schließlich in der Auseinandersetzung bzw. Zusammenarbeit mit Betriebsräten in ihren Betrieben gemacht? Ein besonderes Augenmerk sollte der Frage gewidmet sein, welche Rolle Betriebsräte als Vermittlungsinstanz im Zuge tiefgreifender struktureller Veränderungen in den Betrieben (Arbeitsorganisation, Arbeitszeitstruktur, neue Technik, Krisenmanagement, Beschäftigungssicherung etc.) einnehmen können.

Bisher weitgehend getrennt verlaufende Forschungstraditionen einer im wesentlichen der Unternehmensperspektive verpflichteten „Mittelstandsforschung" einerseits und einer traditionell gewerkschaftsorientierten „Mitbestimmungsforschung" andererseits haben dazu beigetragen, dass die Kenntnisse über die spezifischen Bedingungen und Mechanismen von Mitbestimmung und Beteiligung in mittelständischen Unternehmen bis heute höchst lückenhaft geblieben sind und nicht selten nach wie vor einer spezifischen Mythenbildung unterliegen. Durch eine Kooperation des Instituts für Mittelstandsforschung, Bonn, mit dem Büro für Sozialforschung, Kassel, wurde nun versucht, diese Forschungslücke zu schließen.

In der Frage „Demokratie und Mittelstand" herrschen seit langem zwei bei ihren Anhängern recht populäre und entsprechend zähe Klischees. Mittelstandsvertreter werden nicht müde, zu betonen, im Mittelstand gebe es keine Interessengegensätze. Soziale Nähe zwischen Inhabern und Mitarbeitern sowie familiäre Vertrauensstrukturen sicherten den Zusammenhalt für erfolgreiches Wirtschaften. Betriebsräte und Gewerkschaften seien da nur Störfaktoren, die den Erfolg gefährdeten. Auf der anderen Seite kann man sich in den Gewerkschaften oft immer noch nicht von dem liebgewonnenen Vorurteil lösen, in mittelständischen Firmen herrschten allein Willkür und Feudalismus. Die Ergebnisse unserer Untersuchungen zeigen, dass keines der beiden Klischees dazu taugt, die Realität in mittelständischen Unternehmen zutreffend zu charakterisieren.

Die Autoren beider Institute legen nun zwei eigenständige Studien vor, die hinsichtlich Fragestellungen und methodischem Vorgehen aufeinander abgestimmt wurden. Die Autorinnen des IfM Bonn führten eine repräsentative schriftliche Mittelstandsbefragung in rund 800 Unternehmen mit 20 bis 499 Beschäftigten durch. Befragt wurden Vertreter der Arbeitgeberseite (Inhaber, Geschäftsführer) sowie, dort wo vorhanden, auch Mitglieder von Betriebsräten bzw. anderer Vertretungsorgane der Arbeitnehmer. Die Autoren des BfS Kassel führten eine mündliche Vor-Ortbefragung mit Inhabern bzw. Geschäftsführern in rund 50 mittelständischen Betrieben mit ebenfalls zwischen 20 und 499 Beschäftigten durch. Auf der Grundlage ausführlicher Interviews mit Inhabern und anderen Führungskräften sowie, wo dies möglich war, mit Betriebsratsvorsitzenden, wurden betriebliche Fallstudien erstellt.

Im Anschluss an die beiden Teilstudien wird in einem gemeinsamen Schlusskapitel beider Institute schließlich der Versuch unternommen, die Ergebnisse der Studien zusammenzuführen. Hierfür werden vier zentrale Fragestellungen ausgewählt: Warum gibt es nur wenige Betriebsräte in mittelständischen Betrieben? Wie sieht die Praxis der betrieblichen Mitbestimmung in mittelständischen Betrieben aus? Welche Führungsmuster und Einstellungen bestimmen die Einstellung der Mittelständler gegenüber der Mitbestimmung? Welche andere Formen der Beteiligung und Interessenvertretung spielen in den Unternehmen des wirtschaftlichen Mittelstands eine Rolle? Mit der Beantwortung dieser Fragen werden nicht nur die zentralen Befunde beider Studien zusammengefasst, sondern diese werden auch noch einmal in bezug zueinander gesetzt, so dass weitergehende Erkenntnisse gewonnen werden können.

Eine Förderung durch die Hans-Böckler-Stiftung, Düsseldorf, ermöglichte die Realisierung des gemeinsamen Projekts der beiden Institute. Wir danken allen, die uns bei der Verwirklichung des Projekts geholfen haben. Dieser Dank gilt insbesondere den Inhabern, Geschäftsführern, Betriebsräten und anderen Beschäftigten mittelständischer Unternehmen, die geduldig unsere Fragen beantwortet haben.

B. Mittelstand, Mitbestimmung und Partizipation

1. Einleitung

Nach § 1 des Betriebsverfassungsgesetzes werden in Betrieben mit mindestens fünf ständigen wahlberechtigten Arbeitnehmern Betriebsräte gewählt. Um aber die Relevanz der betrieblichen Mitbestimmung im Mittelstand beurteilen zu können, muss neben den gesetzlichen Bestimmungen (de jure-Zustand) auch die tatsächliche Umsetzung (de facto-Zustand) in den Unternehmen betrachtet werden: 2003 hatten – gemäß IAB-Betriebspanel[1] – 10 % der betriebsratsfähigen Klein- und Mittelbetriebe (5 bis 500 Mitarbeiter) einen Betriebsrat. Anders ausgedrückt: In 90 % dieser mittelständischen Betriebe gab es 2003 nicht die gesetzlich geregelte Form der betrieblichen Mitbestimmung, während der entsprechende Anteil in Großunternehmen bei 7 % liegt (vgl. Sonderauswertung des IAB-Betriebspanels 2004). Gründe und Ursachen für diese geringe Verbreitung der gesetzlichen Mitbestimmungsorgane in den mittelständischen Unternehmen sind – trotz einiger Forschungsarbeiten auf diesem Gebiet (vgl. HILBERT/SPERLING 1993, SYBEN 1997, WASSERMANN 1992, 1999) – bis dato weitgehend unbekannt.

Hier setzt die vorliegende Studie an und stellt das Verhältnis zwischen Mittelstand und betrieblicher Mitbestimmung in den Fokus. Im Zentrum des Untersuchungsvorhabens steht dabei die Frage, welche Faktoren in den mittelständischen Unternehmen die Gründung von Betriebsräten behindern bzw. fördern. Einen ersten Ansatzpunkt hierfür liefert ein sozusagen konstituierendes Merkmal mittelständischer Unternehmen: Denn in mittelständischen Unternehmen besteht – anders als in Großunternehmen – eine besonders enge Verbindung zwischen Unternehmen und Inhaber. Diese Einheit von Eigentum, Leitung, Haftung und Risiko führt zu bestimmten Verhaltensdeterminanten und Motiven der Geschäftsführung (vgl. GÜNTERBERG/WOLTER 2003, S. 2 f.), die sich wiederum auf die Beziehung zu den Mitarbeitern und das Ausmaß ihrer Beteiligung auswirken. Aus diesem Grund richtet sich das primäre Forschungsinteresse auf die Geschäftsführer mittelständischer Unternehmen und auf die Kommunikations- und Entscheidungsprozesse in diesen Unternehmen. Neben der Einstellung der Geschäftsführung zur betrieblichen Mitbestimmung sollen dabei die Möglichkeiten zur direkten Kommunikation, die Häufigkeit interner Konflikte und deren Beilegung, das Entscheidungsverhalten sowie das Kontrollbedürfnis der Geschäftsführer mittelständischer Unternehmen betrachtet werden. Auf Basis von statistischen Analysen werden diese Merkmale dann bezüglich ihres Einflusses auf die Existenz eines Betriebsrats untersucht, um schließlich die Frage zu beantworten, warum es in mittelständischen Unternehmen seltener zu Betriebsratsgründungen kommt.

Darüber hinaus sollen ebenfalls andere Formen der Arbeitnehmervertretung in den mittelständischen Unternehmen betrachtet werden. Hierunter werden Gremien oder einzelne Arbeitnehmer (wie bspw. Runde Tisch oder Belegschaftssprecher) verstanden, die sich für die Belange der Beschäftigten in ihrem Unternehmen gegenüber der Geschäftsführung einsetzen. Anders als Betriebsräte haben diese aber keine gesetzlich verankerten Mitwirkungs- und Mitbestimmungsrechte. Dabei soll die Frage geklärt werden, ob die anderen Vertretungsformen betriebsratsähnliche Funktionen in den mittelständischen Unternehmen übernehmen und wie sich diese anderen Vertretungsformen auf die Wahrscheinlichkeit von Betriebsratsgründungen in den mittelständischen Unternehmen auswirken.

Um diese Fragen zu beantworten, bedarf es einer empirischen Datenbasis, die genaue Informationen über die Abläufe und Kommunikationsstrukturen innerhalb der Unternehmen enthält. Da bisher keine – ausreichend ins Detail gehenden und gleichzeitig von einer großen Unternehmenszahl abgestützten – Datensätze vorliegen, wurde im vorliegenden Projekt mittels einer schriftlichen Befragung mittelständischer Unternehmen ein neuer Datensatz geschaffen. Um einen Gesamteindruck von der Ausgestaltung der Arbeitnehmerbeteiligung in mittelständischen Unternehmen zu erlangen, wird neben der Geschäftsführung, sofern vorhanden, auch die jeweilige Arbeitnehmervertretung (Betriebsrat bzw. andere Vertretungsform) in diesen Unternehmen befragt.

Die Anlage der zugrundeliegenden Befragung wird im nachfolgenden Kapitel näher beschrieben. Die Frage der Verbreitung von Betriebsräten im betrachteten Mittelstand wird in Kapitel drei geklärt. Zudem werden in dem Kapitel auch die besonderen Merkmale mittelständischer Unternehmen dargestellt und in Hinblick auf ihren Einfluss auf die Wahrscheinlichkeit der Existenz eines Betriebsrats untersucht. In Kapitel vier werden andere Formen der Arbeitnehmervertretung näher betrachtet und mit Betriebsräten verglichen. Es gilt schließlich die Frage zu beantworten, wie sich diese alternativen Vertretungsformen auf die Wahrscheinlichkeit der Existenz eines Betriebsrats auswirken. Anschließend wird in Kapitel fünf die Befragung der jeweiligen Arbeitnehmervertretungen thematisiert. Neben einem Vergleich der unterschiedlichen Sichtweisen von Geschäftsführern und dazugehöriger Arbeitnehmervertretung aus einem Unternehmen sollen schließlich die Gründe für das Nichtvorhandensein eines Betriebsrats aus Sicht von Unternehmen mit anderen Vertretungsformen und von Unternehmen ohne jegliche Arbeitnehmervertretung dargestellt werden. Die vorliegende Arbeit schließt mit einer Zusammenfassung der Ergebnisse in Kapitel sechs.

2. Die empirische Basis

2.1 Zur Anlage der Befragung

Die parallel stattfindende Befragung der Geschäftsführung sowie der jeweiligen Arbeitnehmervertretung wurde in Form einer Online-Befragung durchgeführt. Die Wahl fiel auf dieses Erhebungsinstrument, weil es die Möglichkeit der Filterführung bietet: So konnte gewährleistet werden, dass – trotz der Abfrage eines breiten Spektrums an unterschiedlichen Formen der Mitbestimmung[2] – die Befragten den jeweils richtigen Verlauf im Fragebogen wählten. Jedem Unternehmen wurden zudem Passwörter zugeteilt, die derart gestaltet waren, dass sowohl die Daten der Arbeitnehmervertretungen als auch die Daten der Geschäftsführung aus einem Unternehmen im Nachhinein wieder zusammengefügt werden konnten.[3]

Eingeleitet wurde die Online-Befragung mit einer postalischen Ankündigung. Dies erhöht nicht nur die Erreichbarkeit und Beteiligungsbereitschaft, sondern ist auch die einzige Möglichkeit, eine repräsentative Stichprobenauswahl aus dem vorhandenen – und üblicherweise für statistische Zwecke eingesetzten – Adressmaterial vorzunehmen. Die Anschreiben wurden daher im November 2005 (45. Kalenderwoche) versendet. Aufgrund einer geringen Rücklaufquote wurde im Januar 2006 (2. Kalenderwoche) eine zweite Verschickung durchgeführt, um diejenigen Unternehmen nochmals anzusprechen, die sich bis dahin noch nicht gemeldet hatten. In dem Anschreiben an die Geschäftsführung befand sich neben der Internet-Adresse für die Online-Befragung auch ein persönliches Passwort. Darüber hinaus war für die jeweilige Arbeitnehmervertretung (Betriebsrat oder andere Vertretungsform) ein zweites Anschreiben in einem separaten Umschlag beigefügt, das an die betreffenden Personen weitergereicht werden sollte. Falls mehrere Formen von Arbeitnehmervertretungen im Unternehmen existierten, sollte das Anschreiben an diejenige weitergereicht werden, die am häufigsten in Erscheinung tritt. Das Anschreiben an die jeweilige Arbeitnehmervertretung enthielt ebenfalls eine Internet-Adresse für die Online-Befragung. Jedoch gab es in diesem Anschreiben zwei Passwörter: eines für einen Betriebsrat und ein zweites für eine andere Vertretungsform. Damit konnte sichergestellt werden, dass Daten über beide Formen der Arbeitnehmervertretung separat generiert wurden, so dass bei der Auswertung der Daten auch getrennte Aussagen über Aufgaben und Funktionen dieser beiden Formen von Arbeitnehmervertretung möglich sind.

2.2 Die Auswahl der Stichprobe

Die Grundgesamtheit für unsere Untersuchung bilden mittelständische Unternehmen. Als Kriterium für die Stichprobenziehung wurde die Beschäftigtenzahl herangezogen: Gemäß der Mittelstandsdefinition des IfM Bonn sind Unternehmen mit bis zu 499 Beschäftigten dem Mittelstand zuzuordnen. In dieser Untersuchung wurden allerdings nur mittelständische Unternehmen mit mindestens 20 Mitarbeitern berücksichtigt. In kleineren Unternehmen ist - aufgrund der geringen Mitarbeiterzahl und der Übersichtlichkeit der Unternehmen - ein direkter Kontakt zur Geschäftsführung möglich. Mitarbeiter können sich zugleich direkt in die betrieblichen Abläufe einbringen. Aufgrund dessen kommt institutionalisierten Formen der Mitbestimmung eine weniger große Bedeutung zu.

Um differenzierte Tiefenauswertungen der Stichprobe vornehmen zu können, wurde für den Rücklauf ein verwertbarer Stichprobenumfang von insgesamt 1.000 Fällen angestrebt. Aufgrund von Erfahrungswerten erschien eine Rücklaufquote von 8 % als realistisch, weshalb mehr als 14.000 Unternehmen angeschrieben wurden. Die hierfür benötigten Adressen wurden aus der MARKUS-Datenbank[4] gezogen.

Um die Genauigkeit der Stichprobenergebnisse und damit die Aussagefähigkeit der Ergebnisse zu erhöhen, wurde die Stichprobe nach Unternehmensgrößenklassen und Wirtschaftszweigen geschichtet. Aus den Größenklassen 20 bis 49 Beschäftigte und 50 bis 99 Beschäftigte wurde eine größere Anzahl an Unternehmen in die Stichprobe einbezogen als aus den anderen Größenklassen, da sich kleine Unternehmen nur in geringem Umfang an schriftlichen Unternehmensbefragungen beteiligen. Durch diese Vorgehensweise wird eine ausreichende Besetzung aller Antwortzellen sichergestellt, um schließlich eine Auswertung nach verschiedenen Variablen vornehmen zu können, die auch empirisch belastbar ist. Insgesamt wurden folgende fünf Schichtungen gewählt (vgl. Tabelle 1).

Nach Bereinigung der Adressen wurden 14.010 Anschreiben in der ersten Befragungsrunde verschickt. Bei der Nachbefragung wurden nochmals 13.349 der insgesamt 14.010 Unternehmen angeschrieben. 285 Anschreiben erwiesen sich dabei jedoch als unzustellbar.[5] An der Befragung teilgenommen haben insgesamt 904 Geschäftsführer und insgesamt 337 Arbeitnehmervertretungen (313 Betriebsräte und 24 andere Vertretungsformen). Damit erreichte die Befragung eine Rücklaufquote von 6,6 %.[6] Obwohl die Adressen der Unternehmen nach Unternehmensgrößenklassen gezogen worden sind, haben sowohl kleinere als auch größere Unternehmen geantwortet, die somit für die Überprüfung der Fragestellung nicht verwertbar waren: Von den 904 eingegangenen Fragebögen der Geschäftsführer waren nur 809 aus Unternehmen der Größenklasse 20 bis 499 Beschäftigte.

Tabelle 1: Vorgaben für die Auswahl der Adressen - Anzahl der Unternehmen

Zahl der Beschäftigten	Produzierendes Gewerbe (WZ C, D, E, F)	Handel (WZ G)	Unternehmensnahe Dienstleister (WZ K)	Sonstige/Sonstige Dienstleister (WZ I, J, H, M, N, O)
20 - 49	1000	1000	1000	1000
50 - 99	1000	1000	1000	1000
100 - 199	600	600	600	600
200 - 299	600	600	600	600
300 - 499	600	600	600	600
Summe	3.800	3.800	3.800	3.800

Quelle: IfM Bonn; Eigene Darstellung.

Aufgrund der bei der Online-Befragung vergebenen Passwörter ist eine nachträgliche Zuordnung aller Fragebögen zu den einzelnen Unternehmen möglich. Vergleicht man den Rücklauf dahingehend, aus wie vielen Unternehmen matchbare Fragebögen vorliegen, d.h. ein Fragebogen der Geschäftsführung sowie ein Fragebogen des Betriebsrats bzw. der anderen Form der Mitarbeitervertretung können

Abbildung 1: Vergleich der beiden Rückläufe

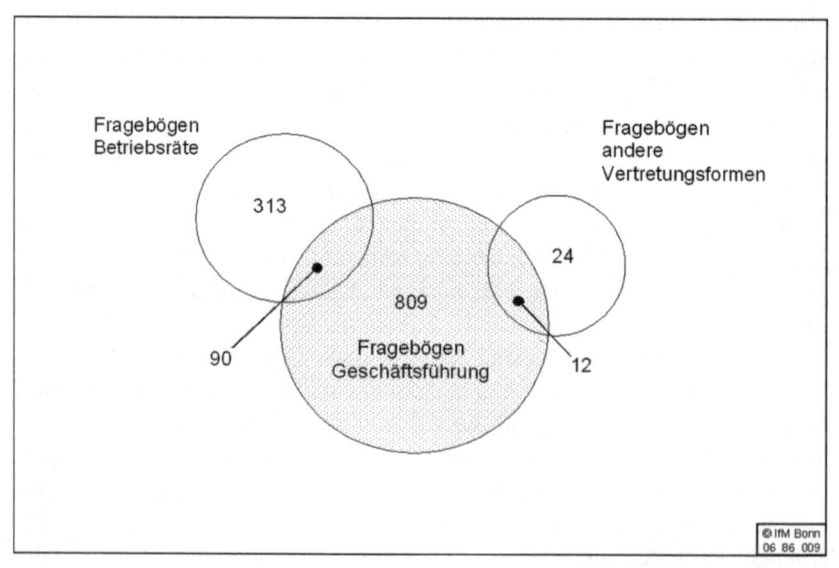

Quelle: IfM Bonn Befragung der Arbeitnehmervertreter und Geschäftsführer-Befragung.

gemeinsam analysiert werden, ergibt sich nachfolgende Aufteilung: In 90 Fällen liegen sowohl ein Fragebogen des Betriebsrats als auch der Geschäftsführung aus einem Unternehmen vor. Die restlichen 223 Betriebräte haben unabhängig von der Geschäftsführung an der Befragung teilgenommen, weshalb ein Vergleich in diesen Fällen in Kapitel 5 nicht möglich ist. Bei den insgesamt 24 Fragebögen der anderen Vertretungsformen gibt es 12 Fälle, aus denen sowohl ein Fragebogen der Geschäftsführung als auch ein Fragebogen der alternativen Arbeitnehmervertretung vorliegt (vgl. Abbildung 1).

2.3 Die Struktur der befragten Unternehmen

Nachfolgend wird der verwertbare Rücklauf der befragten Geschäftsführungen anhand unterschiedlicher Strukturmerkmale dargestellt. Dieses Kapitel gibt dabei einen Überblick über die Branchen- und Regionalstruktur, die Unternehmensgrößenstruktur, Rechtsform, Eigentumsstruktur sowie die Mitarbeiterstruktur der befragten Unternehmen. Zugleich werden Aussagen über die Repräsentativität der zugrundeliegenden Stichprobe gemacht.

2.3.1 Branchen- und Regionalstruktur

Von den insgesamt 809 befragten Unternehmen entfallen fast 25 % der Fälle auf das verarbeitende Gewerbe und etwa 7 % auf das Baugewerbe. Der Bereich unternehmensnahe Dienstleistungen bildet mit 32,4 % der befragten Unternehmen die größte Gruppe. Der tertiäre Bereich wird darüber hinaus noch mit 13 % durch Dienstleister überwiegend für Personen und Haushalte in der Stichprobe vertreten. Der Groß- und Einzelhandel ist mit fast 15 % der befragten Unternehmen an der Untersuchung beteiligt. Im Wirtschaftszweig Verkehr und Nachrichtenübermittlung liegen mit einem Anteil von 5,9 % die wenigsten Unternehmen vor (vgl. Abbildung 2).

Die Branchenstruktur der vorliegenden Stichprobe weicht – aufgrund der Schichtung nicht unerwartet – in einigen Bereichen von der bundesweiten Verteilung der Unternehmen in der Größenklasse 20 bis 499 Beschäftigte ab. Wie Abbildung 2 zeigt, sind die Unternehmen aus dem unternehmensnahen Dienstleistungsbereich in dieser Stichprobe überproportional mit einem Anteil von ca. 32 % gegenüber ca. 14 % im Bundesgebiet vertreten. Hingegen sind die befragten Unternehmen aus dem Dienstleistungssektor für Personen und Haushalte mit ca. 13 % gegenüber gut 26 % in der Bundesrepublik unterrepräsentiert. Die restliche Branchenverteilung der vorliegenden Stichprobe entspricht in etwa den Anteilen von Unternehmen in der Größenklasse (20 bis 499 Beschäftigte) im

Abbildung 2: Branchenverteilung der befragten Unternehmen

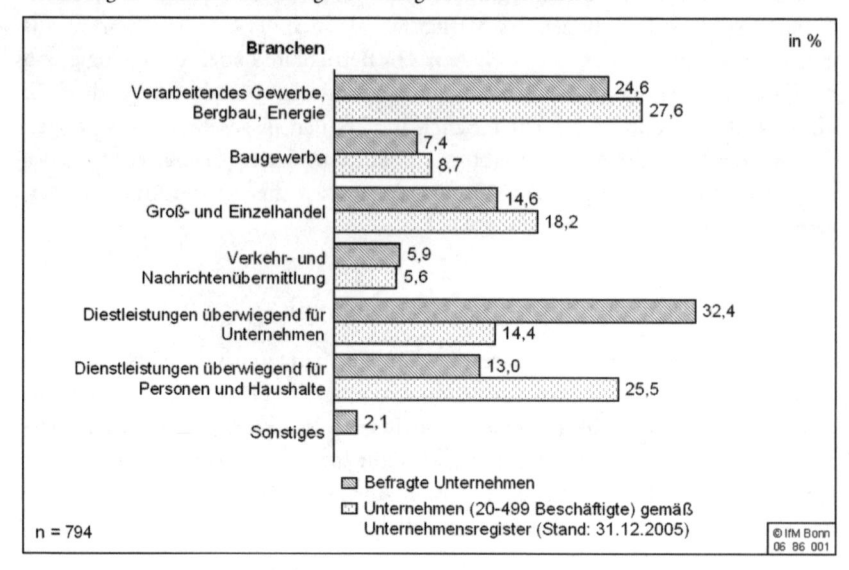

Branchen	Befragte Unternehmen (in %)	Unternehmen (20-499 Beschäftigte) gemäß Unternehmensregister (Stand: 31.12.2005) (in %)
Verarbeitendes Gewerbe, Bergbau, Energie	24,6	27,6
Baugewerbe	7,4	8,7
Groß- und Einzelhandel	14,6	18,2
Verkehr- und Nachrichtenübermittlung	5,9	5,6
Dienstleistungen überwiegend für Unternehmen	32,4	14,4
Dienstleistungen überwiegend für Personen und Haushalte	13,0	25,5
Sonstiges	2,1	

n = 794

Quelle: IfM Bonn Befragung der Geschäftsführung.

Abbildung 3: Branchenverteilung der befragten Handwerksunternehmen

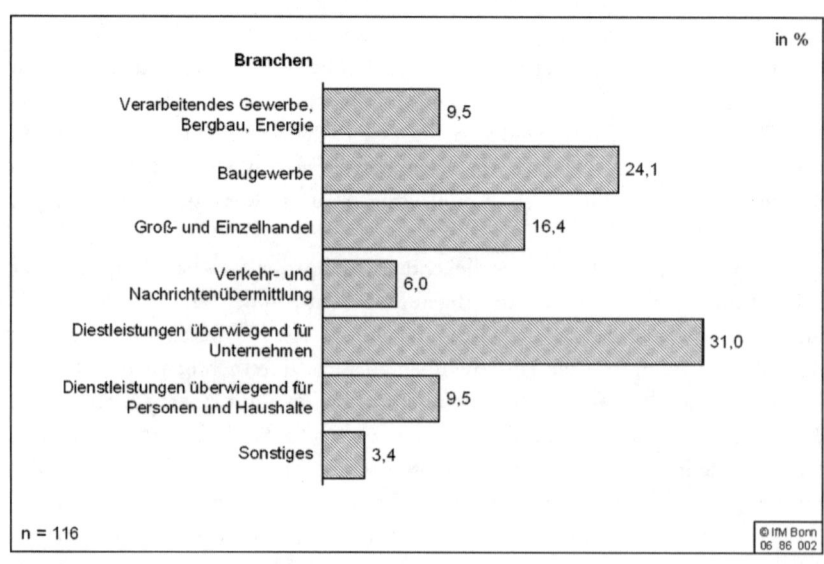

Branchen	in %
Verarbeitendes Gewerbe, Bergbau, Energie	9,5
Baugewerbe	24,1
Groß- und Einzelhandel	16,4
Verkehr- und Nachrichtenübermittlung	6,0
Dienstleistungen überwiegend für Unternehmen	31,0
Dienstleistungen überwiegend für Personen und Haushalte	9,5
Sonstiges	3,4

n = 116

Quelle: IfM Bonn Befragung der Geschäftsführung.

Bundesgebiet (vgl. eigene Berechnungen auf Basis einer Sonderauswertung des Unternehmensregisters vom Februar 2006).

Von den 809 Unternehmen, die an der Befragung teilgenommen haben, gaben 117 an, in der Handwerksrolle eingetragen zu sein. Der überwiegende Teil der befragten Handwerksunternehmen stammt dabei aus dem unternehmensnahen Dienstleistungsbereich (31 %), gefolgt vom Baugewerbe mit 24 % der Fälle (vgl. Abbildung 3).

Etwa ein Fünftel der befragten Unternehmen entstammt den neuen Bundesländern; die restlichen 79 % der befragten Unternehmen haben hingegen ihren Firmensitz in Westdeutschland. Die vorliegende Verteilung entspricht in etwa der Verteilung aller Unternehmen in Deutschland (vgl. SCHRÖER/FREUND 1999, S. 6).

2.3.2 Unternehmensgrößenstruktur

Den größten Anteil der Stichprobe machen Unternehmen der Größenklasse 20 bis 49 Beschäftigte aus (30,1 %). Knapp ein Viertel der befragten Unternehmen entfällt auf die Größenklasse 50 bis 99 Beschäftigte. Die Größenklasse 100 bis 249 Beschäftigte umfasst in dieser Stichprobe knapp 30 %. Auf die Größenklasse 250 bis 499 Beschäftigte entfallen 16,7 % der erfassten Fälle.

Abbildung 4: Unternehmensgrößenklassen der befragten Unternehmen

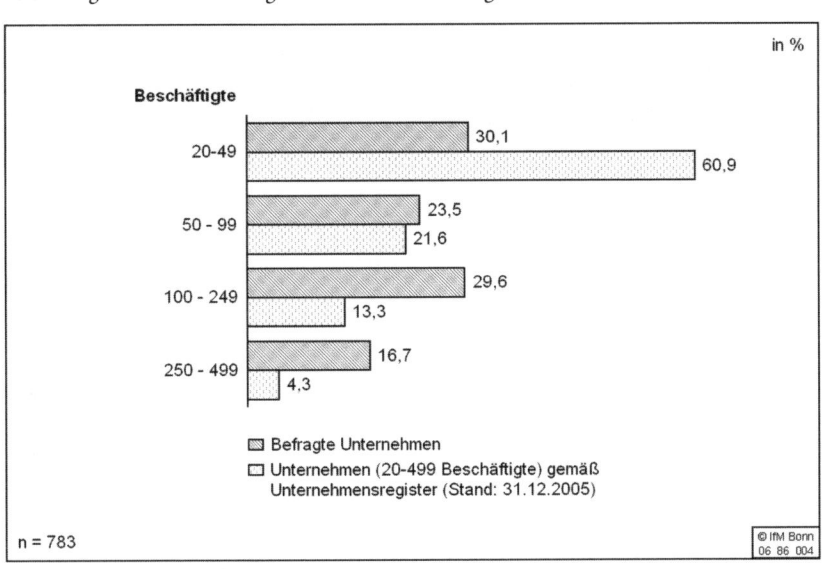

Beschäftigte	Befragte Unternehmen	Unternehmen (20-499 Beschäftigte) gemäß Unternehmensregister (Stand: 31.12.2005)
20-49	30,1	60,9
50 - 99	23,5	21,6
100 - 249	29,6	13,3
250 - 499	16,7	4,3

n = 783

Quelle: IfM Bonn Befragung der Geschäftsführung.

Die Verteilung der Unternehmen auf Unternehmensgrößenklassen weicht – aufgrund der Schichtung ebenfalls nicht unerwartet – von der bundesweiten Verteilung ab: Mit gut 30 % ist die Größenklasse 20 bis 49 Beschäftigte in dieser Stichprobe gegenüber einem Anteil von fast 61 % im ganzen Bundesgebiet unterrepräsentiert. Überproportional vertreten sind hingegen die größeren Unternehmensgrößenklassen: Während es in Deutschland ca. 35 % an Unternehmen der Größenklasse 50 bis 249 Beschäftigte gibt, liegt deren Anteil an der zugrundeliegenden Stichprobe bei gut 53 %. Der Anteil der Unternehmen von 250 bis 499 Beschäftigten ist mit fast 17 % um das vierfache größer als im Bundesdurchschnitt (vgl. eigene Berechnungen des IfM Bonn auf Basis einer Sonderauswertung des Unternehmensregisters vom Februar 2006).

2.3.3 Rechtsform und Eigentumsstruktur

Unter den Rechtsformen bildet die GmbH die stärkste Gruppe in der vorliegenden Stichprobe (68,6 %). Darüber hinaus haben etwa 20 % der Unternehmen die GmbH & Co. KG als Rechtsform gewählt und ca. 5 % der Unternehmen haben als Rechtsform die AG. Andere Rechtsformen wie z.B. die OHG, KG oder die Einzelfirma sind nur in geringem Umfang enthalten (vgl. Abbildung 5).

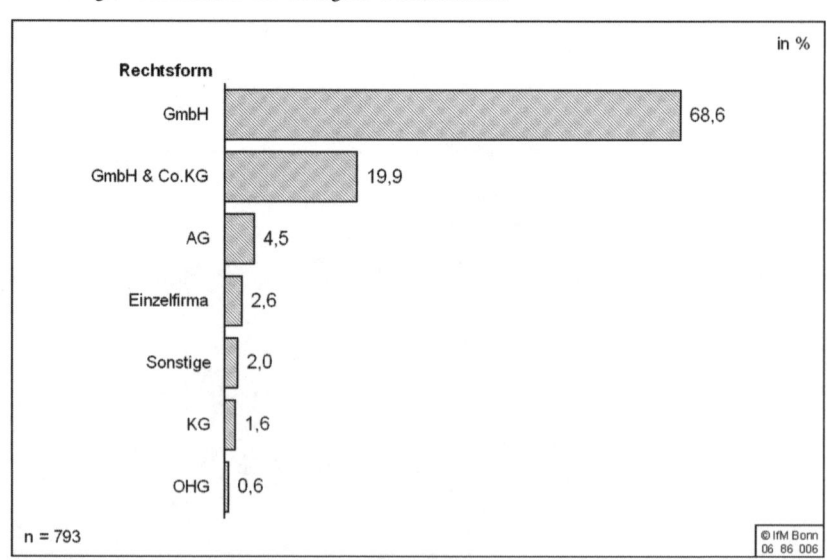

Abbildung 5: Rechtsform der befragten Unternehmen

Rechtsform	in %
GmbH	68,6
GmbH & Co.KG	19,9
AG	4,5
Einzelfirma	2,6
Sonstige	2,0
KG	1,6
OHG	0,6

n = 793

© IfM Bonn
06 86 006

Quelle: IfM Bonn Befragung der Geschäftsführung.

Abbildung 6: Unternehmensalter der befragten Unternehmen

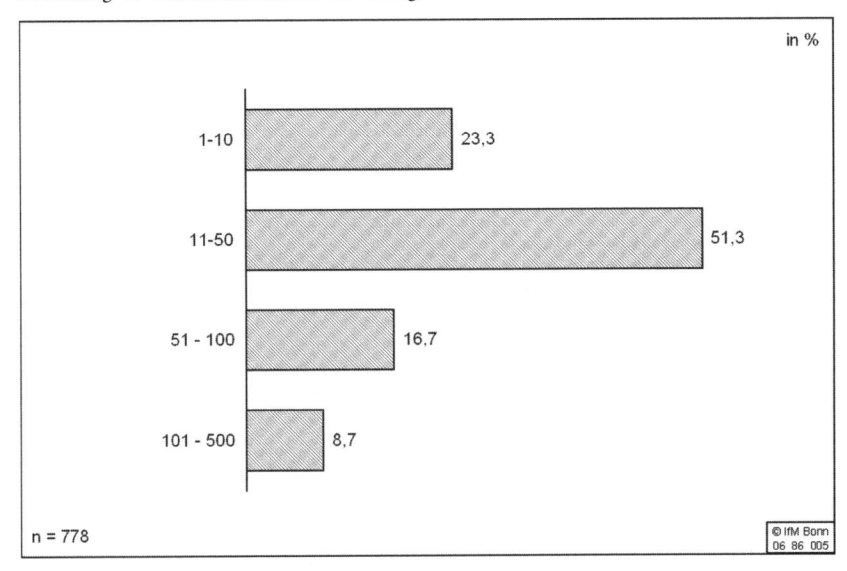

Jahre	in %
1-10	23,3
11-50	51,3
51 - 100	16,7
101 - 500	8,7

n = 778

Quelle: IfM Bonn Befragung der Geschäftsführung.

Werden die befragten Unternehmen nach ihrem Gründungsjahr betrachtet, ergibt sich folgende Verteilung: Etwa 23 % der Befragten haben ihr Unternehmen innerhalb der letzten 10 Jahre gegründet. Die Mehrzahl machen jedoch die Unternehmen zwischen 11 und 50 Jahren aus (51,3 %). Etwas mehr als ein Viertel der Unternehmen dieser Stichprobe bestehen schon seit mehr als 50 Jahren und weitere 8,7 % seit mehr als 100 Jahren (vgl. Abbildung 6).

Der Anteil eigenständiger Unternehmen beträgt in dieser Stichprobe etwa 80 %, wovon fast 32 % noch über eigene Niederlassungen verfügen. Etwa 13 % der befragten Unternehmen gibt hingegen an, dass sie Teil eines größeren Unternehmens mit Sitz im Inland sind. Lediglich 7 % der befragten KMU sind ein deutsches Tochterunternehmen (vgl. Abbildung 7).

Neben der Verflechtung eines Unternehmens ist auch die Beteiligung der Inhaber an der Geschäftsführung entscheidend für die Unternehmenspolitik bzw. -führung eines Unternehmens (vgl. Abbildung 8). Von den befragten Geschäftsführern geben etwa 60 % an, dass sie Inhaber des Unternehmens sind. Wird die Inhaberführung in bezug auf die Unternehmensverflechtung betrachtet, ergibt sich folgende Verteilung: Von den eigenständigen Unternehmen sind die Mehrzahl (etwa 69,2 bzw. 71 %) inhabergeführt, während der Anteil inhabergeführter Unternehmen bei den konzerngebundenen Unternehmen eher gering ist (12,7 % bzw. 29,4 %).

Abbildung 7: Rechtliche und wirtschaftliche Abhängigkeit der befragten Unternehmen

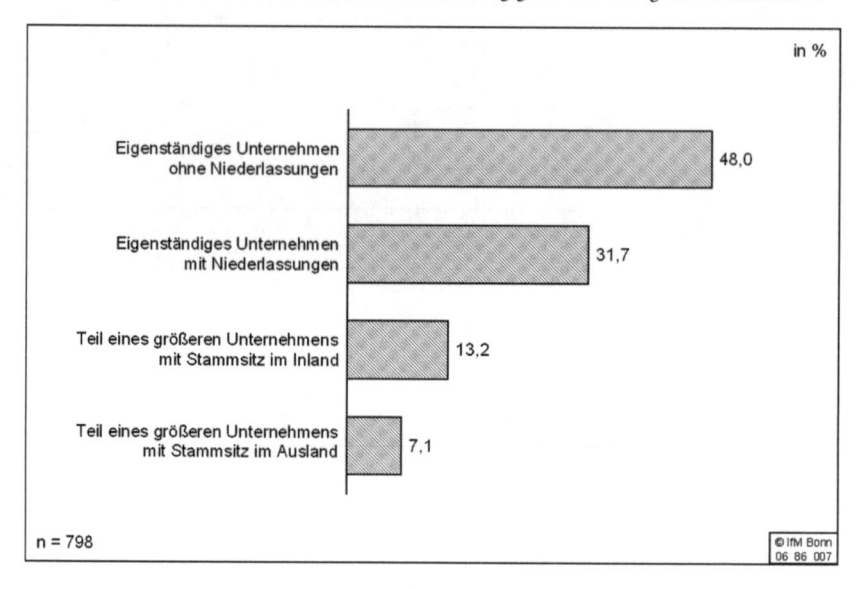

Unternehmensform	in %
Eigenständiges Unternehmen ohne Niederlassungen	48,0
Eigenständiges Unternehmen mit Niederlassungen	31,7
Teil eines größeren Unternehmens mit Stammsitz im Inland	13,2
Teil eines größeren Unternehmens mit Stammsitz im Ausland	7,1

n = 798

Quelle: IfM Bonn Befragung der Geschäftsführung.

Abbildung 8: Anteil inhabergeführter Unternehmen nach Unternehmensform

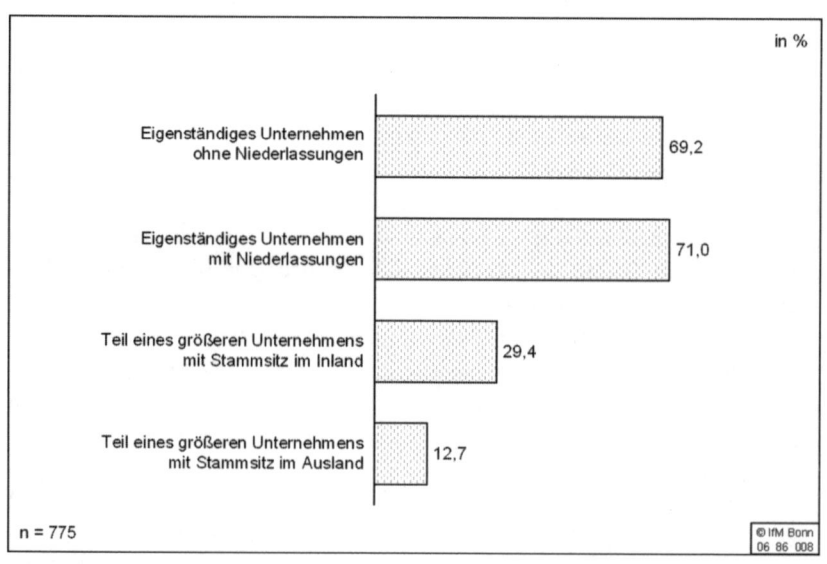

Unternehmensform	in %
Eigenständiges Unternehmen ohne Niederlassungen	69,2
Eigenständiges Unternehmen mit Niederlassungen	71,0
Teil eines größeren Unternehmens mit Stammsitz im Inland	29,4
Teil eines größeren Unternehmens mit Stammsitz im Ausland	12,7

n = 775

Quelle: IfM Bonn Befragung der Geschäftsführung.

2.3.4 Mitarbeiterstruktur

In den in der Stichprobe erfassten Unternehmen sind insgesamt 103.325 Personen inklusive Inhaber tätig (vgl. Abbildung 9). Dabei sind fast 19 % der Gruppe der Un- und Angelernten zuzuordnen. Facharbeiter sind in 21,4 %, Angestellte mit Berufsausbildung mit einem Anteil von 31,8 %, Mitarbeiter mit Hoch- bzw. Fachhochschulabschluss in 13,8 % und Auszubildende mit einem Anteil von 4,5 % der Fälle vertreten. Zudem sind von den 103.185 Personen insgesamt etwa 8 % als Midi- bzw. Mini-Jobber beschäftigt. Die Frauenquote liegt über alle befragten Unternehmen hinweg bei 35 %. Der Anteil Teilzeitbeschäftigter liegt bei insgesamt 19 %.

Abbildung 9: Anteile von Mitarbeitergruppen an der Belegschaft der befragten Unternehmen

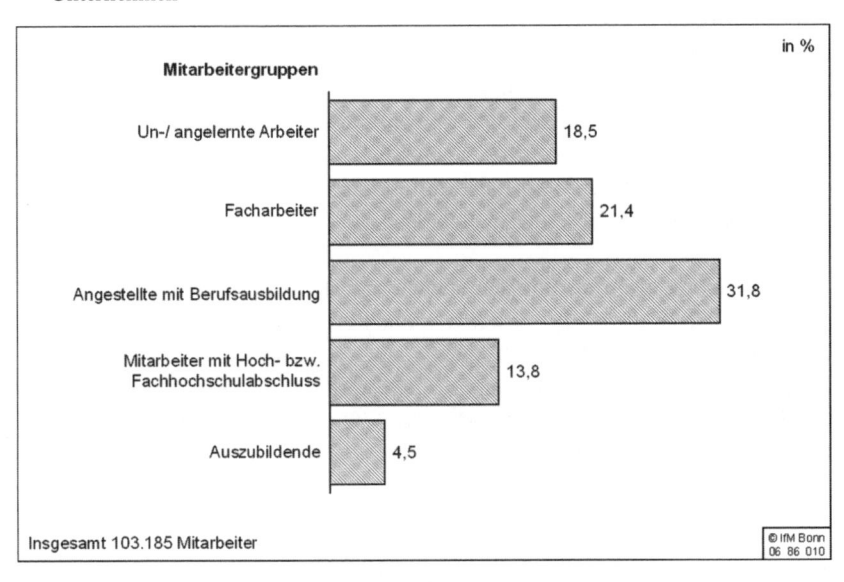

Mitarbeitergruppen	in %
Un-/ angelernte Arbeiter	18,5
Facharbeiter	21,4
Angestellte mit Berufsausbildung	31,8
Mitarbeiter mit Hoch- bzw. Fachhochschulabschluss	13,8
Auszubildende	4,5

Insgesamt 103.185 Mitarbeiter

© IfM Bonn
06 86 010

Quelle: IfM Bonn Befragung der Geschäftsführung.

3. Determinanten der geringen Verbreitung von Betriebsräten im Mittelstand

Im Zentrum der vorliegenden Untersuchung steht die betriebliche Mitbestimmung in mittelständischen Unternehmen. Nach §1 des Betriebsverfassungsgesetzes haben die Arbeitnehmer in Betrieben mit mindestens fünf ständigen wahlberechtigten Arbeitnehmern ein Recht, einen Betriebsrat zu wählen. Wie in der Einleitung bereits aufgeführt, verfügen jedoch nur wenige der mittelständischen Unternehmen über einen Betriebsrat, während sich die Situation in Großunternehmen umgekehrt darstellt.[7] Gleichzeitig weist der Mittelstand spezifische Merkmale auf, die in Großunternehmen nicht zu finden sind. Aus diesem Grund wird im Folgenden überprüft, ob die geringe Verbreitung von Betriebsräten in mittelständischen Unternehmen auf diese „Mittelstandsspezifika" zurückzuführen ist.

Zunächst soll in Kapitel 3.1 überprüft werden, in wie vielen der mittelständischen Unternehmen ein Betriebsrat nach den Vorgaben des Betriebsverfassungsgesetzes gegründet worden ist. In Kapitel 3.2 werden die Besonderheiten mittelständischer Unternehmen dargestellt und anschließend in Unternehmen mit und ohne Betriebsrat näher betrachtet. Schließlich werden in Kapitel 3.3 auf Basis einer multivariaten Analyse zentrale Einflussfaktoren auf die Wahrscheinlichkeit der Existenz von Betriebsräten in mittelständischen Unternehmen isoliert und diskutiert.

Aufgrund der disproportionalen Schichtung ist die Stichprobe - wie in Kapitel 2.3.1 und 2.3.2 dargelegt - nur eingeschränkt repräsentativ. Aussagen über die Gesamtwirtschaft sind gleichwohl mittels einer verlässlichen Hochrechnung der Befragungsergebnisse möglich. Um also repräsentative Aussagen über die mittelständischen Unternehmen der Größenklasse 20 bis 499 Beschäftigte treffen zu können, werden im Folgenden alle Ergebnisse - sofern nicht anders angegeben - gewichtet.

3.1 Verbreitung von Betriebsräten im Mittelstand

Trotz der Vorgaben des Betriebsverfassungsgesetzes verfügt die Mehrheit der mittelständischen Unternehmen (20 bis 499 Beschäftigte) über keinen Betriebsrat. Lediglich in 29 % der Unternehmen dieser Größenklasse ist eine gesetzlich legitimierte Arbeitnehmervertretung gewählt worden. Werden auch andere, nicht vom Betriebsverfassungsgesetz geregelte, Formen der Arbeitnehmervertretung wie bspw. ein Belegschaftssprecher oder ein Runder Tisch einbezogen, so erhöht sich die Zahl der Unternehmen mit Arbeitnehmervertretung im betrachteten Mittelstand auf 42,8 %. In mehr als drei Fünfteln dieser Unternehmen mit Arbeitnehmervertretung wurde ein Betriebsrat gewählt. Andere Vertretungsformen sind in knapp einem Drittel dieser Unternehmen eingerichtet worden. Eine Minderheit von knapp 5 % hat sowohl einen Betriebsrat als auch eine andere Vertretungsform installiert (vgl. Abbildung 10).

Für die vorliegenden Untersuchungsergebnisse ist von Bedeutung, ob die gewonnenen Daten die Anteile der betrieblichen Mitbestimmung im betrachteten Mittelstand valide abbilden. Aus diesem Grund werden die vorliegenden Daten mit bestehenden Datenquellen verglichen. Da es in Deutschland keine Meldepflicht für Betriebsräte oder andere Vertretungsformen gibt, kann auf keine entsprechende Statistik zugegriffen werden. Das IAB-Betriebspanel ist eine der wenigen repräsentativen Datenquellen, die über Informationen zur betrieblichen Interessenvertretung in Deutschland Auskunft geben kann. Darüber hinaus liegen mittlerweile auch die Ergebnisse eines aktuellen Förderprojektes der Hans-Böckler-Stiftung zur „Betrieblichen Interessenregulierung in Deutschland" (BISS) vor, so dass zwei Untersuchungen als Vergleichsgrundlagen zur Verfügung stehen.

Ein vollständiger Vergleich ist jedoch weder mit den IAB- noch mit den BISS-Daten möglich, weil sich die vorliegende Untersuchung - anders als die beiden anderen Untersuchungen - auf Unternehmen und nicht auf Betriebe bezieht.[8] Da ein Unternehmen über mehrere Betriebe verfügen kann, und in der vorliegen-

Abbildung 10: Verbreitung von Arbeitnehmervertretungen im betrachteten Mittelstand

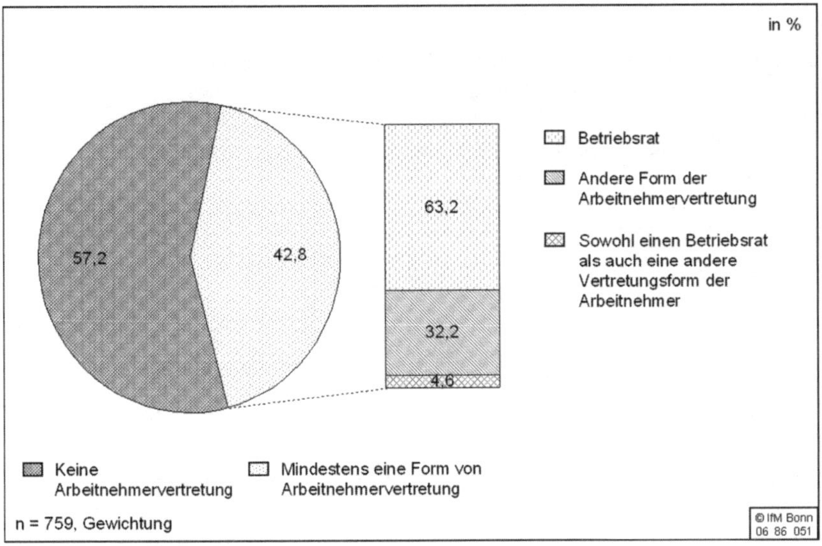

Quelle: IfM Bonn Befragung der Geschäftsführung.

den Untersuchung maximal ein Betriebsrat pro Unternehmen angegeben werden konnte, dürften in der vorliegenden Untersuchung etwas geringere Anteile an Betriebsräten als in den beiden anderen Untersuchungen ausgewiesen werden.[9] Zudem ist anzunehmen, dass Betriebe, die zu größeren Unternehmen gehören, mit einer größeren Wahrscheinlichkeit über einen Betriebsrat verfügen als kleine eigenständige Unternehmen.

Unserer Vermutung entsprechend fallen die Anteilswerte des IAB-Betriebspanels sowie der BISS-Erhebung etwas höher aus. Während das IAB-Betriebspanel wie auch die BISS-Daten für die Betriebe der Größenklasse 20 bis 499 Beschäftigte in Deutschland einen Betriebsratsanteil von 32 % ausweisen, liegt der entsprechende Anteil der vorliegenden Untersuchung bei 29 % (vgl. Tabelle 2 und 3).

Tabelle 2: *Verbreitung von Betriebsräten nach Beschäftigtengrößenklassen, in %, (IfM Bonn vs. IAB)*

Unternehmen/Betriebe mit ...	IfM Bonn „Mitbestimmung und Mittelstand"	IAB-Betriebspanel
20 – 50 Beschäftigte	17	21
51 – 100 Beschäftigte	32	42
101 – 199 Beschäftigte	64	65
200 – 499 Beschäftigte	81	80
Insgesamt	29	32

Quelle: IfM Bonn Befragung der Geschäftsführer sowie Sonderauswertung des IAB-Betriebspanel 2004: 12. Welle West, 9. Welle Ost.

Tabelle 3: *Verbreitung von Betriebsräten nach Beschäftigtengrößenklassen, in %, (IfM Bonn vs. BISS)*

Unternehmen/Betriebe mit ...	IfM Bonn „Mitbestimmung und Mittelstand"	BISS-Daten
20-49 Beschäftigte	17	20
50-99 Beschäftigte	31	39
100-199 Beschäftigte	60	57
200-499 Beschäftigte	81	77
Insgesamt	29	32

Quelle: IfM Bonn Befragung der Geschäftsführer sowie Sonderauswertung der BISS-Erhebung 2005: Privatwirtschaft, 20 bis 499 Beschäftigte, Betriebsgewichtung, gerundete Werte (daher Rundungsfehler möglich).

Die vorliegende Untersuchung dürfte die Verbreitung von Betriebsräten im Mittelstand somit relativ valide abbilden und allenfalls leicht unterschätzen.

3.2 Besonderheiten mittelständischer Unternehmen

Mittelständische Unternehmen unterscheiden sich nicht nur in der Anzahl ihrer Mitarbeiter von Großunternehmen, sondern sie verfügen auch über besondere Merkmale, die große Unternehmen nicht aufweisen. Dies spiegelt sich in der qualitativen Mittelstandsdefinition des IfM Bonn wider (vgl. GÜNTERBERG/ WOLTER 2003, S. 2). Demnach zeichnen sich mittelständische Unternehmen durch die
- „Einheit von Eigentum, Leitung, Haftung und Risiko, d.h. der Einheit von wirtschaftlicher Existenz des Unternehmens und seiner Leitung, und in der
- verantwortlichen Mitwirkung der Leitung in allen unternehmenspolitisch relevanten Entscheidungen" aus.

Diese Konstellation aus Eigentum und Leitung in einer Hand führt einerseits zu einer starken personalen Prägung der mittelständischen Unternehmen durch die Person des Inhabers. Andererseits hat die Mitwirkung des Inhabers auf alle strategisch bedeutsamen Vorgänge und Entscheidungen im Unternehmen entsprechend Auswirkungen auf die Gestaltung der Entscheidungs- und Kommunikationsprozesse im Unternehmen.

Dies hat nicht nur Konsequenzen für die Beziehung zwischen Mitarbeitern und Geschäftsführung, sondern vermutlich auch für die Mitbestimmungssituation in den mittelständischen Unternehmen. Diese Vermutung soll im Folgenden überprüft werden, indem mittelständische Unternehmen mit und ohne Betriebsrat in Bezug auf die Merkmale der Geschäftsführung sowie die Kommunikations- und Entscheidungsprozesse verglichen werden.

3.2.1 Merkmale mittelständischer Geschäftsführer

Da mittelständische Unternehmen stark von der Person des Geschäftsführers[10] geprägt werden (vgl. z.B. DOMEYER/FUNDER 1991, S. 84), wird im Folgenden der Frage nachgegangen, inwieweit persönliche Merkmale des Geschäftsführers – wie die Eigentümerfunktion und die Einstellung zur betrieblichen Mitbestimmung – Einfluss auf die Mitbestimmungssituation in den mittelständischen Unternehmen nehmen.

Eigentümerfunktion

Von den mittelständischen Geschäftsführern sind knapp 70 % zugleich auch Inhaber des Unternehmens, wohingegen die restlichen 30 % als angestellte Geschäftsführer tätig sind. Im Vergleich zu angestellten Managern weisen die Inhaber mittelständischer Unternehmen eine besonders starke Bindung an ihr Unternehmen auf. Diese Bindung ist zum einen finanzieller Natur: So ist das Unternehmen nicht nur ihre Existenzgrundlage, sondern auch ihr persönliches Eigentum. Darüber hinaus besteht eine starke emotionale Bindung an das Unternehmen, da dessen Bestand und dessen Entwicklung eng mit dem persönlichen Lebensweg verknüpft sind (vgl. KOTTHOFF/REINDL 1990, S. 386 f.).[11] Zwar kann ein angestellter Geschäftsführer eine ähnlich starke emotionale Bindung an das Unternehmen entwickeln und vielleicht auch einen ähnlich hohen Identifikationsgrad mit dem Unternehmen erreichen, jedoch fehlt ihm der unmittelbare existenzielle Bezug zum Unternehmen (vgl. FRANZ 1979, Kapitel 1232, S. 5). Diese starke emotionale, vor allem aber auch die finanzielle Bindung an das Unternehmen führt dazu, dass Eigentümer-Unternehmer Einschränkungen ihrer unternehmerischen Freiheiten kritisch gegenüberstehen. Daher ist anzunehmen, dass die Eigentümer-Unternehmer in der Gründung eines Betriebsrats eine Beschränkung ihrer Entscheidungs-

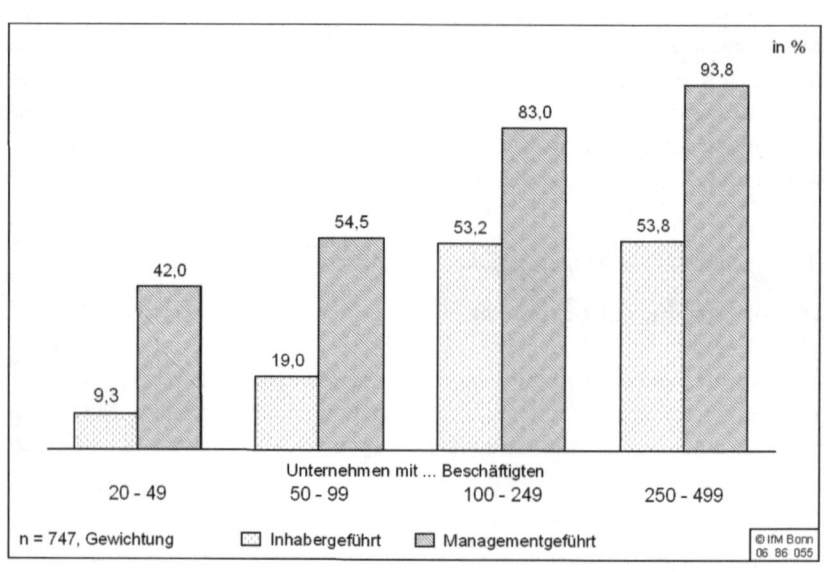

Abbildung 11: Verbreitung von Betriebsräten in Abhängigkeit von der Unternehmensführung und der Unternehmensgröße

Unternehmen mit ... Beschäftigten	Inhabergeführt	Managementgeführt
20 - 49	9,3	42,0
50 - 99	19,0	54,5
100 - 249	53,2	83,0
250 - 499	53,8	93,8

n = 747, Gewichtung

Quelle: IfM Bonn Befragung der Geschäftsführung.

freiheiten sehen, weshalb in ihren Unternehmen eine Gründung aktiv oder passiv stärker abgelehnt wird als in managementgeführten Unternehmen.

Empirisch zeigt sich in der Tat, dass es – unabhängig von der Größe des Unternehmens – in Unternehmen, die von einem Inhaber geführt werden, seltener einen Betriebsrat gibt als in managementgeführten Unternehmen (vgl. Abbildung 11). Am deutlichsten wird dies in der Größenklasse 250 bis 499 Beschäftigte: Während 53,8 % der inhabergeführten Unternehmen über einen Betriebsrat verfügen, liegt der Anteil bei den managementgeführten Unternehmen bei 93,8 % und entspricht damit dem Verbreitungsgrad von Betriebsräten in Großunternehmen.[12]

Die Bindung der Inhaber an ihr Unternehmen wird sich, so kann man vermuten, auch noch verstärken, wenn sie das Unternehmen tatsächlich selbst gegründet haben. Das subjektiv empfundene Zugehörigkeitsgefühl zum Unternehmen wird vermutlich eine andere Qualität haben, wenn man dieses selbst aufgebaut und Krisen bewältigt hat (vgl. KOTTHOFF/REINDL 1990, S. 386 f.). Von den mittelständischen Inhabern hat etwa die Hälfte das Unternehmen selbst neu gegründet, knapp ein Drittel der Eigentümer hat das Unternehmen innerhalb der Familie übernommen und etwa 11 % haben durch Übernahme bzw. Beteiligung ihr Unternehmen erworben (vgl. Abbildung 12).

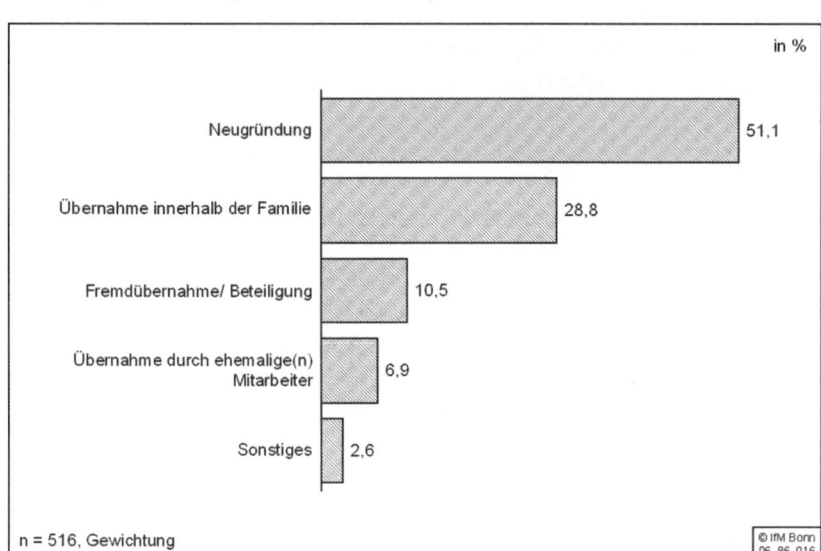

Abbildung 12: Gründungsformen der inhabergeführten Unternehmen

Gründungsform	in %
Neugründung	51,1
Übernahme innerhalb der Familie	28,8
Fremdübernahme/ Beteiligung	10,5
Übernahme durch ehemalige(n) Mitarbeiter	6,9
Sonstiges	2,6

n = 516, Gewichtung © IfM Bonn 06 86 016

Quelle: IfM Bonn Befragung der Geschäftsführung.

Diese unterschiedlichen Gründungsformen spiegeln sich ebenfalls in der Mitbestimmungssituation wider: In doppelt so vielen mittelständischen Unternehmen, die von einem Inhaber geführt werden, der sein Unternehmen gekauft bzw. übernommen hat, ist ein Betriebsrat (21,7 %) anzutreffen als in solchen, in denen der Gründer noch das Unternehmen leitet (11 %).

Die stärkere Verbreitung von Betriebsräten in Unternehmen, die per Übernahmen oder Beteiligung erworben wurden, ist neben der geringeren Bindung des neuen Inhabers an sein Unternehmen möglicherweise auf den Umstand der Übernahme bzw. Beteiligung selbst zurückzuführen. Denn aus empirischen Untersuchungen wissen wir, dass durch den Führungswechsel die Unsicherheit bei den Mitarbeitern erhöht wird (u.a. RUDOLPH/WASSERMANN 2006, S. 95, HILBERT/SPERLING 1993, S. 180). Diese Unsicherheit führt dann häufig zu Betriebsratsgründungen. Entsprechend wird von den Inhabern mit Betriebsrat, die ihr Unternehmen übernommen oder durch eine Beteiligung erworben haben, am häufigsten angegeben, dass dieser Betriebsrat in Folge des Eigentümerwechsels (32,8 %) bzw. anstehender Organisationsänderungen (25,8 %) gegründet worden ist. Anders wird dies von Inhabern gesehen, die ihr Unternehmen selbst gegründet haben und über einen Betriebsrat verfügen: Sie geben am häufigsten an, dass dieser entstanden ist, weil neue Mitarbeiter ins Unternehmen gekommen sind (34,2 %) bzw. die Mitarbeiter stärker beteiligt werden wollten (32,9 %).

In Unternehmen, die von Inhabern geführt werden, ist weniger häufig ein Betriebsrat vertreten, als in solchen Unternehmen, die von einem angestellten Manager geführt werden. Gleichwohl spielen hierbei Merkmale wie die Unternehmensgröße und die Übergabe oder der Verkauf eines Unternehmens ebenfalls eine Rolle.

Einstellung zum Betriebsrat

Neben der Einheit von Eigentum und Leitung prägt auch die Persönlichkeit des Geschäftsführers die Gestaltung der Unternehmensprozesse in den mittelständischen Unternehmen (vgl. DABROWSKI et al. 1986, S. 56 ff.). So beeinflussen die persönlichen Einstellungen und Motive der Geschäftsführung deren Führungsverhalten. Für die Mitbestimmungssituation kann somit vermutet werden, dass in Unternehmen, in denen der Geschäftsführer über eine negative Einstellung zur betrieblichen Mitbestimmung verfügt, ein Betriebsrat seltener vorhanden ist als in anderen Unternehmen.

Um die Einstellung zur betrieblichen Mitbestimmung erfassen zu können, wurden die Geschäftsführer gebeten, ihre Zustimmung bzw. Ablehnung zu zwölf teils befürwortenden, teils ablehnenden Aussagen über den Betriebsrat zum Ausdruck zu bringen. Werden diese Aussagen getrennt nach Befürwortung und Ablehnung von Betriebsräten betrachtet, fällt auf, dass bei den mittelständischen Geschäftsführern eine eher negative Sicht auf die betriebliche Mitbestimmung dominiert: So wird den negativ gefärbten Aussagen eher zugestimmt (Mittelwerte zwischen 2,9 und 3,9), während die positiven Aussagen im Durchschnitt eher abgelehnt werden (Mittelwerte von 2,4 bis 3,0) (vgl. Abbildung 13).

Aus der Summe der Bewertungen kann die Stärke der Einstellung zur betrieblichen Mitbestimmung abgelesen werden.[13] Durch die elf Aussagen[14] und die fünfstufige Skala können die Ausprägungen auf dieser Einstellungsskala folglich zwischen 11 und 55 schwanken.[15] Dabei gibt ein Wert von 55 an, dass ein Geschäftsführer eine sehr stark positive Einstellung zur betrieblichen Mitbestimmung hat, während eine Ausprägung von 11 auf der Einstellungsskala auf eine sehr stark negative Einstellung des Geschäftsführers hindeutet. D.h., es kann eine ungefähre Einordnung der mittelständischen Geschäftsführer auf einem Kontinuum der Einstellungsintensität vorgenommen werden. Im Durchschnitt weisen die mittelständischen Geschäftsführer eine Ausprägung von 28,6 auf der Einstellungsskala auf, die im neutralen Bereich der Skala liegt. Ein Vergleich der Einstellung zur betrieblichen Mitbestimmung von Geschäftsführern in Unternehmen mit und ohne Betriebsrat zeigt deutliche Unterschiede auf (vgl. Tabelle

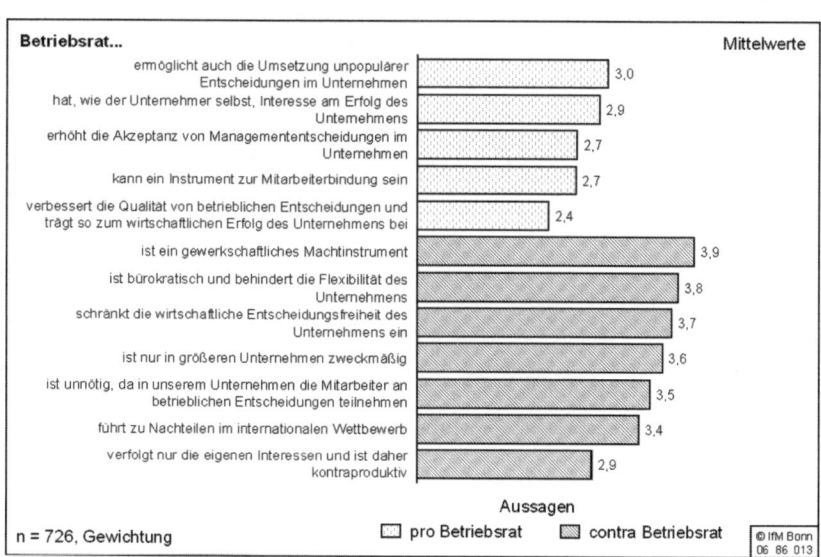

Abbildung 13: Einstellung der Geschäftsführung zur betrieblichen Mitbestimmung

Betriebsrat...	Mittelwerte
ermöglicht auch die Umsetzung unpopulärer Entscheidungen im Unternehmen	3,0
hat, wie der Unternehmer selbst, Interesse am Erfolg des Unternehmens	2,9
erhöht die Akzeptanz von Managemententscheidungen im Unternehmen	2,7
kann ein Instrument zur Mitarbeiterbindung sein	2,7
verbessert die Qualität von betrieblichen Entscheidungen und trägt so zum wirtschaftlichen Erfolg des Unternehmens bei	2,4
ist ein gewerkschaftliches Machtinstrument	3,9
ist bürokratisch und behindert die Flexibilität des Unternehmens	3,8
schränkt die wirtschaftliche Entscheidungsfreiheit des Unternehmens ein	3,7
ist nur in größeren Unternehmen zweckmäßig	3,6
ist unnötig, da in unserem Unternehmen die Mitarbeiter an betrieblichen Entscheidungen teilnehmen	3,5
führt zu Nachteilen im internationalen Wettbewerb	3,4
verfolgt nur die eigenen Interessen und ist daher kontraproduktiv	2,9

n = 726, Gewichtung   Aussagen: ☐ pro Betriebsrat   ☒ contra Betriebsrat   © IfM Bonn 06 86 013

1 = trifft gar nicht zu und 5 = trifft voll zu
Quelle: IfM Bonn Befragung der Geschäftsführung.

4): Während gut 41 % der Geschäftsführer von Unternehmen ohne Betriebsrat eine eher negative bis sehr negative Einstellung gegenüber dem Betriebsrat haben, liegt der entsprechende Anteil in Unternehmen mit Betriebsrat bei knapp 18 %. Umgekehrt verhält es sich im Bereich der eher positiven bis sehr positiven Einstellung: So ist der Anteil von Geschäftsführern mit einer positiven Einstellung zur betrieblichen Mitbestimmung in Unternehmen mit Betriebsrat fünf Mal so hoch wie in Unternehmen ohne Betriebsrat. Auffällig ist jedoch der große Anteil von Geschäftsführern mit neutraler Einstellung zum Betriebsrat sowohl in Unternehmen mit als auch ohne Betriebsrat (58,8 % bzw. 54,6 %).

Die Einstellung zur betrieblichen Mitbestimmung scheint demnach in einem Zusammenhang mit der Mitbestimmungssituation eines Unternehmens zu stehen. Hieraus geht jedoch nicht hervor, ob eine positive Einstellung zur betrieblichen Mitbestimmung Folge oder Ursache einer Betriebsratsgründung ist.

Tabelle 4: Einstellung der Geschäftsführer zur betrieblichen Mitbestimmung in Unternehmen mit und ohne Betriebsrat, in %

Mitbestimmungssituation / Qualität der Einstellung	Unternehmen mit Betriebsrat	Unternehmen ohne Betriebsrat	Alle Unternehmen
Sehr negativ	4,1	9,6	8,0
Eher negativ	13,8	31,3	26,1
Neutral	58,8	54,6	55,8
Eher positiv	19,3	4,4	8,9
Sehr positiv	3,9	0,1	1,2
Gesamt	100	100	100
Mittelwert (11=sehr negativ und 55=sehr positiv)	33,4	26,6	28,6
	(n=201)	(n=470)	(n=671)

Quelle: IfM Bonn Befragung der Geschäftsführung; Gewichtung.

3.2.2 Kommunikations- und Entscheidungsprozesse

Die besondere Verantwortung der mittelständischen Geschäftsführer für ihr Unternehmen hat auch Auswirkungen auf die internen Kommunikations- und Entscheidungsprozesse. So stellt u.a. HAUSER (2005, S. 52) fest, dass sich infolge dieser besonderen Konstellation in der Führung flachere Hierarchien und ein engeres Verhältnis zwischen Geschäftsführung und Belegschaft in den mittelständischen Unternehmen ergeben. Aus diesem Grund werden nachfolgend nicht nur die Möglichkeiten der direkten Kommunikation und die Häufigkeit interner Konflikte sondern auch das Entscheidungsverhalten und das Kontrollbedürfnis der mittelständischen Geschäftsführung näher betrachtet.

Direkte Kommunikation und Konfliktregelung

KOTTHOFF und REINDL (1990, S. 375 ff.) stellten fest, dass in der Mehrzahl der betrachteten mittelständischen Betriebe eine gemeinschaftliche Sozialordnung vorliegt, die durch eine enge Beziehung zwischen Geschäftsführung und Mitarbeiter gekennzeichnet ist. Diese Form der Zusammenarbeit gibt Mitarbeitern die Möglichkeit zur direkten Kommunikation. Dies legt die Vermutung nahe, dass in Unternehmen, in denen es für den einzelnen Arbeitnehmer viele Möglichkeiten zur direkten Kommunikation mit der Geschäftsführung oder auch einen Vorgesetzten gibt, eine Stellvertretung durch einen Betriebsrat seltener vorkommt, da eventuelle Probleme oder Informationen während der Arbeit direkt angesprochen oder ausgetauscht werden können.

Den Geschäftsführern der mittelständischen Unternehmen wurden daher fünf Interaktionssituationen vorgegeben, denen allen die Möglichkeit zur direkten Kommunikation gemein ist. So wurden die Geschäftsführer bspw. gefragt, inwieweit es üblich ist, dass ein Mitarbeiter jederzeit bei der Geschäftsführung oder auch dem Vorgesetzten vorbeischauen darf, um eine Frage zu stellen, oder ob dies eher nur in Ausnahmesituationen gewünscht ist. Eine weitere Aussage bezog sich darauf, ob bspw. Betriebsfeiern organisiert werden, bei denen sich die Mitarbeiter auch mal in privater Atmosphäre mit dem Geschäftsführer treffen.

Ein Vergleich von mittelständischen Unternehmen mit und ohne Betriebsrat zeigt, dass sich diese beiden Gruppen in genau drei der fünf vorgegebenen Interaktionssituationen signifikant unterscheiden (vgl. Abbildung 14): So nehmen sich Geschäftsführer in Unternehmen ohne Betriebsrat mehr Zeit für die persönlichen Probleme der Mitarbeiter (Mittelwert=4,4) als Geschäftsführer in Unternehmen mit Betriebsrat (=4,1). Gleichzeitig beteiligen sich Geschäftsführer in Unternehmen ohne Betriebsrat in Notfällen auch eher am operativen Geschäft (=4,4). Zudem zeigt sich, dass das „Prinzip der offenen Tür" eher in Unternehmen ohne Betriebsrat (=4,7) als in Unternehmen mit Betriebsrat (=4,5) gelebt wird. In Be-

Abbildung 14: Interaktionsbeziehungen in Unternehmen mit und ohne Betriebsrat

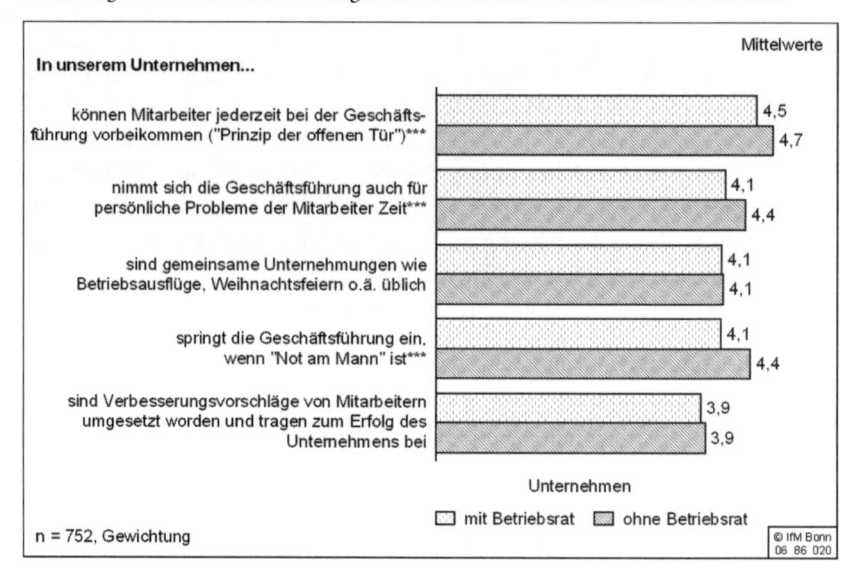

In unserem Unternehmen...	mit Betriebsrat	ohne Betriebsrat
können Mitarbeiter jederzeit bei der Geschäftsführung vorbeikommen ("Prinzip der offenen Tür")***	4,5	4,7
nimmt sich die Geschäftsführung auch für persönliche Probleme der Mitarbeiter Zeit***	4,1	4,4
sind gemeinsame Unternehmungen wie Betriebsausflüge, Weihnachtsfeiern o.ä. üblich	4,1	4,1
springt die Geschäftsführung ein, wenn "Not am Mann" ist***	4,1	4,4
sind Verbesserungsvorschläge von Mitarbeitern umgesetzt worden und tragen zum Erfolg des Unternehmens bei	3,9	3,9

n = 752, Gewichtung

1 = stimme ich gar nicht zu und 5 = stimme ich voll zu
*** Signifikanzniveau 0,01 (t-Test)
Quelle: IfM Bonn Befragung der Geschäftsführung.

zug auf die Bedeutung von Betriebsausflügen und der Umsetzung von Verbesserungsvorschlägen von Mitarbeitern gibt es hingegen keine signifikanten Unterschiede zwischen Unternehmen mit und ohne Betriebsrat.

Die Interaktionsbeziehungen zwischen Geschäftsführung und Mitarbeiter beeinflussen zwar - wie zuvor dargelegt - die Mitbestimmungssituation in den Unternehmen, jedoch werden sie ihrerseits auch durch die Größe des Unternehmens beeinflusst: So kommt es in kleineren Unternehmen häufiger vor, dass der Geschäftsführer oder der Vorgesetzte sich auch Zeit für die persönlichen Probleme der Mitarbeiter nehmen als in Unternehmen der Größenklasse 250 bis 499 Beschäftigte (Mittelwerte liegen bei 4,4 bzw. bei 4,0). Das Gleiche gilt auch für das Prinzip der offenen Tür und die Beteiligung der Geschäftsführung am operativen Geschäft. Hingegen unterliegen Betriebsausflüge und die Umsetzung von Verbesserungsvorschlägen keinem Größeneffekt. Es stellt sich daher die Frage, ob der festgestellte Einfluss einiger Interaktionssituationen auf die Mitbestimmungssituation wirklich durch diese oder aber durch den Einfluss der Unternehmensgröße hervorgerufen worden ist.

Die Nähe zwischen Geschäftsführung und Mitarbeitern in mittelständischen Unternehmen dürfte Einfluss, wenn nicht auf die Häufigkeit von Konflikten in

Unternehmen, so doch auf den Umgang mit selbigen haben. Dies wiederum sollte sich indirekt darauf auswirken, ob es in einem Unternehmen zu einer Betriebsratsgründung gekommen ist oder nicht. Mit Blick auf Abbildung 15 zeigt sich, dass diese Vermutung anhand der vorliegenden Ergebnisse bestätigt wird. So geben die mittelständischen Geschäftsführer in Unternehmen mit Betriebsrat zum einen an, dass es häufiger zu Streitigkeiten unter Mitarbeitern kommt (Mittelwert=2,3) als in Unternehmen ohne Betriebsrat (=2,1). Zum anderen fühlen sich die Geschäftsführer in Unternehmen mit Betriebsrat auch weniger stark für die Regelung der Streitigkeiten der Mitarbeiter persönlich verantwortlich (=3,3) als dies Geschäftsführer in Unternehmen ohne Betriebsrat tun (=3,0). Jedoch ist – wie auch schon bei den Interaktionssituationen – von einem Einfluss der Unternehmensgröße auszugehen.

Eine alternative Erklärung für die Konflikthäufigkeit in Unternehmen mit Betriebsrat sowie für den anderen Umgang mit Streitigkeiten könnte auch in dem Umstand des Betriebsrats selbst liegen: So werden durch die regelmäßigen Ge-

Abbildung 15: Konflikte in Unternehmen mit und ohne Betriebsrat und der Umgang mit ihnen

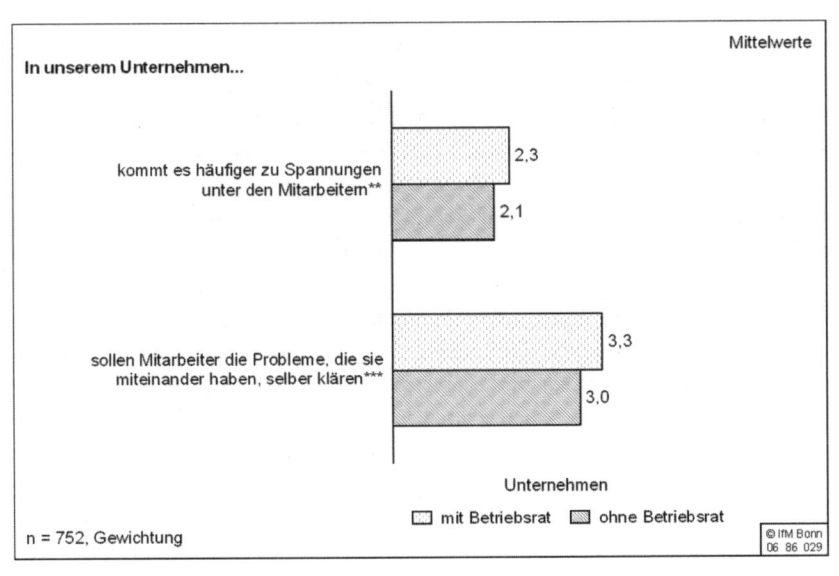

1 = stimme ich gar nicht zu und 5 = stimme ich voll zu
  ** Signifikanzniveau 0,05 (t-Test)
 *** Signifikanzniveau 0,01 (t-Test)
Quelle: IfM Bonn Befragung der Geschäftsführung.

spräche zwischen Geschäftsführung und Arbeitnehmervertretung in Unternehmen mit Betriebsrat häufiger auch problematische Themen diskutiert, die das Konfliktpotential in diesen Unternehmen erhöhen (vgl. EDWARDS 1999, S. 31). Zudem übernehmen Betriebsräte in den jeweiligen Unternehmen nicht nur zwischen Belegschaft und Geschäftsführung (gemäß §2 BetrVG) die Funktion eines Vermittlers sondern auch zwischen den Mitarbeitern bspw. im Falle von Streitigkeiten (vgl. BIERBAUM et al. 2001, S. 12).

Entscheidungsprozesse und Kontrolle

Geschäftsführer von mittelständischen Unternehmen sind in der Regel für alle unternehmensrelevanten Entscheidungen verantwortlich (vgl. GÜNTERBERG/ WOLTER 2003, S. 3). Dies hat Auswirkungen auf die Gestaltung der Entscheidungsprozesse in diesen Unternehmen und damit auch auf das Ausmaß der Beteiligung der Mitarbeiter an Entscheidungen. Dabei kann angenommen werden, dass in Unternehmen ein Betriebsrat umso eher zu finden ist, in denen die Geschäftsführung die Mitarbeiter in Entscheidungsprozesse einbindet.

Daher wurden die mittelständischen Geschäftsführer nach ihrem grundsätzlichem Entscheidungsverhalten bei regulären unternehmerischen Entscheidungen (wie bspw. mittlere Investitionsvorhaben, Annahme von Großaufträgen) befragt.[16] Hierfür wurden den Geschäftsführern sechs unterschiedliche Aussagen über das Entscheidungsverhalten vorgegeben: Diese reichten von „die Geschäftsführung entscheidet allein" bis hin zu „die zuständigen Mitarbeiter entscheiden eigenständig". Daraus wurden schließlich vier verschiedene Entscheidungsstile gebildet: Ein zentralistisches Entscheidungsverhalten liegt vor, wenn ein Geschäftsführer Entscheidungen trifft, ohne sich mit den Mitarbeitern zu beraten. Anders sieht dies beim interaktiven Entscheidungsstil aus: Hier werden Entscheidungen gefällt, nachdem der Geschäftsführer die Mitarbeiter angehört hat. Diesen Entscheidungsstil bezeichnen wir als schwach interaktiv. Wenn der Geschäftsführer jedoch seine Entscheidungen fällt, nachdem Lösungsmöglichkeiten mit den Mitarbeitern entwickelt worden sind, dann wird dieser als stark interaktiv bewertet. Die Entscheidung wird letztlich jedoch in beiden Fällen von der Geschäftsführung getroffen. Als mitarbeiterbeteiligend wird ein Entscheidungsverhalten bezeichnet, wenn die Mitarbeiter gleichberechtigt mit der Geschäftsführung zusammen entscheiden bzw. ganz eigenständig Entscheidungen fällen dürfen.

Es zeigt sich, dass das Gros der Geschäftsführer mit einem Anteil von etwa 70 % einen interaktiven Entscheidungsstil pflegt. Etwa 23 % der mittelständischen Geschäftsführer zeigen bei den abgefragten unternehmerischen Entscheidungen ein zentralistisches Entscheidungsverhalten und knapp 7 % zeigen einen mitarbeiterbeteiligenden Stil.[17] Dabei wird der zentralistische Entscheidungsstil

Abbildung 16: Entscheidungsstil der Geschäftsführung in Abhängigkeit der Unternehmensgröße

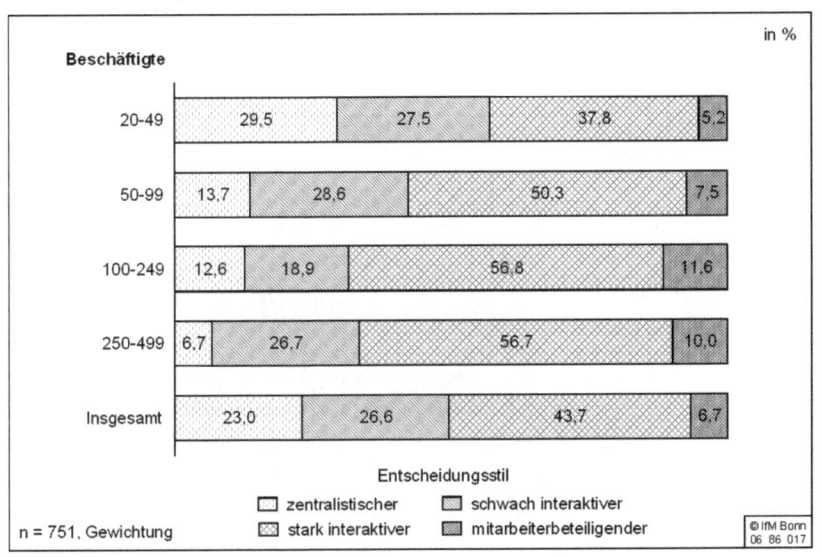

Beschäftigte	zentralistischer	stark interaktiver	schwach interaktiver	mitarbeiterbeteiligender
20-49	29,5	27,5	37,8	5,2
50-99	13,7	28,6	50,3	7,5
100-249	12,6	18,9	56,8	11,6
250-499	6,7	26,7	56,7	10,0
Insgesamt	23,0	26,6	43,7	6,7

n = 751, Gewichtung

Quelle: IfM Bonn Befragung der Geschäftsführung.

vornehmlich von Geschäftsführern in der Größenklasse 20 bis 49 Mitarbeiter verwendet (29,5 %). In der Größenklasse 250 bis 499 Beschäftigte verwenden diesen Entscheidungsstil nur noch knapp 7 % der Geschäftsführer (vgl. Abbildung 16).

Das Entscheidungsverhalten der Geschäftsführer hat, wie entsprechende Analysen zeigen, einen Einfluss auf die Mitbestimmungssituation: Geschäftsführer von Unternehmen mit Betriebsrat zeigen einen eher starken interaktiven Entscheidungsstil (Mittelwert=2,7)[18], während in Unternehmen ohne Betriebsrat eher einen schwacher interaktiver Stil ausgeübt wird (=2,2).

Ein ähnlicher Zusammenhang zeigt sich auch mit Blick auf das Ausmaß der direkten Partizipation bzw. die Häufigkeit, mit der Mitarbeiter an unternehmerischen Entscheidungen beteiligt werden (vgl. Abbildung 17): So werden in Unternehmen, in denen der Geschäftsführer einen mitarbeiterbeteiligenden Entscheidungsstil pflegt, signifikant häufiger Projektgruppen eingerichtet (Mittelwert=3,2) als beispielsweise in Unternehmen, in denen der Geschäftsführer ein zentralistisches Entscheidungsverhalten verfolgt (=2,3). Dies gilt analog auch für das Ausmaß, in dem Mitarbeitern Entscheidungsspielräume eingeräumt werden: Diese Form der Partizipation ist in Unternehmen, in denen der Geschäftsführer einen stark interaktiven bzw. mitarbeiterbeteiligenden Entscheidungsstil ausübt, eher

Abbildung 17: Beteiligung der Mitarbeiter in Abhängigkeit des Entscheidungsstils der Geschäftsführung

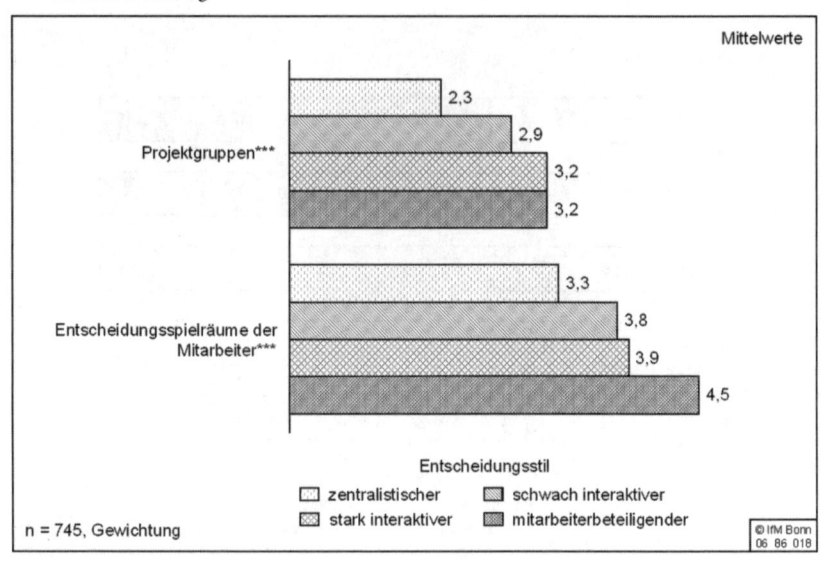

Mittelwerte

Projektgruppen***: 2,3 / 2,9 / 3,2 / 3,2

Entscheidungsspielräume der Mitarbeiter***: 3,3 / 3,8 / 3,9 / 4,5

Entscheidungsstil:
☐ zentralistischer ▨ schwach interaktiver
▨ stark interaktiver ■ mitarbeiterbeteiligender

n = 745, Gewichtung

© IfM Bonn
06 86 018

1 = nie und 5 = immer
1 = stimme ich gar nicht zu und 5 = stimme ich voll zu
*** Signifikanzniveau 0,01 (Oneway Anova)
Quelle: IfM Bonn Befragung der Geschäftsführung.

anzutreffen als in solchen, in denen Geschäftsführer mit einem schwach interaktiven oder zentralistischen Entscheidungsverhalten tätig sind. Jedoch hat hierbei auch die Größe des jeweiligen Unternehmens einen Einfluss und zwar sowohl auf den Entscheidungsstil als auch auf die Wahrscheinlichkeit von Projektgruppen und die Entscheidungsspielräume der Mitarbeiter.

Ein umgekehrtes Verhaltensmuster der mittelständischen Geschäftsführer ist in Hinblick auf ihr Kontrollbedürfnis zu erwarten, sprich: das Kontrollbedürfnis wird mit zunehmender Bereitschaft der Geschäftsführer, Mitarbeiter zu beteiligen, entsprechend geringer sein. Folglich dürfte ein stark interaktiver bzw. mitarbeiterbeteiligender Entscheidungsstil stärker mit einem geringeren Kontrollbedürfnis als mit einem schwach interaktiven oder zentralistischen Entscheidungsstil einher gehen. Dies zeigt sich dann auch: Die Geschäftsführer mit einem zentralistischen Entscheidungsverhalten sind diejenigen, die der Aussage „Vertrauen ist gut, Kontrolle ist besser" am stärksten zustimmen (Mittelwert=3,7)[19]. Entsprechend kann für das Kontrollbedürfnis angenommen werden, dass es sich vermehrt in Unternehmen ohne Betriebsrat finden lässt. Dies kann ebenfalls bestätigt werden: So unterscheiden sich die Geschäftsführer von Unternehmen ohne Betriebsrat mit einem Mittelwert von 3,5 signifikant in dem Ausmaß, wie sie der Aussage „Vertrauen ist gut, Kontrolle ist besser" zustimmen, von den Geschäftsführern in Unternehmen mit Betriebsrat, die hierbei einen Mittelwert 3,2 aufweisen.

Die Mitbestimmungssituation wird nicht nur durch den Entscheidungsstil der Geschäftsführung sondern auch durch ihr Kontrollbedürfnis beeinflusst. Dabei gilt: Je seltener Mitarbeiter von der Geschäftsführung in betriebliche Entscheidungen einbezogen werden und je stärker das Kontrollbedürfnis der Geschäftsführung ist, desto seltener gibt es in diesen Unternehmen einen Betriebsrat. Gleichwohl ist auch bei diesen beiden Merkmalen von einem Einfluss der Unternehmensgröße auszugehen.

3.3 Einflussfaktoren auf die Existenz eines Betriebsrats

Unternehmen mit und ohne Betriebsrat unterscheiden sich - wie die deskriptiven Analysen in Kapitel 3.2 gezeigt haben - hinsichtlich der Merkmale ihrer Geschäftsführer sowie hinsichtlich der Kommunikations- und Entscheidungsprozesse im Unternehmen. Jedoch konnte hierbei auch gezeigt werden, dass andere Faktoren wie bspw. die Unternehmensgröße die festgestellten Zusammenhänge beeinflussen. Mit Hilfe eines multivariaten Modells, in dem viele Faktoren zugleich auf ihren Einfluss geprüft werden können, sollen nachfolgend die zentralen Merkmale identifiziert werden, die sich positiv oder negativ auf die Wahrscheinlichkeit, dass ein Betriebsrat in einem mittelständischen Unternehmen existiert, auswirken.[20]

3.3.1 Modellwahl und Beschreibung der Merkmale

In dem logistischen Regressionsmodell werden neben den Merkmalen der Geschäftsführung sowie den Kommunikations- und Entscheidungsprozessen als interessierende Merkmale weitere strukturelle Determinanten berücksichtigt. Diesem Vorgehen liegt der Gedanke zu Grunde, dass die Existenz von Betriebsräten nicht nur auf die typischen Merkmale mittelständischer Unternehmen zurückgeführt werden kann, sondern einer Reihe weiterer Einflussfaktoren unterliegt. Würden wichtige potenzielle Einflussfaktoren nicht berücksichtigt, könnte dies zu stark verzerrten Schätzergebnissen führen. Deshalb ist es ratsam, zumindest die wichtigsten der aus Theorie und Empirie bekannten Einflussfaktoren als unabhängige Variablen in das logistische Regressionsmodell einzubeziehen. Diese strukturellen Determinanten werden als Strukturmerkmale bezeichnet und wie folgt definiert:

Die *Unternehmensgröße* ist eine wesentliche Determinante für die betriebliche Mitbestimmung (vgl. u.a. FITZROY/KRAFT 1987; FRICK/SADOWSKI 1993; ADDISON et al. 1995, S. 13), da mit zunehmender Anzahl von Mitarbeitern die Vertretungsfunktion durch den Betriebsrat, die Kommunikations- und Regelungsvorteile mit sich bringt, immer bedeutsamer wird (vgl. ADDISON et al. 1999, S. 228): So ist es irgendwann nicht mehr effizient, mit jedem einzelnen Mitarbeiter bspw. eine Änderung der Arbeitszeitregelung zu verhandeln. Ein Betriebsrat – als gesetzlich legitimierte Arbeitnehmervertretung – erleichtert diesen Prozess. Ein weiterer Grund auf Seiten der Arbeitnehmer besteht darin, dass mit zunehmender Unternehmensgröße sich die Informations-, Vorschlags-, Anhörungs-, Beratungs- und Mitwirkungsrechte des Betriebsrats erweitern (vgl. HILBERT et al. 1999, S. 263). Vor diesem Hintergrund ist zu vermuten, dass mit zunehmender Zahl an Mitarbeitern die Wahrscheinlichkeit der Existenz eines Betriebsrats steigt.

Die *Branche* dürfte ebenfalls einen Einfluss auf die Existenz eines Betriebsrats in mittelständischen Unternehmen haben, da einige Branchen traditionell stärkere industrielle Beziehungen haben als andere (vgl. ELLGUTH/KOHAUT 2005, S. 402): So verfügt bspw. das Produzierende Gewerbe traditionell über starke industrielle Beziehungen. Es kann beispielsweise angenommen werden, dass Unternehmen mit starken industriellen Beziehungen eher einen Betriebsrat aufweisen, um bspw. über Öffnungsklauseln vom Tarifvertrag abweichen zu können (KOHAUT/ SCHNABEL 2006, S. 7). Daher ist zu erwarten, dass die Wahrscheinlichkeit der Existenz von Betriebsräten einen branchenspezifischen Einfluss aufweist.

Die Mitgliedschaft eines Unternehmens in einem Arbeitgeberverband kann als Indikator für die Akzeptanz der industriellen Beziehungen aufgefasst werden, wobei davon auszugehen ist, dass Unternehmen, die in einem Arbeitgeberverband organisiert sind, die Notwendigkeit von industriellen Beziehungen anerkennen und daher auch die Mitbestimmung auf Unternehmensebene eher akzeptieren als nicht organisierte Unternehmen (vgl. HILBERT/SPERLING 1993, S. 179 f.). Demnach ist zu erwarten, dass die Mitgliedschaft im Arbeitgeberverband sich förderlich auf die Existenz eines Betriebsrats auswirkt.

Aus der Literatur ist bekannt, dass der *Anteil der Frauen* an der Belegschaft die Existenz eines Betriebsrats in mittelständischen Unternehmen mit beeinflusst (vgl. u.a. FRICK/SADOWSKI 1993). Dies steht zum einen im Zusammenhang mit dem deutlich geringeren Organisationsgrad von Frauen in Gewerkschaften (vgl. FRERICHS et al. 2004, S. 146). Aufgrund des fehlenden gewerkschaftlichen Kontakts sind sie als Gruppe weniger gut über die Möglichkeiten der betrieblichen Mitbestimmung informiert. Dies wiederum dürfte dazu führen, dass sie weniger häufig als Männer den Gedanken erwägen, einen Betriebsrat zu gründen. Zum anderen verfügen Frauen neben ihrer Berufstätigkeit i.d.R. nicht über so viel

Zeit wie Männer für eine Betriebsratstätigkeit, weil ihnen weiterhin die Zuständigkeit für Haushalt und Familie zugeschrieben wird (KLENNER 2005, S. 208; STATISTISCHES BUNDESAMT 2003). Beide Aspekte führen dazu, dass ein hoher Frauenanteil einen negativen Einfluss auf die Wahrscheinlichkeit von Betriebsratsgründungen hat.

Das *Alter* des Unternehmens, darauf deuten die Befunde von ADDISON et al. (1995, S. 15 sowie SCHNABEL/WAGNER 1998, S. 192) hin, hat ebenfalls Einfluss auf die Existenz eines Betriebsrats. So erhöht sich mit zunehmender Dauer der Unternehmenstätigkeit die Wahrscheinlichkeit von internen Konflikten oder Unternehmenskrisen (Personalabbau, Organisationsänderungen, Führungswechsel usw.), die ihrerseits Anlässe für Betriebsratsgründungen bilden können. Wir erwarten folglich, dass mit dem Alter auch die Wahrscheinlichkeit steigt, dass ein Betriebsrat gewählt wird.

Die Berücksichtigung des Sitzes eines Unternehmens im Modell erscheint deswegen als erforderlich, weil in Ostdeutschland erst nach der Wirtschafts-, Währungs- und Sozialunion im Juli 1990 regulär Betriebsräte in Unternehmen gewählt werden konnten (vgl. RÖBENACK 1996, S. 189 f.). Angesichts der fehlenden Tradition betrieblicher Mitbestimmung gehen wir von einem negativen Einfluss eines Unternehmenssitzes in Ostdeutschland aus.

Von der *Entwicklung der Beschäftigung* ist insofern ein Einfluss auf die Gründungswahrscheinlichkeit eines Betriebsrats zu erwarten, als die Betriebsräte bei der Aufstellung von Sozialplänen echte Mitbestimmungsrechte haben. Entsprechend kann angenommen werden, dass bei negativer Beschäftigungsentwicklung und der Notwendigkeit von Sozialplänen die Wahrscheinlichkeit von Betriebsratsgründungen steigt (vgl. ADDISON et al. 1995, S. 17).

Zu diesen allgemeinen Einflussfaktoren kommen noch diejenigen hinzu, die speziell in mittelständischen Unternehmen eine große Rolle spielen.

Die besondere emotionale wie auch finanzielle Bindung der Inhaber an ihr Unternehmen bewirkt, dass diese i.d.R. nur widerstrebend bereit sind, die Entscheidungen im Unternehmen zu delegieren (vgl. SCHACHNER et al. 2006, S. 593). Es besteht ein starkes Unabhängigkeitsstreben, das dazu führt, dass mittelständische Unternehmer einer Einschränkung ihrer unternehmerischen Entscheidungsfreiheit eher kritisch gegenüberstehen. Die Errichtung eines Betriebsrats würde zu einer Einschränkung dieser Eigentümerrechte führen (vgl. FRICK 1997, S. 174), weshalb zu vermuten ist, dass die Inhaberführung einen negativen Einfluss auf die Existenz eines Betriebsrats hat.

Unabhängig von den Eigentumsverhältnissen dürfte die *Einstellung der mittelständischen Geschäftsführer gegenüber der betrieblichen Mitbestimmung* Bedeutung für die untersuchte Fragestellung haben. So zeigen empirische Studien, dass persönliche Einstellungen nicht unwesentlich das Führungsverhalten der Geschäftsführung beeinflussen (vgl. KOTTHOFF/REINDL 1990). Daher kann angenommen werden, dass sich eine negative Einstellung des Geschäftsführers zur betrieblichen Mitbestimmung negativ auf die Wahrscheinlichkeit der Gründung eines Betriebsrats auswirkt.

Die *direkte Kommunikation* mit der Geschäftsführung bietet den Mitarbeitern die Möglichkeit, Probleme und persönliche Anliegen direkt mit der Geschäftsführung zu besprechen, weshalb in solchen Unternehmen eine zusätzliche Interessenvertretung durch einen Betriebsrat an Bedeutung verliert. Zudem entsteht durch die Möglichkeit der direkten Kommunikation eine persönlichere Beziehung der Mitarbeiter zur Geschäftsführung, was den Mitarbeitern eine Betriebsratsgründung gegen den Willen der Geschäftsführung aus psychologischen Gründen erschwert (vgl. WASSERMANN 1999, S. 773). In Unternehmen, in denen es häufig zu *Spannungen unter den Mitarbeitern* kommt, und die Geschäftsführung sich auch nicht zur *Lösung* dieser verantwortlich fühlt, ist von einer zunehmenden Distanz zwischen Unternehmensführung und Belegschaft auszugehen. Diese Faktoren zusammengenommen haben entsprechend negative Wirkungen auf das Betriebsklima. Ein Betriebsrat als Vermittlungsinstanz zwischen Management und Belegschaft könnte einen hilfreichen Beitrag zur Lösung dieser Situation leisten. Folglich kann vermutet werden, dass Möglichkeiten zur direkten Kommunikation sowie geringe interne Konflikte sich negativ auf die Wahrscheinlichkeit eines Betriebsrats auswirken.

Mittelständische Geschäftsführer sind i.d.R. für alle *Entscheidungen* im Unternehmen verantwortlich. Dies führt dazu, dass sie selbst bei wachsendem Geschäftsumfang – aus Angst vor Fehlentscheidungen – meist nicht bereit sind, Entscheidungskompetenzen abzugeben (vgl. ANDERSON/REEB 2003, S. 1306). Zudem stellten LECORNU et al. (1996, S. 8 f.) fest, dass das Bestreben, die volle *Kontrolle* über ein Unternehmen zu bewahren, selbst eines der primären Ziele mittelständischer Unternehmer darstellt. Die Errichtung eines Betriebsrats würde aber genau zu einer Einschränkung dieser Entscheidungsfreiheiten und des Kontrollbedürfnisses der Geschäftsführung führen, weshalb zu vermuten ist, dass diese beiden Merkmale einen negativen Einfluss auf die Existenz eines Betriebsrats haben.

3.3.2 Die Variablen

Im Folgenden wird dargestellt, mit welchen Variablen die oben genannten Einflussgrößen auf die Verbreitung der betrieblichen Mitbestimmung gemessen werden können. Die abhängige (dichotome) Variable ergibt sich aus der Frage „Verfügen

Sie über einen Betriebsrat?" (ja=1, nein=0). Die Unternehmensgröße wird als erklärende Variable anhand der Mitarbeiterzahl des Unternehmens gemessen. Sie wird mit Hilfe von Dummy-Variablen[21] einbezogen: Die Einflüsse der Unternehmensgröße werden abgebildet durch die Dummy-Variablen für folgende Größenklassen 20 bis 49, 50 bis 99, 100 bis 249 Beschäftigte. Als Referenzgruppe werden die Unternehmen mit einer Größenklasse von 250 bis 499 Beschäftigte verwendet. Die Schätzergebnisse geben also die Abweichungen beispielsweise der Unternehmen mit 20 bis 49 Beschäftigten im Vergleich zu den Unternehmen mit 250 bis 499 Beschäftigen an, oder der Unternehmen mit 50 bis 99 Beschäftigten im Vergleich zu den Unternehmen mit 250 bis 499 Beschäftigten.

Das gleiche Verfahren wird auch auf die Branchenzugehörigkeit angewandt, die die Ausprägungen Handel, Baugewerbe, Dienstleistungen für Unternehmen, Dienstleistungen für Personen, Produzierendes Gewerbe und Sonstiges hat. Als Referenzkategorie wird das Produzierende Gewerbe verwendet.

Der Frauenanteil wird aus dem Quotienten der Anzahl Frauen an der jeweiligen Belegschaft berechnet und als Dummy-Variable einbezogen. Die Ausprägungen kleiner (bis ein Drittel der Belegschaft) und mittlerer (ein Drittel bis zwei Drittel der Belegschaft) Frauenanteil werden im Vergleich zur Referenzkategorie großer Frauenanteil (zwei Drittel und mehr) gemessen.

Die Mitgliedschaft des Unternehmens im Arbeitgeberverband wurde als dichotome Variable abgefragt und geht auch in dieser Form in das Modell ein, wobei „1" für „ja" steht. Der Sitz des Unternehmens wird mit „1=Westdeutschland" und „0=Ostdeutschland" erfasst.

Das Unternehmensalter wird in logarithmierter Form in das Modell eingebracht.[22] Die Beschäftigungsentwicklung in den letzten drei Jahren wurde auf einer 5er-Skala gemessen (1=stark gefallen bis 5=stark gestiegen). Diese Variable geht als metrische Variable ins Modell ein.

Die Bindung des Geschäftsführers an das Unternehmen wird mittels der Inhaberführung erfasst, die als dichotome Variable abgefragt worden ist und entsprechend für das Modell verwendet wird. Die Einstellung der Geschäftsführung zur betrieblichen Mitbestimmung wird wie in Kapitel 3.2.1 beschrieben gebildet und in logarithmierter Form ins Modell eingefügt.

Die Möglichkeit zur direkten Kommunikation sowie die Konfliktregelung in den mittelständischen Unternehmen ergeben sich aus den Aussagen „In unserem Unternehmen gilt das Prinzip der offenen Tür"; „In unserem Unternehmen nimmt sich der Geschäftsführer auch für die persönlichen Probleme der Mitarbeiter Zeit"; „In unserem Unternehmen springt der Geschäftsführer ein, wenn Not am Mann ist"; „In unserem Unternehmen sollen Mitarbeiter die Probleme, die sie miteinander haben, selber klären" und „In unserem Unternehmen kommt es häufiger zu Spannungen unter den Mitarbeitern". Diese Variablen wurden auf einer 5er-Skala gemessen (1=stimme ich gar nicht zu bis 5=stimme ich voll zu) und werden als metrische Variable in das Modell eingeführt.

Der Entscheidungsprozess wird mit Hilfe von Dummy-Variablen geprüft. Erfasst werden die vier Entscheidungsstile „zentralistisch", „stark interaktiv", „schwach interaktiv" und „mitarbeiterbeteiligend". Als Referenzkategorie wird der „mitarbeiterbeteiligende Entscheidungsstil" herangezogen. Das Kontrollbedürfnis ergibt sich aus der Aussage „In unserem Unternehmen gilt die Devise: Vertrauen ist gut, Kontrolle ist besser". Diese Variable wurde auf einer 5er-Skala gemessen (1=stimme ich gar nicht zu bis 5=stimme ich voll zu) und wird auch als metrische Variable in das Modell eingeführt.

3.3.3 Zentrale Einflussfaktoren

In das logistische Regressionsmodell werden alle grundlegenden Variablen, welche die betriebliche Mitbestimmung im Mittelstand betreffen, aufgenommen. Als zu erklärende Variable wird die Dummy-Variable Existenz eines Betriebsrats eingesetzt. Das Modell und die erklärenden Merkmale sind in Tabelle 5 abgebildet.

Das Modell schließt 625 von insgesamt 809 Fällen ein und erklärt die Auftrittswahrscheinlichkeit eines Betriebsrats im Mittelstand. Es weist 81,4 % der Fälle den beiden Ausprägungen richtig zu.[23] Die in der Konstante liegenden Restfaktoren haben keinen signifikanten Einfluss.

Tabelle 5 gibt für das berechnete logistische Regressionsmodell die Effekte für den Fall wieder, dass eine unabhängige Variable einen signifikanten Einfluss auf die Existenz eines Betriebsrats ausübt.[24] Liegt ein signifikanter Einfluss vor, so wird die Wahrscheinlichkeitsveränderung ausgewiesen. Übt ein Merkmal hingegen keinen signifikanten Einfluss auf die Existenz eines Betriebsrats aus, wird dies in der Tabelle mit „NS" (nicht signifikant) gekennzeichnet.

Die Effekte geben im Rahmen unseres logistischen Regressionsmodells Auskunft darüber, wie sich die Wahrscheinlichkeit eines Unternehmens, über einen Betriebsrat zu verfügen, verändert, wenn sich die entsprechende unabhängige Variable von ihrer geringsten zur ihrer höchsten Ausprägung verändert. So gibt beispielsweise der Wert -54,6 % in der ersten Zeile des Modells an, dass Unternehmen der kleinsten Größenklasse 20 bis 49 Beschäftigte eine um 54,6 Prozentpunkte geringere Wahrscheinlichkeit haben, über einen Betriebsrat zu verfügen, als die Unternehmen der Referenzklasse 250 bis 499 Beschäftigte.[25]

Für drei der insgesamt elf in diesem Modell aufgenommenen Variablen, welche die „Mittelstandsspezifika" abbilden, zeigen sich signifikante Zusammenhänge mit der Existenz eines Betriebrats (vgl. Tabelle 5):

Tabelle 5: Einflussfaktoren auf die Existenz eines Betriebsrats

Einflussfaktoren	Veränderungen in der Wahrscheinlichkeit
Strukturmerkmale	
Unternehmen mit 20-49 Mitarbeitern	-54,6 %
Unternehmen mit 50-99 Mitarbeitern	-42,8 %
Unternehmen mit 100-249 Mitarbeitern	-20,8 %
Unternehmensalter (logarithmiert)	NS
Unternehmenssitz (Westdeutschland)	NS
Beschäftigtenentwicklung	-40,5 %
Kleiner Frauenanteil in der Belegschaft	+18,3 %
Mittlerer Frauenanteil in der Belegschaft	NS
Mitgliedschaft im Arbeitgeberverband	+16,0 %
Branchen	
Baugewerbe	NS
Handel	NS
Dienstleistungen für Unternehmen	NS
Dienstleistungen für Personen	NS
Sonstige Branchen	NS
Merkmale der Geschäftsführung	
Inhaberführung	-37,1 %
Einstellung zur betrieblichen Mitbestimmung	+65,8 %
Kommunikation und Konflikte	
Zeit für Probleme der Mitarbeiter	NS
Beteiligung am operativen Geschäft	NS
Prinzip der offenen Tür	NS
Spannungen unter Mitarbeitern	NS
Konfliktlösung	NS
Kontrollbedürfnis und Entscheidungsstile	
Kontrollbedürfnis	NS
Zentralistischer Entscheidungsstil	-23,8 %
Schwach Interaktiver Entscheidungsstil	NS
Stark Interaktiver Entscheidungsstil	NS

Ausgewiesen sind die Wahrscheinlichkeitsveränderungen, falls die entsprechenden unabhängigen Variablen signifikant mit einer Irrtumswahrscheinlichkeit von unter 5 Prozent ausfallen; NS = nicht signifikant; Konstanten nicht angeführt. Referenzkategorie für Unternehmensgrößenklassen: „Unternehmen mit 250-499 Mitarbeitern"; Referenzkategorie für Frauenanteil: „Großer Frauenanteil in der Belegschaft"; Referenzkategorie für Branchen: „Produzierendes Gewerbe"; Referenzkategorie für Entscheidungsstile: „Mitarbeiterbeteiligender Entscheidungsstil".
Quelle: IfM Bonn

Merkmale des Geschäftsführers

Wie erwartet geht die Inhaberführung mit einer signifikant geringeren Wahrscheinlichkeit der Existenz eines Betriebsrats einher. Die inhabergeführten Unternehmen weisen unter sonst gleichen Bedingungen mit einer um 37,1 Prozentpunkte geringeren Wahrscheinlichkeit einen Betriebsrat auf als Unternehmen, die von einem angestellten Geschäftsführer geführt werden. Einerseits bewirkt das starke Unabhängigkeitsstreben der Eigentümer-Unternehmer möglicherweise, dass sie jegliche Einflussnahme auf ihre Unternehmertätigkeit zu verhindern suchen. Dies stützt die Untersuchungsergebnisse von KOTTHOFF und REINDL (1990), wonach die Geschäftsführung Einfluss auf die Entscheidung für oder gegen die Gründung eines Betriebsrats nehmen kann. Andererseits sehen aber möglicherweise auch die Arbeitnehmer weniger oft einen Grund, einen Betriebsrat zu wählen, da man dem sich mit dem Unternehmen stark persönlich und finanziell identifizierenden Unternehmer die Verantwortung für die Geschicke des Unternehmens glaubt überlassen zu können.

Der Einstellung der Geschäftsführer zur betrieblichen Mitbestimmung kommt die größte Bedeutung für die Existenz eines Betriebsrats zu: Ein mittelständisches Unternehmen, dessen Geschäftsführer über eine stark positive Einstellung zur betrieblichen Mitbestimmung verfügt, hat mit einer um 65,8 Prozentpunkte höheren Wahrscheinlichkeit einen Betriebsrat als mittelständische Unternehmen, die von Geschäftsführern mit einer stark negativen Einstellung zur betrieblichen Mitbestimmung geführt werden. Auf die Frage, ob eine positive Einstellung zur betrieblichen Mitbestimmung Folge oder Ursache einer Betriebsratsgründung ist, ergeben die bisherigen Ergebnisse allerdings noch keine Antwort. Aus der Einstellungsforschung ist jedoch bekannt, dass Einstellungen von Erfahrungen geprägt und durch diese verändert werden können. Entscheidend hierfür ist jedoch die Einstellungsstärke: Denn je stärker eine Einstellung gegenüber einem Einstellungsobjekt ist, desto änderungsresistenter ist diese und desto stärker wirkt sich diese auf das Verhalten der Person aus (vgl. FISCHER/WISWEDE 2002, S. 271). Somit könnte angenommen werden, dass bei neutralen Einstellungen, d.h. wenn der Geschäftsführer noch keine starke Einstellung zur betrieblichen Mitbestimmung entwickelt hat, er nicht sonderlich stark eine Gründung eines Betriebsrats zu verhindern sucht. Hingegen ist eine stark positive oder stark negative Einstellung der Geschäftsführung gegenüber der betrieblichen Mitbestimmung stabil und daher schwer zu ändern. Folglich würde diese sich entsprechend positiv oder negativ auf das Verhalten des Geschäftsführers auswirken und dazu führen, dass der Geschäftsführer die Gründung eines Betriebsrats eher verhindern bzw. im Falle einer positiven Einstellung diese eher fördern würde.

Um jedoch die genaue Wirkungsweise der Einstellung der Geschäftsführung gegenüber der betrieblichen Mitbestimmung auf die Existenz von Betriebsräten in diesen Unternehmen bestimmen zu können (d.h. war die positive Einstellung zuerst da oder hat der Betriebsrat die Einstellung verbessert), müsste der Einfluss der Einführung eines Betriebsrats auf die Einstellung der Geschäftsführung in einer Längsschnittstudie überprüft werden.

Kommunikationsstrukturen, Konfliktregelung und Entscheidungsprozesse
Von den insgesamt fünf Variablen zu den Kommunikationsstrukturen und zur Konfliktregelung in mittelständischen Unternehmen, hinsichtlich derer sich die Unternehmen mit und ohne Betriebsrat in der bivariaten Analyse signifikant unterschieden haben, stehen im logistischen Regressionsmodell keine mehr in einem systematischen Zusammenhang zur Existenz eines Betriebsrats. Das deutet darauf hin, dass diese Variablen stark durch andere Strukturmerkmale oder die anderen interessierenden Merkmale beeinflusst sind, die in der bivariaten Analyse nicht kontrolliert werden konnten. So spricht vieles dafür, dass die Möglichkeiten zur direkten Kommunikation und die Häufigkeit von Konflikten u.a. von der Unternehmensgröße beeinflusst wird: Während in kleinen Unternehmensgrößen der Geschäftsführer noch zu fast jedem Mitarbeiter ein persönliches Verhältnis pflegen kann, ist dies mit zunehmender Unternehmensgröße weniger möglich. Stattdessen findet eine „Entpersönlichung und Versachlichung des Verständnisses zwischen Chef und Mitarbeitern" statt (vgl. MARTIN/BARTSCHER-FINZER 2006, S. 206 ff.), wodurch die Möglichkeit zur direkten Kommunikation eingeschränkt und gleichzeitig die Gefahr interner Konflikte erhöht wird. Darüber hinaus haben aber auch die Geschäftsführung und ihr Führungsstil einen entscheidenden Einfluss auf die Kommunikationsstrukturen und auf die Formen der Konfliktregelung in den mittelständischen Unternehmen (vgl. HILBERT et al. 1999, S. 266).

Von den erfassten Entscheidungsstilen zeigt sich beim zentralistischen Entscheidungsverhalten der Geschäftsführung ein signifikant negativer Zusammenhang zur Wahrscheinlichkeit eines Betriebsrats, nämlich dergestalt, dass Geschäftsführer, die ein zentralistisches Entscheidungsverhalten in ihrem Unternehmen wählen, eine um 23,8 Prozentpunkte geringere Wahrscheinlichkeit haben, über einen Betriebsrat zu verfügen, als Geschäftsführer der Referenzkategorie, die einen mitarbeiterbeteiligenden Entscheidungsstil pflegen. Vermutlich liegt diesem Entscheidungsverhalten eine generelle Partizipationsverweigerung zugrunde, so dass auch die betriebliche Mitbestimmung abgelehnt wird.

Wie schon bei den Variablen zu den mittelständischen Kommunikationsstrukturen und zur Konfliktregelung steht auch das Kontrollbedürfnis in keinem eigenständigen Zusammenhang zum Vorhandensein eines Betriebsrats in den mittelständischen Unternehmen. Somit wird auch diese Variable durch die anderen Struktur- oder die anderen interessierenden Merkmale beeinflusst, die in der Analyse in Kapitel 3.2.2 nicht kontrolliert werden konnten.

Einflussgröße: Strukturmerkmale

Die größte Anzahl signifikanter Einflüsse auf die Existenz eines Betriebrats gehen von den einbezogenen Strukturmerkmalen aus: Dabei weisen mittelständische Unternehmen, die in den letzten drei Jahren stark Beschäftigung aufgebaut haben, eine um 40,5 Prozentpunkte geringere Wahrscheinlichkeit über einen Betriebsrat zu verfügen, als Unternehmen, die in den letzten drei Jahren stark Personal abgebaut haben. D.h. der Abbau von Personal scheint die Gründung eines Betriebsrats zu fördern, da die Unsicherheit auf Seiten der Arbeitnehmer sowie die Notwendigkeit von Sozialplänen steigt, was wiederum unter sonst gleichen Bedingungen die Wahrscheinlichkeit von Betriebsratsgründungen erhöht.

Neben der Beschäftigtenentwicklung hat die Unternehmensgröße einen signifikanten Einfluss. So ist die Wahrscheinlichkeit der Existenz eines Betriebsrats in Unternehmen der Größenklassen 20 bis 49, 50 bis 99 und 100 bis 249 Beschäftigten jeweils geringer als in Unternehmen mit 250 bis 499 Beschäftigten. Dass es in einem Unternehmen der Größenklasse 20 bis 49 Beschäftigte einen Betriebsrat gibt, ist somit unter sonst gleichen Bedingungen mit einer um 54,6 Prozentpunkte geringeren Wahrscheinlichkeit verbunden, als in Unternehmen der Größenklasse 250 bis 499 Beschäftigte. Denn es kann davon ausgegangen werden, dass in kleineren, überschaubaren Unternehmen der Informationsaustausch zwischen Geschäftsführung und Belegschaft auch ohne Betriebsrat funktionieren dürfte (vgl. u.a. ADDISON et al. 2000). Gleichzeitig kann aber auch angenommen werden, dass mit zunehmender Anzahl von Mitarbeitern und Managementebenen das Konfliktpotential in einem Unternehmen ansteigt, weshalb es eher zu Betriebsratsgründungen kommt (vgl. RUDOLPH/WASSERMANN 1998, S. 37). Zudem nehmen mit der Größe eines Unternehmens die Einflussmöglichkeiten von Betriebsräten zu, da die Möglichkeit besteht freigestellt zu werden, aber auch Wirtschaftsausschüsse gegründet werden können. Dies führt dazu, dass sich eher Arbeitnehmer finden, die diese Aufgaben übernehmen wollen. Hingegen ist die Betriebsratsarbeit in kleinen Unternehmen meist mit Nachteilen für die persönliche Karriere verbunden, da die Betriebsratsarbeit zusätzlich zu dem eigenen Job gemacht werden muss, während in Großunternehmen auch „Karrieren" im Betriebsrat möglich sind. Darüber hinaus ist die Unterstützung von den Gewerkschaften in kleinen Unternehmen geringer als in großen, was ebenfalls ein Grund für dieses Ergebnis sein könnte (vgl. WASSERMANN 1999, 773).

Ein kleiner Anteil von Frauen an der Belegschaft geht – gemäß unserer Vermutungen – mit einer höheren Wahrscheinlichkeit des Vorhandenseins eines Betriebsrats in den mittelständischen Unternehmen einher. D.h. Unternehmen, die unter sonst gleichen Umständen nur einen kleinen Anteil an Frauen beschäftigen, weisen mit einer um 18,3 Prozentpunkte höheren Wahrscheinlichkeit einen Betriebsrat auf als mittelständische Unternehmen, in denen ein großer Teil der Belegschaft aus Frauen besteht.

Die Mitgliedschaft eines Unternehmens in einem Arbeitgeberverband wirkt sich wie erwartet positiv auf die Existenz eines Betriebsrats aus. Unternehmen, die angeben in einem Arbeitgeberverband organisiert zu sein, verfügen also mit einer um 16 Prozentpunkte höheren Wahrscheinlichkeit über einen Betriebsrat als nicht organisierte mittelständische Unternehmen.

Wider Erwarten haben weder die Branchenzugehörigkeit noch das Unternehmensalter oder dessen -Standort unter sonst gleichen Bedingungen einen signifikanten Einfluss auf die Existenz eines Betriebsrats.

3.4 Zwischenfazit

Auf Basis der bivariaten Analyse in Kapitel 3.2 konnte gezeigt werden, dass sowohl die Merkmale der Geschäftsführung als auch die Kommunikations- und Entscheidungsstrukturen Einfluss auf die jeweilige Mitbestimmungssituation in den mittelständischen Unternehmen haben. Im logistischen Regressionsmodell wurde jedoch deutlich, dass einige dieser Variablen in keinem systematischen Zusammenhang zur Existenz eines Betriebsrats stehen. Das deutet darauf hin, dass diese Variablen stark durch andere Strukturmerkmale oder die anderen interessierenden Merkmale beeinflusst sind, die in der bivariaten Analyse nicht kontrolliert werden konnten. Gleichzeitig hat das logistische Modell aber auch zentrale Einflussfaktoren für die Wahrscheinlichkeit der Existenz eines Betriebsrats hervorgebracht, die weiteren Aufschluss über die Gründe liefern, weshalb es im Mittelstand so selten zu Betriebsratsgründungen kommt.

Dabei zeigt sich, dass die Existenz eines Betriebsrats in mittelständischen Unternehmen vielfältigen Einflüssen unterliegt: Es gibt sowohl in der Unternehmenssituation liegende als auch von der Person des Geschäftsführers abhängige (Einfluss-)Faktoren. Auffällig ist jedoch die große Anzahl der Einflüsse, die von der Person des Geschäftsführers ausgehen. So weist die Einstellung der Geschäftsführung zur betrieblichen Mitbestimmung den stärksten systematischen Zusammenhang zur Existenz eines Betriebsrats auf. D.h. die Wahrscheinlichkeit eines Betriebsrats ist unter sonst gleichen Umständen um 65,8 Prozentpunkte höher, wenn der Geschäftsführer eine stark positive Einstellung zur betrieblichen Mitbestimmung hat, als wenn er eine stark negative Einstellung hat. Hingegen üben die Tatsachen, dass ein Geschäftsführer auch Inhaber des Unternehmens ist bzw. dass ein Geschäftsführer ein zentralistisches Entscheidungsverhalten aufweist, einen negativen Effekt auf die Wahrscheinlichkeit der Existenz eines Betriebsrats aus. Demgegenüber erhöht die Mitgliedschaft des Unternehmers in einem Arbeitgeberverband die Wahrscheinlichkeit, dass es in diesem Unternehmen einen Betriebsrat gibt.

In bezug auf die unternehmensspezifischen Einflussfaktoren zeigt sich die besondere Bedeutung der Unternehmensgröße als Erklärung für die geringe Verbreitung der Betriebsräte in den mittelständischen Unternehmen: So weisen kleine mittelständische Unternehmen unter sonst gleichen Bedingungen mit einer um 54,6 Prozentpunkte geringeren Wahrscheinlichkeit einen Betriebsrat auf als größere mittelständische Unternehmen. Ursache hierfür ist vor allem die geringere Zahl an Arbeitnehmern, wodurch sich nicht nur das Konfliktpotenzial, sondern auch die Regelungsdichte reduziert. Es zeigt sich aber auch, dass der Abbau von Mitarbeitern Betriebsratsgründungen im Mittelstand begünstigt. Hingegen wirkt sich ein kleiner Frauenanteil signifikant positiv auf die Wahrscheinlichkeit der Existenz eines Betriebsrats aus.

Folglich zeichnen sich Unternehmen *ohne* Betriebsrat durch folgende Merkmale aus: Sie sind eher klein und haben einen großen Anteil von Frauen in ihrer Belegschaft. In den letzten drei Jahren haben diese Unternehmen eher Personal aufgebaut als abgebaut. Die Geschäftsführer dieser Unternehmen sind zumeist auch Inhaber und selten in einem Arbeitgeberverband organisiert. Ihre Einstellung zur betrieblichen Mitbestimmung ist in der Regel eher negativ, d.h. ein Betriebsrat wird von der Geschäftsführung tendenziell abgelehnt. Darüber hinaus zeichnet sich die Geschäftsführung durch ein eher zentralistisches Entscheidungsverhalten aus. D.h. die Entscheidungsgewalt liegt bei der Geschäftsführung und die Mitarbeiter werden in aller Regel daran nicht beteiligt.

4. Andere Formen der Arbeitnehmervertretung im Vergleich zum Betriebsrat

Beteiligung und Mitsprache von Arbeitnehmern sind auch ohne Rückgriff auf das Betriebsverfassungsgesetz möglich. So gibt es in einigen mittelständischen Unternehmen andere Vertretungsformen, die sich für die Belange der Beschäftigten gegenüber der Geschäftsführung einsetzen.[26] Jedoch ist bis dato wenig über andere Vertretungsformen bekannt. Im Folgenden werden unter anderen Vertretungsformen regelmäßige Aussprachen mit den Mitarbeitern, Runde Tische, Mitarbeiter-Ausschüsse, Mitarbeiter mit Moderatorenfunktion sowie Sprecher der Belegschaft verstanden. Davon abzugrenzen ist die direkte Arbeitnehmer-Partizipation, die sich vornehmlich auf die Beteiligung der Arbeitnehmer an Entscheidungsprozessen innerhalb des operativen Geschäfts bezieht. Typische Bespiele für die direkte Partizipation sind Gruppenarbeit, Qualitätszirkel und Projektgruppen (vgl. DÖRRE 2001, S. 382).

In Kapitel 4.1 soll zunächst geklärt werden, wie verbreitet diese anderen Vertretungsformen im Vergleich zum Betriebsrat im Mittelstand sind und wie regelmäßig diese in den mittelständischen Unternehmen in Erscheinung treten. In Kapitel 4.2 werden die anderen Vertretungsformen dem Betriebsrat gegenübergestellt, um Gemeinsamkeiten und Unterschiede dieser beiden Formen von Arbeitnehmervertretung aufzudecken. Schließlich soll in Kapitel 4.3 mittels multivariater Analyse geklärt werden, wie sich die Existenz einer anderen Vertretungsform auf die Wahrscheinlichkeit der Existenz eines Betriebsrats auswirkt.

4.1 Verbreitung und Erscheinungsformen

In etwa 15,7 % der mittelständischen Unternehmen mit 20 bis 499 Beschäftigten gibt es andere Formen der Arbeitnehmervertretung. Diese sind demnach etwa halb so häufig in mittelständischen Unternehmen anzutreffen wie Betriebsräte. Zu ähnlichen Ergebnissen kommen auch die BISS Erhebung und das IAB-Betriebspanel: So weist die BISS-Erhebung einen Anteil von 18 % und das IAB-Betriebspanel einen Anteil von 16 % für die Betriebsgrößenklassen 20 bis 499 aus.

Ob in einem Unternehmen eine andere Form der Arbeitnehmervertretung anzutreffen ist, wird u.a. von der Unternehmensgröße beeinflusst: So sind die Anteile der Unternehmen mit anderen Vertretungsformen in den kleinen Unternehmensgrößenklassen am größten und nehmen mit steigender Größe der Unternehmen ab. Diese Befunde decken sich mit jenen der BISS-Erhebung bzw. des IAB-Betriebspanels. Die in den Tabellen 6 und 7 aufscheinenden Abweichungen zu den Daten der vorliegenden Untersuchung sind – analog zu den Diskrepanzen beim Verbreitungsgrad von Betriebsräten – auf die unterschiedlichen Grundgesamtheiten (Betriebe vs. Unternehmen) bzw. Verzerrungen durch die Stichprobenziehung der beiden Untersuchungen zurückzuführen.

Etwa 49 % der Unternehmen mit einer anderen Arbeitnehmervertretung haben in unserer Befragung angegeben, dass diese eine feste Institution in den mittelständischen Unternehmen darstellt, die regelmäßig Aufgaben im Unternehmen übernimmt. In den restlichen 51 % der Unternehmen sind diese anderen Vertretungsformen nur Ad-Hoc-Erscheinungen. D.h. sie wurden aus einem bestimmten Anlass (bspw. Konflikt) gebildet und hatten danach keinerlei Funktion mehr in den Unternehmen. In der nachfolgenden Auswertung werden zunächst nur die fest institutionalisierten Vertretungsformen analysiert, da diese von der Funktion her den Betriebsräten am nächsten kommen. Feste Vertretungsformen kommen insgesamt in 7,7 % der Unternehmen, also deutlich seltener als Betriebsräte vor. Wird die Verbreitung der anderen regelmäßigen Vertretungsformen in den einzelnen Unternehmensgrößenklassen betrachtet, zeigt sich ihre Bedeutung insbesondere für die kleinen Unternehmen; auch wenn der Verbreitungsgrad anderer regelmäßiger Vertretungsformen in keiner Unternehmensgrößenklasse den Verbreitungsgrad von Betriebsräten übersteigt: So verfügen in der Größenklasse 20 bis 49 Beschäftigte etwa 10 % der Unternehmen über eine andere regelmäßige Vertretungsform, während der Anteil der Unternehmen mit Betriebsrat in dieser Größenklasse bei 17 % liegt. Anders stellt sich die Lage in der Größenklasse 250

Tabelle 6: Verbreitung anderer Vertretungsformen nach Beschäftigtengrößenklassen, in %, (IfM Bonn vs. BISS)

Unternehmen/Betriebe mit ...	IfM Bonn „Mitbestimmung und Mittelstand"	BISS-Daten
20 - 49 Beschäftigte	18	20
50 - 99 Beschäftigte	15	16
100 - 249 Beschäftigte	9	16
250 - 499 Beschäftigte	8	5
Insgesamt	16	18

Quelle: IfM Bonn Befragung der Geschäftsführer sowie Sonderauswertung der BISS-Erhebung 2005: Privatwirtschaft, 20 bis 499 Beschäftigte, Betriebsgewichtung, gerundete Werte (daher Rundungsfehler möglich).

Tabelle 7: Verbreitung anderer Vertretungsformen nach Beschäftigtengrößenklassen, in %, (IfM Bonn vs. IAB)

Unternehmen/Betriebe mit ...	IfM Bonn „Mitbestimmung und Mittelstand"	IAB-Betriebspanel
20 - 50 Beschäftigte	18	17
51 - 100 Beschäftigte	15	17
101 - 199 Beschäftigte	8	12
200 - 499 Beschäftigte	8	12
Insgesamt	16	16

Quelle: IfM Bonn Befragung der Geschäftsführer sowie Sonderauswertung des IAB-Betriebspanel 2004: 12. Welle West, 9. Welle Ost.

Abbildung 18: Verbreitung von Betriebsräten und anderen regelmäßigen Vertretungsformen in Abhängigkeit von der Unternehmensgröße

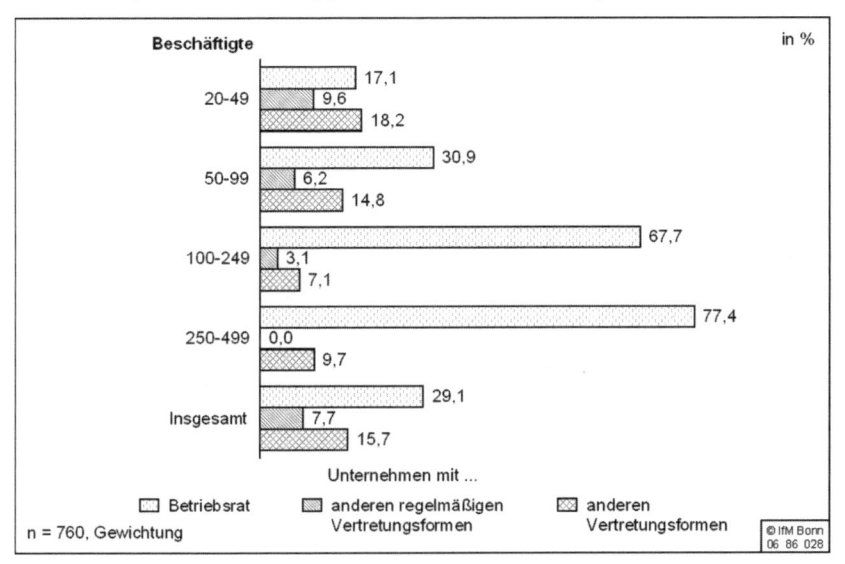

Beschäftigte (in %)

Beschäftigte	Betriebsrat	andere regelmäßige Vertretungsformen	andere Vertretungsformen
20-49	17,1	9,6	18,2
50-99	30,9	6,2	14,8
100-249	67,7	3,1	7,1
250-499	77,4	0,0	9,7
Insgesamt	29,1	7,7	15,7

Unternehmen mit ...

n = 760, Gewichtung

© IfM Bonn 06 86 028

Quelle: IfM Bonn Befragung der Geschäftsführung.

Abbildung 19: Formen anderer regelmäßiger Arbeitnehmervertretungen

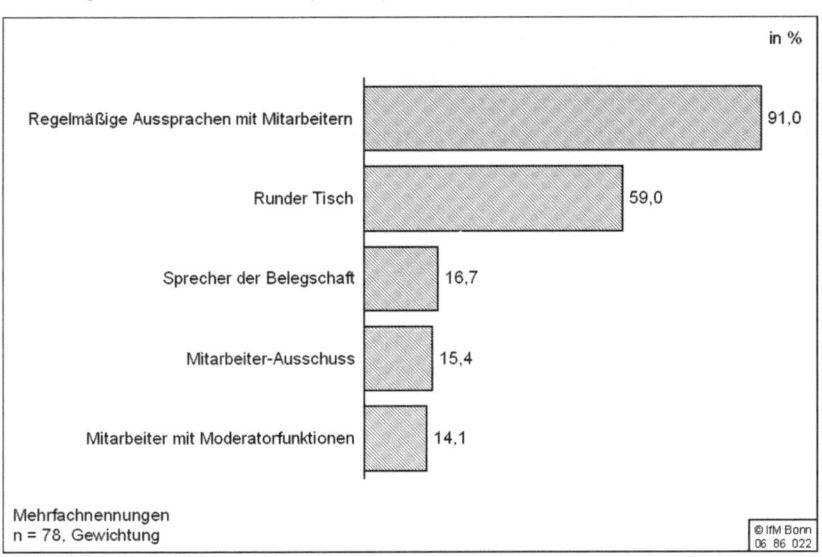

	in %
Regelmäßige Aussprachen mit Mitarbeitern	91,0
Runder Tisch	59,0
Sprecher der Belegschaft	16,7
Mitarbeiter-Ausschuss	15,4
Mitarbeiter mit Moderatorfunktionen	14,1

Mehrfachnennungen
n = 78, Gewichtung

© IfM Bonn 06 86 022

Quelle: IfM Bonn Befragung der Geschäftsführung.

bis 499 Beschäftigte dar: Hier ist in keinem Unternehmen eine andere Vertretungsform anzutreffen, während es in etwa drei Viertel dieser Unternehmen einen Betriebsrat gibt (vgl. Abbildung 18).

Von den 7,7 % der mittelständischen Unternehmen, die über eine regelmäßige andere Vertretungsform verfügen, hat etwa ein Drittel (32,2 %) eine zweite – ebenfalls regelmäßig in Erscheinung tretende – andere Arbeitnehmervertretung. Die Informationen über diese „zweite" Vertretung wird in die nachfolgende Betrachtung einbezogen, d.h., dass in den folgenden Ausführungen ein und dasselbe Unternehmen bis zu zweimal berücksichtigt werden kann.

Bei den genannten anderen Vertretungsformen, die wie ein Betriebsrat regelmäßige Aufgaben im Unternehmen übernehmen, dominieren Gremien, in denen sowohl die Arbeitnehmer als auch die Geschäftsführung vertreten sind (vgl. Abbildung 19). So sind „Regelmäßige Aussprachen mit Mitarbeitern" (91 %) und „Runde Tische"[27] (59 %) die häufigsten Erscheinungsformen. Reine Arbeitnehmervertretungen wie den Mitarbeiter-Ausschuss, den Belegschaftssprecher oder Mitarbeiter mit Moderatorenfunktion gibt es in knapp der Hälfte (46 %) der mittelständischen Unternehmen.[28]

4.2 Unterschiede und Gemeinsamkeiten mit dem Betriebsrat

Im Unterschied zum Betriebsrat sind die anderen Vertretungsformen nicht nach dem Betriebsverfassungsgesetz legitimiert. Dies führt dazu, dass es keine Vorgaben oder Kriterien für die Gestaltung und die Aufgaben dieser alternativen Arbeitnehmervertretungen gibt. Daher soll nachfolgend näher geklärt werden, inwiefern sich die anderen Vertretungsformen in bezug auf die Gründungsumstände, die Wahl und Zusammensetzung der Gremien sowie das Ausmaß der Beteiligung von Betriebsräten unterscheiden.

4.2.1 Gründungsumstände

Aus der Literatur sind einige Ursachen für die Gründung von Betriebsräten bekannt. RUDOLPH und WASSERMANN (1998, S. 37) konnten z. B. zeigen, dass die Betriebsräte häufig infolge besonderer betrieblicher Konflikte von den Arbeitnehmern gegründet werden. Über die Gründe, weswegen es zur Bildung von anderen Vertretungsformen kommt, liegen allerdings kaum Informationen vor. Die vorliegende Befragung kann somit nicht nur weitere Auskunft über die Gründungsursachen von Betriebsräten geben, sondern auch über die anderer Vertretungsformen.

Bei den Betriebräten tritt die Bedeutung der Veränderung als Ursache für die Betriebsratsgründung hervor, aber auch der Wunsch der Belegschaft nach mehr

Abbildung 20: Gründungsursachen von Betriebsräten und anderen regelmäßigen Vertretungsformen

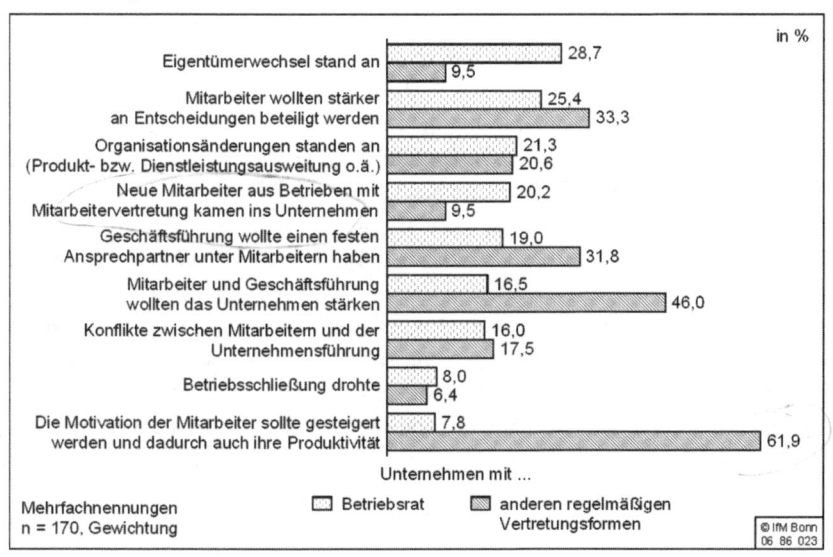

Gründungsursache	Betriebsrat (%)	andere regelmäßige Vertretungsformen (%)
Eigentümerwechsel stand an	28,7	9,5
Mitarbeiter wollten stärker an Entscheidungen beteiligt werden	25,4	33,3
Organisationsänderungen standen an (Produkt- bzw. Dienstleistungsausweitung o.ä.)	21,3	20,6
Neue Mitarbeiter aus Betrieben mit Mitarbeitervertretung kamen ins Unternehmen	20,2	9,5
Geschäftsführung wollte einen festen Ansprechpartner unter Mitarbeitern haben	19,0	31,8
Mitarbeiter und Geschäftsführung wollten das Unternehmen stärken	16,5	46,0
Konflikte zwischen Mitarbeitern und der Unternehmensführung	16,0	17,5
Betriebsschließung drohte	8,0	6,4
Die Motivation der Mitarbeiter sollte gesteigert werden und dadurch auch ihre Produktivität	7,8	61,9

Mehrfachnennungen
n = 170, Gewichtung

© IfM Bonn
06 86 023

Quelle: IfM Bonn Befragung der Geschäftsführung.

Beteiligung (vgl. Abbildung 20): So wird ein Eigentümerwechsel am häufigsten als Gründungsursache genannt (28,7 %). Zweithäufigster Grund war der Wunsch der Arbeitnehmer nach mehr Entscheidungsbeteiligung (25,4 %), gefolgt von der Gründung infolge von Organisationsveränderungen mit 21,3 %. Die drei meist genannten Gründe für die Gründung einer anderen Vertretungsform sind: Steigerung der Motivation der Mitarbeiter (61,9 %), Stärkung des Unternehmens (46,0 %) und stärkere Beteiligung der Mitarbeiter an Entscheidungen (33,3 %).[29]

Die Bildung einer anderen Vertretungsform muss nicht wie bei der Gründung eines Betriebsrats letztlich von der Belegschaft ausgehen, sondern kann auch von der Geschäftsführung initiiert werden. So zeigt sich dann auch, dass in der Mehrzahl der mittelständischen Unternehmen mit Betriebsrat dieser auf Initiative der Arbeitnehmer (66,0 %) bzw. der Gewerkschaften (40,8 %) gebildet worden ist, während nur in knapp einem Viertel der Fälle die Geschäftsführung bei der Betriebsratsgründung beteiligt war (vgl. Abbildung 21). Ein anderes Bild zeigt sich bei den anderen Vertretungsformen: In fast 80 % der mittelständischen Unternehmen gehörte der jeweilige Geschäftsführer zu den Initiatoren dieser anderen Vertretungsformen. Aber auch die Arbeitnehmer sind in etwa 32 % der Fälle an der Gründung der anderen Vertretungsform beteiligt.

Wie unterscheiden sich nun Unternehmen, in denen die Geschäftsführung die Gründung einer anderen Form der Mitarbeitervertretung initiiert hat, von jenen, wo die Gründungsinitiative von einzelnen Arbeitnehmern ausging? Bei näherer Betrachtung dieser beiden Gruppen von Unternehmen zeigen sich deutliche Unterschiede: So sind Unternehmen, deren andere Form der Arbeitnehmervertretung von der Geschäftsführung ins Leben gerufen worden ist, zu fast 86 % inhabergeführt, und die größte Gruppe dieser Unternehmen stammt aus dem Bereich produzierendes Gewerbe. Sie beschäftigen im Mittel etwa 48 Mitarbeiter. Die Einstellung zur betrieblichen Mitbestimmung ist mit einem Mittelwert von 29 eher negativ gefärbt, und der Entscheidungsstil ist eher schwach interaktiv. Demgegenüber sind Unternehmen, in denen die Gründungsinitiative der alternativen Arbeitnehmervertretung von den Arbeitnehmern ausging, zu fast 40 % managementgeführt; sie beschäftigen im Mittel rund 51 Arbeitnehmer. Zudem stammt der größte Teil dieser Unternehmen aus dem Bereich Dienstleistung für Personen (24,4 %). Die Geschäftsführung weist in diesen Unternehmen eine tendenziell positive Einstellung gegenüber dem Betriebsrat auf (Mittelwert=32) und übt einen eher stark interaktiven Entscheidungsstil aus.

Abbildung 21: Gründungsinitiatoren von Betriebsräten und anderen regelmäßigen Vertretungsformen

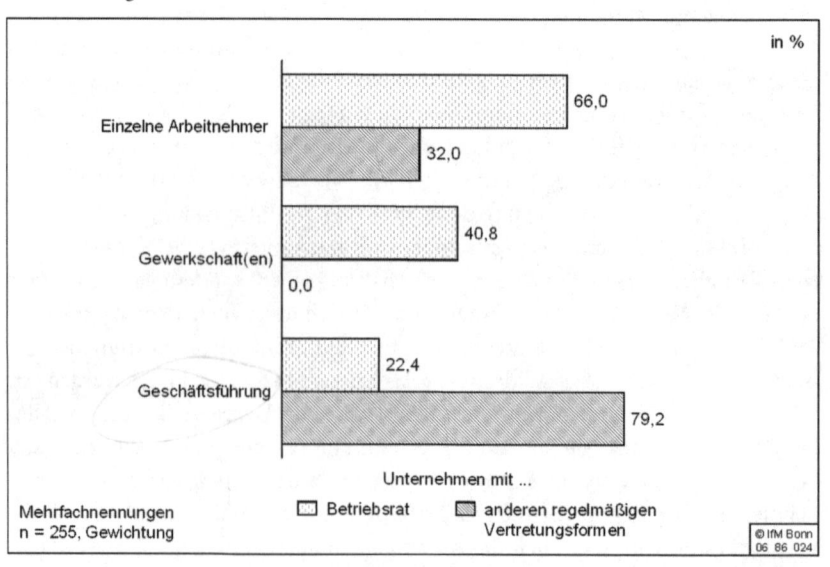

Gründungsinitiator	Betriebsrat (%)	andere regelmäßige Vertretungsformen (%)
Einzelne Arbeitnehmer	66,0	32,0
Gewerkschaft(en)	40,8	0,0
Geschäftsführung	22,4	79,2

Mehrfachnennungen
n = 255, Gewichtung

Quelle: IfM Bonn Befragung der Geschäftsführung.

Abbildung 22: Ernennung der Mitglieder der anderen regelmäßigen Vertretungsformen

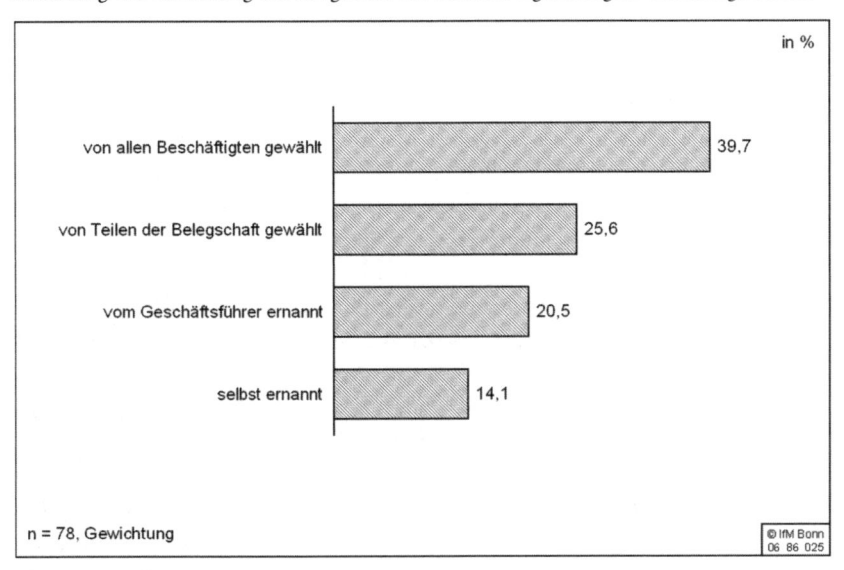

in %

von allen Beschäftigten gewählt	39,7
von Teilen der Belegschaft gewählt	25,6
vom Geschäftsführer ernannt	20,5
selbst ernannt	14,1

n = 78, Gewichtung

Quelle: IfM Bonn Befragung der Geschäftsführung.

Abbildung 23: Von den anderen regelmäßigen Vertretungsformen vertretene Mitarbeitergruppen

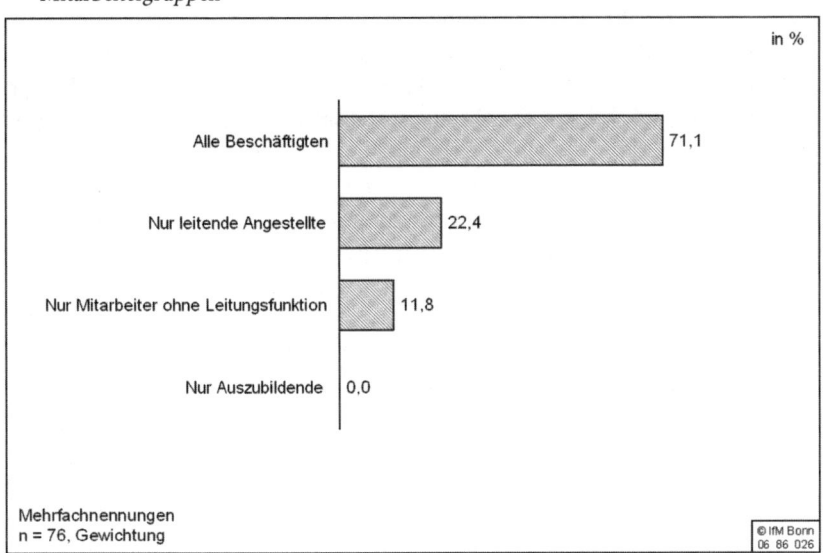

in %

Alle Beschäftigten	71,1
Nur leitende Angestellte	22,4
Nur Mitarbeiter ohne Leitungsfunktion	11,8
Nur Auszubildende	0,0

Mehrfachnennungen
n = 76, Gewichtung

Quelle: IfM Bonn Befragung der Geschäftsführung.

4.2.2 Wahl und Zusammensetzung der Gremien

Während das Betriebsverfassungsgesetz das Verfahren zur Wahl eines Betriebsrats genau vorgibt, bestehen bei den anderen Vertretungsformen verschiedene Möglichkeiten (vgl. Abbildung 22): So werden in etwa 40 % der Unternehmen die Mitglieder der anderen Vertretungsformen von allen Mitarbeitern und in weiteren 26 % von Teilen der Belegschaft gewählt. Lediglich in 21 % der mittelständischen Unternehmen mit anderen Vertretungsformen werden die Mitglieder direkt durch den Geschäftsführer bestimmt. In weiteren 14 % der Unternehmen werden die anderen Vertretungsformen auf freiwilliger Basis rekrutiert bzw. alle Mitarbeiter oder eine gesamte Abteilung stellen die Mitglieder.

Wie der Betriebsrat kann das Gros der anderen Vertretungsformen mit einem Anteil von 71 % als eine Vertretung für alle Mitarbeiter verstanden werden. Jedoch stellen in etwa jedem fünften Unternehmen diese anderen Vertretungsformen lediglich ein Vertretungsorgan für die leitenden Angestellten dar (vgl. Abbildung 23).

Die bisherigen Ausführungen machen deutlich, dass es sich bei den anderen Formen der Arbeitnehmervertretung nicht immer um ein von der Geschäftsführung eingesetztes Gremium handeln muss. Wie groß jedoch deren Anteil unter den anderen Vertretungsformen ist, geht aus den bisherigen Darstellungen nicht hervor. Werden Unternehmen mit einer regelmäßigen Arbeitnehmervertretung, die wie ein Betriebsrat von allen bzw. von Teilen der Belegschaft gewählt wird und darüber hinaus auch alle Mitarbeiter des Unternehmens vertritt, zusammengefasst, dann fällt auf, dass diese Gruppe mit 43 % den größten Anteil unter den anderen regelmäßigen Vertretungsformen ausmacht.

Zusätzlich stellt sich die Frage, wie der Rückhalt anderer Vertretungsformen in der Belegschaft ist. Werden sowohl die Betriebsräte als auch die anderen Vertretungsformen danach betrachtet, welchen Rückhalt sie aus der Perspektive des Geschäftsführers in der Belegschaft haben, zeigt sich, dass mittelständische Geschäftsführer in Unternehmen mit Betriebsrat der Auffassung sind, dass der Betriebsrat nicht immer vollständig von der Belegschaft unterstützt wird (vgl. Ab-

Tabelle 8: Anteil an anderen regelmäßigen Vertretungsformen, die gewählt werden und alle Mitarbeiter vertreten, in %

Ernennung/Vertretungsbasis	Gewählt	Ernannt	Selbst ernannt	Gesamt
Alle Beschäftigten	43	14	13	70
Nicht alle Beschäftigten	23	6	1	30
Gesamt	66	20	14	100

Quelle: Eigene Darstellung; n = 79, Gewichtung.

Abbildung 24: Rückhalt von Betriebsräten und anderen Vertretungsformen nach Arbeitnehmergruppen

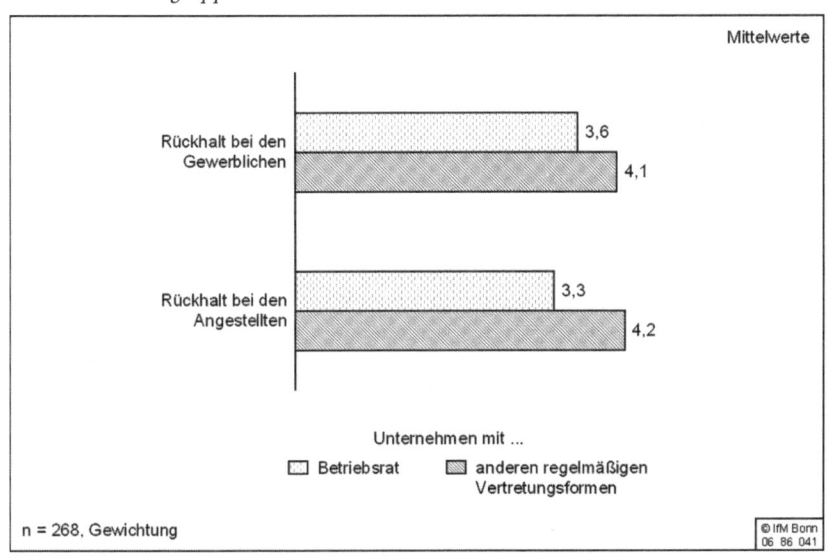

[Balkendiagramm: Mittelwerte
- Rückhalt bei den Gewerblichen: Betriebsrat 3,6; andere Vertretungsformen 4,1
- Rückhalt bei den Angestellten: Betriebsrat 3,3; andere Vertretungsformen 4,2
- Unternehmen mit ... Betriebsrat / anderen regelmäßigen Vertretungsformen
- n = 268, Gewichtung]

1 = überhaupt nicht unterstützt und 5 = vollständig unterstützt
Quelle: IfM Bonn Befragung der Geschäftsführung.

bildung 24). Dabei wird ihres Erachtens der Betriebsrat von den Angestellten noch weniger unterstützt (Mittelwert=3,3) als von den Gewerblichen (Mittelwert=3,6). Demgegenüber schätzen Geschäftsführer von Unternehmen mit anderen Vertretungsformen den Rückhalt ihrer unternehmensspezifischen Arbeitnehmervertretung besser ein: Sie sind der Meinung, dass unabhängig davon, ob die Mitarbeiter den Gewerblichen oder den Angestellten angehören, die andere Vertretungsform von ihnen eher vollständig unterstützt wird (Mittelwert=4,1 bzw. 4,2). Inwieweit dies eine stark subjektive Sicht der mittelständischen Geschäftsführung widerspiegelt, wird im nachfolgenden Kapitel überprüft, indem die Einschätzung der Arbeitnehmer hinzugezogen wird.

In der Literatur wird das Phänomen der anderen Vertretungsformen häufig im Zusammenhang mit der New Economy betrachtet (PRIES et al. 2002, ITTERMANN 2003). Der Eindruck entsteht, es handele sich hierbei um ein neues Phänomen. Dies kann durch unsere Ergebnisse nicht bestätigt werden: Zwar sind Betriebsräte mit einem Durchschnittswert von 19 Jahren länger existent als andere Vertretungsformen mit durchschnittlich 10 Jahren. Gleichwohl ist nicht zu übersehen, dass einige der anderen Vertretungsformen bereits über 35 Jahre bestehen. Auch hinsichtlich der Mitgliederzahl der jeweiligen Arbeitnehmervertretung zeigen sich Unterschiede: Während der Betriebsrat im Durchschnitt etwa 5 Mitglieder hat, verfügen die anderen Formen der Mitarbeitervertretung im Durchschnitt über 7 Mitglieder. Dieser Unterschied ergibt sich vor allem aus der Tatsache, dass es sich bei den anderen Vertretungsformen mehrheitlich um Gemeinschaftsgremien handelt, denen ganze Abteilungen oder alle Mitarbeiter angehören, weshalb die Zahl der Mitglieder im Durchschnitt höher ausfällt.

4.2.3 Ausmaß der Beteiligung

Die Mitwirkungs- und Mitbestimmungsrechte des Betriebsrats sind im Betriebsverfassungsgesetz genau festgelegt und erstrecken sich vor allem auf personelle und soziale Angelegenheiten in den Unternehmen. Das Ausmaß der Beteiligung der anderen Vertretungsformen ist hingegen vom Good-Will des Geschäftsführers abhängig. Inwieweit sich dieser Unterschied auch in der Zusammenarbeit mit der jeweiligen Arbeitnehmervertretung widerspiegelt, soll im Folgenden überprüft werden.

Die Geschäftsführung hat grundsätzlich verschiedene Möglichkeiten, die jeweilige Arbeitnehmervertretung in Entscheidungsprozesse einzubeziehen (vgl. Abbildung 25): Erstens kann sie versuchen, einen Ausgleich der Interessen anzustreben, indem sie sich auf Kompromisse mit der jeweiligen Arbeitnehmervertretung verständigt. Eine weitere Möglichkeit ist die aktive Beteiligung, indem sie die Arbeitnehmervertretung auch in Management-Entscheidungen aktiv einbezieht. Drittens kann sie die jeweilige Mitarbeitervertretung ignorieren und sie bei Entscheidungsprozessen einfach übergehen – im Sinne des Ausschlusses. Viertens schließlich ist auch denkbar, dass einige Geschäftsführer versuchen, Entscheidungen gegen den Willen der jeweiligen Mitarbeitervertretung durchzusetzen.

Die Hälfte der mittelständischen Geschäftsführer wählt im Falle eines Betriebsrats den Kompromiss als Form der Zusammenarbeit bei betrieblichen Veränderungsprozessen, während bei den anderen Vertretungsformen die aktive Beteiligung dominiert (54,4 %). Aber auch vom Betriebsrat wird in etwa 41 % der mittelständischen Unternehmen eine aktive Unterstützung erwartet. Bei den anderen Vertretungsformen ist hingegen der Kompromiss die zweitwichtigste Form der Zusammenarbeit. Die Beteiligungsstrategien 'Ausschluss' oder 'Konfrontation' haben eine eher randständige Bedeutung: So werden sowohl die Betriebsräte als auch die anderen Vertretungsformen nur in 6,8 % bzw. 5,9 % der mittelständischen Unternehmen nicht in die Entscheidungen im Zusammenhang mit betrieblichen Veränderungsprozessen einbezogen. Die Strategie der Konfrontation wird nur in knapp 2,6 % der Unternehmen mit Betriebsrat als Mittel der Beteiligung gewählt, in Unternehmen mit einer anderen Vertretungsform ist der Anteil mit 1,5 % noch etwas geringer.

Abbildung 25: Beteiligung von Betriebsräten und anderen regelmäßigen Vertretungsformen bei betrieblichen Veränderungen

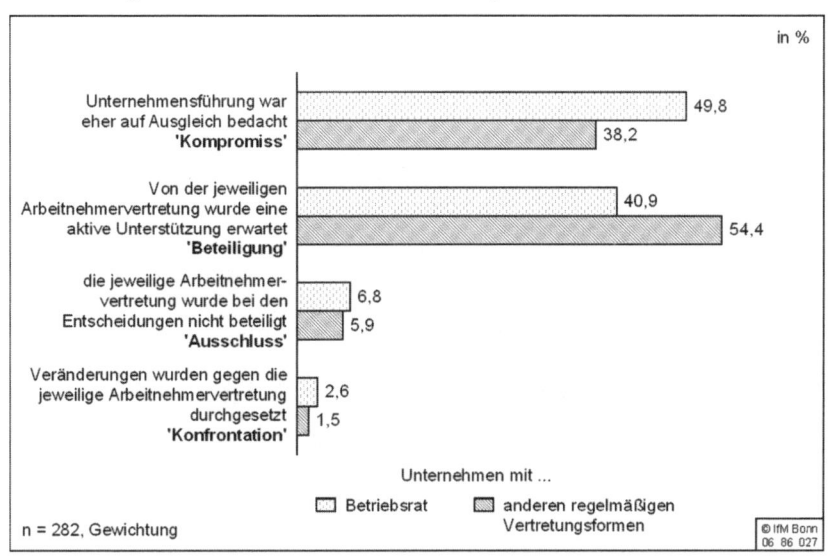

	Betriebsrat	andere regelmäßige Vertretungsformen
Unternehmensführung war eher auf Ausgleich bedacht 'Kompromiss'	49,8	38,2
Von der jeweiligen Arbeitnehmervertretung wurde eine aktive Unterstützung erwartet 'Beteiligung'	40,9	54,4
die jeweilige Arbeitnehmervertretung wurde bei den Entscheidungen nicht beteiligt 'Ausschluss'	6,8	5,9
Veränderungen wurden gegen die jeweilige Arbeitnehmervertretung durchgesetzt 'Konfrontation'	2,6	1,5

n = 282, Gewichtung

Quelle: IfM Bonn Befragung der Geschäftsführung.

In puncto Zusammenarbeit mit der Geschäftsführung zeigen sich noch weitere Differenzen zwischen Betriebsrat und den anderen Vertretungsformen: Während mit der Mehrzahl der Betriebsräte Betriebsvereinbarungen geschlossen werden (87,5%) bzw. weitere Vereinbarungen tendenziell schriftlich festgehalten werden (48,8 %), werden die Vereinbarungen zwischen Geschäftsführung und anderen Vertretungsformen eher mündlich getroffen (84,9 %). Zudem unterscheiden sie sich in Ihrem Verhältnis zur Geschäftsführung: So geben Geschäftsführer von Unternehmen mit einem Betriebsrat an, dass sie ihr Verhältnis zum Betriebsrat als eher gut bezeichnen (Mittelwert=3,8), während Geschäftsführer von Unternehmen mit anderen Vertretungsformen dieses als gut bis sehr gut bezeichnen (Mittelwert=4,4).[30]

4.3 Auswirkungen anderer Vertretungsformen auf die Existenz eines Betriebsrats

Um zu klären, welchen Einfluss die Existenz einer anderen Vertretungsform auf die Wahrscheinlichkeit des Vorhandenseins eines Betriebsrats in mittelständischen Unternehmen hat, wird das in Kapitel 3.3.3 verwendete Modell um die Variable 'andere regelmäßige Vertretungsformen' erweitert.

Tabelle 9: *Einfluss anderer regelmäßiger Vertretungsformen auf die Existenz eines Betriebsrats*

Einflussfaktoren	Veränderungen in der Wahrscheinlichkeit
Strukturmerkmale	
Unternehmen mit 20-49 Mitarbeitern	-53,7 %
Unternehmen mit 50-99 Mitarbeitern	-41,8 %
Unternehmen mit 100-249 Mitarbeitern	-19,7 %
Unternehmensalter (logarithmiert)	NS
Unternehmenssitz (Westdeutschland)	NS
Beschäftigtenentwicklung	-41,0 %
Kleiner Frauenanteil in der Belegschaft	+18,6 %
Mittlerer Frauenanteil in der Belegschaft	NS
Mitgliedschaft im Arbeitgeberverband	+15,7 %
Branchen	
Branchen wie in Tabelle 5	NS
Merkmale der Geschäftsführung	
Inhaberführung	-37,7 %
Einstellung zur betrieblichen Mitbestimmung	+66,2 %
Kommunikation und Konflikte	
Zeit für Probleme der Mitarbeiter	NS
Beteiligung am operativen Geschäft	NS
Prinzip der offenen Tür	NS
Spannungen unter Mitarbeitern	NS
Konfliktlösung	NS
Kontrollbedürfnis und Entscheidungsstile	
Kontrollbedürfnis	NS
Zentralistischer Entscheidungsstil	-24,9 %
Schwach interaktiver Entscheidungsstil	NS
Stark interaktiver Entscheidungsstil	NS
Andere Formen der Arbeitnehmervertretung	
Andere Vertretungsformen (regelmäßig)	-33,6 %

Ausgewiesen sind die Wahrscheinlichkeitsveränderungen, falls die entsprechenden unabhängigen Variablen signifikant mit einer Irrtumswahrscheinlichkeit von unter 5 Prozent ausfallen; NS=nicht signifikant; Konstanten nicht angeführt. Referenzkategorie für Unternehmensgrößenklassen: „Unternehmen mit 250-499 Mitarbeitern"; Referenzkategorie für Frauenanteil: „Großer Frauenanteil in der Belegschaft"; Referenzkategorie für Branchen: „Produzierendes Gewerbe"; Referenzkategorie für Entscheidungsstile: „Mitarbeiterbeteiligender Entscheidungsstil".

Quelle: IFM Bonn

Andere regelmäßige Arbeitnehmervertretungen übernehmen in vielen mittelständischen Unternehmen die indirekte Repräsentation der Arbeitnehmerinteressen. D.h. einzelne Arbeitnehmer oder eine Gruppe von Arbeitnehmern vertritt die Interessen der Belegschaft vor der Geschäftsführung. Somit haben sie eine vergleichbare Funktion wie ein Betriebsrat in diesen Unternehmen, weshalb anzunehmen ist, dass sich die Existenz einer anderen Vertretungsform negativ auf die Wahrscheinlichkeit eines Betriebsrats auswirkt.

Die anderen Vertretungsformen, die regelmäßig in den mittelständischen Unternehmen tätig sind, gehen dabei als dichotome Variable in das Modell ein, wobei „1" für „ja" steht.

Das erweiterte Modell schließt ebenfalls 625 von insgesamt 809 Fällen ein und erklärt die Auftrittswahrscheinlichkeit eines Betriebsrats im Mittelstand. Der Anteil richtiger Zuweisungen auf die beiden Ausprägungen kann von 81,4 % im Grundmodell auf 82,1 % in diesem Modell erhöht werden. Dieser höhere Anteil an korrekt vorhergesagten Unternehmen mit und ohne Betriebsrat deutet darauf hin, dass die anderen Vertretungsformen ein wichtiger Einflussfaktor auf die Wahrscheinlichkeit der Existenz eines Betriebsrats sind. Das Cox/Snell-R^2 mit 0,434 kann sich wie der Nagelkerkes-R^2 mit einem Wert von nunmehr 0,581 ebenfalls verbessern. Die in der Konstante liegenden Restfaktoren haben weiterhin keinen signifikanten Einfluss.

Das Vorhandensein einer anderen Vertretungsform wirkt sich in der Weise auf die Existenz eines Betriebsrats aus, als mittelständische Unternehmen, die angeben, über eine solche regelmäßige alternative Arbeitnehmervertretung zu verfügen, unter sonst gleichen Bedingungen mit einer um 33,6 Prozentpunkte geringeren Wahrscheinlichkeit über einen Betriebsrat verfügen, als mittelständische Unternehmen, in denen es keine andere Vertretungsform gibt.

Damit sind aber immer noch die Ursachen, weshalb die Unternehmen diese anderen Vertretungsformen anstelle von Betriebsräten wählen, nicht geklärt. Ob die Geschäftsführung diese Form der Arbeitnehmervertretung wählt, um einen Betriebsrat zu verhindern oder um für das eigene Unternehmen eine „passendere" Form der Mitbestimmung zu haben, kann hiermit nicht beantwortet werden. Ein Versuch, diese Frage zu beantworten, erfolgt in Kapitel 5.2.

4.4 Zwischenfazit

Andere regelmäßige Vertretungsformen spielen v.a. in kleinen mittelständischen Unternehmen eine Rolle. Im gesamten betrachteten Mittelstand ist ihr Verbreitungsgrad mit 7,7 % allerdings als eher gering einzustufen. In der Mehrzahl der Fälle handelt es sich bei den anderen Vertretungsformen um Gremien, in denen sowohl die Arbeitnehmer als auch die Geschäftsführer vertreten sind. Die Mitglieder dieser Gremien werden in der Regel gewählt und repräsentieren – wie auch ein Betriebsrat – in aller Regel alle Beschäftigten. Schließlich konnten wir feststellen, dass diese anderen Vertretungsformen weder Neu- noch Modeerscheinung rein innovativer Branchen sind, sondern in einigen Unternehmen eine jahrzehntelange Tradition aufweisen.

Hinsichtlich der Auswirkungen regelmäßiger alternativer Vertretungsformen auf die Wahrscheinlichkeit der Existenz von Betriebsräten konnte ein negativer Einfluss nachgewiesen werden. D.h. Unternehmen, in denen es eine andere regelmäßige Vertretungsform gibt, verfügen mit einer geringeren Wahrscheinlichkeit zugleich über einen Betriebsrat. Dennoch sollte das Ergebnis nicht in der Weise interpretiert werden, dass die Existenz einer anderen Vertretungsform einen Betriebsrat generell verhindert. Zwar wurde die Entwicklung von einer anderen Vertretungsform hin zu einem Betriebsrat hier nicht abgefragt. Gleichwohl sprechen die deskriptiven Analysen für die Vermutung, dass die meisten dieser anderen Vertretungsformen – aus unterschiedlichen Beweggründen – zwar einen Ersatz für den Betriebsrat bilden, jedoch diese Ersatzfunktion lediglich auf kleine Unternehmensgrößenklassen beschränkt ist. D.h., sobald die Unternehmen größer werden, sind die Funktionen der anderen Vertretungsformen nicht mehr ausreichend, weshalb diese alternativen Gremien in der Regel in einen Betriebsrat überführt werden. Hierfür sprechen u.a. die Befunde der BISS-Erhebung, wonach 23 % der Betriebe mit Betriebsrat zuvor über eine andere Vertretungsform verfügten. In unserer Erhebung haben außerdem nur 1,9 % der mittelständischen Unternehmen gleichzeitig einen Betriebsrat sowie eine andere Vertretungsform in ihrem Unternehmen. Zudem zeigen Geschäftsführer von Unternehmen mit anderen Vertretungsformen eine deutlich positivere Einstellung zum Betriebsrat (Mittelwert=30,1) als Geschäftsführer von mittelständischen Unternehmen ohne jegliche Form von Arbeitnehmervertretung (Mittelwert=26,0). Gleichzeitig konnte auf Basis der Regression in Kapitel 3.3.3 der förderliche Einfluss der Einstellung der Geschäftsführung zur betrieblichen Mitbestimmung auf die Wahrscheinlichkeit eines Betriebsrats nachgewiesen werden.

5. Mitbestimmung aus Sicht der unterschiedlichen Akteure

Die Ausführungen in Kapitel 3 und 4 basierten ausschließlich auf den Angaben der mittelständischen Geschäftsführer. Um ein vollständiges Bild von der Mitbestimmungssituation in den mittelständischen Unternehmen zeichnen zu können, ist die Sicht der jeweiligen Arbeitnehmervertretung einzubeziehen.[31] Hierfür stehen uns die Angaben der Betriebsräte sowie die der anderen Vertretungsformen zur Verfügung. Insgesamt haben 313 mittelständische Betriebsräte an der Befragung teilgenommen. Von den anderen Arbeitnehmervertretungen liegen insgesamt 24 Fragebögen vor. Jedoch stammen nur 10 dieser Fragebögen von anderen Vertretungsformen, die regelmäßig eine Funktion in ihrem Unternehmen ausüben (vgl. Abbildung 26).

In Kapitel 5.1 wird am Beispiel von 90 mittelständischen Unternehmen, aus denen sowohl Angaben der Geschäftsführung als auch des dazugehörigen Betriebsrats vorliegen, eine Gegenüberstellung der Sichtweisen der beiden Unternehmensparteien vorgenommen. Ziel dieser Gegenüberstellung ist es herauszufinden, wie ausgeprägt die Diskrepanzen zwischen den beiden Unternehmenssichten sind. Auf eine Gegenüberstellung der Sichten aus Unternehmen mit anderen Vertretungsformen, die regelmäßig in Erscheinung treten, muss verzichtet werden, da hierfür nur eine Schnittmenge von 6 Unternehmen zur Verfügung steht. Kapitel 5.2 geht schließlich den Gründen nach, warum es in Unternehmen ohne Betriebsrat bis dato nicht zu einer Betriebsratsgründung gekommen ist. Zur Beantwortung dieser Frage werden die Angaben der anderen Vertretungsformen sowie derjenigen Unternehmen herangezogen, die über keinen Betriebsrat verfügen bzw. eine andere Vertretungsform aufweisen. Aufgrund der zu vermutenden eingeschränkten Repräsentativität der Befragung der Arbeitnehmervertreter werden die Ergebnisse im

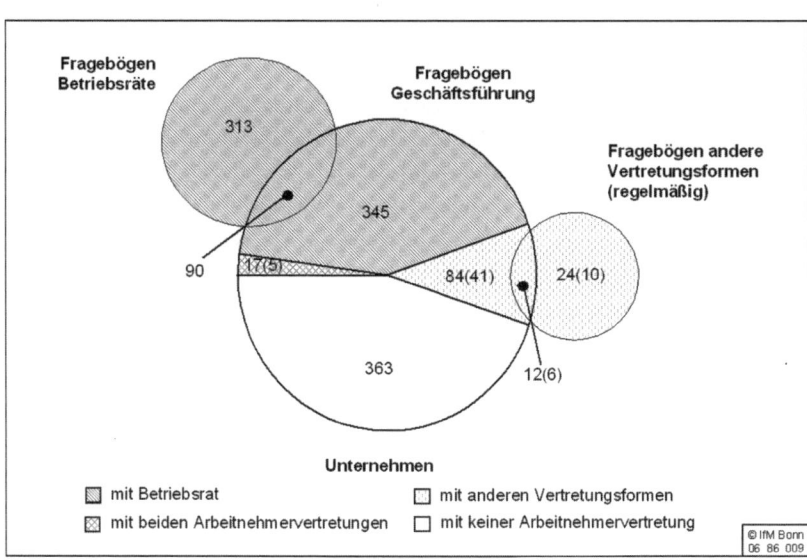

Abbildung 26: Rücklauf der Befragung „Mitbestimmung und Mittelstand"

Quelle: IfM Bonn Befragung der Arbeitnehmervertreter und Geschäftsführer-Befragung.

Folgenden nicht mehr gewichtet.[32] Die nachfolgenden Aussagen können daher für den betrachteten Mittelstand nicht als repräsentativ gelten.

5.1 Sicht des Betriebsrats vs. Sicht der Geschäftsführung aus einem Unternehmen

Eine Schnittmenge von 90 mittelständischen Unternehmen, aus denen sowohl Angaben der Geschäftsführung als auch des dazugehörigen Betriebsrats vorliegen, bietet die Möglichkeit, die beiden Unternehmenssichten einander gegenüber zu stellen. Diese Möglichkeit soll im Folgenden genutzt werden, wobei im Besonderen die Ansichten über die Kommunikations- und Entscheidungsprozesse sowie die Ausgestaltung der betrieblichen Mitbestimmung in das Blickfeld gerückt werden.

5.1.1 Kommunikations- und Entscheidungsprozesse

In Kapitel 3, das auf den Angaben der Geschäftsführer basierte, konnte gezeigt werden, dass Unternehmen mit Betriebsrat eher von Geschäftsführern geführt werden, die eine positive Einstellung zur betrieblichen Mitbestimmung haben und deren Entscheidungsverhalten auf eine Interaktion mit den Mitarbeitern ausgerichtet ist. Gilt dies auch für die 90 hier betrachteten Unternehmen? Inwieweit stimmen die Sichten der beiden Unternehmensparteien überein?

Kommunikation und Konfliktregelung

Die Frage nach der Bedeutung verschiedener Interaktionssituationen für das eigene Unternehmen zeigt erste Differenzen in der betrieblichen Wahrnehmung seitens der beiden Unternehmensparteien auf: So sind zwar von den fünf Interaktionssituationen die gemeinsamen Betriebsausflüge und das Prinzip der offenen Tür sowohl aus Sicht der Geschäftsführer als auch aus Sicht der Betriebsräte der betrachteten 90 Unternehmen am bedeutsamsten in ihrem Unternehmen (vgl. Abbildung 27). Über die Bedeutsamkeit der anderen Situationen sind sich die beiden Unternehmensparteien jedoch nicht mehr einig: So wird die Einschätzung der Geschäftsführung, sich in Notfällen auch am operativen Geschäft zu beteiligen (Mittelwert=4,1), von den Betriebsräten nicht geteilt (=2,6). Ähnlich verhält es sich in bezug auf die Umsetzung von Verbesserungsvorschlägen und in bezug auf die Anteilnahme der Geschäftsführung an persönlichen Problemen der Mitarbeiter.

Insgesamt fällt auf, dass die Betriebsräte alle fünf Interaktionssituationen weniger häufig wahrnehmen (Mittelwerte schwanken zwischen 2,6 und 3,9) als die dazugehörigen Geschäftsführer (Mittelwerte reichen von 4,0 bis 4,5). Was entweder

Abbildung 27: Interaktionsbeziehungen im Unternehmen aus Sicht des Betriebsrats und der Geschäftsführung

	Mittelwerte
sind gemeinsame Unternehmungen wie Betriebsausflüge, Weihnachtsfeier o.ä. üblich	Betriebsrat: 3,9 / Geschäftsführung: 4,3
können Mitarbeiter jederzeit bei der Geschäftsführung vorbeikommen (Prinzip der offenen Tür)	Betriebsrat: 3,7 / Geschäftsführung: 4,5
nimmt sich die Geschäftsführung auch für die persönlichen Probleme der Mitarbeiter Zeit	Betriebsrat: 3,1 / Geschäftsführung: 4,1
sind Verbesserungsvorschläge von Mitarbeitern umgesetzt worden und tragen zum Erfolg des Unternehmens bei	Betriebsrat: 3,2 / Geschäftsführung: 4,0
springt die Geschäftsführung ein, wenn Not am Mann ist	Betriebsrat: 2,6 / Geschäftsführung: 4,1

n = 84

© IfM Bonn 06 86 046

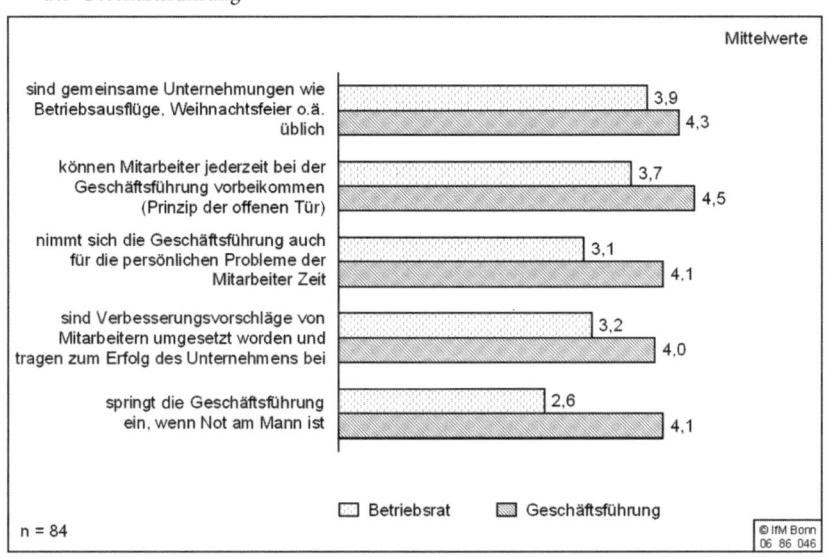

Abbildung 28: Konfliktregelung im Unternehmen aus Sicht des Betriebsrats und der Geschäftsführung

	Mittelwerte
sollen Mitarbeiter die Probleme, die sie miteinander haben, selber klären	Betriebsrat: 3,2 / Geschäftsführung: 3,4
kommt es häufiger zu Spannungen unter den Mitarbeitern	Betriebsrat: 2,5 / Geschäftsführung: 2,1

n = 84

© IfM Bonn 06 86 047

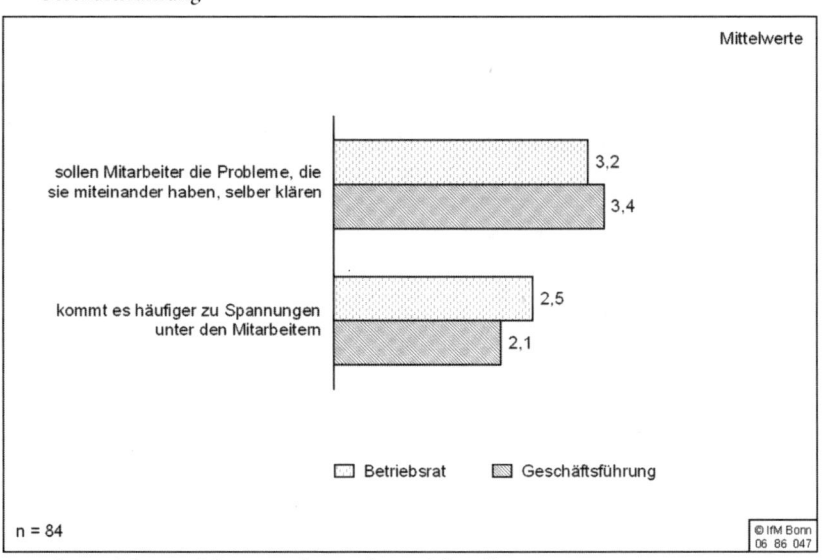

1 = stimme ich gar nicht zu und 5 = stimme ich voll zu
Quelle: IfM Bonn Befragung der Arbeitnehmervertreter und Befragung der Geschäftsführung.

an generellen Einschätzungsunterschieden zwischen Geschäftsführung und Mitarbeitern liegen kann oder auch an unterschiedlichen Wahrnehmungen zwischen Betriebsräten und dem Rest der Mitarbeiter. Hierzu kann die Untersuchung leider keinen Aufschluss geben.

Weitgehende Einigkeit liegt hinsichtlich der Häufigkeit von Konflikten und deren Regulierung vor. So geben beide Unternehmensparteien an, dass es selten zu Spannungen unter den Mitarbeitern kommt. Dennoch nimmt der Betriebsrat Spannungen etwas häufiger wahr als die Geschäftsführung, was sich eventuell auch aus seiner Funktion als Betriebsrat ergibt (BIERBAUM et al. 2001, S. 24 ff.). Beide Parteien stimmen darin überein, dass die Lösung von Streitigkeiten zwischen Mitarbeitern nicht in der alleinigen Verantwortung dieser zu liegen hat (vgl. Abbildung 28).

Entscheidungsprozesse

In bezug auf die Entscheidungsprozesse und das Ausmaß, in dem die Mitarbeiter in unternehmerische Entscheidungen einbezogen werden, zeigen sich jedoch deutlichere Differenzen in den Sichten der beiden Unternehmensvertreter (vgl. Abbildung 29): So schätzen knapp 43 % der Betriebsräte den Entscheidungsstil ihrer Geschäftsführung als zentralistisch ein, während nur etwa 2 % der Geschäfts-

Abbildung 29: Entscheidungsstil der Geschäftsführung aus Sicht des Betriebsrats und der Geschäftsführung

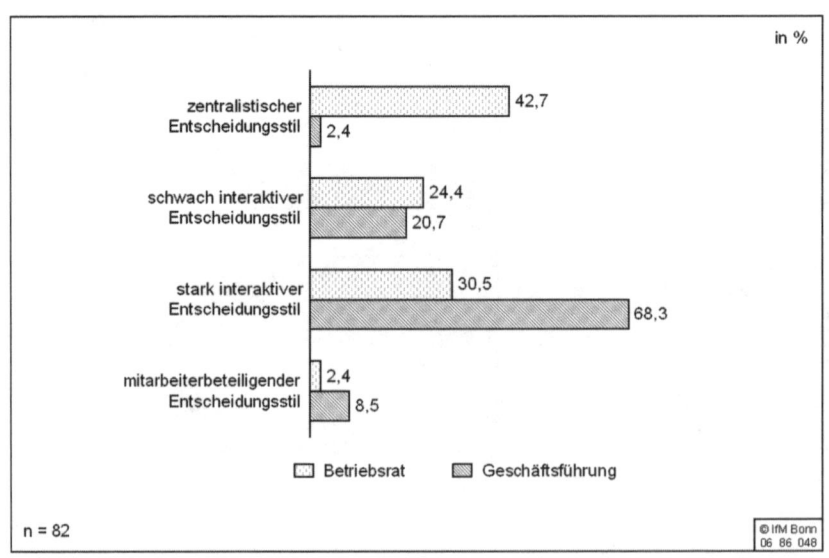

Entscheidungsstil	Betriebsrat	Geschäftsführung
zentralistischer Entscheidungsstil	42,7	2,4
schwach interaktiver Entscheidungsstil	24,4	20,7
stark interaktiver Entscheidungsstil	30,5	68,3
mitarbeiterbeteiligender Entscheidungsstil	2,4	8,5

n = 82

Quelle: IfM Bonn Befragung der Arbeitnehmervertreter und Befragung der Geschäftsführung.

führer dies glauben. Umgekehrt geben nur etwa 30 % der Betriebsräte an, dass die Geschäftsführung ihre Entscheidungen stark interaktiv fällt, während die Mehrzahl (68,3 %) der Geschäftsführer der Auffassung ist, dass sie stark interaktiv in ihrem Entscheidungsverhalten ist. Dass der mitarbeiterbeteiligende Entscheidungsstil am seltensten vorkommt, darin sind sich Geschäftsführer und Betriebsrat einig. Allerdings glauben immerhin noch dreimal so viele Geschäftsführer wie Betriebsräte daran (8,5 % vs. 2,4 %).

Ungeachtet dieser deutlichen Diskrepanzen in der Einschätzung der Entscheidungsstile sind sich Betriebsrat und Geschäftsführung über das Ausmaß des Kontrollbedürfnisses der Geschäftsführung nahezu einig. Aus Sicht des Betriebsrats ist das Kontrollbedürfnis der Geschäftsführung nur leicht stärker ausgeprägt (Mittelwert=3,3) als dies von der Geschäftsführung bei sich selbst wahrgenommen wird (bzw. 3,0).

5.1.2 Entstehung des Betriebsrats und Zusammenarbeit mit der Geschäftsführung

Nachdem nun im vorangegangenen Teilkapitel die Sichten der beiden Unternehmensparteien hinsichtlich der internen Prozesse verglichen worden sind, soll

Abbildung 30: Ursachen der Betriebsratsgründung aus Sicht des Betriebsrats und der Geschäftsführung

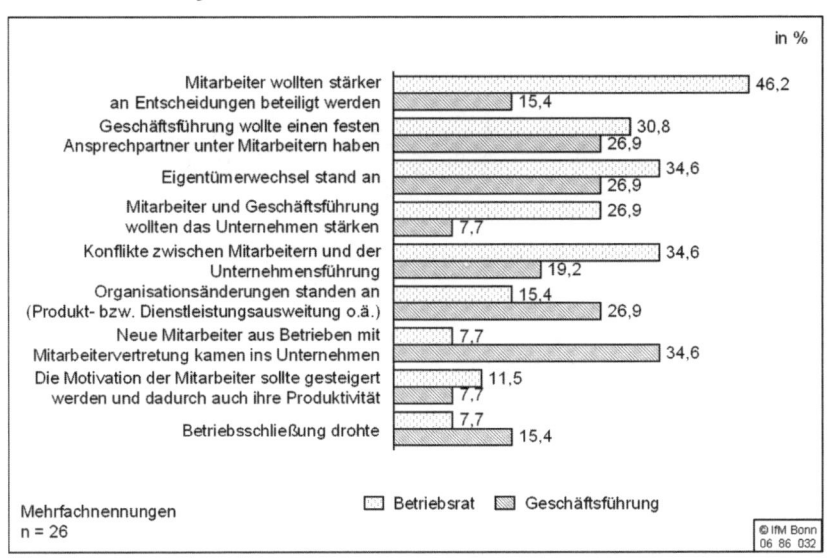

Ursache	Betriebsrat	Geschäftsführung
Mitarbeiter wollten stärker an Entscheidungen beteiligt werden	46,2	15,4
Geschäftsführung wollte einen festen Ansprechpartner unter Mitarbeitern haben	30,8	26,9
Eigentümerwechsel stand an	34,6	26,9
Mitarbeiter und Geschäftsführung wollten das Unternehmen stärken	26,9	7,7
Konflikte zwischen Mitarbeitern und der Unternehmensführung	34,6	19,2
Organisationsänderungen standen an (Produkt- bzw. Dienstleistungsausweitung o.ä.)	15,4	26,9
Neue Mitarbeiter aus Betrieben mit Mitarbeitervertretung kamen ins Unternehmen	7,7	34,6
Die Motivation der Mitarbeiter sollte gesteigert werden und dadurch auch ihre Produktivität	11,5	7,7
Betriebsschließung drohte	7,7	15,4

Mehrfachnennungen
n = 26

Quelle: IfM Bonn Befragung der Arbeitnehmervertreter und Befragung der Geschäftsführung.

im Folgenden der Blick auf die Entstehung des Betriebsrats sowie die gemeinsame Zusammenarbeit gerichtet werden. In Hinblick auf die Ursachen für die Gründung des Betriebsrats sind, wie aus Abbildung 30 hervorgeht, sowohl Auffassungsunterschiede als auch -gemeinsamkeiten zwischen der Geschäftsführung und den dazugehörigen Betriebsräten erkennbar: Während fast die Hälfte (46,2 %) der Betriebsräte angibt, dass mit der Gründung mehr Mitbestimmung realisiert werden sollte, sieht etwa ein Drittel der Geschäftsführer die Ursache für die Betriebsratsgründung darin, dass neue Mitarbeiter ins Unternehmen gekommen sind. In folgenden Punkten stimmen Geschäftsführung und Interessenvertretung weitgehend überein: anstehender Eigentümerwechsel und Wunsch nach festem Ansprechpartner.

Weitgehende Übereinstimmung liegt auch in Hinblick auf den Initiator der Betriebsratsgründung vor: Die Mehrzahl der Geschäftsführer (67,9 %) bzw. der Betriebsräte (79,2 %) gibt an, dass die Gründung des Betriebsrats von den Arbeitnehmern initiiert wurde. In etwas mehr als einem Drittel (39,6 % bzw. 34,0 %) der Fälle geht die Gründung des Betriebsrats auf die Gewerkschaften zurück. Aber auch die Geschäftsführung wurde in einigen Unternehmen von beiden Seiten als

Abbildung 31: Gründungsinitiator des Betriebsrats aus Sicht des Betriebsrats und der Geschäftsführung

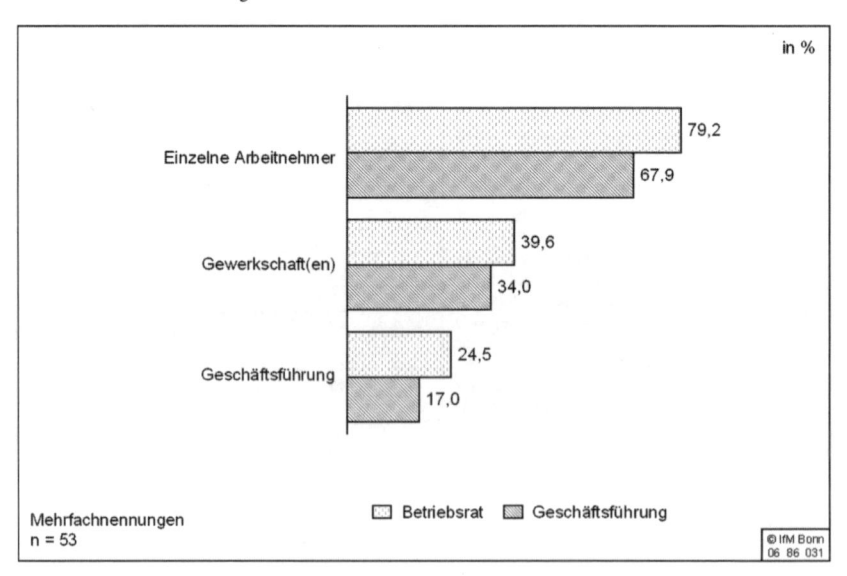

Quelle: IfM Bonn Befragung der Arbeitnehmervertreter und Befragung der Geschäftsführung.

Gründungsinitiator erwähnt; dies sahen 24,5 % der Betriebsräte so und 17 % der Geschäftsführer (vgl. Abbildung 31).

In diesem Zusammenhang stellt sich die Frage, wodurch sich Geschäftsführer auszeichnen, die die Gründung eines Betriebsrats selbst angeregt haben. Betrachtet man diese näher, fällt auf, dass sie eine deutlich positivere Einstellung zum Betriebsrat haben als Geschäftsführer, von denen diese Initiative nicht ausging (Mittelwerte: 37,2 vs. 32,9). Zudem sind sie zumeist in der Funktion eines angestellten Managers tätig (77,8 % Manager vs. 22,2 % Inhaber).

Ausmaß der Beteiligung

Bereits in Kapitel 4 konnte gezeigt werden, dass Betriebsräte in der Regel bei betrieblichen Veränderungsprozessen beteiligt werden. Dabei wurde die Strategie des „Kompromiss" am häufigsten von den Geschäftsführern genannt. Der Ausschluss oder die Konfrontation stellten eher randständige Strategien der Zusammenarbeit dar – zumindest aus Sicht der Geschäftsführung. In den hier betrachteten 90 Unternehmen werden diese Einschätzungen von den Betriebsräten allerdings nicht in vollem Umfang geteilt: Zwar sieht die Mehrzahl der Betriebsräte wie

Abbildung 32: Ausmaß der Beteiligung des Betriebsrats an betrieblichen Veränderungsprozessen aus Sicht des Betriebsrats und der Geschäftsführung

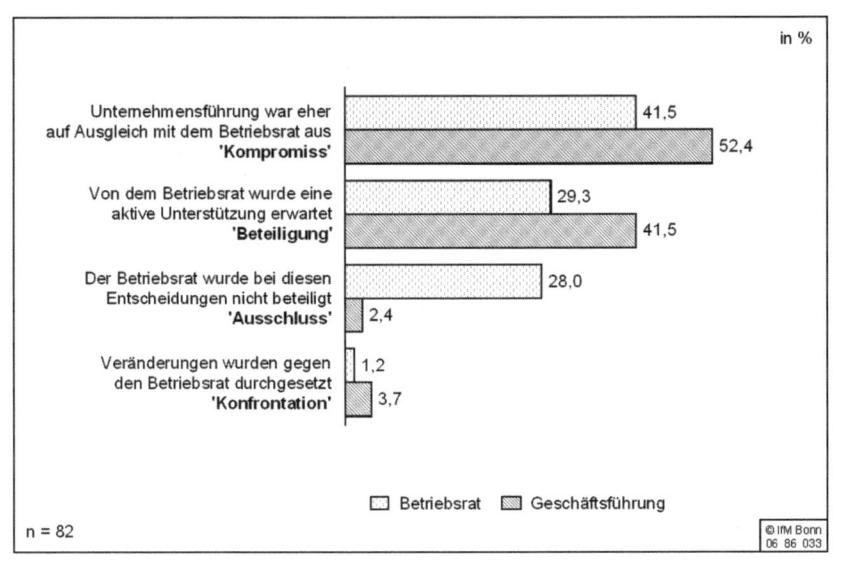

Quelle: IfM Bonn Befragung der Arbeitnehmervertreter und Befragung der Geschäftsführung.

auch die Geschäftsführung, dass die Zusammenarbeit auf einen Kompromiss ausgerichtet ist. Dennoch ist ein gutes Viertel der Betriebsräte (28,0 %) der Auffassung, dass sie bei organisatorischen Entscheidungen nicht beteiligt werden. Im Vergleich dazu geben lediglich 2,4 % der dazugehörigen Geschäftsführer an, dass sie die Arbeitnehmer nicht beteiligt hätten (vgl. Abbildung 32).

Trotz dieser recht unterschiedlichen Bewertung über das Ausmaß der Beteiligung des Betriebsrats an betrieblichen Veränderungsprozessen stimmt die Mehrzahl der Geschäftsführer und der Betriebsräte darin überein, dass der Betriebsrat im Durchschnitt ab und an sogar über den mitbestimmungspflichtigen Bereich hinaus beteiligt wird. Aus Sicht der Geschäftsführer geschieht dies jedoch etwas häufiger (Mittelwert=3,0) als es von den Betriebsräten wahrgenommen wird (=2,8).[33] Danach gefragt, ob es in den gemeinsamen Verhandlungen in den letzten drei Jahren zu einer einvernehmlichen Unterschreitung der tariflichen Ansprüche gekommen ist, bejahen dies 29,8 % der Geschäftsführer und auch eine fast gleich große Anzahl (26,2 %) der befragten Betriebsräte.

Beziehung zwischen Betriebsrat und Geschäftsführung

In der Mehrzahl der 90 mittelständischen Unternehmen wurde sowohl von der Geschäftsführung als auch vom Betriebsrat angegeben, dass der Ausgleich der Interessen primäres Ziel der gemeinsamen Zusammenarbeit zwischen Geschäftsführung und Betriebsrat ist. Entsprechend kann angenommen werden, dass das Verhältnis zueinander einen kooperativen Charakter aufweist und eher positiv von beiden Unternehmensparteien bewertet wird. Dies zeigt sich auch in der Beurteilung der gemeinsamen Beziehung: So bewerten die Betriebsräte das Verhältnis im Schnitt zwar etwas schlechter (Mittelwert=3,6) als die Geschäftsführer (=4,0), dennoch wird diese im Durchschnitt als eher positiv von beiden Seiten bewertet.[34]

Die Bewertung des Betriebsrats durch die Geschäftsführung unterliegt einem Wandel: Während die Geschäftsführer den Betriebsrat zum Zeitpunkt der Gründung im Mittel als eher neutral (Mittelwert=3,1) bewertet haben, geben die Geschäftsführer zum Zeitpunkt der Befragung an, dass sie die Zusammenarbeit mittlerweile als neutral bis gut (=3,4) bewerten. Dieser Wandel in der Bewertung des Betriebsrats durch die Geschäftsführung wird von den zugehörigen Betriebsräten im Durchschnitt genauso eingeschätzt. Dies unterstützt die Vermutung, dass die Zusammenarbeit mit der Geschäftsführung einem Reifungsprozess unterliegt, d.h. es braucht einige Zeit, bis eine stabile Konsenskultur in den Unternehmen erreicht wird (vgl. WASSERMANN 1999, S. 773).

5.2 Gründe für die Betriebsratslosigkeit – aus Sicht von Geschäftsführern und Arbeitnehmervertretern

Nur knapp ein Drittel aller mittelständischen Unternehmen verfügt über einen Betriebsrat. Somit hat das Gros der Unternehmen keinen Betriebsrat. Aus der multivariaten Analyse in Kapitel 4 wissen wir, dass die Existenz eines Betriebsrats unter sonst gleichen Bedingungen um 33,6 Prozentpunkte weniger wahrscheinlich ist, wenn das Unternehmen über eine andere Form der Arbeitnehmervertretung verfügt, die regelmäßig in Erscheinung tritt. Damit sind aber noch nicht die genauen Gründe bekannt, weshalb sich einige Unternehmen für eine andere Form der Arbeitnehmervertretung anstelle eines Betriebsrats entscheiden. Die Beweggründe der einzelnen Unternehmensparteien (Geschäftsführer und Mitglieder anderer Vertretungsformen) wurden im Rahmen der Erhebung separat erfasst und sollen im Folgenden dargestellt werden.

Die Mehrzahl der Geschäftsführer sowohl von Unternehmen mit anderen regelmäßigen Vertretungsformen als auch von Unternehmen ohne regelmäßige Arbeitnehmervertretung sehen den Grund für das Fehlen eines Betriebsrats in dem Umstand, dass ihr Unternehmen zu klein ist (Mittelwert=4,2 bzw. 4,3). Bei dieser Aussage sind es erwartungsgemäß gerade Vertreter der kleinen Unternehmensgrößen, die dieser Aussage am stärksten zustimmen.[35] Eine weitere wichtige Ursache liegt ihres Erachtens auch in der Tatsache, dass die Belegschaft bisher noch nicht den Wunsch nach einem Betriebsrat geäußert hat (Mittelwert=4,1 bzw. 4,4). Aber auch der Kostenaspekt wird als eine bedeutsame Ursache für die eigene Betriebsratslosigkeit angesehen. Demgegenüber haben schlechte Erfahrung mit Betriebsräten oder Mitarbeiter, welche die Mehrarbeit scheuen, für die Wahl der betrieblichen Mitbestimmungssituation keine Rolle gespielt. Gleichzeitig geben sowohl die Geschäftsführer von Unternehmen mit anderen regelmäßigen Vertretungsformen als auch die Geschäftsführer, die in ihrem Unternehmen keine regelmäßige Arbeitnehmervertretung haben, an, dass es sich bei den anderen Vertretungsformen nicht um eine Nachfolgeinstitution eines Betriebsrat handelt. Auffällig ist, dass in Unternehmen ohne regelmäßige Arbeitnehmervertretung die Geschäftsführer häufiger angeben, dass sie einem Betriebsrat kritisch gegenüberstehen, als Geschäftsführer von Unternehmen mit regelmäßigen anderen Vertretungsformen (vgl. Abbildung 33).

Neben den Geschäftsführern wurden die Arbeitnehmervertreter nach den Gründen für das Fehlen eines Betriebsrats befragt. Aufgrund des Erhebungsdesigns liegen aus den Unternehmen, in denen es keine Arbeitnehmervertretung gibt, keine Angaben vor.

Die befragten Mitglieder der beiden Formen von anderen Arbeitnehmervertretungen bestätigen die Angaben der Geschäftsführer indirekt: So ist auch aus Sicht der regelmäßigen Vertreter die informelle Form der Arbeitnehmervertretung das beste für das Unternehmen (Mittelwert=4,1), was damit wohl auch der Hauptgrund für das Fehlen eines Betriebsrats ist. Darüber hinaus geben sie aber auch an, dass die Geschäftsführung einer Betriebsratsgründung kritisch gegenüber steht (3,6) und eine Gründung entsprechend als Angriff auffassen würden (3,2). Wie zuvor die Geschäftsführer geben auch die Mitglieder der anderen regelmäßigen Vertretungsformen an, dass diese Vertretungsform nicht mit dem Ziel gegründet worden ist, die Funktion eines früheren Betriebsrats im Unternehmen zu ersetzen. Die Vertreter der Ad-hoc-Vertretungen kommen zu einer ähnlichen Einschätzung. Jedoch sehen sie einen anderen Hauptgrund für die eigene „Betriebsratslosigkeit": Ihres Erachtens resultiert diese aus dem Umstand, dass bisher kein Mitarbeiter diesen haben wollte (vgl. Abbildung 34).

Die Geschäftsführer und Arbeitnehmervertreter sowohl aus Unternehmen mit regelmäßiger anderer Arbeitnehmervertretung als auch aus Unternehmen ohne jegliche Arbeitnehmervertretung bzw. mit Ad-hoc-Vertretung wurden nach möglichen Situationen gefragt, in denen ein Betriebsrat aus ihrer Sicht hilfreich sein könnte. Für die jeweiligen Mitbestimmungssituationen zeigt sich ein eher ein-

Abbildung 33: Ursachen der eigenen „Betriebsratslosigkeit" aus Sicht der Geschäftsführer mit und ohne regelmäßige andere Vertretungsformen

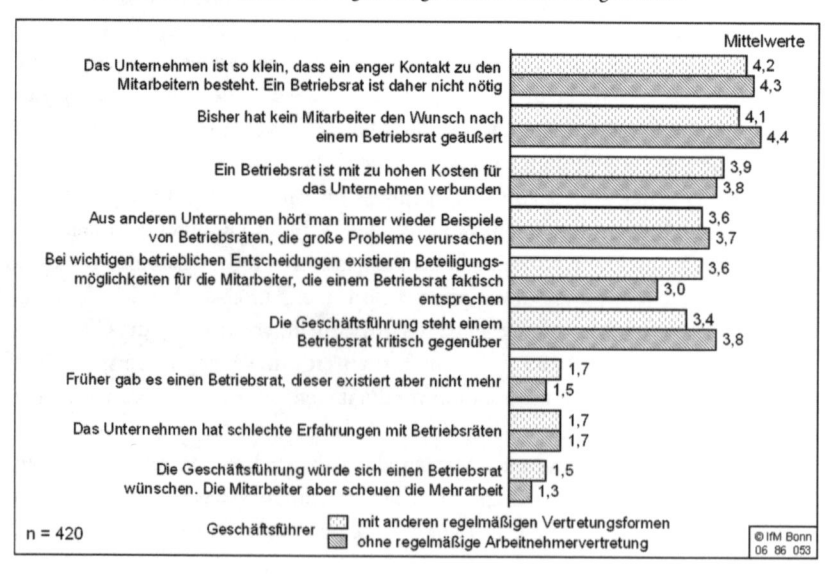

Aussage	mit anderen regelmäßigen Vertretungsformen	ohne regelmäßige Arbeitnehmervertretung
Das Unternehmen ist so klein, dass ein enger Kontakt zu den Mitarbeitern besteht. Ein Betriebsrat ist daher nicht nötig	4,2	4,3
Bisher hat kein Mitarbeiter den Wunsch nach einem Betriebsrat geäußert	4,1	4,4
Ein Betriebsrat ist mit zu hohen Kosten für das Unternehmen verbunden	3,9	3,8
Aus anderen Unternehmen hört man immer wieder Beispiele von Betriebsräten, die große Probleme verursachen	3,6	3,7
Bei wichtigen betrieblichen Entscheidungen existieren Beteiligungsmöglichkeiten für die Mitarbeiter, die einem Betriebsrat faktisch entsprechen	3,6	3,0
Die Geschäftsführung steht einem Betriebsrat kritisch gegenüber	3,4	3,8
Früher gab es einen Betriebsrat, dieser existiert aber nicht mehr	1,7	1,5
Das Unternehmen hat schlechte Erfahrungen mit Betriebsräten	1,7	1,7
Die Geschäftsführung würde sich einen Betriebsrat wünschen. Die Mitarbeiter aber scheuen die Mehrarbeit	1,5	1,3

n = 420   Geschäftsführer

1 = trifft gar nicht zu und 5 = trifft voll zu
Quelle: IfM Bonn Befragung der Geschäftsführung.

heitliches Bild: Unabhängig davon, welche Position die Befragten im Unternehmen einnehmen, wird in Unternehmen mit anderen regelmäßigen Vertretungsformen ein Betriebsrat dann als hilfreich angesehen, wenn dieser von den Mitarbeitern gewünscht wäre oder im Unternehmen legitimierte Vertreter der Arbeitnehmer benötigt werden. Ein Betriebsrat ist aus Sicht der Mitglieder der anderen Vertretungsformen zudem noch hilfreich, wenn Sozialpläne aufgestellt werden müssten. Zur Steigerung der Motivation der Mitarbeiter ist sowohl aus Sicht der Geschäftsführung als auch aus Sicht der anderen Arbeitnehmervertreter ein Betriebsrat am wenigsten geeignet und stellt ihres Erachtens keinen Grund für eine Betriebsratsgründung dar.

Insgesamt zeigt das geringe Ausmaß der Zustimmung vor allem bei den Geschäftsführern (Mittelwerte bewegen sich nur zwischen 2,0 und 3,0), aber auch bei den Arbeitnehmervertretungen (Mittelwerte bewegen sich zwischen 2,3 und 3,8), dass es aus ihrer Sicht sehr wenige Situationen gibt, in denen ein Betriebsrat eine Alternative zu einer anderen regelmäßigen Vertretungsform darstellt (vgl. Abbildung 35).

Richtet sich allerdings der Blick auf Unternehmen ohne Arbeitnehmervertretung bzw. mit lediglich Ad-hoc-Vertretungen, wird deutlich, dass es für die Geschäfts-

Abbildung 34: Ursachen der eigenen „Betriebsratslosigkeit" aus Sicht der Vertreter anderer Vertretungsformen

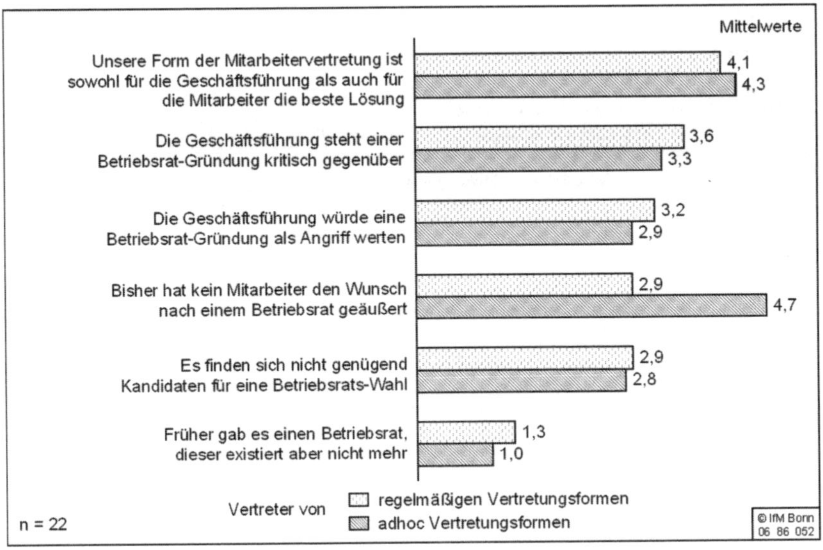

	Mittelwerte regelmäßigen Vertretungsformen	Mittelwerte adhoc Vertretungsformen
Unsere Form der Mitarbeitervertretung ist sowohl für die Geschäftsführung als auch für die Mitarbeiter die beste Lösung	4,1	4,3
Die Geschäftsführung steht einer Betriebsrat-Gründung kritisch gegenüber	3,6	3,3
Die Geschäftsführung würde eine Betriebsrat-Gründung als Angriff werten	3,2	2,9
Bisher hat kein Mitarbeiter den Wunsch nach einem Betriebsrat geäußert	2,9	4,7
Es finden sich nicht genügend Kandidaten für eine Betriebsrats-Wahl	2,9	2,8
Früher gab es einen Betriebsrat, dieser existiert aber nicht mehr	1,3	1,0

n = 22

1 = trifft gar nicht zu und 5 = trifft voll zu
Quelle: IfM Bonn Befragung der Arbeitnehmervertreter.

führer fast keine Situationen gibt, in denen ein Betriebsrat hilfreich wäre (Mittelwerte schwanken zwischen 1,9 und 2,4). Somit scheint es für die Geschäftsführer von Unternehmen ohne Arbeitnehmervertretung bzw. mit nur Ad-Hoc-Vertretungen noch weniger Gründe für die eventuelle Einrichtung eines Betriebsrats zu geben als für Geschäftsführer von Unternehmen mit anderen Vertretungsformen (vgl. Abbildung 36).

5.3 Zwischenfazit

Beim Vergleich der Angaben der Geschäftsführer und der Betriebsratsmitglieder aus einem Unternehmen zeigte sich eine relativ große Übereinstimmung in der Einschätzung der betrieblichen Wirklichkeit. Lediglich in der Frage des Entscheidungsstils der Geschäftsführung und der Beteiligung des Betriebsrats an betrieblichen Veränderungsprozessen zeigen sich große Diskrepanzen, die jedoch vermutlich auf die unterschiedlichen Interessenslagen der Unternehmensparteien zurückzuführen sind. So werden nur wenige Geschäftsführer sich selbst als Patri-

Abbildung 35: Nutzen eines Betriebsrats aus Sicht von Geschäftsführern und Vertretern aus Unternehmen mit anderen regelmäßigen Vertretungsformen

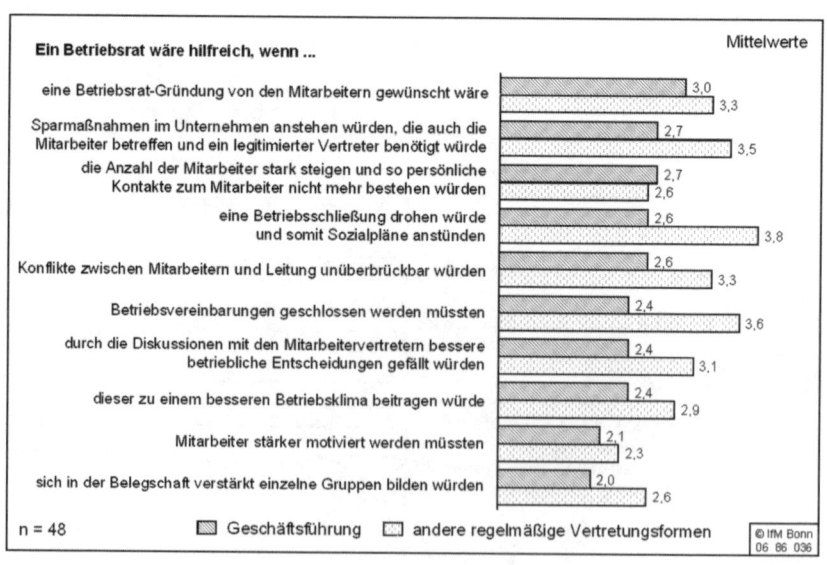

Ein Betriebsrat wäre hilfreich, wenn ...	Geschäftsführung	andere regelmäßige Vertretungsformen
eine Betriebsrat-Gründung von den Mitarbeitern gewünscht wäre	3,0	3,3
Sparmaßnahmen im Unternehmen anstehen würden, die auch die Mitarbeiter betreffen und ein legitimierter Vertreter benötigt würde	2,7	3,5
die Anzahl der Mitarbeiter stark steigen und so persönliche Kontakte zum Mitarbeiter nicht mehr bestehen würden	2,7	2,6
eine Betriebsschließung drohen würde und somit Sozialpläne anstünden	2,6	3,8
Konflikte zwischen Mitarbeitern und Leitung unüberbrückbar würden	2,6	3,3
Betriebsvereinbarungen geschlossen werden müssten	2,4	3,6
durch die Diskussionen mit den Mitarbeitervertretern bessere betriebliche Entscheidungen gefällt würden	2,4	3,1
dieser zu einem besseren Betriebsklima beitragen würde	2,4	2,9
Mitarbeiter stärker motiviert werden müssten	2,1	2,3
sich in der Belegschaft verstärkt einzelne Gruppen bilden würden	2,0	2,6

n = 48

1 = stimme ich gar nicht zu und 5 = stimme ich voll zu
Quelle: IfM Bonn Befragung der Arbeitnehmervertreter und Befragung der Geschäftsführung.

arch offenbaren, und auch nur wenige Betriebsräte werden sich generell als ausreichend beteiligt fühlen. Alles in allem können die Angaben der Geschäftsführer mit Abstrichen aber als gute Grundlage für die Darstellung und Bewertung der Mitbestimmungswirklichkeit in den Unternehmen angesehen werden.

Bei der Betrachtung der internen Beweggründe für die Gründung einer anderen Vertretungsform – und damit gegen die Gründung eines Betriebsrats – konnten einige der dominanten Einflussfaktoren, die in Kapitel 3.3 identifiziert wurden, bestätigt werden. So gibt die Mehrzahl der befragten Geschäftsführer als Grund für die eigene Betriebsratslosigkeit an, dass ihr Unternehmen zu klein ist. Daneben zeigte sich bei der Frage nach Situationen, in denen ein Betriebsrat hilfreich sein könnte, ein eher skeptisches Bild der Geschäftsführer: Ihres Erachtens gibt es nur wenige Situationen, in denen ein Betriebsrat hilfreich sein könnte. Auch konnten weitere Hinweise für die in Kapitel 4.3 angestellte Vermutung gefunden werden, wonach es sich bei den anderen regelmäßigen Arbeitnehmervertretungen aller Wahrscheinlichkeit nach um eine auf kleine Unternehmen beschränkte Ersatzfunktion für einen Betriebsrat handelt. So können sich die

Abbildung 36: Nutzen eines Betriebsrats aus Sicht von Geschäftsführern und Vertretern von Ad-hoc-Vertretungsformen sowie Geschäftsführern ohne Arbeitnehmervertretung

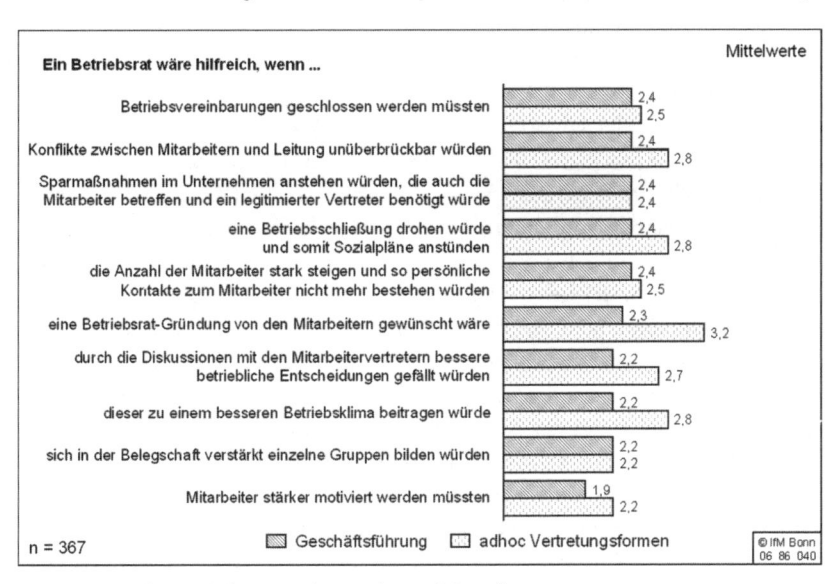

Ein Betriebsrat wäre hilfreich, wenn ... Mittelwerte

Aussage	Geschäftsführung	adhoc Vertretungsformen
Betriebsvereinbarungen geschlossen werden müssten	2,4	2,5
Konflikte zwischen Mitarbeitern und Leitung unüberbrückbar würden	2,4	2,8
Sparmaßnahmen im Unternehmen anstehen würden, die auch die Mitarbeiter betreffen und ein legitimierter Vertreter benötigt würde	2,4	2,4
eine Betriebsschließung drohen würde und somit Sozialpläne anstünden	2,4	2,8
die Anzahl der Mitarbeiter stark steigen und so persönliche Kontakte zum Mitarbeiter nicht mehr bestehen würden	2,4	2,5
eine Betriebsrat-Gründung von den Mitarbeitern gewünscht wäre	2,3	3,2
durch die Diskussionen mit den Mitarbeitervertretern bessere betriebliche Entscheidungen gefällt würden	2,2	2,7
dieser zu einem besseren Betriebsklima beitragen würde	2,2	2,8
sich in der Belegschaft verstärkt einzelne Gruppen bilden würden	2,2	2,2
Mitarbeiter stärker motiviert werden müssten	1,9	2,2

n = 367

1 = stimme ich gar nicht zu und 5 = stimme ich voll zu
Quelle: IfM Bonn Befragung der Arbeitnehmervertreter und Befragung der Geschäftsführung.

Geschäftsführer mit regelmäßigen anderen Arbeitnehmervertretungen eher vorstellen, dass es betriebliche Situationen gibt, in denen ein Betriebsrat hilfreich für ihr Unternehmen sein könnte als Geschäftsführer von Unternehmen mit ad-hoc- oder keinen Arbeitnehmervertretungen.

6. Mitbestimmungskonstellationen im Mittelstand im Überblick

Bevor im Teil D dieses Berichts eine Zusammenfassung aller Ergebnisse der Studie präsentiert wird, soll zum Abschluss der Teiluntersuchung des IfM Bonn ein Überblick über die unterschiedliche Praxis der Mitbestimmung im Mittelstand gegeben werden. In den einzelnen Kapiteln wurde eine Vielzahl von Mitbestimmungskonstellationen im Mittelstand separat betrachtet: Unternehmen mit Betriebsrat, Unternehmen mit anderen Vertretungsformen und Unternehmen ohne Betriebsrat. Im Mittelpunkt stand dabei jeweils die Frage, weshalb es in mittelständischen Unternehmen seltener zu Betriebsratsgründungen kommt. Auf Basis logistischer Regressionsmodelle konnten einige zentrale Einflussfaktoren auf die Wahrscheinlichkeit der Existenz eines Betriebsrats in den mittelständischen Unternehmen identifiziert werden. Anhand dieser zentralen Merkmale werden die drei genannten Mitbestimmungskonstellationen im Folgenden noch einmal analysiert, um die Unterschiede und eventuelle Gemeinsamkeiten aufzuzeigen.

Die vorliegende Studie hat bei der Verbreitung unterschiedlicher Mitbestimmungsformen und der Charakteristika der mittelständischen Unternehmen gezeigt, dass sich die jeweiligen Unternehmen sehr deutlich voneinander unterscheiden (vgl. Tabelle 10): Unternehmen mit Betriebsrat sind mit Abstand die größten Unternehmen, gefolgt von Unternehmen ohne jegliche Arbeitnehmervertretung und Unternehmen, in denen eine andere Vertretungsform präsent ist. Bezüglich des Frauenanteils an der Belegschaft und der Entwicklung der Beschäftigtenzahl zeigen sich vor allem zwischen Unternehmen mit Betriebsrat und Unternehmen ohne regelmäßige Form der Arbeitnehmervertretung Unterschiede: Unternehmen ohne Arbeitnehmervertretung beschäftigen tendenziell mehr Frauen und haben in den letzten drei Jahren tendenziell eher Personal eingestellt als entlassen.

Hinsichtlich des Organisationsgrads in Arbeitgeberverbänden, der Inhaberführung, der Einstellung der Geschäftsführung zum Betriebsrat sowie des Entscheidungsstils lassen sich die drei betrachteten Kategorien mittelständischer Unternehmen jedoch als eine Art Kontinuum auffassen. Der eine Pol wird gebildet von Unternehmen mit Betriebsrat. Diese sind eher in Arbeitgeberverbänden organisiert und werden weniger häufig von Inhabern geführt. Gleichzeitig verfügen die Geschäftsführer in diesen Unternehmen über eine recht positive Einstellung zur Mitbestimmung und ihr Entscheidungsverhalten ist nur noch in wenigen Fällen zentralistisch. Den Gegenpol hierzu bilden die Unternehmen ohne regelmäßige Form von Arbeitnehmervertretung: Sie sind nur selten in Verbänden organisiert und mehrheitlich inhabergeführt. Die Einstellung zum Betriebsrat ist eher negativ und das Entscheidungsverhalten der Geschäftsführer ist in mehr als einem Viertel der Unternehmen zentralistisch. Unternehmen mit anderen regelmäßigen Formen der Arbeitnehmervertretung nehmen eine Mittelposition ein: Sie sind

Tabelle 10: Zentrale Charakteristika mittelständischer Unternehmen in Abhängigkeit der betrieblichen Mitbestimmungssituation

Merkmal	Unternehmen mit Betriebsrat	Unternehmen mit regelmäßiger anderer Vertretung	Unternehmen ohne regelmäßige Form der Arbeitnehmervertretung
Unternehmensgröße (Mittelwert)	119	48	51
Veränderung der Beschäftigtenzahl in den letzten drei Jahren (1=stark gefallen und 5=stark gestiegen, Mittelwert)	2,8	3,1	3,1
Frauenanteil an den Beschäftigten (in %)	35,4	29,7	37,5
Anteil der Unternehmen mit Mitgliedschaft im Arbeitgeberverband (in %)	46,0	27,6	19,9
Anteil der inhabergeführten Unternehmen (in %)	39,1	79,5	81,0
Einstellung der Geschäftsführung zum Betriebsrat (11=sehr negativ und 55=sehr positiv, Mittelwert)	33,4	30,1	26,3
Anteil der Geschäftsführer mit zentralistischem Entscheidungsstil (in %)	10,4	22,3	28,6
	(n=220)	(n=59)	(n=486)

Quelle: IfM Bonn Befragung der Geschäftsführung, Gewichtung.

zwar weniger häufig in Arbeitgeberverbänden organisiert als Unternehmen mit Betriebsrat, jedoch häufiger als Unternehmen ohne Betriebsrat. Gleichzeitig werden sie seltener von Inhabern geführt als Unternehmen ohne Arbeitnehmervertretung, dennoch kommt dies im Durchschnitt häufiger vor als in Unternehmen mit Betriebsrat. Gleiches zeigt sich in Bezug auf die Einstellung der Geschäftsführung sowie beim Entscheidungsstil.

Dieses Ergebnis deutet darauf hin, dass gerade die von der Person des Geschäftsführers abhängigen Merkmale wie Mitgliedschaft im Arbeitgeberverband, Inhaberführung, Einstellung zum Betriebsrat und Entscheidungsstil entscheidend dafür sind, ob es einen Betriebsrat, eine andere Vertretungsform oder keine regelmäßige Arbeitnehmervertretung in einem mittelständischen Unternehmen gibt.

Auffällig ist dabei die Stellung der Unternehmen mit anderen Vertretungsformen: Der hier bildlich formulierte Befund einer Mittelposition deutet darauf hin, dass andere Vertretungsformen eine deutlich stärkere Nähe zum Betriebsrat aufweisen als bisher vermutet wurde.

C. Mittelständler und Betriebsräte

1. Anlage und Methode der Untersuchung

1.1 Fragestellungen

Die Gesamtfragestellung des Projekts „Mittelstand und Mitbestimmung" wurde parallel mit zwei einander ergänzenden methodischen Ansätzen angegangen. Während das Bonner Institut für Mittelstandsforschung mit der Methode der schriftlichen Befragung Geschäftsleitungen und Betriebsräte in mittelständischen Betrieben nach den Führungsstrukturen, Beteiligungsverhältnissen und den Einstellungen beider Seiten zur betrieblichen Mitbestimmung befragte, führten Mitarbeiter des Kasseler Büro für Sozialforschung mündliche Intensivinterviews in rund 50 Mittelstandsbetrieben durch. Aufgabe dieses qualitativen Untersuchungsteils war es, über die Rekonstruktion und Analyse betrieblicher Fallstudien typische Austauschbeziehungen zwischen mittelständischer Führung und Mitbestimmung bzw. Beteiligung der Arbeitnehmerseite zu untersuchen. Die leitenden Fragen lauteten hier u.a.: Welche Führungskonzepte leiten mittelständische Arbeitgeber in ihren Beziehungen und Entscheidungen gegenüber der Belegschaft? Wie beurteilen sie die gesetzlichen Mitbestimmungsnormen? Welche Ängste und Vorbehalte bestehen im Mittelstand gegenüber der Mitbestimmung? Welche Strategien und Praktiken zur Abwehr der Wahl von Betriebsräten werden von ihnen entwickelt? Wir gestaltet sich schließlich das „Zusammenleben" zwischen Inhabern und Betriebsräten in mittelständischen Betrieben? Welche Formen der Interessenregulierung sind in betriebsratslosen Betrieben zu erkennen? Welche Hinweise für einen Abschied von traditioneller patriarchalischer Führungspraxis und die Entwicklung beteiligungsorientierter Führungsformen sind zu erkennen?

1.2 Betriebsauswahl und Untersuchungsmethode

Als Untersuchungseinheiten wählten wir *Betriebe*, während in der schriftlichen Befragung des IfM *Unternehmen* untersucht wurden. Der Betrieb ist gewissermaßen der „soziale Raum", während das Unternehmen sich auf die rechtliche und ökonomische Ebene bezieht. Wir bewegen uns damit in der Tradition der Mitbestimmungsforschung, in der Betriebsräte und betriebliche Mitbestimmung dem Betrieb zugeordnet werden, wie er im Betriebsverfassungsrecht definiert ist. Da es sich in den von uns untersuchten Fällen in aller Regel um Unternehmen mit einem identischen Standort von Unternehmensleitung und Betriebsstätte handelte, ist ein Vergleich unserer Ergebnisse mit denen des IfM in dieser Hinsicht unproblematisch.

Aufgrund der beim Verfahren der mündlichen Intensivinterviews zwangsläufig relativ geringen Anzahl von untersuchten Betrieben waren Ansprüche an eine repräsentative Betriebsauswahl nicht zu stellen. Gleichwohl sollten zumindest charakteristische mittelständische Branchenmilieus berücksichtigt werden, so dass wichtige Unterschiede ja nach Betriebsgröße, Führungsstruktur und Branchentradition erkennbar werden konnten. Wir untersuchten Betriebe zwischen 20 und 499 Beschäftigten. Wir legten Wert darauf, ausschließlich inhabergeführte Betriebe zu untersuchen. Es handelt sich also um Firmen, in denen der mittelständische Inhaber selbst agiert, in größeren Betrieben unterstützt durch angestellte Geschäftsführer oder Prokuristen. Wir haben es also mit Mittelstandsbetrieben im engeren Sinne zu tun. Die *Inhaberführung* war das wichtigste Kriterium für unsere Auswahl. Damit erfassen wir gewissermaßen den „Traditionskern" mittelständischer Wirtschaft. Die Branchenzuordnung der untersuchten Betriebe weist folgende Merkmale auf:

Tabelle 11: Fallstudien nach Wirtschaftsbereichen und Betriebsgröße

Betriebsgröße	verarbeitendes Gewerbe inkl. Baugewerbe	Handwerk	Handel und priv. Dienstleistungen	Insgesamt
20 - 49 Beschäftigte	7	5	4	16
50 - 499 Beschäftigte	19	7	6	32
Gesamtzahl der Fallstudien	26	12	10	48

Die Übersicht zeigt, dass etwa die Hälfte der untersuchten Betriebe insgesamt im Bereich mittelständischer Industriebetriebe mit einer Größenordnung zwischen 20 und 499 Beschäftigten liegt. Hier sind neben Betrieben des Bau- und Baunebengewerbes der Maschinenbau, die Elektroindustrie, die Holz- und Möbelindustrie, die Chemie- und Kunststoffindustrie sowie Betriebe der Nahrungsmittelindustrie vertreten. Die zweite Gruppe bilden die Handwerksbetriebe und der Handel bzw. private Dienstleister. Sie haben in der Untersuchung zusammen etwa das gleiche Gewicht wie die Industriebetriebe. Aus dem Handwerksbereich sind vor allem Autohäuser (Kfz-Gewerbe), das Druckgewerbe, das SHK-Handwerk sowie Dentallabore und das Dachdeckerhandwerk vertreten. Im Handel und privaten Dienstleistungsbereich wurden Betriebe aus verschiedenen Branchen des Einzel- und Großhandels, Hotels und grafische Betriebe untersucht. Ein Drittel der untersuchten Fälle liegt im Bereich der Kleinbetriebe mit 20 bis 50 Beschäftigten. Hier ist das relative Gewicht von Handwerks- und Handelsbetrieben erwartungsgemäß höher, als in den größeren Betrieben.

Eine wichtige Bedeutung in unserer Betriebsauswahl kommt dem Traditionsbezug zu. Viele der untersuchten Betriebe blicken auf eine lange Firmentradition zurück. Etwa ein Drittel der untersuchten Betriebe wurde bereits im 19. Jahrhundert gegründet. Ein weiteres Drittel ist zwischen Jahrhundertwende und 2. Weltkrieg entstanden. Gründerbetriebe und der in den letzten zehn Jahren viel beachtete Bereich von Software- und Internetfirmen bleiben dagegen aus unserer Untersuchung ausgespart. Zu den Fragen der Führung und der Beteiligungskultur dieses Mittelstandsmilieus sind in der letzten Zeit eine Reihe von Untersuchungen vorlegt worden (vgl. u.a. KLUGE/SCHIEMANN 2002).

Die Kontaktaufnahme zu den mittelständischen Betrieben erfolgte auf drei unterschiedlichen Wegen. Ein Teil der Firmen wurde uns über gewerkschaftliche Stellen vermittelt, ein anderer Teil durch Kontaktleute in Arbeitgeberverbänden. Einen dritten Teil erreichten wir durch unmittelbare Kontaktaufnahme mit Inhabern aufgrund eigener Recherchen. Die Ablehnungsquote war – insbesondere im Zusammenhang mit der Kontaktaufnahme über gewerkschaftliche Stellen – recht hoch. Hier kamen auf jede Zusage etwa zwei Absagen von Inhabern, die uns erklärten, an einer derartigen Untersuchung kein Interesse zu haben.

Je nach Zugangsweise trafen wir eine je spezifische Auswahl von Betrieben an. Bei den über die Gewerkschaften vermittelten Betrieben handelte es sich fast ausschließlich um Betriebe *mit* Betriebsräten. Das Verhältnis dieser Inhaber zur Gewerkschaft ist hier mehr oder weniger positiv bzw. zumindest „unbelastet" oder – wenn man so will – „neutral". Zumindest herrschen bei den Inhabern keine Berührungsängste gegenüber den Gewerkschaften. Einige von ihnen berichteten auch über eine gewisse Annäherung zu den örtlichen Gewerkschaftsstellen etwa aufgrund positiver Erfahrungen im Zusammenhang mit gewerkschaftlichen Hilfestellungen bei der Krisenbewältigung. In diesen Firmen herrscht in der Regel Tarifbindung, Arbeitgeberverbände werden von den Inhabern meist anerkannt, selten aber aktiv unterstützt. Bei den von Arbeitgeberverbandsseite vermittelten Betrieben handelte es sich – auf unseren Wunsch hin – fast ausschließlich um Betriebe *ohne* Betriebsräte. Hier herrschte in der Regel auch keine Tarifbindung. Ein Teil unserer Gesprächspartner auf der Inhaberseite gehörte zur Führungsgruppe eines Mittelstandsverbands. Während sich die Mehrheit unserer mittelständischen Gesprächspartner gegenüber Politik und Parteienengagement im Allgemeinen eher distanziert verhielt, vertraten diese Arbeitgeber meist ideologisch pointierte Positionen einer Distanz gegenüber der Mitbestimmungskultur.

Tabelle 12: *Interviews und Fallstudien nach Betriebsgröße (Zahl der untersuchten Betriebe und Zahl der Interviews)*

Betriebsgröße	Betriebe ohne Betriebsrat *(nur Arbeitgeberinterviews)*	Betriebe mit Betriebsrat *(Arbeitgeber- und Betriebsratsinterviews)*	Insgesamt
20 - 49 Beschäftigte	6 *(6)*	10 *(20)*	16 *(26)*
50 - 99 Beschäftigte	5 *(5)*	10 *(20)*	15 *(25)*
100 und mehr Beschäftigte	4 *(4)*	13 *(26)*	17 *(30)*
Gesamtzahl Arbeitgeber-Interviews	*15*	*33*	*48*
Gesamtzahl Betriebsräte-Interviews	–	*33*	*33*
Gesamtzahl Fallstudien	–	–	48
Gesamtzahl Interviews	15	66	81

In allen Fällen wurden zunächst Interviews mit dem Inhaber, teilweise auch mit einem Geschäftsführer, Prokuristen oder Personalleiter geführt. Die Inhaberinterviews wurden in einigen Fällen aufgrund des Wunsches unserer Gesprächspartner auf weitere Personen, meist weitere Familienmitglieder (z.B. Vater und Sohn) oder andere Führungskräfte ausgeweitet. Rund zwei Drittel der untersuchten Betriebe verfügten über einen gewählten Betriebsrat. Hier schlossen sich entsprechende Interviews in der Regel mit den Betriebsratsvorsitzenden an. In einer Reihe von Fällen sprachen wir auch mit den Stellvertretern, oder weitere Betriebsratsmitglieder kamen hinzu. In etwa einem Drittel der Fälle handelt es sich um Betriebe ohne Betriebsräte. Hier fanden ausschließlich Gespräche mit der Arbeitgeberseite statt. Die betriebsratslosen Betriebe waren in der Größengruppe der Kleinbetriebe mit bis zu 50 Beschäftigten etwas stärker vertreten als in den größeren Betrieben. In der Größengruppe ab 100 Beschäftigten überwiegt die Zahl der Betriebe mit Betriebsräten gegenüber den betriebsratslosen Betrieben deutlich. Insgesamt führten wir so 81 Interviews mit rund 90 Personen. Hinzu kamen Expertengespräche mit Verbands- und Gewerkschaftsvertretern.

Die Inhaber und Betriebsräte, mit denen wir schließlich sprechen konnten, waren meist aufgeschlossen, auskunftsbereit und auch interessiert an den Fragestellungen unserer Untersuchung. Inhaber wie Betriebsratsmitglieder vertraten ihre

Auffassungen und Überzeugungen – auch dann, wenn Abweichungen von gesetzlichen Normen offensichtlich waren – meist mit Selbstbewusstsein und Überzeugung, so dass wir nur selten den Eindruck hatten, dass uns in den Interviews eher „politisch korrektes" als den tatsächlichen Verhältnissen entsprechendes geboten wurde.

Wie ist unsere Betriebsauswahl zu bewerten? – „Sie wollen den Mittelstand erforschen? Wenn sie mit fünfzig Inhabern sprechen, werden Sie 50 verschiedene Meinungen hören!", so warnte man uns zu Beginn unserer Recherchen. In der Tat ist angesichts der sprichwörtlichen Vielfalt an Traditionen, betrieblichen Situationen und persönlich geprägten Führungsstilen der insgesamt rund drei Millionen Mittelstandsbetriebe in Deutschland Zurückhaltung gegenüber der Verallgemeinerungsfähigkeit von Gesprächsergebnissen aus nur 50 Betrieben angebracht. Welchen Teil des Mittelstandes haben wir also erfassen können? Welches Mittelstandsmilieu repräsentiert unsere Studie?

Zunächst beschränkt sich unsere Betriebsauswahl – wie bereits erwähnt – auf den eher traditionellen Teil mittelständischer Industrie- und Handwerksbetriebe. Da wir unsere Gesprächskontakte in der großen Mehrzahl der Fälle über Gewerkschaften und Verbände herstellten, gehört die Gruppe der von uns untersuchten Betriebe zu den eher verbandsnahen Fällen. Die Mittelstandsmilieus, die sich völlig fern von jeder Verbandsorientierung halten, sind in unserer Studie demnach nicht vertreten. Die Größenschwelle, die wir im Rahmen unserer Untersuchung zu beachten hatten, schloss die kleinbetrieblichen Milieus mit weniger als 20 Beschäftigten aus. Diese von uns nicht berücksichtigten Betriebe machen statistisch rund 70 % aller Mittelstandsbetriebe aus.

Auch hinsichtlich der Haltung der Inhaber gegenüber der betrieblichen Mitbestimmung hatten wir es mit einer spezifischen Auswahl zu tun. Wir haben zwar Gesprächspartner gehabt, die in ihren Betrieben die Bildung von Betriebsräten ablehnen. Aber nur sehr wenige „Hardliner" im Kampf gegen Demokratie und Mitbestimmung gehörten zu unseren Gesprächspartnern. Auf der anderen Seite haben wir nicht wenige Inhaber getroffen, die eine Zusammenarbeit mit einem Betriebsrat ausdrücklich befürworten. In älteren Betrieben scheinen Betriebsräte weniger umstritten zu sein, als in jüngeren. Je älter ein Betrieb, desto „normaler" ist anscheinend der Status der Betriebsräte. Unsere Betriebsauswahl repräsentiert auf Arbeitgeberseite insgesamt eher differenzierte Haltungen zum Thema Mitbestimmung und in politischer Hinsicht meist „gemäßigte" Standpunkte. Insgesamt soll unsere Betriebsauswahl also nicht den Anspruch erheben, gültige Aussagen zu *allen* Bereichen und Schattierungen der mittelständischen Wirtschaft zu treffen. Unsere Betriebe gehören eher zu einem Kern traditionsbezogener Mittelstandsfirmen im verarbeitenden Gewerbe. Innerhalb dieser Auswahl lassen sich zwei charakteristische Führungsmuster und damit verbundene betriebliche Ordnungen unterscheiden. In kleinen Familienbetrieben herrscht die mehr oder weniger autokratische Alleinführung durch den Inhaber vor. Für größere Betriebe ist eine spezielle Kombination aus dem Inhaber und einem „kleinen Management" als Vermittler zur Belegschaft typisch. Zumindest für diese beiden Milieus können wir abgesicherte Ergebnisse präsentieren.

Die leitfadengestützten Interviews nahmen in der Regel etwa 1 ½ Stunden in Anspruch. Nur in wenigen Fällen mussten wir sie aufgrund widriger Zeitumstände unserer Interviewpartner verkürzen. In einer Reihe von Fällen erlebten wir aber, dass insbesondere einige Inhaber, mit denen wir sprachen, im Laufe des Interviews ein derart starkes Interesse an den aufgeworfenen Fragen offenbarten, dass die Interviewzeit stark überschritten wurde. – Vielleicht sollte auch nicht unerwähnt bleiben, dass sich mancher Inhaber nach Abschluss der Interviews bei uns regelrecht dafür bedankte, dass wir ihn durch unsere Fragen einmal Gelegenheit gegeben hätten, über ihren Führungsstil etwas systematischer nachzudenken.

Die Gespräche wurden mitnotiert und nach den Interviews in ausführliche Gesprächsprotokolle umgesetzt. Zusätzlich wurden betriebliche Dokumente (Firmendaten, Führungsleitsätze, Organigramme, Betriebsvereinbarungen, Zeitungsausschnitte etc.) ausgewertet. Den hier präsentierten Fallstudien und Analysen liegen rund 400 Seiten Protokolltexte aus den Interviews zugrunde. Dieses Material wurde in einem ersten Schritt zu betrieblichen Fallstudien verdichtet. Dabei wurden die Fallstudien anonymisiert und in einigen Details verfremdet, sodass eine Identifikation mit den ursprünglichen Untersuchungsbetrieben und mit Personen nicht möglich ist.

1.3 Überblick über die Präsentation der Ergebnisse

Im Abschnitt „2. Führungsstile und Arbeitnehmerbeteiligung" werden insgesamt 15 ausgewählte Fallstudien präsentiert. Hier liegt der Akzent auf der Darstellung von Zusammenhängen zwischen je spezifischen betrieblichen Strukturen, Führungspraktiken und der Rolle der Arbeitnehmerbeteiligung bzw. der betrieblichen Mitbestimmung. Hier werden die betrieblichen Fälle als Ganzes dargestellt, interpretiert und bestimmten Fallgruppen zugeordnet. In den folgenden drei Abschnitten wird das empirische Material jeweils unter bestimmten Aspekten im einzelnen analysiert. Im Abschnitt „3. Vom Umgang mit Betriebsräten im Mittelstand" kommen die Inhaber und Geschäftsführer zu Wort. Hier wird die betriebliche Mitbestimmung und das Verhältnis zu den Betriebsräten aus der Arbeitgebersicht dargestellt und interpretiert. Im Abschnitt „4. Mitbestimmung aus der Sichtweise der Betriebsräte" kommt dann die Gegenseite zu Wort. Die mittelstandstypische Ausformung der Mitbestimmungspraxis steht hier im Mittelpunkt der Analyse. Der Abschnitt schließt mit einem Resumée der Betriebsratsarbeit aus der Perspektive der befragten Betriebsräte. Schließlich werden die Verhältnisse in den untersuchten betriebsratslosen Betrieben analysiert: „5. Interessenvertretung und Arbeitnehmerbeteiligung in betriebsratslosen Betrieben".

Der letzte Abschnitt unter dem Titel „6. Gibt es noch ein Patriarchat?" unterscheidet sich in Methode und Darstellungsweise von den vorhergehenden Analysestufen. Hier wird gewissermaßen in Form eines wissenschaftlichen *Essays* einer allgemeineren Fragestellung nachgegangen, die sich aus dem Gesamtzusammenhang der Studie „Mittelstand und Mitbestimmung" ergibt. Unter der Fragestellungen der Aktualität patriarchalischer Führungsmuster werden hier einzelne empirische Befunde noch einmal präsentiert und teilweise auf dem Hintergrund historischer Bezüge und Rückgriffe reflektiert. Bis heute präsente patriarchalische bzw. paternalistische Führungspraktiken werden unter dem Gesichtspunkt ihrer Bedeutung für die Entfaltungsmöglichkeiten der betrieblichen Mitbestimmung in mittelständischen Betrieben analysiert.

2. Führungsstile und Arbeitnehmerbeteiligung

In einem ersten Analyseschritt wird der Versuch unternommen, die Fülle des im Rahmen der Betriebsfallstudien gewonnenen empirischen Materials zu Strukturbildern zu ordnen, in denen das Verhältnis zwischen mittelstandstypischen Führungsstrukturen bzw. Führungsstilen einerseits und Ausprägungen von Beteiligung und Mitbestimmung der Beschäftigten andererseits untersucht werden kann. Es handelt sich dabei nicht um eine Typologie, in der Führungsmuster und Arbeitnehmerbeteiligung in eindeutiger Weise einander zugeordnet würden. Die hier vorgenommene Zuordnung der untersuchten Betriebe zu Gruppen dient lediglich dazu, Zusammenhänge zwischen Merkmalen wie Betriebsgröße, Branchenmilieu, biografischen Hintergründen der Inhaber, sowie Führungskonstellationen unter dem Gesichtspunkt ihrer Wirkung auf Betriebsklima, Arbeitnehmerbeteiligung und die Entstehung wie Arbeitsweise von Betriebsräten darzustellen und zu analysieren. Dies geschieht nach der exemplarischen Methode. Anhand 15 ausgewählter Fälle mit besonders ausgeprägten Merkmalen werden typische Führungskonstellationen unterschiedlicher Größenklassen dargestellt und unter dem Gesichtspunkt ihres Verhältnisses zu Beteiligungs- und Mitbestimmungspraktiken analysiert.

2.1 Inhabergeführte Kleinbetriebe

2.1.1 Der Patriarch

„Ich bin hier der uneingeschränkte Herrscher aller Reußen! - Das ist Allen im Betrieb klar. Denn wie in der Familie kann auch im Betrieb nur einer das letzte Wort haben!". So stellt sich der Inhaber einer Dachdeckerfirma mit 35 Beschäftigten vor. „Entscheiden Sie alles alleine?" - „Nein, fachliche Probleme werden natürlich miteinander besprochen. Jeder Arbeiter kann zu mir bzw. zu den Damen im Büro kommen. Bei uns ist alles offen. Jeder weiß viel vom Anderen. Hier wird nichts hinter vorgehaltener Hand oder verschlossenen Türen verhandelt. Bei uns geht alles *redlich* und *gerecht* zu."

Bei persönlichen Problemen der Mitarbeiter, sei es in der Familie, sei es gegenüber Banken oder Behörden, ist man bemüht zu helfen. Wenn es um einen Vorschuss geht, kümmern sich die Damen im Büro darum. Wenn es einmal darum geht, für einen Mitarbeiter bessere Konditionen bei einer Ratenzahlung herauszuholen, kümmert sich auch einmal der Chef selbst darum.

Auf unsere Frage, was ihm zum Stichwort *Demokratie im Betrieb* einfalle, wählt er eine wohl spaßig gemeinte Formulierung: „Bei uns wird über alles diskutiert, was ich sage!" - Er fügt hinzu: „Das sage ich mit Augenzwinkern." Tatsächlich gebe es bei ihm keine Friss-oder-stirb-Anweisungen. Es werde, wie im Handwerk seit eh und je üblich, vorher genau überlegt, wie man eine bestimmte Leistung am besten erbringen könne. - Aber das letzte Wort hat natürlich der Chef.

Gegenmeinungen kann er nicht dulden. Ein Meister, den er nach einer schweren persönlichen Krise aus fürsorglichen Motiven eingestellt hatte, entwickelte nach seiner Genesung andere Vorstellungen und opponierte gegen Entscheidungen des Chefs. - Man musste sich trennen. Der Vater war 57, als der Sohn die Firma übernahm. Nur kurze Zeit arbeiteten beide nebeneinander. Das ging aber nicht gut, denn „nur einer kann das Sagen haben!" - Ein Bruder des Chefs arbeitet als Dachdecker im Betrieb. Das geht nur, weil der sich gewissermaßen mit der Rolle des „stiller Mitinhabers" ohne Führungsposition begnügt.

Merkmal dieses Führungsstils ist die vollständige persönliche Verantwortung für alles im Betrieb und der sich daraus ergebende Anspruch, auch alles, selbst alltägliche Details, selbst zu entscheiden. Charakteristisch für diesen Typ unmittelbarer Führung ist es, dass der Chef selbst in allen betrieblichen Bereichen präsent ist, den Kontakt zu den laufenden Arbeiten hält und immer wieder auch selbst eingreift. Beim Typ des klassischen Eigner-Patriarchen bleibt alles in einer Hand. Er will nicht nur soziales Augenmaß im Umgang mit seinen „Schutzbefohlenen", er will in Sachen innerbetrieblicher Gerechtigkeit auch der uneingeschränkte Richter sein: Seine Gerechtigkeit beinhaltet auch die Möglichkeit der Strafe, die er selbst verhängen und vollstrecken kann („Hart aber gerecht!") - Angesichts dieser spezifischen sozialen Nähe zwischen Chef und Belegschaft bleibt wenig Raum für eine vermittelnde Zwischeninstanz der Belegschaft. Die Stimme langjährig beschäftigter guter Fachleute mit Ansehen in der Belegschaft hat gewiss ein Gewicht bei den Entscheidungen des „Alten". Aber eine etwa durch Wahl formell etablierte Vertretungsinstanz der Belegschaft scheint unvorstellbar.

Anfang der 90er Jahre hatte hier die Gewerkschaft den Versuch unternommen, im Betrieb einen Betriebsrat ins Leben zu rufen. Der Inhaber hat seine Leute zusammengerufen und klar sich gegen eine Betriebsratswahl ausgesprochen. Die Wahl müsse er als Vertrauensbruch verstehen. Er würde dann alle bisherigen Vergünstigungen streichen. Dazu gehörte, wie in fast allen Baubetrieben, die Annehmlichkeit, dass die Mitarbeiter an Wochenenden die Firmenfahrzeuge für private Zwecke nutzen können (Umzüge, Nachbarschaftshilfe und mehr etc.) Er habe sie gefragt: „Wer kann Euch besser vertreten als der Chef?" Daraufhin war die Wahl abgeblasen worden.

Unser Gesprächspartner ist in Kleinbetrieben grundsätzlich gegen Betriebsräte: Durch einen Betriebsrat würden sich Gruppierungen im Betrieb einnisten, durch die es dann zu einem „Lagerdenken" käme, glaubt er. Die Belegschaft wäre gespalten zwischen denen, die zum Betriebsrat hielten und denen, die auf der Seite des Chefs stünden. Unweigerlich würde sich über den Betriebsrat auch die Gewerkschaft in betriebsinterne Dinge einmischen. Die hätte aber zumindest in Kleinbetrieben nichts zu suchen. Die betriebliche Ordnung könne eine Spaltung in Lager und damit verbundene Konfrontationen aber nicht vertragen. - Andererseits ist unser Gesprächspartner aktiv im Kammer- und Innungsleben. Er hält eine Flächentarifbindung für sinnvoll und arbeitet auf dieser Ebene auch mit Gewerkschaftsvertretern zusammen. („Das sind oft ganz vernünftige Leute.") Aber im Betrieb, in *seinem* Betrieb hat die Gewerkschaft eben nichts zu suchen!

Auf unsere Frage, was er denn tun würde, wenn in der Belegschaft trotzdem die Initiative zur Wahl eines Betriebsrats in Gang käme, sagt er: „Ich bin 64 Jahre alt. Ich muss mir nichts mehr gefallen lassen. - Vielleicht würde ich dann den Laden zu machen. Konkurs. Ende!" Hier treffen wir zum ersten Mal ein Phänomen, das uns in vielen weiteren Gesprächen mit Inhabern begegnen sollte. Viele Mittelständler haben offenbar zwei Gesichter: Im Betriebsalltag sind sie „bei den Leuten", bemühen sich um gerechte und soziale Verhältnisse im Betrieb, solange es nach *ihren* Regeln abläuft. Wittern sie ernsthaften Widerstand, kommt der Kämpfer zum Vorschein, der auch vor massiven Drohungen und dem Einsatz all seiner Machtmittel nicht zurückschreckt, wenn es darum geht, die Herr-im-Hause-Position zu erhalten: „Ich bin nicht nur friedlich und freundlich. Ich kann auch knallhart sein, wenn es nötig ist."

2.1.2 Der Modernisierer

Gefragt nach seiner Rolle im Betrieb antwortet der Inhaber eines Handelsunternehmens für Metallwaren mit 35 Beschäftigten relativ überraschend: „Ich habe ein Unternehmen übernommen, das auch ohne Geschäftsleitung funktioniert und habe auch kein Interesse daran, das zu ändern – denn es funktioniert! Die Belegschaft braucht nach meiner Erfahrung keinen, der ihr jeden Tag sagt, was sie tun soll." Und schließlich: „Ich muss die nächsten 20 Jahre das Unternehmen leiten. Ich möchte mich dabei wohlfühlen, und das geht nur, wenn die Leute sich auch wohlfühlen!"

Was verbleibt ihm an Tätigkeiten? „Ich bin eine Art Libero, kümmere mich um den Rest: Das Personal, Führung von Personallisten, die Planung des Unternehmens, Marketing und Werbung. Ich bin aber auch ein 'Troubleshooter': Wenn etwas schief geht, etwa eine Lieferung falsch oder zu spät rausgeht, dann muss ich nachfragen: Woran lag es? Was für organisatorische Fehler liegen vor und welche persönlichen Konflikte spielen u.U. eine Rolle?" – An anderer Stelle charakterisiert er seinen Führungsstil als „Führung auf Zuruf". Er meidet offenbar alle unnötigen Formalisierungen im Umgang mit den Beschäftigten. Auf die Frage, ob er etwa auch die Funktion eines Betriebsrats einnehme, antwortet er: „Nein, aber ich bin auch das 'betriebliche Sozialwesen'!". Unser Gesprächspartner legt Wert darauf, alles mitzubekommen, was im Betrieb nicht richtig läuft. Wenn etwa Leistungsprobleme auftreten oder von einzelnen Mitarbeitern immer wieder Terminvorgaben verletzt werden, forscht er auch nach persönlichen Hintergründen der betreffenden Mitarbeiter.

Bis zu diesem offensichtlich recht entspannten heutigen „Chefsein" hatte er eine Reihe von Hindernissen aus dem Weg zu räumen. Bis Ende der 90er Jahre hatten sein Vater und dessen Bruder den Betrieb geführt. Da beide krank waren, war der Betrieb faktisch von einem seit 40 Jahren im Betrieb beschäftigten Prokuristen geführt worden. Dieser fühlte sich offenbar als Sachwalter der Firmentradition und ließ keinerlei Neuerungen zu. Erst der Tod des Vaters und des Onkels machten den Weg frei für die Übernahme der Leitung durch unseren Gesprächspartner als Vertreter einer neuen Generation. Zu den ersten Entscheidungen des damals etwa 40jährigen neuen Chefs gehörte die Entlassung des Prokuristen, dem nach 40 Jahren Betriebszugehörigkeit eine erhebliche Abfindungszahlung zustand. Aber ohne diese „Investition" hätte es keinen Neuanfang gegeben.

Eine Hierarchie im klassischen Sinne fehlt im Betrieb. Es gibt zwei weitere Geschäftsführer neben dem Alleininhaber: seine Frau und den Leiter des Verkaufs, der größten „Abteilung" der Firma. Unterhalb dieser Führungsebene sind die Funktionen in Arbeitsgruppen organisiert. Eine formelle Gruppenleiterstruktur gab es früher. Da sie sich aber als nicht notwendig herausgestellt hat, lässt man diese Position langsam auslaufen: Ausscheidende Gruppenleiter werden nicht mehr ersetzt.

Wie sieht er das Thema „*Demokratie im Betrieb*"? Seine Antwort nach kurzem Überlegen: „Wir haben hier eine Art Betriebsparlament!". Jeden Monatsanfang, wenn die wirtschaftlichen Zahlen vorliegen, trifft sich während der Arbeitszeit eine Runde von Mitarbeitern aus jedem Arbeitsbereich des Betriebes mit der Geschäftsleitung. Dann wird die Situation geschildert, die Finanzen und Problemlagen werden besprochen. Dies geht in zwei Richtungen - die Geschäftsleitung informiert, die Abteilungen stellen die Probleme aus ihrer Perspektive dar. Die Beschäftigten der Arbeitsbereiche entscheiden im übrigen selbständig, wen sie in die Runde schicken. Die Runde verfügt über hohe Akzeptanz, viele Veränderungen der letzten Zeit wurden hier vorbereitet. Der Inhaber sagt uns warum: „Auf das Wissen der 'alten Hasen' in der Belegschaft, die den Betrieb ja viel besser kennen als ich, kann ich nicht verzichten." Diese Runde ist kein Entscheidungsgremium, die Diskussionen dort dienen aber zur Vorbereitung von Entscheidungen Er hat die Runde gleich nach Übernahme der Firma eingeführt: „Ich brachte die Idee von außen mit, im Betrieb gab es aber bereits ähnliche Überlegungen". Ursprünglich hatte er überlegt, ein formalisiertes Wahlverfahren für die Runde einzuführen, ist aber davon abgekommen, weil es auch so gut lief. Auch die Verwendung einer formelleren Bezeichnung für die Runde oder die schriftliche Fixierung eines Statuts wurde nie vorgenommen. Bei der „Monatsbesprechung" ist es bis heute geblieben.

Der Inhaber ist Mitglied im Arbeitgeberverband und hält die Flächentarifverträge für sinnvoll. Eine Verlagerung von Lohnverhandlungen auf die betriebliche Ebene sieht er kritisch, denn sie könne in eine ruinöse Konkurrenz um Lohn- und Preisdrückerei führen. Aber der Inhaber „liebt" die Verbände nicht, wie er betont. Sie seien zu starr und unflexibel. Um seine Interessen etwa in der Politik zur Geltung zu bringen, setzt er eher auf direkte und zielgerichtete Gespräche. So lädt er etwa von Zeit zu Zeit Politiker zu Gesprächen in seine Firma ein.

Warum gibt es keinen Betriebsrat in der Firma? - „Vor dieses Problem bin ich offen gestanden noch nie gestellt worden", sagt er. Für ihn habe aber der Begriff „Betriebsrat" den Beigeschmack eines gewerkschaftlichen Kampfinstruments. Und gegenüber einer solchen Einrichtung empfinde er so etwas wie „eine diffuse Abwehr". Das sei wahrscheinlich für einen Kleinbetrieb eine zu sehr formalisierte Einrichtung. In größeren Betrieben mit einer formalisierteren Organisationsstruktur könne er sich einen Betriebsrat durchaus als sinnvolle Einrichtung vorstellen. Aber es habe eben bisher noch keinen Anlass gegeben, darüber ernsthaft nachzudenken. - Wie würde er reagieren, wenn sich eines Tages im Betrieb ein Wahlvorstand zur Wahl eines Betriebsrats bilden würde? Seine spontane Antwort: „Ich würde sicher vorher versuchen, alle freiwilligen Leistungen herunterzufahren, um meine Ausgangssituation zu verbessern." Dahinter steht die Befürchtung, ein Betriebsrat könnte die Löhne und andere Kosten höher treiben. Und er würde sich dann natürlich „gesetzlich schlau machen", welche Rechte und Pflichten ein Betriebsrat habe, „das weiß ich nämlich nicht aus dem Stehgreif!" - Aber insgesamt entsteht nicht der Eindruck, dass ihn die Wahl eines Betriebsrats letztlich in Panik treiben würde. Er überlegt dann in unserer Gegenwart, dass er wahrscheinlich versuchen würde, die Betriebsratsmitglieder in seine Entscheidungs- und Kommunikationsstruktur (Monatsbesprechung) zu integrieren.

„Führung auf Zuruf", so wenig Formalisierung wie möglich und Mitsprache der Beschäftigten zur Weiterentwicklung der Firma. Das sind wesentliche Elemente dieses Führungsstils. Gegenüber dem offenbar traditionell autoritären Regime seiner Vorgänger bedeutet das offensichtlich eine erhebliche soziale Innovation. Die Frage „Betriebsrat" hat sich noch nicht gestellt. Aber anders als im Falle des Patriarchen scheint in dieser betrieblichen Ordnung für einen Betriebsrat durchaus Raum zu bestehen. Nach einer Phase der Verunsicherung und des Auslotens der veränderten Situation würde ein dreiköpfiger Betriebsrat wahrscheinlich seine Rolle zwischen Arbeitsgruppen, Monatsbesprechung und Chef finden.

2.1.3 Ein gespaltener Chef

Wir sprechen mit dem Chef eines Autohauses mit rund 50 Beschäftigten. Ende der 90er Jahre kam er - dreißigjährig - als zweiter Geschäftsführer neben seinem Vater in die Firma. Damals übergab der Vater ihm einen Teil des Vermögens, so dass sie zu 60/40 am Unternehmen beteiligt waren. Seit 2005 ist die Verteilung der Anteile 90/10 für den Juniorchef, der die Firma jetzt als alleiniger Geschäftsführer leitet. Der Senior ist noch im Betrieb anwesend, kümmert sich u.a. um die Beaufsichtigung von Baumaßnehmen. Es handelt sich hier offenbar um einen geplanten und allmählichen Generationswechsel. Allerdings belastet die Anwesenheit des Seniors im Betrieb den Junior. Es gibt viele Meinungsverschiedenheiten. So habe es wegen des Kostenumfangs von Umbaumaßnahmen Streitereien zwischen Vater und Sohn gegeben. Nur mühsam habe sich der Junior mit der von ihm favorisierten Version durchgesetzt. Aber ein Abschieben des Vaters aus der Firma kommt schon allein deswegen nicht in Frage, weil er ihm viel verdanke: „Schließlich hat mein Vater mir den größten Teil der Anteile geschenkt, die habe ich ja noch nicht selbst erarbeitet."

Die Führungsstruktur ist unübersichtlich. Der Juniorchef hat die Gesamtleitung inne, formell auf gleicher Ebene ist allerdings noch ein Prokurist angesiedelt. Tatsächlich scheint die Kompetenzaufteilung zwischen beiden nicht immer eingehalten zu werden, da der „Chef" auch immer wieder in den Bereich des Prokuristen „reinregiert". Der Prokurist seinerseits reagiert auf die Situation durch die Praxis des „Weiterleitens": „Wenn ich mit einer Sache zu ihm gehe, dann höre ich oft: „Ich habe keine Zeit, gehen Sie damit zum Chef!", berichtet später der Betriebsratsvorsitzende. Eine weitere Bemerkung von ihm wirft ein Licht auf die komplizierten Beziehungen in der Führung: „Wenn der Prokurist nicht im Haus ist, dann ist der Junior gut drauf!"

Wie charakterisierte der Juniorchef seinen eigenen Führungsstil? Er findet sich, wie er selbstkritisch sagt, „teilweise autoritär", er wolle immer seine Meinung durchsetzen. Er treffe allerdings keine einsamen Entscheidungen, sondern suche durchaus die Diskussion. Er hole Meinungen ein, entscheide dann aber allein. Er könne eine Entscheidung durchaus revidieren, wenn sie auf Kritik im Betrieb stoße. Er schlafe dann eine Nacht darüber und komme dann manchmal zu anderen Entscheidungen. Fürchten ihn die Leute im Betrieb? Nein, von Furcht möchte er nicht sprechen, aber er glaubt, sie respektieren ihn, so wie er ist.

Der Betriebsratsvorsitzende schildert den Chef als sehr widersprüchliche Person. Einerseits habe er durchaus eine „soziale Ader": Ein in Not geratener Mitarbeiter könne bei ihm stets Hilfe erwarten, etwa wenn es um 1.000 Euro Vorschuss oder die Vermittlung eines Bankkredits gehe. Das Führungsverständnis des Chefs aber sei sehr autoritär. Das gehe so weit, dass er krankgeschriebene Mitarbeiter mitunter persönlich zu Hause anrufe und auffordere, wieder in den Betrieb zu kommen. – Die Gewährung freiwilliger „Wohltaten", wie er materielle und immaterielle Vergünstigungen außerhalb des Tarifs nennt, sieht der Juniorchef offenbar als ein Feld, auf dem er sich die Loyalität einzelner Mitarbeiter sichern kann: „Ein Mann, dem ich einen günstigen Kredit vermittelt habe, lässt mich natürlich nicht hängen, wenn ich einmal etwas Außergewöhnliches verlange", sagt er. „Das ist eben immer ein Geben und Nehmen."

Schwer erträglich sei die Kontrollsucht und der absolute Entscheidungsanspruch des Chefs auch in kleinen Angelegenheiten, kritisiert der BR-Vorsitzende. So kontrolliere er beispielsweise persönlich die Stempeluhren und rüge die Leute, wenn sie 5 Minuten zu früh oder zu spät stempelten. Bei der Anschaffung von Werkzeug dürften etwa die Meister keine eigenen Entscheidungen treffen. Dadurch käme es immer wieder zu Verzögerungen, Leute könnten nicht weiterarbeiten, weil bestimmte Werkzeuge oder Teile fehlten. Den Vorschlag, den Meistern einen kleinen Etat zur selbständigen Anschaffung von Werkzeug einzuräumen, habe der Inhaber abgelehnt: „Ich entscheide alles, vom Kugelschreiber bis zum Möbelstück!"

Zur Gründung eines Betriebsrat kam es im Zusammenhang mit dem Generationswechsel in der Führung. Die Belegschaft war verunsichert, als der Seniorchef, der stets den persönlichen Kontakt zu den Leuten gesucht habe, begann, sich aus der Führung zurückzuziehen. Man wusste nicht, wie sich der Juniorchef gegenüber der Firmentradition verhalten würde, und die Einstellung eines Prokuristen „von außen" wurde als weiterer Unsicherheitsfaktor empfunden. Das Verhältnis des Juniorchefs zum Betriebsrat ist so komplex wie seine ganze Persönlichkeit. Einerseits hat er keinen Widerstand gegen die Wahl geleistet. Auch jetzt hält er den Betriebsrat für im großen und ganzen akzeptabel, auch wenn der ihm manchmal zusätzlich Stress verursache. „Wenn ich den Betriebsrat hätte verhindern wollen, dann hätte ich das am Anfang machen müssen. Da wäre es am leichtesten gewesen." Schließlich sei es aber nur eine Frage des Geldes, wenn man seinen Betriebsrat los werden wolle, fügt er hinzu.

Heute gehört der Betriebsrat aus Sicht des Chefs zur betrieblichen Normalität. Im Betriebsrat selbst fühlt man sich aber noch nicht genügend akzeptiert. Wenn der Betriebsrat etwas vorschlage oder fordere, dann komme sofort die Reaktion: „Ich bin der Chef, ich entscheide!", kritisiert der Betriebsratsvorsitzende. Vorschläge vom Betriebsrat würden oft allein deswegen nicht angenommen, weil sie vom Betriebsrat kämen, und weil es eben nicht Aufgabe des Betriebsrats sei, Vorschläge zu Chefentscheidungen zu machen: „Ich sage, was Sache ist und kein anderer im Betrieb entscheidet das!", zitiert er den Inhaber. – Andererseits scheint der persönliche Umgang im Alltag entspannt. BR-Vorsitzender und Inhaber duzen sich gegenseitig.

Der Inhaber führt offenbar einen inneren Kampf zwischen der Rolle des traditionellen Alleinentscheiders und der des aufgeklärten Managerunternehmers, der sich an die Spielregeln der Mitbestimmung hält. Es fällt ihm aber offenbar viel leichter, spontan etwas Gutes für die Leute zu tun, als die gesetzlichen Regeln des Umgangs mit dem Betriebsrat anzuerkennen. Er ist irgendwie abstrakt davon überzeugt, dass Mitbestimmung sein muss, aber scheut eine verbindliche Form der Zusammenarbeit mit dem Betriebsrat. Schließlich ist er der Chef und letztlich darf nur er entscheiden. – Mitbestimmung wird hier also nur unter dem Vorbehalt der grundsätzlichen Unterordnung unter die Chefentscheidungen toleriert.

2.1.4 Wo sich Beteiligung und Mitbestimmung ergänzen

Der Inhaber eines Sanitär-Heizungsbau-Betriebes mit rund 40 Beschäftigten ist heute 55 Jahre alt. Er hat den Betrieb Ende der 70er Jahre übernehmen müssen, da die Vorgängergeneration (Vater und Onkel) sich krankheitsbedingt innerhalb kurzer Zeit aus der Führung zurückgezogen hatten. Er hatte gerade ein Maschinenbaustudium abgeschlossen und liebäugelte mit einer Hochschulkarriere. Damals hatte er einen Betrieb mit überalterten Verwaltungsstrukturen angetroffen, der kurz vor dem Konkurs stand. „Ich musste da mit dem eisernen Besen kehren: Umstellung des vorsintflutlichen Berichtswesens, Umstellung auf EDV, Reduzierung der Beschäftigung in der Verwaltung. Auch der Prokurist als Repräsentant der alten Firma musste gehen."

Zu den innovativen Leistungen des neuen Chefs gehörte der Aufbau eines starken Kundendienstbereichs. Früher hatte der Bau von neuen Heizungsanlagen den Schwerpunkt gebildet. Heute bringt der Kundendienst 80 % des Umsatzes. Der Ingenieur setzte von Anfang an auch auf ökologische Technologien: Neben Gas- und Ölheizungen bot er nun auch Grundwasserwärme, Sonnenenergie etc. an. Dies erfordert bis heute eine ständige Weiterbildung des Personals, die meist vom Chef selbst vorgenommen wird. Ein neuer Schwerpunkt ist das Angebot individueller Badgestaltung, an der sich die Kunden über ein 3D-Computerprogramm beteiligen können.

Der Chef hat um sich einen kleinen Stab von Planungs- und Kalkulationsfachleuten gruppiert. Etwa 12 Angestellte im Büro begleiten die Arbeit der 25 Monteure auf den Baustellen. Der Inhaber vereinigt die ultimative Entscheidungsposition für alle Bereiche, er hat die technische und die kaufmännische Leitung in seiner Person zusammengeführt. Dieses Führungsmodell erleichterte damals die Modernisierung der Unternehmensstrukturen. Er stützte sich jahrelang auf zwei alteingesessene Fachleute, den Baustellenleiter und den Kundendienstleiter. Zum Baustellenleiter hatte er ein Vertrauensverhältnis. Mit ihm tauschte er sich vor wichtigen Entscheidungen informell aus. Beide sind seit einigen Jahren tot. „Heute muss ich mit den jungen Leuten zurechtkommen ..." Unser Gesprächspartner empfindet die Zentralstellung und „Alleinverantwortung für alles" heute als Überlastung, aus der er gerne befreit würde. Er hat keinen Stellvertreter. Es existiert nur ein Notfallplan, der in Kraft tritt, falls ihm etwas zustößt.

Der Betriebsrat hat im Organisationsschema der Firma einen festen Platz als Vermittlungsinstanz zwischen Monteuren, dem Kundendienstleiter und dem Inhaber. Für alle Personalfragen ist der Inhaber persönlich verantwortlich, er entscheidet letztlich alleine. Allerdings ist meist der Betriebsrat als Vermittler, Schlichter oder Vertrauter dabei eingeschaltet. Wenn es unter den Monteuren eine Klage oder eine Frage gibt, gehen diese meist zum Betriebsrat (der aus drei Monteuren besteht). Der versucht eine Klärung mit dem Kundendienstleiter zu erreichen. Gelingt dies nicht, kommt der BR-Vorsitzende mit dem betreffenden Kollegen zum Chef. („Er nimmt ihn an`s Händchen!"). Der Betriebsrat ist darüber hinaus anerkannter Anlaufpunkt für betrieblichen „Knatsch jeder Art", wie er es nennt.

Neben den ständigen Weiterbildungsanstrengungen des Chefs gibt es im Betrieb auch weitere Foren, in denen eine Beteiligung von Arbeitnehmern im weitesten Sinne betrieben wird: Seit zwei Jahren existiert eine sog. „Kleine Gruppe" aus ausgewählten Monteuren und Büroleuten, die sich mit Verbesserungsvorschlägen beschäftigen. Diese Beteiligungsformen grenzen sich aber nicht gegenüber der gesetzlichen Mitbestimmung ab. Es herrscht vielmehr eine Durchmischung und Integration von Arbeitnehmermitsprache und Mitbestimmung durch den Betriebsrat. Der „kleinen Gruppe" gehören auch Betriebsratsmitglieder an. Ein Mal im Monat kommt der Inhaber mit den Technikern zu einer gesonderten Besprechung zusammen. Der Ausschuss für Arbeitssicherheit (nach dem „Arbeitssicherheitsgesetz", AsiG) tagt mit ihm, dem Betriebsrat, den Sicherheitsfachkräften und Sicherheitsbeauftragten regelmäßig. Ein Mitglied des Betriebsrats ist gleichzeitig Sicherheitsbeauftragter.

Der Betriebsrat, bereits in den 50er Jahren gegründet, ist im Betrieb eine unumstrittene Institution. Dies galt auch in den Jahren, als „der alte Vorsitzende", aus des Inhabers Sicht ein Mann „mit extremen Ansichten", agierte. Man traf sich bei jeder Kündigung vor dem Arbeitsgericht. Aber auch auf diesem Feld sorgte der Inhaber für eine gewisse Modernisierung. Während die Vorgängergeneration der Inhaber sich aus Unkenntnis und wohl auch aus Starrsinnigkeit wegen schwerer Verstöße gegen betriebsverfassungs- und kündigungsschutzrechtliche Normen immer wieder teure Niederlagen vor dem Arbeitsgericht eingehandelt hatte, arbeitete der neue Inhaber von Anfang an mit einem Arbeitsrechtler als Berater zusammen. Durch Vermeidung von „Formfehlern" vollzogen sich die Konflikte um Kündigungen dann weniger verlustreich. Der alte BR-Vorsitzende ging Mitte der 90er Jahre in den Rentenstand. Niemand wäre auf die Idee gekommen, ihn aus dem Betrieb zu drängen. Die Nachfolgegeneration im Betriebsrat ist gewissermaßen „aus weicherem Holz geschnitzt". Mit dem neuen BR-Vorsitzenden geht es aus Sicht des Inhabers insgesamt „glatter": Bei Kündigungen ist es nicht mehr zu Arbeitsgerichtsprozessen gekommen, sondern durch Vermittlung und Mithilfe des Betriebsrats waren meist außergerichtliche Einigungen mit entsprechenden Abfindungen möglich.

Generell bewertet er den Betriebsrat als nützlich: „Er bildet doch ein gewisses Korrektiv bei Konflikten und Spannungen in der Belegschaft, etwa bei Unzufriedenheiten mit der Entlohnung oder der Eingruppierung. Der Betriebsrat hält mir durch seine Vermittlungsfunktion in gewisser Weise den Rücken frei." – An anderer Stelle des Gesprächs berichtet er über einen Konflikt um eine neue Besetzung des Wochenend-Notdienstes. Bisher war dafür nur eine kleine Monteursgruppe zuständig gewesen. Der Inhaber wollte die Rufbereitschaft aber auf alle Monteure ausdehnen. Das stieß auf zähe Abwehr [seitens] der bisher nicht zum Notdienst herangezogenen Monteure. Sie verteidigten ihr Gewohnheitsrecht. Es ging auf Betriebsversammlungen hoch her. Verschiedene Monteursgruppen bekämpften sich untereinander. In diesem Konflikt engagierte sich der Betriebsrat gegen Gruppenegoismen und für einen solidarischen Gemeinschaftsgeist in der

Belegschaft. Der Inhaber lobt die Rolle des Betriebsrats in diesem Konflikt: „Wissen Sie, der Wert des Betriebsrats ist auch für die Mitarbeiter nicht allein mit Geld zu bewerten. Er hilft, das Ganze zusammen zu halten, und das ist unbezahlbar."

2.1.5 Zwischen Inhaberhegemonie und Belegschaftsbeteiligung

Wesentliches gemeinsames Merkmal der Betriebe dieser Gruppe ist zunächst die Überschaubarkeit der organisatorischen und personellen Verhältnisse aufgrund der begrenzten Größe der Betriebe. Nicht weniger von Bedeutung ist die Tatsache, dass es sich um Betriebe mit längerer Betriebsgeschichte handelt, in deren Verlauf sich feste soziale Beziehungen innerhalb der Belegschaft und zwischen Chef und Beschäftigten herausbilden konnten. Das Verhältnis zwischen Inhaber und Arbeitnehmern ist in aller Regel durch gewissermaßen ungeschriebene Patronatsbeziehungen gekennzeichnet. Die Arbeitnehmer erkennen die Entscheidungsposition des Inhabers an und unterwerfen sich ihm im allgemeinen. Für die Folgebereitschaft erwarten sie eine „anständige und gerechte Behandlung" durch den Chef. Stehen „Geben und Nehmen" in einem akzeptablen Verhältnis zueinander, ergibt sich im allgemeinen eine stabile betriebliche Sozialordnung. Langjährige Betriebszugehörigkeit erlaubt die Herausbildung einer „sozialen Nähe" zwischen Chef und Arbeitnehmer. Man kennt untereinander auch die familiären und sozialen Verhältnisse. Ein gegenseitiges „Füreinander-Einstehen" prägt und festigt die Beziehungen zwischen Inhaber und Beschäftigten.

Auf dieser Grundlage können sich sehr unterschiedliche Führungsstile und Formen der Kommunikation und Konfliktbewältigung herausbilden. Hierbei spielen in starkem Maße biografische Einflüsse und Persönlichkeitsstrukturen des Inhabers eine Rolle. In stark an Traditionen orientierten Führungsmustern dominiert eine Allzuständigkeit des Inhabers für alle betrieblichen Probleme und insbesondere für die personellen Fragen. Traditionelle Führungsmuster dieser Art bilden sich offenbar vorwiegend bei Inhaberpersönlichkeiten heraus, die innerhalb von Familie und Firma quasi traditionell für die Übernahme der Führung sozialisiert wurden, also wenig Einflüsse von außen (andere Ausbildung, Studium etc.) aufnehmen konnten. Vorbild ist hier das Traditionsmodell der familiären Ordnung: „Wie in der Familie kann auch im Betrieb nur einer entscheiden!" Entscheidungen über Einstellungen und Entlassungen, über die Lohnhöhe, Vergünstigungen und Disziplinierungen gehören stets zum Kernbereich der Inhaberentscheidungen, sind „Chefsache". Arbeitsteilung in der Führung und die Delegation von Verantwortung an eine andere Führungsebene haben hier kaum eine Existenzgrundlage. Auch dort, wo formell Zuständigkeiten an andere Personen abgegeben worden sind, dominiert in der Praxis die Intervention des Inhabers.

Für diesen Führungstypus sind alle Ansätze einer Organisation oder Vertretung der Belegschaft eine Bedrohung der Ordnung. Sie werden als fundamentale Konkurrenz zur Inhaberführung angesehen und mitunter ebenso fundamental bekämpft.[1]

Eine andere Variante der unmittelbaren Inhaberführung in Kleinbetrieben ist durch einen mehr oder weniger starken Bruch mit Traditionsmustern autoritär-patriarchischer Führung gekennzeichnet. Durch einen Generationswechsel zwischen Senior- und Juniorinhaber sind hier innovative Impulse freigesetzt worden, die auch neue Leitbilder und Praktiken der Personalführung herausbilden. Gilt im traditionellen mittelständischen Führungsmuster vor allem das Vater-Familien-Bild als Metapher der betrieblichen Ordnung, spielen hier eher Vorstellungen eines „Teams" oder einer „Mannschaft" eine Rolle. Derartige Gruppen sind bekanntlich nur erfolgreich, wenn alle Mitglieder von sich aus ihr Bestes geben, eigene Initiative ergreifen und über Eigenschaften der „Teamfähigkeit" verfügen. In diesem Kontext sehen sich die Inhaber nicht als oberste Entscheidungsinstanz, sondern wählen Bilder wie „Trainer" oder „Troubleshooter" für ihre Führungsrolle. Wie bei den Patriarchen gibt es keine eigengewichtige Betriebshierarchie neben dem Chef. Der Inhaber agiert, steuert, entscheidet gewissermaßen als *primus inter pares*. Das bedeutet nicht die Aufgabe der Chefposition insbesondere in allen Personalentscheidungen. Das letzte Wort hat auch hier der Inhaber. Die Hegemonie des Inhabers ist hier nicht aufgehoben, sie erhält aber gewissermaßen einen anderen Unterbau, der für das Betriebsklima und die Entwicklungsfähigkeit eines solchen Betriebes von weitreichender Bedeutung ist.

Die Inhaber dieses Führungstyps sind davon überzeugt, dass eine Beteiligung der Beschäftigten an der Vorbereitung von Entscheidungen von Vorteil ist. Sie initiieren und fördern deswegen unterschiedlichste Formen der Mitsprache und des Ideenaustauschs innerhalb und mit der Belegschaft. Standesunterschiede zwischen Vorgesetzten, Fachleuten und Arbeitnehmern aus dem „Fußvolk" der Belegschaft werden durch diese Kultur der Kommunikation und des direkten persönlichen Austauschs noch weiter in den Hintergrund geschoben, als dies in Kleinbetrieben generell schon der Fall ist.

Diese Form der Führung über Kooperation und Beteiligung kann in Betrieben dieser Größenordnung grundsätzlich ohne eine zusätzliche Vermittlungsinstanz wie etwa einen gewählten Betriebsrat auskommen. Die Inhaber begreifen ihren kollegialen Führungsstil zwar nicht explizit als Alternative zur Bildung von Betriebsräten, aber käme es doch einmal zu einer Wahlinitiative der Belegschaft, würden sie daraus schließen müssen, dass ihr Führungsmodell gescheitert sei. „Kleinbetriebe mit einem guten Betriebsklima brauchen keinen Betriebsrat!", sagte uns einer der Inhaber aus einem solchen Betrieb.

Gleichzeitig ist zu beobachten, dass charakteristische Umbruchsituationen in mittelständischen Kleinbetrieben, die meist mit Inhaberwechsel, personellem Wechsel in der Führungsspitze und veränderten Führungsstilen zusammenhängen, in den Belegschaften häufig auch den Wunsch zur Wahl eines Betriebsrats auslösen: „Man weiß nicht was kommen wird, da bietet ein Betriebsrat wenigstens eine gewisse Absicherung!" Ist ein Betriebsrat gewählt, folgt eine mehr oder weniger lange Phase, in der Chef und Betriebsrat ihre Rollen und ihr gegenseitiges Verhältnis entwickeln müssen. Unsere Fälle zeigen letztlich, dass auch in den kleinen Familienbetrieben grundsätzlich Raum für die Arbeit einer formellen Arbeitnehmervertretung ist. Hat man sich erst einmal an ihre Existenz gewöhnt und sich davon überzeugen können, dass die betriebliche Ordnung durch sie zwar verändert, aber nicht grundsätzlich gefährdet wird, dann gelingt offenbar auch ihre Integration in die unmittelbar vom Inhaber geführten Kleinbetriebe.

Wir haben Betriebe mit variantenreichen Mischformen patriarchalischer Inhaberführung einerseits und arbeitsteilig organisierten und mit Beteiligungselementen angereicherten Regimen andererseits kennen gelernt. Ebenso variantenreich wie Führung und Belegschaftskommunikation in den untersuchten Betrieben gestaltet sind, so vielfältig ist dort die Koexistenz zwischen Inhaber und Betriebsrat. In manchem Betrieb halten die Inhaber trotz allgemeiner Akzeptanz der Normen der gesetzlichen Mitbestimmung gleichzeitig an Ansprüchen des traditionellen Herr-im-Hause-Stils fest. Hier ist das Verhältnis zwischen Inhabern und Betriebsräten mitunter durch wechselnde „Stimmungen" und Reibungsverluste geprägt. In solchen Konstellationen sind die Spielräume der Betriebsräte für die Entfaltung einer an den Normen des Betriebsverfassungsgesetzes orientierten Vertretungspraxis oft sehr eng. Mitbestimmung existiert hier gewissermaßen nur unter dem Vorbehalt der grundsätzlichen Unterordnung unter die Chefentscheidungen. Trotzdem wird ihre Vermittlungsposition von den Inhabern im allgemeinen anerkannt. In anderen Kleinbetrieben gelingt offenbar eine Verzahnung von gesetzlicher Interessenvertretung und betrieblicher Beteiligungspraxis der Beschäftigten. Dies zeigt, dass die Strukturen inhabergeführter Kleinbetriebe grundsätzlich eine Koexistenz von mittelständischer Führung und gesetzlicher Interessenvertretung durch Betriebsräte zulassen. Betriebsräte sind hier anerkannte Instanzen der betrieblichen Austauschbeziehungen zwischen Inhaber und Belegschaft. Konflikt und Kooperation mit Betriebsräten wird von den befragten Mittelständlern in Betrieben dieser Gruppe als grundsätzlich nützlich und konstruktiv eingeschätzt.

2.2 Mittlere Betriebe mit kleinem Management

Die Betriebe dieser Gruppe unterscheiden sich von den inhabergeführten Kleinbetrieben vor allem hinsichtlich der Betriebsgröße (Beschäftigtenzahl) und den damit einhergehenden veränderten Anforderungen an die Betriebsorganisation und die Struktur und Arbeitsweise der Leitung. In allen untersuchten Betrieben dieser Gruppe sind die Inhaber – und häufig auch die Mitglieder der Eignerfamilie – im Betrieb präsent. Anders als in der Gruppe der Kleinbetriebe herrscht hier der Inhaber nicht mehr alleine und in jeder Angelegenheit persönlich. Er ist zweifellos der „Chef", hat aber im Rahmen einer arbeitsteiligen Geschäftsführung, wichtige Leitungsaufgaben an andere abgegeben. In diesen Betrieben existiert neben dem Inhaber eine spezifische Gruppe aus Führungskräften, die wir als „kleines Management" bezeichnen wollen, eine Managementgruppe, bestehend aus Geschäftsführern, die nicht gleichzeitig Gesellschafter sind, sowie aus angestellten Prokuristen und Betriebs- und Personalleitern. Es unterscheidet sich in entscheidender Weise vom Management in Aktiengesellschaften oder anderen Großbetrieben in Konzernstrukturen. Charakteristisch für mittelständische Führungsstrukturen in Betrieben dieser Größenordnung ist eine Vermischung bzw. Überlagerung von Führungspositionen und Verwandtschaftsbeziehungen. Schwiegersöhne des Inhabers können gleichzeitig designierte Juniorchefs sein. Ehefrauen oder Söhne wie Töchter des Inhabers nehmen häufig – ohne über formelle Leitungspositionen zu verfügen – Einfluss auf betriebliche Entscheidungen. Während das Management in Kapitalgesellschaften weniger personenbezogene, formelle Handlungsvollmachten besitzt, arbeiten die Führungskräfte in mittelständischen Firmen stets mehr oder weniger unter Aufsicht des Inhabers. Formelle Aufgabenabgrenzungen werden oft überschritten, letzte Entscheidungen bleiben auch bei vorhandener Geschäftsaufteilung dem Inhaber vorbehalten. Die Mitglieder des kleinen Managements haben häufig weniger Leitungs- als Vermittlungsfunktionen zwischen Chef und Belegschaft. Dies gilt vor allem für Personalentscheidungen und den Umgang mit den Beschäftigten.

2.2.1 Führung nach Handwerkstradition

Die Führungsstruktur eines Maschinenbauunternehmens mit rund 260 Beschäftigten ist durch ein charakteristisches Merkmal von Familienbetrieben gekennzeichnet. Zwei Brüder, die Anfang der 80er Jahre in dritter Generation die Führung übernahmen, teilten die Firma in zwei Unternehmen auf. Den Betrieb A. führt Bruder A. als Mehrheitsgesellschafter, hier hält Bruder B. eine Minderheit. In Betrieb B. dagegen ist Bruder B. Mehrheitsgesellschafter, während Bruder A. hier nur einen kleinen Anteil hat. So wird das mittelständische Traditionsprinzip „Nur einer kann das Sagen haben!" gewissermaßen brüderlich geteilt.

Unser Gesprächpartner, ein Mann in den 50ern, führt den mittelgroßen, exportorientierten Betrieb mit einer relativ flachen Führungshierarchie. Unter dem Inhaber existiert eine Ebene der Abteilungsleiter, darunter bildet die Meisterebene die Verbindung zu den Arbeitsplätzen. Zur Vorbereitung technischer und organisatorischer Neuerungen werden Projektgruppen eingerichtet, die aus Fachleuten verschiedener Abteilungen bestehen. Seine eigene Rolle definiert der Inhaber so: „Ich muss meinen Kopf für alles hinhalten. Eigentlich bin ich eine Art *Dirigent*. Man muss nicht jedes Instrument perfekt spielen, aber das Orchester zusammenhalten können." Er ist viel unterwegs, vor allem auf Messen im In- und Ausland. „Das hilft mir, ein Gefühl zu kriegen, für Stimmungen, Trends und Länder." Im Betrieb versucht er die beteiligungsorientierten Entwicklungsprozesse zu steuern: „Ich begreife meine Rolle als teamorientiert und versuche das auch zu leben. Der Chef trifft keine einsamen Entscheidungen - er veranstaltet gemeinsame Treffen und will, dass alle dahinterstehen!" Er glaubt, dass dieses auf dem Austausch mit den Fachkräften beruhende Führungsmuster letztlich der handwerklichen Tradition des ehemaligen Schlosserbetriebes entspricht, aus dem sich das heutige Maschinenbauunternehmen mit einem Exportanteil von 95 % entwickelt hat.

Einen Betriebsrat hat es in der Firma nach Erinnerung des Inhabers „schon immer" gegeben. Er persönlich hält die Existenz des Betriebsrats für hilfreich. Diese Interessenvertretungsform sei deshalb so nützlich, weil sie betriebsbezogen sei. „Wissen Sie, die betrieblichen Dinge müssen für mich im Vordergrund stehen, dann ist Interessenvertretung in Ordnung". Damit verbindet er eine Abgrenzung gegenüber überbetrieblicher Interessenvertretung. Er glaubt, dass sowohl gewerkschaftliche Streikaktionen, als auch Entscheidungen der Arbeitgeberverbände seinem Betriebe im wesentlich schaden würden: „Der Arbeitgeberpräsident sitzt in Düsseldorf. Ich werde vor deren Entscheidungen nicht gefragt, muss deren Auswirkungen aber auslöffeln. Mir geht es aber nur darum, dass mein Unternehmen weiter gut am Markt bleibt". Er hält deswegen zu den Verbänden Distanz und schließt mit der Gewerkschaft Haustarifverträge ab. Im Kampf um die Existenz seien motivierte Mitarbeiter die wichtigste Voraussetzung. Und ein Betriebsrat trüge zur Motivierung der Beschäftigten bei. „Schwierig wird es nur, wenn uns Dinge von außen aufgezwungen werden".

Die Zusammenarbeit mit dem Betriebsrat beurteilt der Inhaber als insgesamt positiv. „Wenn Dinge zu besprechen sind, kommt der Betriebsrat auf mich zu, in der Regel gleich mit mehreren Leuten. Dann versuchen wir gemeinsam, das Problem zu lösen oder, bei gravierenden Fällen, den Brand zu verhindern". Natürlich gebe es auch unterschiedliche Meinungen und manchmal auch Konflikte. „Ich schließe mich den Vorschlägen des Betriebsrats im Regelfall aber immer an, es sei denn, sie sind unverantwortbar - das geht dann natürlich nicht". Wichtig sei, dass die Betriebsratsmitglieder vernünftige, maßvolle Leute seien. Dies ist nach Ansicht unseres Gesprächspartners beim derzeitigen neunköpfigen Betriebsrat der Fall. Aber nicht alle seien auch Aktivposten der Betriebsratsarbeit. Oft ließen sich die Schwachen in den Betriebsrat wählen. Dabei werde auch auf den besonderen Kündigungsschutz reflektiert.

Als Beispiel für die betriebspolitische Vernunft des Betriebsrat führt er die Tatsache an, dass dieser auf die Freistellung eines seiner Mitglieder verzichtet habe, die ihm seit der Betriebsverfassungsreform von 2001 eigentlich zustünde. Im Gespräch mit Betriebsratsmitgliedern hören wir dann, dass man auf eine Freistellung verzichtet habe, weil der Betriebsrat bisher seine Interessenvertretungsaufgaben gut mit den Anforderungen der Berufsarbeit vereinbaren könne. Der BR-Vorsitzende möchte wohl auch nicht „den ganzen Tag im Büro sitzen". Er zieht es vor, wenn die Leute direkt an seinen Arbeitsplatz kommen. Insgesamt scheinen sich die Betriebsratsaktivitäten in eher bescheidenem Rahmen zu halten. Betriebsratssitzungen werden unregelmäßig abgehalten („Es muss schon ein Problem vorliegen."). Auch bei der Weiterbildung für Betriebsratsmitglieder ist man eher zurückhaltend, schließlich wolle man die Firma nicht unnötig mit Kosten belasten. Das Fazit des BR-Vorsitzenden: „Wir sind im Großen und Ganzen zufrieden, treten allerdings auch nicht mit allzu großen Forderungen an".

Persönlichkeit und Führungsstil des Inhabers werden vom Betriebsrat durchaus kritisch gesehen. Der Chef verfüge über zwei gegensätzliche Gesichter: „Er ist einerseits knallhart, und gönnt uns nicht das Schwarze unterm Fingernagel! Andererseits hat er auch seine soziale Art. Er will z.B. keine Verschlechterung unserer tariflichen Rechte. – Letztlich überwiege aber das Positive. „Ich sehe als Betriebsratsvorsitzender auch seine Seite. Man muss eben einen Mittelweg finden. Wir sind noch nie im Streit auseinander gegangen."

2.2.2 Das Harmoniemodell

Der Inhaber eines Betriebes mit rund 180 Beschäftigten, der Klinikeinrichtungen herstellt, führt ein Unternehmen, das 1912 von seinem Großvater als Möbeltischlerei gegründet wurde. Er musste die Leitung der Firma nach dem überraschenden Tode des Vaters 1967, im Alter von 22 Jahren, übernehmen. In der Firmenpräsentation wird die Kontinuität der Familiendynastie betont: Von „Heinrich I.", dem Firmengründer, über „Heinrich II.", der den Betrieb nach Kriegszerstörung wieder neu aufbaute, bis zu „Heinrich III.", dem heutigen Eigentümer. Unter seiner Leitung erlebte der Betrieb ein kontinuierliches Wachstum. Von 30 Beschäftigten Anfang der 70er Jahre versechsfachte sich die Belegschaftsstärke bis zur heutigen Größe.

2003 kam es zu einer einschneidenden Firmenkrise. Der Inhaber entschied sich nicht für Sparkurs und Entlassungen, auch eine Verlagerung der Produktion nach Osteuropa kam für ihn nicht in Frage. Er setzte auf Investitionen in eine völlige Neuordnung der Produktionsweise nach dem Kaizen-Prinzip: „Ich wollte das Produkt und die Produktion in Ordnung bringen, die Belegschaft halten und unseren Ruf als Qualitätsproduzent wiederherstellen. Dafür habe ich viel Geld in die Hand genommen. Eine Verlagerung in Billiglohnländer kam für mich nicht in Frage. Wer soll denn unsere Produkte kaufen, wenn hier alle arbeitslos sind?"

Unser Gesprächspartner („Heinrich III.") führt den Betrieb in einer gewissermaßen demokratisiert-patriarchalischen Manier. Über sein Verhältnis zur Belegschaft sagt er: „Ich habe ja selbst jahrelang im Akkord gearbeitet, ich kenne die Alltagssituation am Arbeitsplatz und die Probleme und Konflikte dort. Ich bemühe mich um ein kollegiales Verhältnis zu meinen Leuten, versuche also, nicht alles über Anweisungen von oben zu regeln. Aber es gibt natürlich Grenzen." Zu diesen Grenzen gehören vor allem Fragen der Ordnung im Betrieb sowie der Pünktlichkeit. Er sieht sich und die Belegschaft in einer Art „Schicksalsgemeinschaft": „Wir sitzen letztlich in einem Boot. Wir müssen gut sein, um uns gegenüber der Konkurrenz zu behaupten. Und das sieht die Belegschaft im Großen und Ganzen wie ich." – An anderer Stelle vergleicht unser Gesprächspartner die Führungskultur seines Betriebes mit einer Hochseesegelmannschaft, wo alle ihre Aufgabe kennen und Erfolg nur möglich ist, wenn alle gut aufeinander eingespielt sind. In diesem Bild ist er demnach der Kapitän, eine traditionsreiche Führungsfigur mit absoluter Befehlsgewalt.

Der Vorstand der Firma besteht aus dem Inhaber und einem angestellten Geschäftsführer für den Vertrieb. Die mittlere Managementebene besteht aus technischen Leitern und Meistern. Alle personellen Fragen und Konflikte sind selbstverständlich „Chefsache". Hier allerdings sucht der Inhaber stets das Einvernehmen mit dem Betriebsrat.

Von Anfang an gehörte der Betriebsrat zum Führungskonzept des Inhabers. Von ihm selbst kam Anfang der 70er Jahre die Initiative zur Gründung eines Betriebsrats. Er hatte in den sechziger Jahren u.a. in Schweden gearbeitet, und dort die partnerschaftliche Betriebskultur kennen gelernt. Deswegen wollte er in seiner Firma einen Ansprechpartner aufseiten der Belegschaft haben („Ich kann doch nicht mit jedem Arbeitnehmer einzeln sprechen!"). Er ließ einen Gewerkschaftssekretär in den Betrieb kommen, mit dessen Hilfe dann die ersten Betriebsratswahlen durchgeführt wurden. Die Institution Betriebsrat ist hier also von Anfang an keine Gegenmachtorganisation der Belegschaft sondern eine in die Führungskultur integrierte Kraft des Ausgleichs und der Motivationsförderung der Belegschaft. Gerade im Prozess der Umstellung auf die neue Betriebsorganisation und

Arbeitsmethode war der Betriebsrat, insbesondere der BR-Vorsitzende, aus Sicht des Inhabers ein Aktivposten. Er hat für dieses Konzept offenbar den richtigen Mann gefunden. Es besteht zwischen ihm und „seinem Betriebsrat" Konsens darüber, dass man sich grundsätzlich um Ausgleich und gemeinsame Problemlösung bemüht.

Der Betriebsratsvorsitzende verkörpert in seiner Person gewissermaßen das harmonieorientierte Beteiligungskonzept des Inhabers. Er gehört nicht zur alteingesessenen Facharbeiterelite der Firma. Er ist aus einem großen Metallbetrieb mit Mitbestimmungstradition in den Betrieb gekommen und hat sich hier durch eine Kombination aus breiter technischer Qualifikation und einer spezifischen Bereitschaft, auch ungewöhnliche Aufgaben etwa im Bereich Reparatur und Wartung zu übernehmen, zum unverzichtbaren „Mädchen für alles" profiliert. Seit einigen Jahren hat er zusätzlich den Posten des Hausmeisters im Betrieb übernommen. Er wohnt im Betrieb und kann dadurch auch bei Bedarf kleinere Arbeiten ausführen, die nur an Wochenenden möglich sind. Die Hausmeisterstelle gilt im Betrieb gewissermaßen als Vorgesetztenposition. Als Hausmeister, dem ja auch die betriebliche Ordnung und Sauberkeit obliegt, muss er ständig den Beschäftigten auf die Füße treten. Als „Mädchen für alles" wird er u. U. auch zum Laufburschen, wenn der Chef ihn z.B. einmal „bittet", den Privatwagen zum Reifenwechsel in die Werkstatt zu bringen. Der BR-Vorsitzende versteht es offenbar, in diesem Rollenmix eine von Chef und Belegschaft gleichermaßen anerkannte Vermittlerposition zu praktizieren.

Kommunikation und Austausch zwischen Inhaber und BR-Vorsitzendem finden oft in höchst informellem Rahmen statt. An Wochenenden kommt es z.B. zu zufälligen Zusammentreffen zwischen dem Chef, der an Wochenenden öfters in seinem Büro arbeitet, und dem BR-Vorsitzenden, der als Hausmeister seine Rundgänge durch den Betrieb macht. „Wenn der Chef dann etwas mit mir besprechen will, dann sage ich nicht, ich hätte eigentlich Freizeit, sondern wir reden dann über betriebliche Probleme." Inhaber und BR-Vorsitzender sehen sich täglich. Vieles beruht auf formlosen Verständigungen und Absprachen gewissermaßen „zwischen Tür und Angel".

Vom Betriebsratsvorsitzenden erfahren wir schließlich einige wichtige Details zum persönlichen Führungsstil des Inhabers. Der suche in fast allen Belangen die Zusammenarbeit. Er wolle meist Meinungsaustausch, bevor er dann Entscheidungen treffe. Die Entscheidungen sind dann Chefsache, aber vorher sei eben viel aus den Gesprächen mit Vorgesetzten und Betriebsrat eingeflossen. Der Betriebsrat könne viel beim Chef erreichen, er dürfe dabei aber nicht den Fehler machen, eine Forderung schriftlich zu formulieren: „Wenn ich ihm einen schriftlichen Betriebsratsbeschluss vorlegen würde, dann bekäme er einen Wutanfall!"

– Der Inhaber seinerseits sieht beim derzeitigen Betriebsrat einen produktiven Arbeitsstil. Er versäumt aber nicht, den Einfluss seines eigenen, auf Ausgleich ausgerichteten, Führungsstils in diesem Zusammenhang zu betonen: „Wie es in den Wald schallt ..."

2.2.3 Betriebsrat in familiären Verhältnissen

Ehe der Inhaber eines Chemiebetriebes mit rund 150 Beschäftigten unternehmerisch handeln konnte, musste er zunächst eine klare Trennungslinie zwischen Familie und Unternehmen ziehen. Bevor er Mitte der 90er Jahre die Firma übernahm, hatte er jahrelang gewissermaßen auf der „Wartebank" für die Firmennachfolge sitzen müssen. Er verdiente nach dem BWL-Studium seinen Lebensunterhalt als freiberuflicher Berater, als Handelsvertreter und als Trainer in der Erwachsenenbildung. In dieser Zeit ging es in der Firma nach seinen Worten „drunter und drüber". Nachdem sein Großvater, der Firmengründer, mit 86 Jahren die Führung abgegeben hatte, herrschten anarchische Zustände. Er erinnert sich an ein „familiäres Kuddelmuddel" zwischen den verschiedenen Mitgliedern der Eignerfamilie: Jeder redete in die Geschäftsführung rein. Es kam immer wieder zu größeren Entnahmen. Seit 1992 ging es dann bergab. Zum Schluss fehlte das Eigenkapital, die Betriebsgenehmigung für das Chemiewerk war ausgelaufen. Die Firma war in einem schlechten Zustand. Die meisten glaubten schon, das Ende sei nicht mehr fern. Der heutige Inhaber stieg damals zunächst als Minderheitsgesellschafter in die Führung ein. Er hat Geld und persönlichen Schwung in die Firma gesteckt und so zur Auffrischung ihres Images beigetragen. Um frei agieren zu können, war es dann notwendig, andere Familienmitglieder aus der Leitung hinauszudrängen. Er kaufte die Anteile der Tante und des Bruders und gab gegenüber anderen Familienmitgliedern Pensionsgarantien ab. Heute ist er Mehrheitsgesellschafter (80 %) und alleiniger Geschäftsführer. Er nennt das „MBI in der Familie".

Der geschäftsführende Gesellschafter steht in einer komplizierten Position zwischen den Ansprüchen und Erwartungen der Eignerfamilie einerseits und dem Unternehmen mit seinen Marktanforderungen andererseits. Er hat deshalb Wert darauf gelegt, sich durch den Erwerb der Anteilsmehrheit den Rücken gegenüber Einsprüchen der Familie frei zu halten. Aber trotzdem muss er bei wichtigen Entscheidungen nach wie vor Rücksicht auf die Vorstellungen und Gefühle der anderen Gesellschafter in der Familie nehmen. Schließlich ist das Schicksal der Familie eng mit dem Wohl des Unternehmens verbunden. Das Unternehmen ist für die Familie Existenzgrundlage als auch sinnstiftender Lebensinhalt. Diese familiäre Verantwortung prägt den Führungsstil bis heute nachhaltig.

Der Inhaber bezeichnet seinen Führungsstil als partizipativ. Dies unterscheide ihn von seinem Großvater, der noch ein „richtiger" Patriarch gewesen sei. Er sagt „Ich bin kein Machtmensch, ich versuche immer, mit den Menschen auszukommen." Später berichtet er, dass er mit seiner Familie persönlich sehr stark in der Stadt und der Region verwurzelt ist. Er ist in zahlreichen Vereinen und auch in einer Theatergruppe aktiv. Er ist mit seiner Firma auch ein wirtschaftlicher Hoffnungsträger für die Stadt. Die Anerkennung in seiner Gemeinde wird ihm so wichtig sein, dass er größere publik werdende Konflikte mit der Belegschaft schon allein deswegen nach Möglichkeit zu verhindern suchen dürfte.

Die ihm zur Verfügung stehende Führungsmannschaft besteht aus einem Kreis leitender Personen: Entwickler Qualitätswesen, Betriebstechnologie, Betriebsleiter, Leiter Vertrieb und Einkauf. Der Inhaber selbst leitet den Personalbereich persönlich (Einstellungen, Löhne, Betriebsrenten etc.) Die Firma ist nach ISO 9001 zertifiziert. Nach dem TQM-System finden regelmäßig Teamsitzungen und Workshops statt. Bei den Zielvereinbarungen geht es u.a. auch um Fragen wie Müllbeseitigung, Recycling und Senkung des Krankenstands. Hier diskutieren Geschäftsführer, Bereichs- und Abteilungsleiter sowie jeweils „verschiedene Mitarbeiter" über Schnittstellen zwischen Technik und Verkauf, Investitionen, Fehlerbesprechung, Kundenbetreuung, Arbeitssicherheit. Unser Gesprächspartner spricht in diesem Zusammenhang von „vielen runden Tischen".

Zu den unternehmerischen Neuerungen, die der neue Inhaber verfolgte, gehörte die Lösung aus der Tarifbindung. Er ist bald nach der Übernahme der Firma aus dem hessischen Chemietarifvertrag ausgetreten. Der Vertrag sei nach seiner Darstellung „eine Katastrophe" für kleinere mittelständische Firmen in der hessischen Provinz, denn das tarifliche Einkommensniveau habe sich nach den Frankfurter Lebenshaltungskosten (Fa. Hoechst) gerichtet. Betriebsrat und Belegschaft erwarteten aber weiterhin, dass sich die Lohnentwicklung an den tariflichen Standards entwickelte, sodass es seitdem zu regelmäßigen betrieblichen Lohnanpassungen kommt, bei denen die Tarifstandards als Orientierung dienen, aber nicht „eins zu eins" übernommen werden.

Einen Betriebsrat gibt es bereits seit den 70er Jahren. Der Inhaber sagt, in der Firma herrsche im allgemeinen ein familiärer Umgang untereinander. Viele Beschäftigte blicken auf eine lange Betriebszugehörigkeit zurück, oft sind auch mehrere Mitglieder einer Familie im Betrieb beschäftigt. Das familiäre Verhältnis gelte deswegen auch grundsätzlich für die Mitglieder des Betriebsrats. Seine Einstellung zu seinem Betriebsrat sei heute positiv, erfahren wir vom Inhaber. Dies sei aber nicht zuletzt das Ergebnis eines Machtkampfes, in dessen Verlauf der in den 90er Jahren amtierende, traditionell geschwerkschaftlich orientierte Betriebsrat zurücktrat und damit Platz für eine neue Betriebsrätegeneration schuf

Die neue Betriebsratsspitze besteht nach Einschätzung des Inhabers aus engagierten Leuten, die sich wichtigen Änderungen nicht in den Weg stellten. Eine solche Haltung des Betriebsrats sei für einen mittelständischen Betrieb wichtig. Schließlich müsse er als Eigentümer persönlich für die Firma bürgen. Er habe die Firma mit eigenem Vermögen erworben und müsse nun für die Finanzierung aufkommen. Sein ganzes Privatvermögen stecke in der Firma. Ein uneinsichtiger Betriebsrat sei mithin eine Gefahr für ein solches Unternehmen: „Sie können als Betriebsrat alles machen. Sie können die Anschaffung von Maschinen oder die Einführung neuer Programme blockieren! Der Betriebsrat hat nach dem Gesetz viel zu viele Rechte. Glücklicherweise füllt der derzeitige Betriebsrat seine Rechte nicht aus, sondern ist an Verständigung interessiert."

Der Betriebsratsvorsitzende teilt die Meinung seines Chefs: Ein Betriebsrat, der seine gesetzlichen Rechte extensiv nutze, könne „einen Betrieb an die Wand fahren". Er pocht deshalb nicht auf die Einhaltung der betriebsverfassungsrechtlichen Normen und respektiert insbesondere den Anspruch des Inhabers, sich bei personellen Entscheidungen (Einstellungen, Entlassungen, Eingruppierungen) „von niemandem reinreden zu lassen". Er ist für einen Umgang mit Augenmaß untereinander. Da er nicht den Eindruck hat, dass der Chef die Leute „auf Teufel komm heraus" ausbeuten wolle, sieht er auch keinen Anlass zu harten Maßnahmen. „Wir schenken dem Chef ein ziemlich großes Vertrauen. Aber wenn wir auf eine Einhaltung aller Mitbestimmungsregeln nach den Buchstaben des Gesetzes dringen würden, würden wir wohl letztlich eher verlieren."

Die Stärke dieses Betriebsrats liegt nicht in der Darstellung von Belegschaftsinteressen gegenüber dem Inhaber. Er verzichtet auf die Durchsetzung vieler seiner formellen Kontrollrechte und entwickelt keine betriebspolitischen Initiativen. Die Domäne des BR-Vorsitzenden liegt eher auf dem Gebiet der Hilfe für Einzelne in Alltagsfragen. Er ist ein bei der Belegschaft anerkannter Helfer und Berater für einzelne Arbeitnehmer, und zwar „für die unteren 60 % der Belegschaft", wie der Chef bemerkte. Für den Arbeitgeber ist er der nützliche Vermittler zu diesem Teil der Belegschaft. Der BR-Vorsitzende glaubt aber, dass er trotz Abstinenz in Kernfragen der Mitbestimmung durch seine Arbeit (oder vielleicht auch nur durch seine Existenz) zur Sicherung von Ansprüchen der Arbeitnehmer beitrage. Grundlage für diese Haltung ist die Überzeugung, der Arbeitgeber werde dieses Entgegenkommen nicht missbrauchen. So gedacht wirken in diesem Fall die Normen des BetrVG gewissermaßen noch indirekt, obwohl sie nicht angewandt werden, denn sie *könnten* angewandt werden.

Die hier geschilderte Konstellation eines sich dem Inhaber gegenüber weitgehend unterordnenden Betriebsrats kommt dem von Mittelstandsverbänden propagierten Wunschbild eines rechtlich weitgehend machtlosen Belegschaftssprechers sehr nahe. Tatsächlich würde das geschilderte spezifische „Vertrauensmodell" dieser Firma aber wohl nicht funktionieren, gäbe es nicht das BetrVG und Tarifverträge gewissermaßen „im Hintergrund".

2.2.4 Der Prokurist als Vermittler

Ein Mineralbrunnenbetrieb mit rund 70 Beschäftigten ist seit 90 Jahren im Familienbesitz. Der Seniorchef ist mit seinen fast 80 Jahren noch täglich im Betrieb präsent. Seine Tochter leitet die Buchhaltung. Die Geschäftsführung und vor allem die Personalpolitik hat allerdings seit über 20 Jahren der Prokurist übernommen. Er ist 55 Jahre alt, hat also sein aktives Berufsleben fast ausschließlich in der Firma verbracht, ein Musterbild eines treuen Sachwalters der Eigentümerfamilie. „Ich habe immer versucht, alles im Interesse der Familie zu tun!", beschreibt er seine Stellung zwischen Inhaber und Betrieb. Er fühlt sich als *Diener* der Eignerfamilie, als Sachwalter ihrer Interessen und als Vermittler zur Belegschaft.

Seinen Führungsstil charakterisiert er als insgesamt „sehr dominant". In der Belegschaft, die überwiegend aus angelernten Arbeitern besteht – 70 % von ihnen sind ausländischer Herkunft (Türkei, Italien, Sri Lanka, Afrika etc.) –, herrsche ein rauer Ton. Es gebe viele Konflikte der Arbeiter untereinander, nicht wenige von ihnen hätten Alkoholprobleme. Man brauche im Umgang mit ihnen eine harte Hand. „Sehen Sie, wenn man die Leute hier nicht ständig im Visier hat, machen sie, was sie wollen!" Er sagt uns, er wolle gar nicht autoritär sein. Er kenne die Leute gut und verstehe auch ihre persönlichen und familiären Probleme. Schließlich habe er sie alle persönlich eingestellt. Aber in diesem Milieu sei eben eine harte und konsequente Personalführung notwendig. Die Leute hier im Betrieb brauchten eben Schärfe und Strenge. Dazu gehören auch Disziplinierungsmaßnahmen von der Abmahnung bis zur Kündigung.

Mit den Begriff „*Demokratie im Betrieb*" kann der Prokurist nicht viel anfangen. Eigentlich seien die Regeln ja klar: Man biete einen Arbeitsplatz, die Leute hätten eine festgelegte Leistung zu bringen, dafür bekämen sie eine entsprechende Entlohnung, damit sei das ganze Geschäft klar umrissen. Die Regeln müssten nur eingehalten werden, eine Notwendigkeit für zusätzliche demokratische oder soziale Regeln bestehe nicht. Sicher, auch persönliche Verhaltensweisen und persönliche Beziehungen prägten die Arbeit im Betrieb. Aber es sei eben seine Aufgabe, einzugreifen, wenn etwas aus dem Ruder laufe.

Der Betriebsratsvorsitzende charakterisiert die Führung folgendermaßen: Der Seniorchef gelte in der Belegschaft immer noch als der „eigentliche Chef". Seine Tochter als Teilhaberin konzentriere sich auf den Verwaltungsbereich, sie sei im Betrieb nicht besonders präsent. Der Senior spreche über den Prokuristen zur

Belegschaft. Der sei im wesentlichen das ausführende Organ, das Sprachrohr des Chefs. Der Prokurist selbst stehe voll und ganz hinter der Firma, habe aber letztlich in den entscheidenden Fragen wenig persönliche Entscheidungsfreiheit.

Ein Betriebsrat besteht seit Mitte der 80er Jahre. Damals habe sich ein Außendienstmitarbeiter dafür stark gemacht. Und obwohl der Prokurist die Gründung des Betriebsrats damals im Auftrage der Inhaberfamilie zu verhindern versucht habe, sei es schließlich nach zwei Jahren Auseinandersetzung dann doch zur Betriebsrats-Bildung gekommen. – Warum? „Na, ja, ich würde sagen, die Einsicht hat gesiegt." sagt uns der Prokurist. An dieser Stelle des Gesprächs setzt sich der Seniorchef zu uns. Er erklärt, er habe stets ein gutes Verhältnis zur Gewerkschaft gesucht und stets die Tarife beachtet, auch nachdem er aus dem Arbeitgeberverband ausgeschieden sei. Auch mit dem Betriebsrat könne man ein schiedlich-friedliches Verhältnis haben, vorausgesetzt, es sei der richtige Mann an der Spitze. „Er darf kein Gegner sein. Ich hafte für den Betrieb mit meinem Vermögen! Da hat keiner das Recht Entscheidungen zu beeinflussen!" Nachdem der Seniorchef den Raum wieder verlassen hat, fügt der Prokurist in ironischer Weise eine leichte Korrektur an die Äußerungen des Inhabers an: „Am Anfang war der Chef ja gegen jeden Betriebsrat! Er konnte sich nicht damit abfinden, dass ein Zweiter auch Rechte im Betrieb haben sollte. Ich musste ihn ja erst dazu bringen, den Betriebsrat zu akzeptieren!" Er beschreibt, dass erst ein langer Prozess der Auseinandersetzung und des gegenseitigen Lernens zwischen ihm und dem Betriebsrat nötig gewesen sei, um zu einer produktiven Zusammenarbeit zu kommen. Seine Rolle bestehe bis heute darin, als Vermittler zwischen Inhaber und Betriebsrat zu agieren.

Der Anlass zur erstmaligen Wahl eines Betriebsrats war nach Auskunft des BR-Vorsitzenden die Absicht der Firmenleitung, damals vom tariflichen Weihnachtsgeld abzuweichen und es durch eine „Nasenprämie" zu ersetzen, wie er es nennt. Die Betriebsratswahl war in sofern ein Erfolg für die Belegschaft, denn die Firma blieb daraufhin beim tariflichen Weihnachtsgeld. Der Betriebsrat sorgte dann auch mit Unterstützung der Gewerkschaft dafür, dass die Firma unmittelbar nach ihrem Austritt aus dem Arbeitgeberverband einen Anerkennungstarifvertrag unterschrieb. Damit blieb die Einkommensentwicklung an die allgemeine Tarifentwicklung in der Branche gekoppelt.

Heute bewertet der Prokurist die Rolle des Betriebsrats ausdrücklich als positiv. Aktueller Anlass für diese positive Beurteilung sei die Zusammenarbeit mit dem Betriebsrat bei der Durchsetzung von Sparmaßnahmen zur Krisenbewältigung. Dazu gehörte u.a. die Entscheidung, Kurzarbeit anzumelden. Da habe man mit dem Betriebsrat und dem Gewerkschaftssekretär zusammengesessen und alles wichtige besprochen. Die Erfahrung des Gewerkschaftssekretärs mit solchen Problemen sei nützlich gewesen. Auch eine weitere Maßnahme, die Aufteilung der

Auszahlung des anstehenden Weihnachtsgeldes in drei Raten sei nur mit Hilfe des Betriebsrats möglich gewesen. Er zitiert den Betriebsratsvorsitzenden mit dem Satz, er könne die Kuh, die er melken wolle, schließlich nicht schlachten. Der Prokurist hat die Erfahrung gemacht, dass man eine gute Zusammenarbeit mit dem Betriebsrat nicht ohne Gegenleistung erwarten könne. Man müsse ihn – den BR-Vorsitzenden – stets frühzeitig in die Entwicklungen mit einbeziehen, dürfe ihn nicht vor vollendete Tatsachen stellen.

Bei Einstellungen wird der Betriebsrat vom Prokuristen grundsätzlich nicht beteiligt. Warum? Wahrscheinlich, weil das der frühere Betriebsrat stillschweigend geduldet habe. Für den Prokuristen gelte das jetzt wohl als Gewohnheitsrecht. Konflikte um Kündigungen gebe es immer wieder. Der Prokurist neige dazu, die Leute einfach vor die Tür zu setzen. Da müsse der Betriebsrat dann sagen „Das geht nicht!" Hier wehre er sich vehement. In einem Fall habe der Betriebsrat der Kündigung eines Fahrers widersprochen. Die Sache sei vor das Arbeitsgericht gekommen und der Richter habe die Kündigung für ungültig erklärt.

Trotz gewisser Härten in der Beziehung zum Prokuristen kann der Betriebsratsvorsitzendes das Verhältnis untereinander letztlich akzeptieren: „Er macht, was er muss!" Der Informationsfluss zwischen ihm und dem Prokuristen habe sich in den letzten Jahren verbessert. Er bekomme jetzt meist wichtige Informationen vom Prokuristen vorab. So werde er z.B. über geplante Abmahnungen vorher informiert und nach seiner Meinung gefragt. Insgesamt schätzt der Betriebsratsvorsitzende das Gewicht der Betriebsratsarbeit unter den gegebenen Umständen dann doch als relativ hoch ein. „Ohne Betriebsrat gäbe es kein Weihnachtsgeld, keine 30 Tage Urlaub und keine vermögenswirksame Leistungen. Das hat der Betriebsrat durchgesetzt!"

2.2.5 Symbiose zwischen Personalchef und Betriebsrat

In einem Betrieb der Verpackungsindustrie mit rund 350 Beschäftigten konzentriert sich der Seniorchef auf den Vertrieb und strategische Fragen, während sein Schwiegersohn als Juniorchef für die technischen Belange des Betriebes zuständig ist. Alle personellen Entscheidungen trifft seit 15 Jahren ein Personalleiter, dessen Aufgabe es von Anfang an war, eine systematische Personalführung aufzubauen, die im Zuge des Firmenwachstum notwendig geworden war. Mit ihm führten wir das Interview.

Wie ist der Führungsstil? Der Seniorchef sei ein „Patriarch alter Schule". In den von ihm persönlich formulierten Führungsgrundsätzen spricht er von der „sympathischen Firmenfamilie" mit ehrlichem, ethisch einwandfreiem und sozialem wie umweltbewusstem Verhalten. Dort heißt es auch: „Wir betrachten unsere

Produktionsmittel als unser Eigentum und wollen diese auch so behandeln." Nach innen solle „ein angenehmes und positiv orientiertes Arbeitsklima für ein hochmotiviertes Team" geschaffen werden, das neue Herausforderungen in Kreativität und Beharrlichkeit meistere.

Der Personalchef gesteht allerdings ein, dass diese Vision nicht immer im Betriebsalltag gelinge, aber man versuche eben, partnerschaftlich und fair mit den Mitarbeitern umzugehen. Dabei macht er eine deutliche Differenzierung zwischen sich und dem Inhaber. Dem Chef falle es wohl schwer, gesetzliche Mitbestimmungsrechte anderer zu akzeptieren. Der Personalchef übernimmt die Vermittlung zum Betriebsrat und schirmt den Inhaber damit auch gegenüber der Belegschaft ab. Es entsteht der Eindruck, das Vorhandensein eines Betriebsrats erleichtere dem Personalchef die Arbeit und schaffe ihm gleichzeitig eine wichtige Legitimation in seiner Funktion. Nur er „kann" mit dem Betriebsrat! Er und der Betriebsrat regeln letztlich gemeinsam die personellen Dinge und halten dem Inhaber in diesen Fragen den Rücken frei.

Auf unsere Frage, wie die Situation im Betrieb *ohne* Betriebsrat wäre, zögert der Personalchef zunächst. Es fällt ihm sichtbar schwer, sich eine solche Situation vorzustellen. Dann: „Es muss ihn geben! Bei unserer Belegschaft mit mehrheitlich Hilfsarbeitern ist der Betriebsrat als Filter unerlässlich. Unsere Leute können ihre Interessen meist nicht selbständig artikulieren, sie gehen nicht selbstbewusst mit ihren Problemen und Fragen zum Meister. Die brauchen einfach einen Betriebsrat, der für sie spricht." Auch der BR-Vorsitzende kann sich eine betriebsratslose Situation nicht vorstellen. Schließlich sei der Betriebsrat auch so etwas wie eine „Brandpolizei", die den Arbeitgeber entlaste. Er ist sich nicht ganz sicher, ob der Personalchef nicht doch manchmal mit einer betriebsratslosen Situation liebäugele. „Aber was sollte der letzten Endes ohne Betriebsrat tun?"

2.2.6 Betriebsrat nach Art des Hauses

In der Darstellung der betrieblichen Konstellationen, die gewissermaßen durch eine symbiotische Beziehung zwischen Personalleitung und Betriebsräten geprägt sind, sollte ein Fall nicht fehlen, in dem die Rollen des Personalchefs und des Betriebsratsvorsitzenden in einer Person vereinigt sind. Dies ist sicher ein wenig verbreiteter Sonderfall, aber er zeigt doch die funktionelle Nähe beider Ämter.

Es handelt sich um ein nach dem 1. Weltkrieg gegründetes Familienunternehmen des Baugewerbes mit heute rund 190 Beschäftigten. Die Firma ist formell bis heute ein sog. „Familienbetrieb", denn ein Mitglied der Familie ist als geschäftsführender Gesellschafter mit einem Minderheitsanteil im Vorstand des Unternehmens tätig. Wir haben es in diesem Fall aber mit einer Übergangsform zwischen Familienbetrieb und managementgeführter Firma zu tun, denn andere Vorstandsmitglieder sind entweder Gesellschafter aus fremden Familien oder angestellte Manager.

Unterhalb der Vorstandsebene sind die sog. „Bereichsleitungen" angesiedelt. Auf dieser Ebene steht auch die Personalabteilung. Ihr Leiter übernahm als junger Kaufmann die damals freigewordene Position der Leitung der Lohnbuchhaltung, arbeitete sich schnell in die ihm bis dahin fremde Materie ein und „machte sich eigentlich sofort selbständig". „Neben dieser verantwortungsvollen Tätigkeit, der er perfekt nachkam, wurde ihm seitens der Mitarbeiter vertrauensvoll das Amt des Betriebsratsvorsitzenden übertragen, das er nun seit vielen Jahren zur allseitigen vollen Zufriedenheit wahrnimmt. Damit nicht genug, kümmert er sich in wesentlichem Maße um den Einsatz der gewerblichen Mitarbeiter und entlastet hier die – dafür durchaus dankbare – technische Leitung. Er ist also Personalchef und Personaldisponent in einer Person." So steht es in der Firmenzeitung, in der dem Personalchef zu seiner 40jährigen Betriebszugehörigkeit gratuliert wird. Auch die Lohnbuchhalterin ist seit 40 Jahren im Betrieb. Sie wird hier als „treue, sachkundige und unermüdliche Stütze der Lohnbuchhaltung, der es wesentlich mitzuverdanken ist, dass die Geschäftsleitung nie mit Problemen dieser Abteilung konfrontiert wurde" charakterisiert, „ohne die es dem Leiter der Abteilung nicht möglich gewesen wäre, seinen vielfältigen Funktionen im Betrieb nachzukommen".

Näheres über die Art und Weise, wie der Mann die beiden Ämter des Personal- und Betriebsratschefs in der Praxis miteinander vereinbart, war nicht in Erfahrung zu bringen, denn für ein Interview stand er nicht zur Verfügung. „Er trägt auf zwei Schultern", sagt das Vorstandsmitglied, mit dem wir sprechen können. Der Personalchef gilt aus seiner Sicht mitunter als unbequem, hat aber das Vertrauen der Leute im Betrieb. Schließlich wählen sie ihn immer wieder ins Betriebsratsamt. In den anfallenden Konflikten erreiche er immer wieder eine einvernehmliche Lösung. Als Personaldisponent ist er für die Arbeitseinteilung und die Arbeitszeiten auf den Baustellen verantwortlich. Wenn es z.B. um Wochenendeinsätze geht, verstehe er es, diese so zu verteilen, dass sich niemand benachteiligt fühlt. Gerade wenn wenig Arbeit vorhanden ist, sorge er dafür, dass jeder ab und zu auch die Möglichkeit zu einem Zusatzverdienst bekomme. Man hat den Eindruck, dass dieser Personalchef mit seiner weitgehend selbständigen Arbeitsweise in Fragen der Bezahlung und des Personaleinsatzes dem Vorstand viel unangenehme Arbeit abnimmt. Mehr erfahren wir über diese „personalpolitische Wunderwaffe" auch von dem Vorstandsmitglied nicht: „Er ist eine sehr selbständige Persönlichkeit. Er macht seine Sache gut. Aber wie er sie im einzelnen macht, weiß ich nicht."

Man hat den Eindruck, dass der Personalchef mit der Doppelfunktion in der Firma ausgesprochen unabhängig agiert. In Konflikten dürfte er auch gegenüber dem Vorstand eine relativ starke Position haben, denn schließlich ist er so etwas wie ein von der Belegschaft gewählter Personalmanager.

2.2.7 Konzernmanagement in familienbetrieblicher Tradition

Ein mittelständisches Maschinenbauunternehmen mit rund 200 Beschäftigten wurde Ende der 80er Jahre von einem anderen Mittelständler übernommen. Zum Zeitpunkt der Übernahme steckte der Betrieb in einer Krise. Der ehemalige Inhaber zog sich damals ins Privatleben zurück, und der Käufer, ein Mittelstandsunternehmer der gleichen Branche, setzte einen Geschäftsführer ein. Der externe und branchenfremde Manager arbeitete von Anfang an eng mit einem seit vielen Jahren im Betrieb verwurzelten älteren Geschäftsführer zusammen. Vereint gelang es, wichtige Innovationen durchzusetzen und mit einer konsequenten Kundenorientierung den Betrieb auf Wachstumskurs zu bringen. Der Betrieb ist heute mit knapp 500 Beschäftigten Teil eines Konzerns aus insgesamt 12 ehemaligen Mittelstandsbetrieben, die im Laufe der Jahre in den Konzern aufgenommen wurden. Der Konzernchef, selbst Mittelständler, verfolgt eine Führungskonzeption, die den einzelnen Standorten weitgehende Freiheiten bei Investitions- und Marktentscheidungen lässt.

In der Selbstdarstellung der Firma taucht öfters die Formulierung auf, das Unternehmen werde ihrem „durch und durch mittelständischen Charakter" treu bleiben. – Was ist nun das „mittelständische" an diesem Konzernbetrieb? Dazu der Geschäftsführer: „Wichtig ist die Unabhängigkeit der Firma von der Konzernmutter, die nur die Rahmenbedingungen vorgibt. Wir füllen diese Toleranzen stets voll aus, haben uns dabei auch schon Beulen geholt. Wir sind flexibel, weil wir unabhängig entscheiden: Wenn wir z.B. am Freitag eine Idee haben, dann setzen wir sie am Montag um. Es gibt keinen Umweg und keine Verzögerungen durch Konzerngremien. Bei uns wird persönliche Verantwortung übernommen, während es im Konzern immer ein zuständiges Gremium gibt. Wir arbeiten mitarbeiterorientiert, d.h. wir gehen auf ihre persönlichen Belange ein. Bei uns herrscht gesunder Menschenverstand. Wir arbeiten kundenorientiert, nur wenn wir die nötige Flexibilität aufbringen, um den Kunden zu befriedigen, bleiben wir erfolgreich." Dies heißt, dass man versucht, traditionelle mittelstandstypische Führungsmuster beizubehalten und Eingriffe von Konzernebene abzuwehren. Der Geschäftsführer vor Ort sieht sich, obwohl er keine Gesellschafteranteile besitzt, nicht als Manager der Konzernzentrale. Er ist offenbar in mancher Hinsicht, was Perspektive und Verhaltensstil angeht, in die Rolle eines Inhabers geschlüpft, dem in erster Linie an einer guten Entwicklung des örtlichen Betriebes gelegen ist. So haben sich auch die traditionellen Beziehungsstrukturen zwischen Geschäftsführung, Vorgesetzten- und Arbeitsplatzebene erhalten können.

Der Geschäftsführer sieht andererseits die Herausforderung darin, die Vorteile des Mittelständischen mit dem, was eine Konzerneinbindung bieten kann, zu verbinden. Man sei eben gleichzeitig Teil eines großen internationalen Unternehmens, könne die Vorteile einer Weltfirma nutzen. So werde jetzt konzernweit ein neues Bilanzsystem eingeführt, dem gegenüber sich das gängige Rechnungswesen im Mittelstand wie ein „Nierentisch aus den 50er Jahren" ausnehme.

Was bedeutet diese Konstellation für die betriebliche Mitbestimmung? Der Geschäftsführer fand bei seinem Eintritt in die Firma einen Betriebsrat als Teil der Firmenkultur vor. Der Betriebsrat engagierte sich für die Umorientierung zu einem kundenorientierten Hersteller und trug die dazu notwendigen Veränderungen und Einschnitte engagiert mit. Es entwickelte sich eine Art „Sanierungspartnerschaft" zwischen Geschäftsführung und Betriebsrat, die bis heute das Verhältnis der betrieblichen Partner prägt. In Phasen, in denen es gilt, Entscheidungen für die örtliche Entwicklung auch gegen Positionen der Konzernleitung durchzusetzen, ziehen Betriebsrat und Geschäftsführung an einem Strang. Die Bedeutung des Betriebsrats im Kampf für den Erhalt des Standortes wird vom Geschäftsführer hoch eingeschätzt. Der Betriebsrat selbst kann als Mitglied des Konzernbetriebsrats, ähnlich wie die örtliche Geschäftsführung, die örtliche und die konzernweite Handlungsebene miteinander verbinden.

2.2.8 Vermittlung zwischen Inhaber und Belegschaft

Im Unterschied zur Gruppe der inhabergeführten Kleinbetriebe (Gruppe 2.1.) betonen hier die Inhaber bzw. Geschäftsführer in aller Regel, dass sich ihre Betriebsführung deutlich von den hergebrachten Formen patriarchalischer Alleinherrschaft unterscheide. Sie bezeichnen ihren Führungsstil meist als „teamorientiert", während sie oft der Vorgängergeneration in der Führung die Attribute der mehr oder weniger autoritären Alleinherrschaft zuweisen. Dieser Wechsel der Führungsmuster ist grundsätzlich zunächst einmal eine Folge des Größenwachstums der Betriebe. Erlaubten die Größenordnungen der von den Vätern geführten Betriebe häufig noch die sehr persönliche Führung durch eine dominante Person, so erfordern die heutigen größeren Betriebe mit differenzierteren Produktions- und Belegschaftsstrukturen eine arbeitsteilige Führungsstruktur. Neben den Inhaber tritt ein spezifisches Managementsystem. Der Inhaber selbst tritt damit aus der traditionellen Universalfunktion der Betriebsführung heraus und spezialisiert sich auf einzelne Führungs- und Entscheidungsbereiche. Er ist nicht mehr der Alleinentscheider in allen Fragen. Er bleibt aber der letztlich Allein-Verantwortliche für das „Wohl und Wehe" des Betriebes. Aus der Eigentumsbindung und der sich daraus ergebenden Verantwortung ergibt sich für diese Mittelständler eben auch der unverminderte Anspruch auf „das letzte Wort" in wichtigen Entscheidungen. Dort, wo sich der arbeitsteilig führende Inhaber die Kernentscheidungen im personellen Bereich (Einstellungen, Entlassungen, Menschenführung, Konfliktmanagement etc.) vorbehält, ist er aber auf Assistenz angewiesen. Diese Konstellation schafft grundsätzlich auch Raum für ein „kleines Management", das sich gewissermaßen zwischen Chef und Belegschaft ansiedelt. In solchen Formen arbeitsteiliger Führung entsteht auch Raum für Betriebsräte.

In fast allen untersuchten Betrieben dieser Gruppe existieren Betriebsräte. Die Entstehungsgeschichten der Betriebsräte sind höchst unterschiedlich. In aller Regel ist die Betriebsratsbildung als ein Reflex der Belegschaft auf Änderungen in der Führungsstruktur oder im Führungsstil der Unternehmen zu verstehen. Auch wenn die Entstehungszusammenhänge ihrer ursprünglichen Wahl und ihre Arbeitsweise höchst unterschiedlich sind, so werden sie von den von uns befragten Inhabern und Geschäftsführern letztlich als nützliche Einrichtung beurteilt. Meistens sind klare Zusammenhänge zwischen der Führungsphilosophie oder dem Führungsverhalten der Inhaber, Geschäftsführer oder Personalleiter einerseits und der konkreten Ausprägung der Betriebsratsarbeit andererseits zu erkennen. In Fällen, wo die Inhaberseite mehr oder weniger aktiv an der Entstehung eines Betriebsrats beteiligt war, entwickelt sich die Institution Betriebsrat nicht zu einer Gegenmachtinstitution der Belegschaft, sondern als eine in die Führungskultur integrierte Kraft des Ausgleichs und der Motivationsförderung.

In anderen Fällen musste die Betriebsratsbildung gegen den Widerstand der Inhaber durchgesetzt werden. In solchen Konstellationen kommt der Rolle des sog. „kleinen Managements", also der Geschäftsführer, Prokuristen oder Personalleiter in mittelständischen Betrieben eine besondere Bedeutung zu. Diese betrieblichen Akteure sind zwar in erster Linie den Inhabern gegenüber verantwortlich. Wenn sie aber ihrer Rolle als Vermittler zwischen Inhaber und Belegschaft gerecht werden wollen, muss es ihnen gelingen, ein Vertrauensverhältnis sowohl zum Inhaber, als auch zur Belegschaft zu entwickeln. Dies gelingt vor allem solchen Führungskräften, die selbst bereits auf eine lange Betriebszugehörigkeit und damit auf gewachsene Bindungen zur Belegschaft zurückblicken können. Nicht selten haben erfolgreiche Geschäftsführer in mittelständischen Betrieben in früheren Jahren eine Zeit lang selbst ein Betriebsratsmandat inne gehabt. Zwischen Mitgliedern des „kleinen Managements" und den Betriebsräten sind in einigen Fällen regelrechte symbiotische Beziehungen zu erkennen. Konfliktaustragung und Konfliktlösung verläuft zwischen diesen beiden Vermittlerinstanzen:

Der „kleine Manager" vermittelt zwischen Inhaber und Betriebsrat, und der Betriebsrat vermittelt zwischen dem kleinen Manager und der Belegschaft.

Die Arbeitsweise der Betriebsräte und die Reichweite ihrer Aktivitäten, die wir in den untersuchten Betrieben kennen gelernt haben, ist außerordentlich variantenreich. Nicht angetroffen haben wir in dieser Gruppe mittelgroßer Mittelstandsbetriebe den aus dem großbetrieblichen Bereich bekannten Typus des selbstbewussten, fordernden Betriebsrats als wohlorganisierten und strategisch handelnden Gegenspieler des Managements. Zunächst einmal fällt auf, dass die Betriebsräte – insbesondere die Betriebsratsvorsitzenden – in den mittelständischen Betrieben selbst häufig Vorgesetztenpositionen einnehmen. Sie werden aus Arbeitgebersicht in aller Regel als sog. „Leistungsträger" des Betriebes anerkannt. Dabei handelt es sich im Verständnis der befragten Mittelständler um solche Arbeitnehmer, die meist aufgrund langer Betriebszugehörigkeit nicht nur in verantwortlichen Positionen stehen, sondern auch ein fundiertes Verständnis für die besonderen Probleme des Betriebes entwickelt haben. Die Kombination aus Hierarchieposition und Belegschaftsmandat prädestiniert diese Arbeitnehmer offenbar zu einer von beiden Seiten anerkannten Mittleraufgabe innerhalb eines auf Dialog und Ausgleich orientierten Führungsstils. Sie kennen den Betrieb „wie ihre Westentasche", und sie verfügen über eine ähnliche Innensicht der betrieblichen Verhältnisse wie Inhaber und Geschäftsführer. Dies gilt meist auch für die wirtschaftliche Seite der Firma. Im Vordergrund steht auch für sie der Betrieb mit seinen spezifischen Entwicklungsproblemen. Dies ist die Grundlage, auf der sie u.U. mit erheblichem Sachverstand an der Sicherung und Weiterentwicklung von Betrieb und Beschäftigung mitarbeiten, sofern man ihnen vonseiten der Firmenleitung die Gelegenheit dazu gibt.

Zum Selbstverständnis „unserer" Betriebsräte zählt in der Regel die Erfahrung, dass man die hegemoniale Stellung des Inhabers anerkennen muss, wenn man für die Kollegen etwas herausholen will. Sie profilieren sich weniger als eine fordernd auftretende Betriebspartei, sondern teilen gerade in wirtschaftlichen Krisensituationen häufig die Perspektive des Arbeitgebers. Zu Opfern sind sie bereit, wenn sie glauben, damit zur Existenzsicherung des Betriebes beitragen zu können. Ihr Arbeitsstil ist in aller Regel wenig aufwändig. Mitunter wird auf gesetzlich vorgesehene Freistellungen verzichtet, der Sitzungs- und Weiterbildungsaufwand hält sich in engen Grenzen. Einige der befragten Betriebsräte bezeichneten derartige Zurückhaltung auch als Beiträge zur Kostensenkung. Sie hoffen, dass sich ihre Zurückhaltung letztlich auch durch ein Entgegenkommen des Chefs gewissermaßen „auszahlt".

2.3 Neuer Mittelstand („Übernahmeunternehmer")

Der Begriff des „neuen" Mittelstands wird seit einigen Jahren in höchst unterschiedlicher Bedeutung verwandt. Einerseits gelten Gründerbetriebe, namentlich solche im Bereich von IT-Anwendungen, als neuer Mittelstand. „Garagenunternehmer", Spinn-offs durch technisch-wissenschaftliche Entwickler aus dem Universitätsbereich sowie „junge" Unternehmer bzw. Unternehmen werden ebenfalls mit dem Begriff des neuen Mittelstands in Verbindung gebracht. Der Entwicklung dieser neuen Mittelstandssektoren ist vor allem im Rahmen der Debatte um die Entwicklung der „New-Economy" in zahlreichen Studien nachgegangen worden. Die ursprüngliche Annahme Einiger, es handele sich hier um einen völlig neuen Typus von Führungs- und Entscheidungsstrukturen, in denen unmittelbare Formen der Beteiligung der Arbeitnehmer an Entscheidungen eine Mitbestimmung traditionellen Typus durch Betriebsräte erübrigten, hat sich nicht bestätigt. Wir wissen heute, dass sich in diesen Betrieben nach der unmittelbaren Gründungsphase und im Zuge von Wachstum der Betriebe und der Reifung der Führungsstrukturen auch eine gewisse „Normalisierung" der Führungs-, Beteiligungs- und Mitbestimmungspraktiken einstellt. Auch in der viel beschriebenen besonderen Kultur der Belegschaften aus hochqualifizierten, selbständig agierenden Arbeitnehmern haben Betriebsräte offenbar ihren Raum (vgl. BOES 2006; ABEL/ITTERMANN 2006 sowie MARTENS 2003).

Im Rahmen unserer Untersuchung geht es auch nicht um die in den letzten Jahren so viel beachtete Gruppe der „Start/up-Unternehmer in agilen Netzwerken" (REISS 1998), sondern um Betriebe in traditionellen Industriebranchen mit einer für den traditionellen Mittelstand allerdings untypischen Führungskultur. Unser Begriff eines „neuen Mittelstandes" ist dem am nächsten, den Berghoff 2003 entwickelt hat. Danach hat sich sukzessive ein mittelständisches Führungsmodell herausgebildet, das sich in wichtigen Merkmalen von denen des „klassischen" Mittelstandes unterscheidet. Hier haben die traditionellen Familienbande eine geringere Bindungskraft, der Führungsstil ist insgesamt professioneller und stärker gegenüber äußeren Einflüssen geöffnet. Auch externe Kapitalgeber spielen hier eine größere Rolle (vgl. BERGHOFF 2003, S. 280 f.).

Wir sind in unserer Befragung auf eine Reihe von Inhabern mittelständischer Betriebe gestoßen, die diese nicht im Zuge von Generationswechsel übernommen haben, sondern durch den Kauf von Unternehmen. Diese „Übernahme-Unternehmer" haben meist eine längere berufliche Karriere in leitenden Positionen verschiedener Firmen hinter sich, ehe sie sich entschließen, selbst Unternehmer zu werden. Dies geschieht in der Regel durch den Aufkauf von Unternehmen, die meist wegen fehlender innerfamiliärer Nachfolgeregelungen zum Verkauf anstehen. Durch den Erwerb von Familienunternehmen durch Außenstehende entsteht eine neuartige Führungskonstellation. Mittelständisch geprägte Betriebe und Belegschaften bekommen einen neuen Inhaber von außen. Diese sind jetzt „Herr im Hause" und versuchen die Betriebe nach ihrem Bilde zu formen. Anders als traditionelle Inhaber fehlt ihnen jedoch die spezifische Branchen- und Betriebsbindung, wie sie für die Führung von Familienbetrieben typisch ist. Im Mittelpunkt ihres Handelns steht nicht der Betrieb als traditionsreiches soziales Gebilde. Im Mittelpunkt steht gewissermaßen die Entfaltung ihres eigenen Unternehmertums.

Da die neuen Inhaber für den Erwerb der Firmen meist nicht ohne die Inanspruchnahme der Dienste einer Bank oder einer Finanzierungsgesellschaft auskommen, schiebt sich gewissermaßen ein kapitalmarktorientiertes Element in die mittelständische Unternehmensführung. Hier entstehen also Mischformen aus Shareholder- und Inhaberführung. Da nach der Statistik viele Hunderttausende mittelständischer Traditionsfirmen in Zukunft das Problem der Nachfolgeregelung nicht mehr durch innerfamiliäre Weitergabe lösen können, wird die Figur des „Übernahme-Unternehmers" sicher an Verbreitung gewinnen und das breite Panorama mittelständischer Existenz- und Führungsformen um ein weiteres Element bereichern.[2] – Für uns war die Frage zu klären, welche Entwicklungsbedingungen sich in diesem neuen Mittelstandsegment für die betriebliche Mitbestimmung ergeben.

Wir haben auch Konstellationen angetroffen, in denen ehemalige Konzernbetriebe nach Prozessen der Zergliederung von Konzernstrukturen, nach Stilllegung von Betriebsteilen und Schrumpfung von Betrieben gewissermaßen „von oben in mittelständische Regionen hineingerutscht" sind. An die Stelle eines Vorstands einer Aktiengesellschaft treten in solchen Fällen mittelständische Gesellschafter. Nicht selten handelt es sich bei diesen neuen Inhabern um Männer, die vorher an der Sanierung und Abwicklung als „Interims- oder Turnaround-Manager" der ehemaligen Großbetriebe aktiv beteiligt waren. Diese neuen Inhaber kommen also nicht von außen, denn sie haben die Betriebe im Zuge der Sanierungsphase kennen gelernt – und die Belegschaften sie. Auch wenn wir es hier nicht mit klassischen Familienbetrieben zu tun haben, weisen sie nach Größe und Führungsverhalten schließlich doch eine mittelständische Prägung auf. Unter ihrer neuen Perspektive, vom Manager zum Inhaber zu werden, entwickeln diese Männer auch mittelstandstypische Formen der Betriebsbindung. Gleichzeitig finden wir hier im Unterschied zu anderen Betrieben mit „Übernahme-Unternehmern" eine noch aus den Konzernzusammenhängen bestehende Mitbestimmungstradition vor.

2.3.1 Der Firmensammler

Unser Gesprächspartner ist Inhaber eines Baubetriebes mit rund 60 Beschäftigten. Er ist Mitte 50, kommt aus einfachen Verhältnissen und hatte nicht die Gelegenheit zu studieren, wie er betont. Er hat im Laufe seines Berufslebens viele Talente entwickelt. Seit Mitte der 70er Jahre arbeitete er in einer Reihe von Firmen unterschiedlicher Branchen in kaufmännischer Leitungsposition. Es handelte sich stets um mittelständische Firmen etwa in der Optik- und Metallindustrie sowie in Dienstleistungsfirmen. Seine kaufmännische Qualifikation ergänzte er in diesen Jahren durch zahlreiche Weiterbildungen im technischen Bereich, so auch in der Softwareentwicklung. Sein Schlüsselerlebnis habe er in den 80er Jahren gehabt. Er berichtet von einem Fall, wo er als Prokurist einer Firma in kurzer Zeit zu einer starken wirtschaftlichen Expansion verholfen hatte. Die Mehrheitsgesellschafter verweigerten ihm aber den Erwerb eines größeren Anteils am Firmenbesitz und nahmen ihm damit die Möglichkeit, endlich selbst unternehmerisch tätig zu werden. Er erlitt damals einen Nervenzusammenbruch und verließ die Firma. Fortan stand sein Entschluss fest, künftig nur noch als Inhaber einer eigenen Firma zu agieren.

Mitte der 90er Jahre ergab sich die Gelegenheit, eine Traditionsfirma des Baugewerbes, die bereits seit dem 19. Jahrhundert als Familienbetrieb bestand, zu kaufen. Die Firma hatte sich im Zuge eines Bruderzwistes in den 60er Jahren gespalten. In der folgenden Generation führte eine Tochter den Hochbaubetrieb seit den 80er Jahren weiter. Die nächste Töchtergeneration wollte den Betrieb nicht übernehmen. Die Mutter verkaufte und lebt seither von Mieteinnahmen aus einem größeren Bestand an Häusern, die die Firma seinerzeit errichtet hatte. Unser Gesprächspartner kaufte den Baubetrieb über Bankkredite. Er konnte rund 20 % Eigenkapital aus seinem Aktiendepot aufbieten. Heute ist er alleiniger Inhaber der als GmbH geführten Firma.

Er verwendete die Erträge u.a. für weitere wirtschaftliche Expansion. Er kaufte eine Innenausbaufirma, deren Inhaber gestorben war und übernahm die 12 Mitarbeiter. Dann stieg er in das Immobiliengeschäft ein. Er kaufte Land und errichtete dort ein Fachmarktzentrum, das er nun an Firmen vermietet. Er erwarb kürzlich die Produktionshallen einer in Konkurs gegangenen Elektrofirma, ein Hallenkomplex von 100.000 qm, den er bereits zu 70 % vermieten konnte. Hier sollen sich auch weitere Firmen ansiedeln, die als Zulieferer für den Flugzeugbau glänzende Expansionsperspektiven mitbringen sollen. „Nächstes Jahr, wenn die Mieteinnahmen kommen, geht's uns richtig gut. Ich habe auch schon eine Menge neuer Projekte im Kopf", sagt er. – Er will jetzt versuchen, in das Logistikgeschäft einzusteigen. Dafür will er Lagerkapazitäten aus stillgelegten Industriebetrieben kaufen und sie an Speditionen als Lagerraum vermieten. Die Übernahme einer weiteren Firma steht unmittelbar bevor. Kürzlich hat er noch eine Privatbrauerei mit 50 Beschäftigten gekauft. Dies ist für ihn so etwas wie ein Hobby-Projekt, sagt er, das ihm viel Freude mache. Zur Brauerei gehört eine Gaststätte, an die er das Wildbret verkaufen will, das er als passionierter Jäger erlegt. Ein weiteres Projekt, das er in den letzten Jahren vorangetrieben hat, war die Entwicklung und Vermarktung einer Software, mit deren Hilfe man in Betrieben den Krankenstand durch Befragung und Ermittlung geeigneter präventiver Maßnahmen deutlich senken könne. Diese Firma beschäftigt 20 Mitarbeiter. Er musste aber die Erfahrung machen, dass der Markt hierfür nicht genug Interesse zeigte. Jetzt überlegt er, ob er seine Anteile an der Firma verkaufen sollte.

Während unser Gesprächspartner mit sichtbarem Vergnügen und mit Spaß am Detail über seine weit gespannten unternehmerischen Aktivitäten berichtet, sind seine Angaben in Bezug auf die eigentliche betriebliche Ebene seines Baubetriebes eher knapp und wenig konkret. Die alltägliche Führungsarbeit in den Betrieben scheint nicht sein Feld zu sein. Er ist in der Baufirma Alleineigentümer und oberster Chef. Unter ihm besteht die Spitze aus einem technischen und zwei kaufmännischen Leitern. In der Verwaltung sind 10 Mitarbeiter beschäftigt. Auf den Baustellen haben Poliere und Vorarbeiter die Leitungsfunktionen. Der Inhaber sieht seine Rolle nicht in betriebsinternen Aufgaben, sondern er macht gewissermaßen die wirtschafts- und finanzpolitische „Außenpolitik". Er meint, eine besondere Bindung zur Baubranche empfinde er nicht. Es hätte auch ein Betrieb in einer anderen Branche sein können. Er wollte nur Unternehmer, d.h. sein eigener Herr sein. An anderer Stelle erfahren wir dann allerdings, dass er seine berufliche Laufbahn als Lehrling in einem Baubetrieb begonnen hat.

Einen Betriebsrat will er in seinem Betrieb nicht sehen. Als die Gewerkschaft vor vier Jahren versucht hat, durch Baustellenagitation für die Wahl eines Betriebsrats zu werben, hat er darauf reagiert, indem er seinen Leuten sagte: „Wenn hier ein Betriebsrat gewählt wird, dann ziehe ich die Betriebsratskosten vom Lohn ab!" Seitdem spreche im Betrieb niemand mehr über einen Betriebsrat, meint er. Er hat aus seiner Tätigkeit in anderen Betrieben eine grundsätzlich negative Einschätzung von Betriebsräten: „Ich habe in vielen Firmen den Mist mit den Betriebsräten mitgemacht. Das ewige Gelaber um türkische Toiletten und Arbeitskleidung. Diesen Ärger will ich mir nicht mehr aufhalsen!" Er habe niemals einen Betriebsrat als positiv oder hilfreich für ein Unternehmen erlebt. Die Betriebsratsmitglieder seien stets für Führungsaufgaben unqualifiziert, da nicht ökonomisch geschult gewesen. In den „gewerkschaftlichen Kaderschmieden" würden sie zudem zu unmöglichen Forderungen aufgehetzt. Auf die Frage, was er tun würde, wenn sich in seinem Betrieb dennoch ein Betriebsrat bilden würde, sagt er: „Sollen sie machen! Ich würde die Kosten nachrechnen und die dann vom Lohn abziehen!"

Das heißt, er würde seine Machtmittel einsetzen, um einen Betriebsrat auf jeden Fall zu verhindern.

Der Inhaber hat indes ein eigenes Beteiligungsmodell entwickelt: Zwei Mal im Jahr ruft er einen Kreis von ca. 15 Leuten aus dem Betrieb zusammen. Dazu gehören die Poliere und die technischen und kaufmännischen Leiter. Diese „Polierrunde" tagt jeweils 2 bis 3 Stunden. („Das kostet mich fast nix.") Auf den Treffen herrsche nicht nur Befehlsausgabe, betont unser Gesprächspartner. Er suche die Diskussion. Es gehe ihm darum, die Meinung der Leute einzuholen. Dabei versteht er die Poliere auch gewissermaßen als Sprachrohre der Belegschaftsmeinung zu bestimmten Fragen. Hier wird auch über Investitionen gesprochen. Wenn er Entlassungen aus persönlichen Gründen für nötig hält, trägt er seine Gründe vor und holt sich die Zustimmung der Poliere. Bei betriebsbedingten Kündigungen, wie sie in letzter Zeit vorgenommen wurden, berät er sich mit den Polieren auch über die Kriterien der Sozialauswahl.

Die Kostensituation der Baufirma war zum Zeitpunkt des Interviews Ende 2005 so schlecht, dass der Inhaber Anfang 2006 die Polierrunde auch für eine „Neuausrichtung der Firma", wie er dies nannte, nutzen wollte. Es ging darum, die Lohnkosten zu senken. Er wollte die Beschäftigten auffordern, wöchentlich drei Stunden ohne Lohn zu arbeiten, um wieder in die Gewinnzone zu kommen. Bisher gezahlte übertarifliche Leistungen, wie Jahressonderzahlung, Essengeld, Fahrgeld etc. wollte er zusammenstreichen. Die Tatsache, dass er über die Allgemeinverbindlichkeit an die Bestimmungen des Flächentarifs gebunden ist, scheint für ihn dabei kein grundsätzliches Problem darzustellen. Falls die Belegschaft dazu nicht bereit wäre, würde er voraussichtlich den Betrieb schließen, erklärte er uns.

Er nennt das – nicht ohne Zynismus – sein „Beteiligungsmodell". Die Leute sollen sich durch die geforderte Gratisarbeit künftig stärker am Firmenrisiko beteiligen. Das sei eben Beteiligung konsequent betriebswirtschaftlich gedacht: „Mitgefangen, mitgehangen!" Dabei weiß unser Gesprächspartner, dass die anhaltende Krise den Leuten mittlerweile „schwer auf das Gemüt" geht. Sie seien heute viel opferbereiter als früher. Dies wird er ausnützen, aber nicht weil ihm die Leute egal wären. Nur ist er – anders als mancher mit seinem Betrieb verwurzelter Mittelständler – eben auch nicht bereit, aus sozialen Motiven „draufzuzahlen". In anderen Bereichen seiner Firmensammlung ist schließlich derzeit mehr zu verdienen. Er realisiert also bereits auf eigene Faust, was die bürgerlichen Parteien unter dem Stichwort der „betrieblichen Bündnisse für Arbeit" auf politischer Ebene erst durchsetzen wollen.

2.3.2 Suche nach Alternativen zum Betriebsrat

Der Inhaber einer Firma, die mit rund 180 Beschäftigten Großmotoren vertreibt und wartet, kommt aus einer traditionellen Unternehmerfamilie, hat eine technische Ausbildung absolviert sowie verschiedene leitende Positionen in Metallfirmen innegehabt. 1985 ist er in den väterlichen Betrieb eingestiegen. Durch Zwist zwischen verschiedenen Familienmitgliedern kam es zum Verkauf der väterlichen Firma. Unser Gesprächspartner musste dann einige Jahre als angestellter Geschäftsführer in verschiedenen Firmen arbeiten, suchte aber die Möglichkeit des Erwerbs einer eigenen Firma. Er wollte endlich sein eigener Herr sein. Sein aus dem Verkauf des väterlichen Unternehmens stammendes Aktienpaket bildete die Finanzierungsgrundlage für den Erwerb seiner heutigen Firma Ende der 90er Jahre. Bei der Übernahme des traditionellen Familienbetriebs, der seit den 80er Jahren durch ständige Wechsel in der Führung geschwächt war, war eine Finanzierungsgesellschaft mit von der Partie. 2003 wird er Mehrheitsgesellschafter, eine Beteiligungsgesellschaft hält weiterhin Anteile. Der Inhaber hat mittlerweile mehrere kleinere in Konkurs gegangene Firmen der Branche übernommen und in seine Firma integriert. Andere Geschäftsbereiche wurden abgestoßen.

Sein Führungsstil entspricht dem eines in gewisser Weise demokratisierten Patriarchats. Die These, am Werkstor höre die Demokratie auf, sei völlig unzutreffend, betont er. Er sei kein Alleinherrscher, „eher das Gegenteil". In seiner Firma würden die wichtigen Entscheidungen unterhalb der Geschäftsführung von einer Gruppe von acht Leitern sog. „operativer Bereiche" getroffen, die sie als Profitcenter sehr eigenverantwortlich führten. Jedes Jahr im November werde jeweils mit diesen Leuten gemeinsam der Plan für das kommende Jahr besprochen. Monatlich werden den Führungskräften alle Zahlen zur Verfügung gestellt, so dass sie immer wissen, wie ihr Bereich steht. Abgesehen davon hätten die Bereichsleiter „alle Freiheit der Welt". Eigeninitiative der Bereiche sei das Führungsprinzip. Seine Rolle in der Geschäftsführung vergleicht unser Gesprächspartner mit einer „Schiedsrichterfunktion". Nach seinem persönlichen Führungsstil gefragt, sagt er: „Ich mag die Arbeiter, ich schätze sie, suche den Kontakt zu ihnen und habe keine sozialen Berührungsängste ihnen gegenüber. Ich arbeite gerne mit den einfachen Leuten zusammen." Ihm sei es wichtig, ein Unternehmen *auf menschliche Art* zu führen. Er sei auch schon deswegen nicht Alleinherrscher, weil die Beteiligungsgesellschaft, eben auch ihr Recht fordere. Er hat ein Firmen-Leitbild formuliert, in dem die wichtigsten Orientierungen „Wirtschaftlichkeit, Kundenorientierung und Mitarbeiter" lauten. Und zwar in dieser Reihenfolge!", wie er betont. Unter „Wirtschaftlichkeit" werden „nachhaltige Gewinne" zur Verzinsung des Kapitals des Finanzinvestors und des Unternehmers verstanden.

Es existiert ein abgestuftes System der Beteiligung und Vorbereitung wichtiger Entscheidungen, an dem die Bereichsleiter und Führungskräfte aus der zahlenmäßig sehr kleinen Verwaltung unmittelbar und die Arbeitnehmer in den operativen Bereichen (Motorenverkauf, Ersatzteilevertrieb, Service, Reparatur etc.) in gewisser Hinsicht indirekt über ihre Vorgesetzten beteiligt sind. Entscheidungen werden oft in Abteilungsversammlungen vorbereitet. Hier wird besprochen, was gelaufen ist. Fehler werden aufgearbeitet. Am Beispiel der Vorbereitung für die Einführung eines EDV-Sicherheitssystems schilderte unser Gesprächspartner, wie Interessen Einflusspositionen der Belegschaft durch einzelne Vorgesetzte auf informelle Weise bereits im Planungsstadium einfließen. Wenn es da beispielsweise um Persönlichkeitsrechte der Beschäftigten gehe, sei unter den Führungskräften immer einer, der auch die sozialen Ansprüche der Arbeitnehmer im Auge habe: „Jeder Vorgesetzte hat bei uns auch eine soziale Ader." Viele Abteilungsleiter argumentierten dabei auch auf dem Hintergrund ihres eigenen *sozialdemokratischen Milieus* im Sinne ihrer Leute.

Am Beispiel eines kürzlich ausgetragenen Konflikts um eine vom Inhaber geforderte Abschaffung der Überstundenzuschläge werden die Formen der Konfliktaustragung in diesem Betrieb deutlich. Der Plan wurde in den Abteilungen heftig und kontrovers diskutiert. Der Inhaber spricht von harten und auch emotional geführten Diskussionen mit einigen „Rädelsführern" in der Werkstatt. Es habe einen „Riesenaufstand" gegeben, eine ganze Abteilung habe als Reaktion monatelang alle Überstunden verweigert. Am Ende habe dann ein Kompromiss gestanden. Ein Teil der Überstundenzuschläge werde weiterhin gezahlt. In diesem, wie in anderen Konflikten haben wohl auch einige der Bereichsleiter eine wichtige Rolle gespielt. Sie hätten sich auch für die Interessen ihrer Leute eingesetzt. „Was die Abteilungsleiter nicht wollen, können wir auch nicht durchsetzen. Ganz falsch wäre es, die Leute auf Dauer zu demotivieren!"

Während der Inhaber also die betrieblichen Entscheidungsprozesse in seiner Firma nicht als autokratisch, sondern mit demokratischen Elementen durchdrungen sieht, lehnt er die Wahl eines Betriebsrats grundsätzlich ab. Betriebsräte kosteten viel Geld und Zeit, etwa für Schulungen und dergleichen. Er selbst habe aus anderen Betrieben auch Erfahrungen mit Betriebsräten gemacht. Die scheinen allerdings eher widersprüchlich gewesen zu sein. So berichtet er auch von einer Massenentlassung, die er als Geschäftsführer eines anderen Betriebes einmal hatte durchführen müssen („Diese Sache gehört zum Härtesten, was ich in meinem Leben in dieser Hinsicht durchsetzen musste, aber es musste eben sein..."). In diesem Konflikt habe er eine konstruktive Zusammenarbeit mit dem dortigen Betriebsrat erlebt, der Wichtiges zur rechtlichen Legalisierung der Entlassungsaktion beigetragen habe. Insgesamt sei dieser Betriebsrat zwar teuer für die Firma gewesen (Freistellung, viele Sitzungen und Versammlungen), er habe ihn aber als konstruktiv erlebt.

Dieser Betrieb gehört zu den wenigen Fällen von Betrieben mit mehr als 100 Beschäftigten, die wir in unserer Untersuchung angetroffen haben, in denen noch kein Betriebsrat existiert. Warum ist das so? Der Inhaber zuckt, ironisch lächelnd, mit den Schultern: „Wir sind wahrscheinlich unterhalb der Aufmerksamkeitsschwelle der örtlichen IG Metall." – Was würde er machen, wenn es eine Initiative zur Wahl eines Betriebsrats gäbe? Er würde auf jeden Fall dagegen argumentieren und versuchen, gegen die formelle Mitbestimmung mit ihren Kosten die guten und gutbezahlten sicheren Arbeitsplätze entgegenzustellen, die er den Leuten biete. Aber wenn das nicht helfe, müsse er eine Betriebsratswahl wohl letztlich hinnehmen. Nach einer Pause fügt er noch an: „Vielleicht würde ich, wenn dennoch gewählt würde, aus der Tarifbindung gehen..."

Er sagt, man dürfe auch in einer solchen Situation auf keinen Fall die Loyalität der Belegschaft verspielen. Schließlich bestehe die Möglichkeit, dass die Facharbeiter sich woanders eine Arbeit suchten. Er verfolgt den Anspruch, in seiner Firma gewissermaßen ein Kontrastprogramm zur gesetzlichen Mitbestimmung zu verwirklichen. „Wir wollen einen Betriebsrat durch vernünftige Führung überflüssig machen!", sagt er. Immerhin sei es gelungen, dass es in den letzten Jahren nicht zu Entlassungen durch Auflösung und Verkleinerung von Betriebsbereichen gekommen sei. Die Leute müssten nicht zittern und um ihre Arbeitsplätze bangen. Außerdem zahle man deutlich übertarifliche Löhne. Dass das so bleibe, dafür müssten die Leute nötigenfalls auch einmal Opfer bringen, indem sie etwa eine Arbeitszeitverlängerung hinnähmen.

Das Beispiel der betrieblichen Auseinandersetzung um die Überstundenbezahlung lässt vermuten, dass ein solcher Konflikt *mit* Betriebsrat zu ähnlichen Ergebnissen geführt hätte. Die Methode der „Abteilungsleiter-Mitbestimmung" kombiniert mit Belegschaftsdiskussionen in den Abteilungen scheint hier also eine ähnliche Fähigkeit zum Kompromiss in der Auseinandersetzung zwischen Führung und Belegschaft zu ermöglichen, wie wir dies aus Betrieben mit Betriebsräten kennen.

2.3.3 Arbeitgeber nach Gutsherren Art

Der heutige Inhaber einer im Bereich High-Technology international agierenden Firmengruppe mit insgesamt 150 Beschäftigten ist kein klassischer Mittelständler. Seine Familie kommt aus dem Gutsbesitzermilieu. Da der ältere Bruder den Anspruch auf den Hof hatte, war unser Gesprächspartner zunächst leer ausgegangen. Er sagt, er sei eben nicht als Unternehmer geboren, sondern bestimmte

„Zwangspunkte" im Leben hätten ihn in diese Laufbahn gebracht. „Jeder muss für sich selbst sorgen!" Er hat Ingenieurwissenschaft studiert und mit dem Diplom abgeschlossen. Er hat dann in verschiedenen Firmen in leitender Position gearbeitet. In den 80er Jahren übernahm er ein Ingenieurbüro. Er erinnert sich: „Für mich stellte sich die Frage. Gehe ich zum Arbeitsamt, oder übernehme ich das Unternehmen?" Auf dem Hintergrund der deutschen Wiedervereinigung gelang es in kurzer Zeit, den Umsatz zu vervielfachen und das Personal der Firma zu verdoppeln. Der Erfolg beflügelte ihn zu weiteren Übernahmen. Er fragte sich damals: „Wie kann ich mein Geld in einer zukunftsfähigen Firma anlegen? Wo gibt ein Unternehmer auf? Wo kann ich einsteigen?" – Er hat dann u.a. Betriebe eines Maschinenbauers gekauft, in denen Hightechprodukte gefertigt wurden. Er übernahm damit eine Firma, die vorwiegend im Zulieferergeschäft für die Automobilindustrie tätig ist und als „Global Player" auf ihrem Gebiet einen Weltmarktanteil von rund 70 % abdeckt. Hinzu kamen inzwischen Niederlassungen in Europa, USA und China.

Die beiden Fertigungsbetriebe in Deutschland werden von zwei angestellten Geschäftsführern geleitet, die am Unternehmenserfolg beteiligt sind. Nach der Firmensatzung müssen diese wichtige Entscheidungen mit dem Inhaber abstimmen. Der Inhaber: „Wir müssen zusammen etwas Positives erreichen, auf Zukunft steuern. Ein Geschäftsführer muss deshalb auch eigenständig entscheiden können. Letztlich müsse er als Inhaber den Betriebsleitungen vertrauen, denn fachlich kenne er sich im Detail ja nicht aus: „Ich leite letztlich ein fachfremdes Unternehmen." Dies ist aus seiner Sicht jedoch keine Schwäche, denn sein Credo lautet: „Ein Unternehmer muss keinerlei Fachqualifikation haben, er muss nur etwas unternehmen." – Unser Gesprächspartner schneidet von sich aus das viel diskutierte Thema der Firmenübernahme durch sog. „Heuschrecken" an. Während diese eine Firma lediglich ausraubten oder für den Weiterverkauf aufpolierten, ginge es ihm darum, ein wirtschaftlich interessantes Unternehmen wirklich zum Erfolg zu führen. Ein erfolgreiches, international agierendes Unternehmen, wie seines, sei allerdings heutzutage nie vor Übernahmegelüsten anderer gefeit.

Als Inhaber solle man sich nicht in die inneren Angelegenheiten der Betriebe einmischen, meint er. Um aber trotzdem den Kontakt zur Betriebsebene zu halten spricht er regelmäßig mit den örtlichen Geschäftsführern. Sie sind seine Gesprächspartner, mit denen er „auf Augenhöhe" sprechen kann. Mit den „Leuten" in den Betrieben spricht er nicht, denn: „Ich bin schließlich für sie ein Schwergewicht. In meiner Gegenwart verstummen die Mitarbeiter." – Unser Gesprächspartner inszeniert sich und seine Rolle in der Unternehmensleitung in der Art eines charismatischen Führers: „Meine Erfolgsgeschichte als Unternehmer ist den Leuten ja bekannt. Ich bin für sie ein Garant des Erfolges. Deswegen sind die Leute bereit, mir zu folgen. Die Mitarbeiter verbinden ihr Schicksal mit mir."

Eine der ersten grundsätzlichen Veränderungen durch den neuen Inhaber bestand darin, sich aus der Tarifbindung zu lösen. Aber die Einkommen und Arbeitszeiten orientieren sich nach wie vor am tariflichen Niveau. Sie gelten immer noch als das „Maß der Dinge", wie er kritisch bemerkt. Das gelte z.B. für Überstundenzuschläge oder die Bestimmungen, die die Wochenendarbeit beschränkten. Das sei hinderlich für die nötige Flexibilität. Letztlich müsse jeder Mitarbeiter selbst darüber entscheiden, was für die Firma und damit für seine Arbeit notwendig sei. Heute gilt in seinen Betrieben die 40-Stunden-Woche in Kombination mit Jahresarbeitszeitkonten, so dass Überstundenzuschläge nicht gezahlt werden. An die Stelle des tariflichen 13. Monatseinkommens ist eine Erfolgsbeteiligung in etwa gleicher Höhe getreten. Am Besitzstandsdenken der Arbeitnehmer sei er schon einmal gescheitert: „Versuchen Sie einmal, einen Urlaubstag zu streichen! Ich hab's versucht und gleich wieder die Finger davon gelassen. - Besitzstand ist bei uns heilig!"

Der Neumittelständler lehnt Betriebsräte grundsätzlich ab. Er empfindet die betriebliche Mitbestimmung als destruktiv, weil Betriebsräte zu einseitig für die Mitarbeiter agieren würden. Die parteiliche Haltung sei nicht gut. - Auch Demokratie gehöre nicht in einen Wirtschaftsbetrieb. Demokratie habe etwas mit Mehrheitsentscheidungen zu tun. Im Betrieb gehe es aber darum die *richtige* Entscheidung zu treffen. Deswegen sei es zwar sinnvoll, Entscheidungen durch Gespräche mit den Mitarbeitern vorzubereiten. Aber Demokratie im Sinne von Mehrheitsentscheidungen sei im Betrieb nicht angebracht. „Ich sehe das so, dass Eigner und Mitarbeiter in einem Boot sitzen und hoffentlich in die gleiche Richtung rudern. Es ist letztlich die Aufgabe jedes einzelnen Mitarbeiters, dazu beizutragen, dass sein Arbeitsplatz erhalten bleibt."

Bei der Übernahme der Betriebe waren die Arbeitnehmer in den übernommenen Betrieben verunsichert. Sie hatten Zukunftsangst: Alle fragten sich „Was wird aus uns?" - Ein damals in einem der übernommenen Betriebe noch bestehender Betriebsrat löste sich im Zusammenhang mit Zergliederung und Übernahme auf. Zu einer Neuwahl kam es nach der Übernahme nicht. Aber einzelne Mitglieder des ehemaligen Betriebsrats arbeiten bis heute als Facharbeiter in einem der übernommenen Betriebe. Interessanterweise macht sich der neue Inhaber die alte Betriebsratsstruktur auf seine Weise zunutze. Er berichtet, dass er, wenn es um Informationen über Betriebsinterna gehe, sich gezielt mit dem ehemaligen Betriebsratsvorsitzenden unterhalte. Denn der wisse, wie in der Belegschaft gedacht werde.

Was würde er tun, wenn in einem seiner Betriebe eine Betriebsratswahl gefordert würde? „Ich weiß es nicht. Habe mich damit noch nicht beschäftigt. Sicher würde ich mit den Leuten sprechen." - Mit welchem Ziel? - „Ich wünsche mir, dass sich die Mitarbeiter mit mir in einem Boot fühlten. Der Mitarbeiter selbst hängt von seinem Arbeitsplatz ab, ich nicht mehr! Für mich persönlich und meine Familie gibt es kein existenzielles wirtschaftliches Risiko mehr."

2.3.4 Vom Krisenmanager zum Inhaber

Der geschäftsführende Gesellschafter eines Industriebetriebes mit heute 230 Beschäftigten lernte den Betrieb Mitte der 90er Jahre im Konkursverfahren kennen. Im ehemaligen konzernzugehörigen sehr viel größeren Betrieb kämpften Betriebsrat, IG Metall und Belegschaft um dessen Erhalt. Der heutige Inhaber arbeitete damals in seiner Rolle als selbständiger Turnaround-Manager im Konkursverfahren mit der Belegschaftsvertretung zusammen. Obwohl er sich anfangs bezüglich der Überlebensfähigkeit skeptisch zeigte, erklärte er sich nach der Konkursabwicklung bereit, in das neugebildete Unternehmen einzusteigen. Rückblickend erklärt er, dass er ursprünglich nur sanieren wollte. Er wollte helfen, das neue Unternehmen „hochzuziehen" und es dann wieder verlassen. Heute, über 10 Jahre danach, ist er Inhaber des Unternehmens. „So wird das nun auch bleiben, aber damals hatte ich das nicht gedacht!", sagt er uns. Darin drückt sich auch eine emotionale Annäherung des ehemaligen Managers und heutigen „Neumittelständlers" an seinen Betrieb und die Belegschaft aus.

Von den einst knapp 380 Beschäftigten mussten in der Zeit der Sanierung 150 gehen. Heute geht es dem „gesundgeschrumpften" Unternehmen wirtschaftlich gut, es macht wieder Gewinne. Die Beschäftigtenzahl ist seit langem stabil, Massenentlassungen hat es seit dem Konkurs nicht mehr gegeben. Inzwischen wird kräftig in neue Maschinen und Anlagen investiert. Erweiterungen der Fertigungstiefe und Systemkomponentenherstellung zahlen sich seit geraumer Zeit aus. Dass an dieser „Erfolgsstory" der Geschäftsführer einen außerordentlichen Anteil beigetragen hat, wird auch vom Betriebsrat anerkannt: „Mit dem heutigen Chef besteht ein hohes Maß an gegenseitigem Vertrauen".

Dabei erscheint der Betriebsrat keineswegs „handzahm". Alle Mitglieder sind auch in der Gewerkschaft, Weiterbildung wird von allen BR-Mitgliedern in Anspruch genommen, die seit 2001 nach dem Gesetz mögliche Freistellung wurde ausgeschöpft. Der Betriebsrat hat fünf Ausschüsse gebildet, in dem seine Mitglieder tätig sind. Die großbetriebliche Mitbestimmungstradition aus Konzernzeiten wirkt hier fort. Der letztlich erfolgreiche Kampf um den Erhalt des Unternehmens hat offenbar auch das Selbstbewusstsein der Arbeitnehmervertreter gestärkt.

Der neue Inhaber, vom Betriebsratsvorsitzenden als „hart aber fair" beurteilt, agiert als kluger Regisseur des betrieblichen Erfolgs. Er bindet den Betriebsrat in betriebswirtschaftliche Überlegungen ein und informiert monatlich über die wirtschaftlichen Kennzahlen, die in anschließenden Sitzungen auch gemeinsam erläutert und diskutiert werden. Anders als in Mittelstandsbetrieben ähnlicher Größenordnung muss der Betriebsrat hier nicht um die Grundlagen seiner Arbeit kämpfen. In einem vom Inhaber eingeführten 14-tägig stattfindenden formlosen „Plauderstündchen" zwischen ihm und der Betriebsratsspitze werden anstehende Entscheidungen zwischen den Betriebsparteien vorgeklärt. Die Instanz Betriebsrat hält der Geschäftsführer für absolut erforderlich, nicht nur in seinem Unternehmen. Erfolgreiche Unternehmensführung und Mitbestimmung gehören für ihn grundsätzlich zusammen. Er berichtet: „Über lange Zeit habe ich ja immer Unternehmen saniert, das ging nur im unmittelbaren Umgang mit Betriebsrat und Gewerkschaft, und es war in meinen Fällen immer erfolgreich." So pflegt er auch mit der örtlichen Verwaltungsstelle der IG Metall einen konstruktiven Umgang. Zwar habe er die Besserstellung der Betriebsräte hinsichtlich deren Arbeitsmöglichkeiten bei der Gesetzesreform in 2001 nicht nachvollziehen können, aber: „Gesetze sind für mich heilig. Also wird auch dieses Gesetz so erfüllt, wie es da steht." Ein im negativen Sinn wirkender Kostenfaktor sei „sein" Betriebsrat jedenfalls nicht, vielmehr zahle sich dessen Existenz für das Unternehmen aus.

2.3.5 Die Freiheit, die sie meinen ...

„Ich bin Unternehmer geworden, weil ich nicht unter einem anderen Armleuchter arbeiten wollte!" Dies soll Peter Dussmann gesagt haben, der in drei Jahrzehnten vom Buchhandelsgehilfen zum Chef eines der größten Dienstleistungskonzerne europaweit aufstieg. Diese Motivation für die Entfaltung einer eigenen Unternehmerkarriere teilen die „Neumittelständler" unserer Untersuchung offenbar. Die Vision der Führung eines eigenen Unternehmens, in dem sie „Herr im Hause" sind, wird von allen Inhabern dieser Gruppe, mit denen wir sprachen, als die ursprüngliche Triebfeder ihres unternehmerischen Engagements bezeichnet. Und in dieser Vision sind sie der Gruppe der traditionellen Familienunternehmer mit patriarchalischen Führungsmustern sehr nahe. Denn niemand neben ihnen darf Macht im eigenen Reich ausüben. Vom traditionellen Mittelständler unterscheiden sie sich durch die fehlende Betriebs- bzw. Branchenbindung. Sie wollten schließlich Unternehmer werden, egal in welcher Branche. Viele von ihnen agieren hauptsächlich auf betriebs- und unternehmensübergreifender Ebene. Die mittelstandstypische Bindung an bestimmte Produkte, an einen Betrieb und seine Belegschaftstradition gelten ihnen nichts. Die „operative Ebene" betrieblicher Führungs- und Sozialstrukturen, eine emotionale Verbindung mit dem Schicksal der Beschäftigten sind nicht ihre Welt. Hier sind sie eher dem Management größerer Unternehmensgruppen und Konzerne ähnlich.[3]

Die Selbstverwirklichung als selbständiger Unternehmer steht also im Mittelpunkt des Handelns der Firmeninhaber dieses Typs. Die betriebliche Mitbestimmung sowie die traditionelle Verbandsbindung gelten ihnen ebenso wie die Tarifbindung meist als Hindernisse, die sie bei der Entfaltung ihres *freien* Unternehmertums hemmen und behindern. Sie suchen Lösungen, indem sie sich von solchen Traditionselementen der industriellen Beziehungen zu trennen versuchen. Auch die Institution des Betriebsrats wird von ihnen, obwohl sein Wirkungsraum vorwiegend auf betrieblicher Ebene angesiedelt ist, in aller Regel als Hindernis bei der Ausübung ihrer unternehmerischen Entscheidungen abgelehnt. Manche von ihnen zögern offenbar nicht, diesen Alleinherrschaftsanspruch auch mit den ihnen zur Verfügung stehenden Machtmitteln in den Betrieben durchzusetzen. Als Modernisierer befürworten sie Beteiligungs- und Mitspracheformen der Arbeitnehmer im Vorfeld von Entscheidungen: Beteiligung ja, aber Betriebsrat nein! So innovativ sie auf technischen und wirtschaftlichen Gebieten sein mögen, ihre persönlichen Führungsphilosophien orientieren sich häufig offenbar an Archetypen autoritärer Alleinherrschaft. – In einigen Konstellationen scheint es jedoch auch zu einer nachhaltigen Annäherung der neuen Inhaber an den Betrieb und seine branchenspezifischen Traditionen zu kommen. Je stärker die unternehmerische Führungspraxis der „Neumittelständler" mit den betrieblichen Verhältnissen verwoben ist, desto mehr wachsen die Chancen, Betriebsräte als Repräsentanten der Belegschaft zu akzeptieren.

In einer anderen Konstellation, in der ein ehemaliger Sanierungsmanager schließlich selbst zum mittelständischen Inhaber des Unternehmens wird, das er vorher durch Konkurs und Sanierung begleitet hat, gilt die betriebliche Mitbestimmung nicht als Risiko, sondern als konstruktives Element der Rettung eines Unternehmens. Dieser Neu-Mittelständler kennt den Wert der Zusammenarbeit mit Betriebsräten aus jahrelanger Praxis und baut darauf auch seine Führung als Inhaber des Betriebes auf. Belegschaft und Betriebsrat knüpfen bei ihrer Mitbestimmungspraxis auch im geschrumpften Betrieb an die Mitbestimmungstradition aus der großbetrieblichen Ära an und schöpfen ihr Selbstbewusstsein nicht zuletzt daraus, dass sie mit Hilfe der betrieblichen Mitbestimmung einen letztlich erfolgreichen Kampf um den Erhalt des Betriebes geführt haben. Mitbestimmung ist hier traditioneller Bestandteil einer Firmenkultur, der die neuen Inhaber bereits eigene, sehr persönliche – und in diesem Sinne eben auch typisch mittelständische – Akzente hinfügen.

3. Vom Umgang mit Betriebsräten im Mittelstand

In der Mittelstandsdebatte wird immer wieder behauptet, persönliches Eigentum und mittelständische Inhaberführung seien grundsätzlich mit den Normen, Zielen und Mechanismen der gesetzlichen betrieblichen Mitbestimmung unvereinbar. So postuliert beispielsweise Hamer, Leiter des „Niedersächsischen Mittelstandsinstituts", in mittelständischen Personengesellschaften fehle prinzipiell ein Gegensatz zwischen Kapital und Arbeit. Hier sei nicht das Kapital entscheidend, sondern „die Tüchtigkeit des Unternehmers, Teamgeist und Motivation der Mannschaft" seien erfolgsentscheidend. Nach Hamers Meinung gleichen mittelständische Firmen Sportmannschaften, in denen „jeder weiß, dass es auf ihn selbst ankommt, und dass nur gemeinsam Erfolg und Sicherheit der Arbeitsplätze erreicht werden kann...". Eine Vermittlung durch eine hinzukommende Vertretungsinstanz wie den Betriebsrat sei hier nicht notwendig, da jeder Mitarbeiter jederzeit jeden Wunsch mit dem Chef selbst besprechen könne. Durch die Wahl eines Betriebsrats bestehe im Gegenteil die Gefahr, dass intakte Personalführungsstrukturen gesprengt würden. Und zwar würde durch das Dazwischentreten eines Betriebsrats „die bisher optimal funktionierende Direktabstimmung zwischen dem Inhaber und seinen Mitarbeitern gestört". Hamer schließt daraus: „Insofern taugt die Mitbestimmung für die mittelständischen Personalunternehmen auch organisatorisch nicht." (HAMER 2000) – Solche Positionen spielen in der Mittelstandsdebatte nach wie vor eine gewichtige Rolle. Allerdings fehlen für Unvereinbarkeitsthesen dieser Art bisher ernstzunehmende empirische Nachweise.

Gleichzeitig werden seit Jahren immer wieder Umfrageergebnisse veröffentlicht, denen zufolge die große Mehrheit der mitbestimmungserfahrenen Mittelständler Zufriedenheit über ihr Verhältnis und ihre Kooperation mit dem Betriebsrat äußert. So gaben beispielsweise die befragten Führungskräfte im Rahmen der Untersuchung „Mittelstand in Deutschland (MIND)" über das Verhältnis zwischen Arbeitgebern und Betriebsräten folgendes an: Fast zwei Drittel bezeichneten ihr Verhältnis zum Betriebsrat als „gut" oder „sehr gut". Ein Viertel meinte, das Verhältnis zum Betriebsrat sei „mal so – mal so", und nur insgesamt 5 % der befragten Führungskräfte gaben an, das Verhältnis zum Betriebsrat sei „schlecht" oder gar „sehr schlecht".[4]

Für eine prinzipielle Unvereinbarkeit von mittelständischer Führung und betrieblicher Mitbestimmung durch Betriebsräte haben wir in unseren Fallstudien keine Belege gefunden. Grundsätzlich suchen die mittelständischen Inhaber den Dialog mit der Belegschaft. Zahllose Praktiken der Beteiligung von Arbeitnehmern zur Vorklärung von Entscheidungen oder zur Konfliktschlichtung sind offenbar die verbreitete betriebliche Praxis. Hierzu gehören auch formellere Beteiligungsmodelle der Arbeitgeberseite gewissermaßen „unterhalb" der betriebsverfassungsrechtlichen Ebene, wie wir sie im Abschnitt 5 dieser Studie analysieren.

Eine grundsätzliche Gegnerschaft gegen die Bildung von Betriebsräten trafen wir vor allem in zwei spezifischen Milieus an: (a) Stark traditionalistisch geprägte Inhaber mit autoritärem Führungsstil lehnen Betriebsräte ab, weil sie ihrem monoistischen Führungsverständnis widersprechen. Dieses Milieu ist vor allem – aber nicht ausschließlich – im Bereich kleiner inhabergeführter Betriebe, vor allem im Handwerk zu finden. (b) Im Bereich von Mittelständlern mit einer neoliberalen Orientierung herrscht mitunter eine kategorische Abwehr gegenüber dem Betriebsverfassungsrecht. Zu dieser Gruppe zählen auffallend häufig nicht an Branchentraditionen gebundene Gründer oder Übernahmeunternehmer, wie wir sie im Abschnitt 2.3 unserer Studie charakterisiert haben. Sie lehnen Mitbestimmung als wirtschaftsfeindlichen staatlichen Eingriff in die Unternehmensführung ab. Sie arrangieren sich nicht mit der Mitbestimmung, sondern versuchen, die Wahl von Betriebsräten in ihren Betrieben zu verhindern und fordern, dass die gesetzlichen Mitbestimmungsrechte zumindest im Bereich kleiner und mittlerer Betriebe vom Gesetzgeber reduziert werden.

Zu den Schwerpunkten unserer Interviews mit mittelständischen Inhabern und Geschäftsführern gehörten deshalb Fragen nach ihrem Verhältnis gegenüber Betriebsräten und zu ihren Erfahrungen mit der betrieblichen Mitbestimmung. Wir wollten wissen, wie es erstmals zur Bildung von Betriebsräten gekommen war, wie sich das Verhältnis zwischen Unternehmensführung und Betriebsräten entwickelt hat, wie die Betriebsräte ihren Aufgaben nachkommen, welche typischen Konflikte dabei entstehen. Schließlich gaben wir unseren Interviewpartnern die Gelegenheit, ihre Erfahrungen und Urteile über den Umgang mit Betriebsräten zu resümieren.

3.1 Auf den *richtigen* Betriebsrat kommt es an!

„Man kann mit einem Betriebsrat ganz gut auskommen, vorausgesetzt es ist der richtige Mann an der Spitze", sagte uns ein Senior-Inhaber auf dem Hintergrund seiner fast 30jährigen Erfahrung mit Betriebsräten. „Er darf kein Gegner sein, sollte betrieblich denken. Schließlich hafte ich mit meinem Vermögen für alle Entscheidungen. Da hat kein anderer das Recht, Entscheidungen zu beeinflussen!" (Inhaber Mineralbrunnen, 67 Besch.). – Der Tenor ist klar: Solange ein Betriebsrat das Primat der Inhaberentscheidungen anerkennt und die betrieblichen Verhältnisse ähnlich wie der Chef beurteilt, ist eine nützliche Zusammenarbeit möglich. Der uns dies sagte, ist ein Inhaber von traditionellem patriarchalischem Zuschnitt. Aber für ihn persönlich war der Betriebsrat kein Gesprächspartner. Für den Umgang mit dem Betriebsrat brauchte er stets seinen Prokuristen.

Das Engagement des Betriebsrats für die Firma ist nach Ansicht der befragten Inhaber die Voraussetzung für eine gute Zusammenarbeit. Seit den 90er Jahren bedeutete für manchen der befragten Inhaber dies aber auch die Zustimmung zu Einschnitten in den Besitzstand der Belegschaft. Sie erwarteten die Mithilfe des Betriebsrats bei Kündigungen, Massenentlassungen oder Lohnkürzungen bzw. die Ablösung vom Tarifvertrag. Wo die Betriebsräte hier nicht mitspielten, sondern den Inhabern mit ihren rechtlichen Mitteln „das Leben schwer machten", da kam es zum Konflikt. Und dies endete offenbar häufig mit dem Rücktritt des alten Betriebsrats und der Wahl eines neuen, der anders als sein Vorgänger bereit war, sich der Krisenlogik des Inhabers anzupassen.

3.1.1 Arbeitgeber und Generationswechsel im Betriebsrat

So berichtete der Inhaber eines nicht tarifgebundenen Chemiebetriebs mit 150 Beschäftigten, bei den letzten Betriebsratswahlen habe plötzlich die gesamte alte Betriebsratsmannschaft nicht mehr kandidiert. Was war vorgefallen? In den Augen des Inhabers fehlte dem alten Betriebsrat, den er bei seiner Übernahme der Firmenleitung vorgefunden hatte, die Fähigkeit zu unternehmerischem Denken. Der alte BR-Vorsitzende war Lagerarbeiter und privat Obstgartenbauer. Er sei auch nicht bereit gewesen, zu betriebswirtschaftlichen Fortbildungsveranstaltungen zu gehen. Der offene Konflikt begann damit, dass der Betriebsrat darauf beharrte, dass eine Lohnerhöhung auf dem Niveau des Flächentarifvertrages ausgezahlt würde, wie dies bisher betriebliche Übung war. Der Inhaber kündigte daraufhin an, wenn es zu der geforderten Erhöhung käme, müsse er Mitarbeiter entlassen, um die Lohnerhöhung zu kompensieren. Tatsächlich wurden dann acht Arbeitnehmer entlassen. „Die Alten wollten nichts anderes, als die alten Verhältnisse verteidigen", kommentierte der Inhaber die Haltung des damaligen Betriebsrats. Zu einem weiteren Konflikt kam es, als der Inhaber einen Betriebsleiter entlassen wollte, der dem Betrieb seiner Auffassung nach existenzbedrohenden Schaden zugefügt hatte. Der BR-Vorsitzende blockierte die Kündigung, u.a. weil der Betriebsleiter ein langjähriges Firmenmitglied war. Im Vorfeld der Wahl 2002 wäre dann klar geworden, dass die alten BR-Mitglieder nicht mehr kandidieren wollten. Man habe neue Kandidaten in der Belegschaft gefunden. Mit dem neuen Betriebsrat, insbesondere dem neuen BR-Vorsitzenden, hat der Inhaber dagegen weniger Schwierigkeiten. Er erklärt das damit, dass die neuen Betriebsratsmitglieder seiner Generation angehörten und sich deshalb nicht als Traditionswächter verhielten.

Der Personalleiter eines Kunststoffbetriebes mit 380 Beschäftigten berichtet von einem anderen Fall eines erzwungenen Generationswechsels im Betriebsrat.

Nach einer mit einem Vergleich verbundenen Massenentlassung war es in der Firma zu einem jahrelangen „Stellungskrieg" zwischen Inhaber und Betriebsrat gekommen. Es kam zu gegenseitigen Blockaden, die Klagen vor dem Arbeitsgericht häuften sich. Der damalige „Kalte Krieg" habe viel Aufmerksamkeit gekostet. Die Motivation in der Belegschaft habe darunter gelitten, schlechte Stimmung habe sich ausgebreitet. Beinahe wöchentliche BR-Sitzungen mit ein- bis zweitägiger Dauer, an denen jeweils sieben Beschäftigte teilnahmen, kosteten viel Geld, nicht zuletzt wegen des dadurch bedingten Maschinenstillstands. Darauf entschied sich die Firmenleitung, dem Vorsitzenden und seinem Stellvertreter eine Abfindung anzubieten, wenn sie den Betrieb verlassen würden. Beide nahmen an. Es kam zu Neuwahlen. „Die Kündigung der alten Betriebsrats-Spitze hat uns um Meilen vorangebracht", meint der Personalchef heute. Die blockierte Kommunikation zwischen Belegschaft und Führung sei jahrelang ein bedeutender, wirtschaftlich verlustreicher Kostenfaktor gewesen.

Auf einem ganz ähnlichen wirtschaftlichen Hintergrund klagt der geschäftsführende Gesellschafter einer Baufirma mit 85 Beschäftigten über die seiner Meinung nach mangelnde Qualifikation des Betriebsrats. Nach einem knapp abgewendeten Konkurs wird es nun auf Jahre hinaus vor allem darum gehen, im Rahmen eines Schuldenabbaus Kosten einzusparen. Das bringt erhebliche Einschnitte für die Beschäftigten. Man brauche jetzt einen Betriebsrat im Betrieb, der bei den notwendigen Sparmaßnahmen mitziehe. Aber der aktuelle sei mit den falschen Männern besetzt. Er glaubt, der BR-Vorsitzende, ein langjähriger Betriebsangehöriger, arbeite nur für seine persönlichen Interessen, die anderen Mitglieder seien nur „Affen", die alles nachplapperten, was der BR-Vorsitzende sage. „Der Betriebsratsvorsitzende hat kein Hirn!" Der Geschäftsführer sieht eine Spaltung der Belegschaft in zwei Gruppen. Problematisch sei der Kern der seit über 15 Jahre im Betrieb Beschäftigten. Die hingen noch an ihren alten Besitzständen aus einer vergangenen Zeit und seien nicht bereit, sich den neuen Erfordernissen anzupassen. Aus dieser Gruppe rekrutiere sich auch der Betriebsrat. Vor dem Hintergrund dieser Einschätzung herrscht „Eiszeit" zwischen Geschäftsführer und Betriebsrat.

3.1.2 Erzwungene Neuorientierung

Betriebsräte sollen aus Sicht der befragten Mittelständler grundsätzlich „betrieblich denken", d.h. die wirtschaftlichen Belange der Firmen akzeptieren, und keine „utopischen Forderungen", deren Herkunft meist bei den Gewerkschaften geortet wird, in den Betrieb tragen. Sie verlangen eine grundsätzliche Unterordnung des Betriebsrats unter die hegemoniale Stellung des Arbeitgebers, der die

„Gesamtverantwortung" letztlich alleine trage. Betriebsräte sind geschätzt als Kooperationspartner zur Umsetzung notweniger Entscheidungen, insbesondere, wenn es darum geht, der Belegschaft unpopuläre Einschnitte verständlich zu machen. Betriebsräte, die sich als Opposition verstehen, werden grundsätzlich abgelehnt, denn das dahinter stehende Strukturbild einer Konfrontation zweier unabhängiger Kräfte passt nicht in ihr Führungsmodell.

In der Phase wirtschaftlicher Austeritätspolitik, die viele mittelständische Firmen seit der zweiten Hälfte der 90er Jahre offenbar durchlaufen, haben sich in den Augen von Inhabern und Geschäftsführern Betriebsräte dann als Entwicklungshemmnis erwiesen, wenn sie an traditionellen Orientierungen festhielten und den Wandel, der in den Betrieben in aller Regel mit Abstrichen für die Beschäftigten in den Bereichen Lohn/Gehalt und Arbeitszeit verbunden waren, nicht aktiv mittrugen. Unter diesen Verhältnissen wünschen sich die mittelständischen Arbeitgeber Betriebsräte, die ihre Sicht vom Krisenmanagement teilen und im Sinne eines Überlebens der Firma auch zu Einschnitten in den Besitzstand der Belegschaft bereit sind. Immer wieder wird der Wunsch geäußert, die Betriebsräte sollten nicht in einer traditionellen Forderhaltung verharren, sondern Verständnis für betriebswirtschaftliche Notwendigkeiten aufbringen. Damit haben sich die Leitlinien für eine erfolgreiche Betriebsratsarbeit offenbar grundlegend verändert. War zu Hochkonjunkturzeiten der erfolgreiche Betriebsrat einer, der über das Tarifniveau hinaus etwas für die Belegschaft „herausholen" konnte, so ist heute eher der „Vermittler" gefragt. Er soll die Maßnahmen zur Zukunftssicherung der Firma aktiv mittragen und die Notwendigkeit von Veränderungen und Einschnitten der Belegschaft vermitteln. In der Krise kommt den Betriebsräten aus Sicht der mittelständischen Arbeitgeber die Rolle eines möglichst kooperativen „Sanierungspartners" zu.

3.2 Mittelständische Kooperation mit Betriebsräten

3.2.1 In die Führung integriert

Nur sehr selten werden offenbar in mittelständischen Betrieben die Betriebsräte auf Wunsch und mit Zutun der Inhaber gebildet. Wir haben einige dieser Fälle kennen gelernt. Eine solche Initiative, die ja in jedem Fall einen Umbruch in der innerbetrieblichen Ordnung bedeutet, kommt mitunter von Junior-Chefs, nachdem sie den Betrieb von der Vorgängergeneration übernommen haben. Sie wollen einen Neuanfang und signalisieren mit der Betriebsratsinitiative gegenüber der Belegschaft ihr Interesse an Kommunikation und Austausch. So brachte etwa ein Juniorchef betriebsdemokratische Anregungen von einem Praktikumaufenthalt in Schweden mit. In einem anderen Fall wirkten bei einem jungen Inhaber offenbar Einflüsse aus dem Studium und der aktiven Teilnahme an Aktionen der Studentenbewegung nach.

Die Institution Betriebsrat ist in solchen Fällen von Anfang an keine Gegenmachtorganisation der Belegschaft, sondern eine in die Führungskultur integrierte Kraft des Ausgleichs und der Motivationsförderung der ganzen Belegschaft. Trotzdem finden Inhaber und Betriebsrat auch in solchen Konstellationen erst allmählich, in einem mitunter jahrelangen Such- und Lernprozess, ihre jeweiligen Rollen. Aber letztlich scheinen sich hier die Umstände der Betriebsratsgründung auf den Arbeitsstil des Betriebsrats und sein Verhältnis zum Chef in konstruktiver Weise auszuwirken. Der Inhaber und „sein Betriebsrat" sind hier stets auf Ausgleich und gemeinsame Problemlösungen orientiert.

Wir sprachen mit dem Inhaber einer kleinen Firma des Garten- und Landschaftsbaus, in dessen Betrieb wenige Tage vor dem Interview erstmals ein Betriebsrat gewählt worden war. Er hatte sich darüber geärgert, *wie* die Betriebsratswahl zustande gekommen war. Einige Gewerkschafter seien früh morgens mit Pkws zum Betriebshof gekommen und hätten mit den völlig überraschten Beschäftigten geredet. Sie seien auch auf Baustellen aufgetaucht. Dann habe es eine „konspirative Sitzung" gegeben und das Wahlverfahren sei in Gang gesetzt worden. Außerdem habe sich der Gewerkschaftssekretär nach der Wahlversammlung noch nicht einmal bei ihm verabschiedet. Aber in der Sache ist die Reaktion des Inhabers eher gelassen: „Unabhängig davon, wie der Betriebsrat zustande kam – wir haben da eine vollkommene Gelassenheit. Dass es nun einen Betriebsrat gibt, ist doch im Sinne des Betriebes! Der Betriebsrat ist nun mal installiert, da gucken wir eben, wie wir miteinander klarkommen, das wird die Zukunft erweisen". Unser Interviewpartner glaubte jedenfalls nicht, dass es durch einen Betriebsrat zu besonderen Problemen oder gar zu neuen Konflikten kommen werde. Im Gegenteil erhoffte er sich Vorteile durch den Betriebsrat. Da könne jetzt noch jemand Verantwortung mittragen und die Kommunikation mit der Belegschaft erleichtern. So, wie die Wahl vonstatten gegangen sei, könne man vielleicht glauben, der Betriebsrat sei eine Art „Schreckgespenst" für die Geschäftsleitung. „Dem ist aber nicht so", wird uns gegenüber betont. Der Inhaber befürchtet auch keine „Fremdsteuerung" von außen, etwa durch die Gewerkschaft, und verweist darauf, dass es sich bei den Gewählten ja um langjährige Mitarbeiter handele, die den Betrieb gut kennen.

Wir lernen einen Fall kennen, in dem die Rolle des Betriebsrats offenbar weit über die im Gesetz vorgesehenen Mitgestaltungsnormen hinaus geht. In einem Betrieb der Elektroindustrie mit 150 Beschäftigten stellt uns der Inhaber die betriebliche Führungsstruktur folgendermaßen vor: Die Geschäftsführung besteht aus dem Inhaber und einem angestellten Geschäftsführer, der diese Position schon seit 30 Jahren ausfüllt. Ein Prokurist hat die Routinefragen der Personalverwaltung in Händen, aber alle Kernentscheidungen im personellen Bereich liegen beim Inhaber. Dieser entscheidet aber in allen wichtigen Fragen im Einvernehmen mit dem Geschäftsführer, dessen lange Betriebserfahrung er sehr schätzt. „Bei allen personellen Angelegenheiten passt zwischen mich und den Geschäftsführer kein Blatt Papier!", betont er. Er erwähnt aber von Anfang an mit gleichem Nachdruck, dass es bei personellen Angelegenheiten faktisch ein „Führungsdreieck" gebe: Inhaber, Geschäftsführer und Betriebsratsvorsitzender stimmten sich in allen wichtigen Fragen ab.

Bei allen personellen Konflikten, die an den Inhaber herangetragen werden, wird auch der Betriebsrat eingeschaltet. Als Beispiele für solche Fälle nennt er Abmahnungen, häufige Verspätungen, Alkoholprobleme, psychische Erkrankungen von Arbeitnehmern. Zu verhaltensbedingten Kündigungen ist es aufgrund der Abstimmung zwischen Inhaber, Geschäftsführer und Betriebsrat deshalb in den letzten Jahren auch nicht gekommen. Die Zusammenarbeit mit dem Betriebsrat bezeichnet der Inhaber als eng. Sie beschränkt sich nicht auf formelle Gespräche: „Ich sehe den BR-Vorsitzenden täglich, alle 14 Tage sprechen wir in Ruhe miteinander."

3.2.2 Betriebsorientierung und Motivierung

Auch der Inhaber eines Maschinenbaubetriebs mit rund 260 Beschäftigten kennt keine Situation ohne Betriebsrat, denn den habe es nach seiner Erinnerung „schon immer" gegeben. Er persönlich halte die Existenz des Betriebsrats für absolut hilfreich. Diese Interessenvertretungsform sei auch deshalb nützlich, weil sie betriebsbezogen sei. „Wissen Sie, die betrieblichen Dinge müssen für mich im Vordergrund stehen, dann ist Interessenvertretung in Ordnung". Eher Schwierigkeiten hat er da mit gewerkschaftlichen Interessenvertretungsstrukturen: „Wenn die Belegschaft für andere streiken soll, dann ist das ist lästig!" Sobald also betriebsübergeordnete Interessenlagen ins Spiel kämen, würde es problematisch. Das bezieht er auch auf den Arbeitgeberverband, dessen Politik sich nicht genügend an den besonderen Belangen des Mittelstandes orientiere.

Beim Kampf um die Existenz der Firma seien motivierte Mitarbeiter die wichtigste Voraussetzung, und ein Betriebsrat trüge zur Motivierung bei. „Wenn Dinge zu besprechen sind, kommt der Betriebsrat auf mich zu, in der Regel gleich mit mehreren Leuten. Dann versuchen wir gemeinsam, das Problem zu lösen, oder, bei gravierenden Fällen, den Brand zu verhindern". Natürlich gebe es auch unterschiedliche Meinungen und Konflikte. „Ich schließe mich den Dingen im Regelfall aber immer an, es sei denn, sie sind unverantwortbar – das geht dann natürlich nicht". Die Betriebsratsmitglieder seien aber auch vernünftige Leute. Sie würden betriebsorientiert mitdenken und stießen auf hohe Akzeptanz und Vertrauen bei der Belegschaft.

Hier wird bereits ein Grundmuster in den Austauschverhältnissen zwischen Inhabern und Betriebsräten im mittelständischen Milieu erkennbar. Man hält im Betrieb zusammen und vermeidet allzu starke Bindungen zu den Verbänden. Man trifft sich mit dem Ziel einer einvernehmlichen Einigung. Das Ergebnis sind meist Einigungen „per Handschlag". Die Ausarbeitung komplizierter schriftlicher Vertragswerke meiden beide Seiten. Ein Betriebsratsvorsitzender betonte, entscheidend für den wenig formellen Verhandlungsstil sei für ihn die Tatsache, dass der Chef bisher noch stets jede seiner mündlichen Zusagen eingehalten habe. Aber es werden auch Preise für das gute Miteinander gezahlt. Der zeitliche und finanzielle Aufwand für die Betriebsratstätigkeit wird meist im Konsens beider Seiten in Grenzen gehalten. Die gesetzlichen Normen hinsichtlich der Freistellungen für Betriebsratsmitglieder, für Sitzungen und Weiterbildungsveranstaltungen werden einvernehmlich nicht „voll ausgeschöpft". Der Inhaber signalisiert dem Betriebsrat beispielsweise, dass er eine formelle Freistellung des Vorsitzenden für überflüssig halte, und im Betriebsrat scheut man in vielen Fällen offenbar den Schritt zur formellen Durchsetzung der Freistellung zu gehen, muss man doch im Zuge einer solchen Formalisierung der Beziehungen zum Chef auch mit - ungewissen - Risiken rechnen.

3.2.3 Leistungsträger im Betriebsrat

Für manchen Inhaber löst sich das Problem Betriebsrat mehr oder weniger in eine Frage des richtigen persönlichen Umgangs mit den richtigen Leuten auf. Nicht gesetzliche Vorschriften und Rechtpositionen, sondern persönlich gefärbte Klientelbeziehungen zwischen Chef und Betriebsratsmitgliedern, die auch sein Vertrauen haben, werden hier als betriebliche Mitbestimmung begriffen. Ein Bauunternehmer einer Firma mit 45 Beschäftigten, der sich sehr zufrieden über die Leistungen seines Betriebsrats äußert, führt dies darauf zurück, dass die BR-Mitglieder zu den „Leistungsträgern" des Betriebes gehörten und über das nötige Verantwortungsgefühlt verfügten. Alle drei BR-Mitglieder, zwei Poliere und ein Facharbeiter, erkennt er als solche Leistungsträger mit Vorbildfunktion in der Belegschaft an. Es komme immer auf die richtigen Personen an. Da habe er mit diesem Betriebsrat Glück. „Wir haben schon betriebliche Leitpersonen im Betriebsrat!" Vom Ansehen her rangierten diese in der Belegschaft ganz oben.

Der Betriebsrat sei in erster Linie Ansprechpartner für die Mitarbeiter auf den Baustellen. Wie geht er mit dem Betriebsrat um? „Die Probleme lösen muss ich schon selbst. Ich komme immer mit Vorschlägen und trage diese an den Betriebsrat heran, versuche, ihn zu überzeugen. In der Regel klappt das auch, und ich kriege die Zustimmung". Die Aufgabe des Betriebsrats sei es dann, die Vorschläge in die Belegschaft zu tragen. „In der Betriebsversammlung fällen wir dann eine demokratische Entscheidung, per Handaufheben". - „Der Betriebsrat, so wie er ist, ist okay. Das könnte auch ganz anders laufen - bei anderen Leuten im Betriebsrat". Und: „Sie wissen ja, nach dem Gesetz hat der Betriebsrat das Recht, an Schulungen teilzunehmen. Die müssen von der Firma bezahlt werden. Nun kann man dies ausnutzen - oder eben auch nicht!"

Betriebsbindung, soziale Nähe und gegenseitiger Respekt werden hier ebenso, wie eine gewisse mittelstandstypische „Zurückhaltung" in der Anspruchnahme gesetzlicher Rechte gewissermaßen als Tugenden angesehen. Informelle Umgangsformen und das rechte Augenmaß für das Mögliche bzw. das für die andere Seite akzeptable, dies scheinen zwei wichtige Merkmale der Normalität der betrieblichen Mitbestimmung in mittelständischen Klein- und Mittelbetrieben zu sein. Beide Seiten achten aufmerksam darauf, dass die informellen Gesetze des gegenseitigen „Gebens und Nehmens" eingehalten werden.

3.2.4 „Geben und Nehmen"

Ein Bauunternehmer (86 Besch.) betont: „Es herrscht ein hohes Einverständnis zwischen mir und dem Betriebsrat, denn eigentlich besteht unser Verhältnis in gegenseitigem Geben und Nehmen". Dazu gehöre etwa, dass der Betriebsrat keinen Widerstand leiste, wenn es einmal darum gehe, einen Mitarbeiter, der nichts leistet, vor die Tür zu setzen. Dazu gehöre auch, dass der Betriebsrat noch andere Vorteile böte. Z. B. müsse er bei Arbeiten für die öffentliche Hand bescheinigen, dass im Betrieb tarifgerecht bezahlt werde.

Am Beispiel der Betriebsversammlung wird das spezifische „Geben und Nehmen" in diesem Betrieb erläutert: Früher habe es mal Streit über Zeitpunkt und Dauer der Versammlung gegeben. Der Betriebsrat wollte sie am liebsten während der Arbeitszeit, er am liebsten außerhalb. Der Kompromiss sieht nun so aus: Am Tag der Betriebsversammlung wird die Arbeit eine Stunde früher beendet - diese Stunde wird bezahlt. Dann gibt es etwas zu Essen und zu Trinken, und insgesamt sitze man etwa drei bis vier Stunden zusammen. „Mit diesem Modell kommen wir blendend zurecht". Man müsse ja wissen, dass die Firma so eine bezahlte Arbeitsstunde immerhin 2.000 € koste.[5]

Oft ist er als Arbeitgeber bei einer Betriebsratssitzung dabei. Wenn Verhandlungen über kompliziertere Fragen anstünden, gebe er auch schon mal Bedenkzeit: „Ich gehe dann raus und sage: In einer Viertelstunde will ich eine Entscheidung!" – Insgesamt charakterisiert er den Umgang miteinander als eher informell, keinesfalls „streng nach den Buchstaben des Gesetzes". Dass der Betriebsrat seine Rechte zur Weiterbildung nur äußerst maßvoll in Anspruch nehme, findet der Mittelständler okay – ein gravierender Kostenfaktor seien die Seminare so nicht, denn „die Häufigkeit, mit der davon Gebrauch gemacht wird, steht noch in der Relation!".

Der Inhaber eines Handwerksbetriebs des Sanitär-Heizungsbau-Gewerbes mit 40 Beschäftigten macht sich in typisch mittelständischer Manier auch Gedanken darüber, wie die Betriebsratssitzungen möglichst effizient verlaufen können. Er überlässt dies jedoch nicht dem Betriebsrat selbst, sondern versucht dessen Arbeit in mehr oder weniger diskreter Weise zu lenken. Für die alle zwei Monate stattfindenden Betriebsratssitzungen stelle er selbst jeweils eine Liste mit Fragen zusammen, die der Betriebsrat bitte in der Sitzung behandeln möge. („Ich frage mich manchmal, womit beschäftigst Du die Leute vom Betriebrat den ganzen Tag?") Er versucht damit, dem Betriebsrat auch Aufträge zu erteilen, Dinge zu besprechen, die seiner Meinung nach für den Betrieb notwendig sind. Die Themen, die er benennt, seien etwa Fragen wie die Beurteilung der Auszubildenden, Eingruppierungen, Weiterbildung, Investitionen, etc. – „Was sollte angeschafft werden? Was läuft nicht gut im Betrieb? Wie kann man es besser machen?" – Der Betriebsrat beschäftige sich dann mit diesen Fragen intern und nach 2½ Stunden komme der Inhaber hinzu, um über das Ergebnis der BR-Beratungen zu sprechen. – Der Inhaber nimmt während des Interviews den Rechner zur Hand: „Die drei BR-Mitglieder könnten anstelle der 5 Stunden BR-Sitzung 600 Euro Umsatz machen. Dafür kann ich verlangen, dass sie sich auch mit den Entwicklungsproblemen der Firma beschäftigen." – Diese „Chefvorgaben" hindern den Betriebsrat allerdings nicht daran, in den Sitzungen auch über selbstgewählte Schwerpunkte zu beraten, wie wir später vom Betriebsratsvorsitzenden erfahren.

Wir sehen, dass die Betriebsräte in mittelständischen Betrieben häufig einer gewissen Aufsicht seitens des Inhabers oder Geschäftsführers unterliegen. Dies entspricht wohl der mittelstandstypischen Überzeugung, dass grundsätzlich alles, was sich im Betrieb ereignet, der Verantwortung und folglich auch der Entscheidung des Inhabers unterliegt. Diese Aufsicht hat in der Regel auch Kontrollcharakter: Der Chef achtet darauf, dass die Aktivitäten der Betriebsratsmitglieder – und damit auch die Kosten der Betriebsratsarbeit – im verträglichen Rahmen bleiben. Aber es sind keineswegs nur die Kosten, die in Grenzen gehalten werden sollen. Entsprechend des Konzepts der unteilbaren Gesamtverantwortung versucht man, den Betriebsrat in gewisser Weise „an die Leine" zu nehmen. Nicht nur, wie viel, sondern auch *was* er macht, unterliegt der Aufsicht. Dabei ist das disziplinierende einer solchen Überwachung oft auch gepaart mit einer fast väterlich-fürsorglichen Begleitung der Betriebsratsarbeit zum Wohle des Unternehmens.

3.3 Spannungen und Konflikte

3.3.1 Konfliktpunkt Freistellung

Der Schritt von der gewissermaßen „nebenberuflich" ausgeübten Vertretungstätigkeit in Betrieben, in denen der Betriebsrat ohne formelle Freistellung auskommen muss, zur vollständigen Freistellung des BR-Vorsitzenden von der Berufsarbeit wird von den befragten Arbeitgebern oft als einschneidende Veränderung der Beziehungen zwischen Chef und Betriebsrat angesehen. Natürlich spielt die Kostenseite dabei eine Rolle. Einige führen Klage über Tendenzen einer Aufblähung oder Bürokratisierung der Betriebsratstätigkeit. Sie sehen die Freistellung als eine Art Luxus an, den sich ein mittelständischer Betrieb nicht leisten könne. Letztlich sehen sie darin aber wohl auch eine Machtverschiebung zu ihren Ungunsten. Dabei mag es einerseits unmittelbar um den Aspekt von „Wissen ist Macht" gehen. Andererseits mag bereits die Tatsache, dass ein Belegschaftsmitglied unter Fortzahlung des Lohnes dem Betrieb fern bleibt, für manchen Inhaber nur schwer akzeptierbar zu sein.[6]

So kritisiert der Inhaber einer Möbelfabrik mit 215 Beschäftigten den seiner Meinung nach unangemessenen Arbeitsaufwand des Betriebsrats. 2001 habe die Beschäftigtenzahl die 200er Grenze überschritten und sofort habe der BR-Vorsitzende die ihm nun gesetzlich zustehende Freistellung beansprucht. Dies fand er völlig unangemessen. Vorher habe der BR-Vorsitzende mit einem Zeitaufwand von einem Drittel der Arbeitszeit schließlich seine Arbeit auch gemacht. Seinen Vorschlag, es doch erst einmal mit einer Halbtagsfreistellung zu versuchen, habe dieser abgelehnt. Seit der Freistellung habe der begonnen, seine Arbeit gewissermaßen „aufzublasen". Er besuche jetzt öfters Schulungen, die Betriebsratssitzungen dauerten jetzt länger als früher. Es würden lange Protokolle und andere Papiere verfasst. Alles diene seither dazu, zu zeigen, dass der BR-Vorsitzende die Freistellung auch ausfülle. Er, der Inhaber, habe sich dann gefragt, ob er dem BR-Vorsitzenden nicht ein paar für die Firma nützliche zusätzliche Aufgaben zuschanzen könne. Er hat versucht, ihn in soziale Bereiche (Belegschaftsfeste, Kantinenwesen) einzubinden, was dieser aber abgelehnt habe. Dann habe er versucht, ihm das betriebliche Vorschlagswesen zu übertragen. Das habe der Betriebsrat zwar aufgegriffen, habe es dann aber mit einer akribischen Regelungswut überzogen, habe „riesige Papiertiger" geschaffen, usw. Da habe er das Projekt Vorschlagswesen lieber wieder fallen gelassen. Was unser Gesprächspartner hier aber verschwieg, war die Tatsache, dass der BR-Vorsitzende vorher als Akkordarbeiter in seiner Betriebsratstätigkeit aufgrund der akkordtypischen Restriktionen stark eingeengt gewesen war. Ohne die Freistellung sei er kaum zu systematischer Interessenvertretungsarbeit in der Lage gewesen, betont der Betriebsratsvorsitzende.

Auch in Betrieben, wo der Inhaber großen Wert auf eine konstruktive und vertrauensvolle Zusammenarbeit mit dem Betriebsrat legt, hat die Freistellungsproblematik für die Inhaber eine über die Kostenseite hinausgehende *symbolische Bedeutung*. Der Inhaber eines Betriebes der Möbelbranche mit rund 190 Beschäftigten machte uns gegenüber keinen Hehl daraus, dass er Gegner einer vollständigen Freistellung des BR-Vorsitzenden sei. Dass ihm die Freistellung überhaupt nicht passen würde zeigte er durch folgende, eher launig gemeinte Äußerung: „Ich habe dem BR-Vorsitzenden gesagt, wenn er eine Freistellung beanspruche, dann würde ich ihm ein sehr komfortables Büro in der Verwaltungsetage einrichten!" - Eine solche Ankündigung hat im konkreten betrieblichen Kontext durchaus den Charakter einer Drohung. Und so wird sie auch vom Betriebsrat verstanden. Der Inhaber glaubt, der Betriebsrat würde keine Freistellung beanspruchen, da die damit u.U. zusammenhängende räumliche und soziale Distanzierung gegenüber der betrieblichen Basis diesem wohl „peinlich" wäre. Der BR-Vorsitzende bestätigte dies uns gegenüber.

Das informelle Gebot der Bescheidenheit in der Inanspruchnahme rechtlich möglicher Freistellungen gilt offenbar auch noch in größeren Betrieben, die bereits alle Merkmale eines Übergangs zur professionellen Managementführung aufweisen. Der Geschäftsführer eines ehemaligen Mittelstandsbetriebes mit heute rund 500 Beschäftigten, der mittlerweile in eine Konzernstruktur eingebunden ist, spricht sich deutlich gegen die Inanspruchnahme einer zweiten Freistellung, die nach den anstehenden Wahlen rechtlich sicher möglich wäre. Er rekurriert dabei nicht auf die Kostenfrage, sondern hebt die seiner Meinung nach wenig konstruktive und effiziente Arbeitsweise der Mehrheit der Betriebsratsmitglieder hervor. Von den 11 Mandatsträgern im Betriebsrat sei die Mehrheit überfordert. Eine Gruppe unter ihnen sei lediglich am besonderen Kündigungsschutz interessiert, den ihnen das Amt verschaffe. Eigentlich habe der Betriebsrat bereits heute zu viele Mitglieder. Der BR-Vorsitzende teilt zwar nicht die Ansicht des Geschäftsführers über die Effizienz des Betriebsrats, hat aber auch nicht vor, eine zweite Freistellung zu beanspruchen. Er glaubt, den Führungsaufgaben im Betriebsrat mit der bisherigen Ausstattung des Betriebsrats allein gewachsen zu sein. Möglicherweise färbt hier mittelständischer Führungsstil auch auf die Betriebsratspraxis ab: „Einer muss schließlich das Sagen haben!" - Manch ein Betriebsratsvorsitzender, der seinen Arbeitsstil unter den beengten Bedingungen der „nebenberuflichen Betriebsratsarbeit" entwickelt hat, mag auch deswegen vor dem Schritt zur vollständigen

Freistellung zurückschrecken, da er damit rechnen muss, dass dann die Erwartungen an ihn und die Effizienz seiner Interessenvertretung auf beiden Seiten - bei Chef und Belegschaft - in unkalkulierbarer Weise wachsen würden. Geht er aber auf die Erwartungen des Chefs ein, die Betriebsratsarbeit ohne Freistellung zu leisten, behält er das Wohlwollen des Chefs und kann seine Zurückhaltung in Sachen Freistellung in kommenden Auseinandersetzungen möglicherweise taktisch nutzen.

3.3.2 Konfliktherd Weiterbildung

Der Inhaber eines Metallbetriebes mit 130 Beschäftigten hat offenbar ein höchst ambivalentes Verhältnis zu seinem Betriebsrat. Einerseits ist er davon überzeugt, dass ein Betriebsrat grundsätzlich eine gute und für das Unternehmen konstruktive Funktion einnehmen könne. Nach seiner Vorstellung könnte ihm der Betriebsrat auch Arbeit abnehmen. So habe er als „allzuständiger" Arbeitgeber früher eben immer für die Arbeitnehmerseite mitdenken müssen, etwa wenn es darum gegangen sei, für alle akzeptable Arbeitszeitlösungen zu finden. Nach der Wahl eines Betriebsrats, den er nicht gewünscht, mit dem auszukommen er sich aber dann vorgenommen habe, wollte er sich dann gewissermaßen auf die eigentlichen Chefaufgaben zurückziehen können. Die Artikulierung der Belegschaftsinteressen hätte ja nun der Betriebsrat übernehmen. Er habe mit „seinem" Betriebsrat aber bisher eher „Pech gehabt". Er meint: „Ein guter Betriebsrat sollte für beide Seiten arbeiten. Darauf warte ich seit 9 Jahren vergebens." Im einzelnen wirft er den meisten BR-Mitgliedern eine Anspruchshaltung vor, die keine Rücksicht auf die konkreten betrieblichen Verhältnisse (und bisweilen Notlagen) nehme. („Wir bestehen auf unseren Rechten nach dem BetrVG!" - „Wir wollen das und das haben, wenn wir das nicht bekommen, gehen wir vor Gericht!")

So habe der Betriebsrat ausgerechnet im Jahre 2002, einem Jahr, in dem es der Firma wirtschaftlich schlecht gegangen sei, den Besuch von zahlreichen Bildungsveranstaltungen zu „Luxusthemen" wie Rhetorik, Konflikttraining etc. beschlossen. Auch im folgenden Jahr habe der Betriebsrat Bildungsmaßnahmen verlangt, deren Gesamtkosten sich auf die Kosten einer Personalstelle im Betrieb beliefen. Hinzu komme, dass man sich angewöhnt habe, zu zweit zu solchen Veranstaltungen zu reisen, die dazu in aller Regel noch an reizvollen Orten (Garmisch, Grömitz etc.) durchgeführt würden. Wenn er versucht habe, darauf hin zu wirken, dass eher elementare Wissensthemen über das BetrVG ausgewählt würden, sei ihm entgegen gehalten worden, das sei bereits Behinderung der Betriebsratstätigkeit und somit strafbar! Als vom Betriebsrat auch die Ersatzmitglieder regelmäßig zu solchen Seminaren geschickt werden sollten, sei ihm dann der Kragen geplatzt. – Mittlerweile hat er gegenüber dem Betriebsrat aber wohl durchgesetzt, dass man zu Beginn des Jahres über die Seminarplanung und auch über die Kosten spricht.

Der Streit um die Notwendigkeit oder den Umfang von Freistellungen der BR-Mitglieder für Weiterbildungsmaßnahmen scheint in vielen Betrieben ein stets latenter und unter Umständen auch offen aufbrechender Konflikt zu sein. Für die mittelständischen Arbeitgeber, die wir befragten, geht es dabei offenbar nur vordergründig um die Kosten. Das Recht der Betriebsräte, sich auf Kosten des Arbeitgebers durch eine autonome Entscheidung aus dem Betrieb zu entfernen, um sich Bildung und Beratung bei externen Experten zu holen, berührt zumindest unterschwellig auch das Herrschaftsverständnis solcher Inhaber, die davon ausgehen, dass ihnen in allen betrieblichen Belangen die „Letztentscheidung" zukomme. Sie können den Weiterbildungsanspruch der Betriebsräte grundsätzlich rechtlich nicht blockieren, wohl aber durch den Einsatz ihrer faktischen Machtmittel beschränken und behindern. Die Auffassung, dass das, was ihre Beschäftigten während der Arbeitszeit machen, grundsätzlich ihrer Kontrolle unterliegen sollte, gehört offenbar zum Habitus mittelständischer Unternehmer. Damit rückt die Auseinandersetzung um Ausmaß und Themenwahl der Weiterbildung in den Kernbereich betrieblicher Herrschaftsfragen.[7]

Ihren Widerstand gegen eine ihrer Meinung nach unangemessene Inanspruchnahme des Weiterbildungsanspruchs führen die mittelständischen Arbeitgeber mit mehr oder weniger subtilen Methoden. Während der Inhaber in einem Fall der Belegschaft regelmäßig die Kosten mitteilt, die der Betriebsrat durch den Besuch von Seminaren verursacht, kann das in anderen Fällen auf eher unterschwellige, deswegen aber nicht weniger wirksame Weise erfolgen. So berichtete uns ein BR-Vorsitzender im Zusammenhang mit Fragen der Inanspruchnahme von Weiterbildungsrechten, er bekäme letztlich alles beim Alten durch. Er dürfe nur nicht den Fehler machen, darüber im Betriebsrat einen formellen Beschluss zu fassen: „Wenn ich ihm einen schriftlichen Betriebsrats-Beschluss vorlegen würde, dann bekäme er einen Wutanfall! – Nein, man muss mit ihm erst reden".

3.3.3 Personalentscheidungen als Chefsache

Zu den Kernbereichen betrieblicher Entscheidungsbefugnisse gehört aus der Sicht der meisten Inhaber, die wir befragt haben, der Bereich der Personalentscheidungen. Dies gilt natürlich insbesondere dort, wo sich die Inhaber im Rahmen der Verteilung der Verantwortungsbereiche in der Geschäftsführung die wesentlichen personellen Entscheidungen persönlich vorbehalten. Einstellungen und Entlassungen, aber auch Maßregelungen, Fragen der Ordnung im Betrieb sowie Arbeitszeitfragen sind hier grundsätzlich Chefsache. Diese Fragen gehören nach dem Betriebsverfassungsgesetz aber gleichzeitig zum Kernterrain der Betriebsräte. Sie haben Mitwirkungsrechte bei Einstellungen, Versetzungen und Entlassungen, Lohn- und Arbeitszeitentscheidungen unterliegen ihrer Mitbestimmung.

Einige Inhaber, die die Vertretungs- und Vermittlungsposition des Betriebsrats grundsätzlich anerkennen, versuchen gleichzeitig den Bereich der Personalentscheidungen aus der Mitbestimmung herauszuhalten. So hat der Inhaber eines Chemiebetriebes mit 150 Beschäftigten dem neu ins Amt gekommenen BR-Vorsitzenden klar gemacht, dass er nichts davon halte, wenn der Betriebsrat sich in die personellen Entscheidungen einschalte, dies habe auch sein Vorgänger beachtet. Wenn er also gut mit dem Inhaber auskommen wolle, dann solle er an diesem Punkt nichts ändern. Bei Einstellungen wird der Betriebsrat folgerichtig grundsätzlich nicht informiert. Seine Kenntnisse über die Eingruppierung der Mitarbeiter beschafft sich der BR-Vorsitzende deshalb auf informellem Wege. Bei Entlassungen kommt es in der Regel zu Aufhebungsverträgen zwischen dem Chef und den Arbeitnehmern. Der Betriebsrat wird formell darüber nicht informiert. Der BR-Vorsitzende zieht sich darauf zurück, dass der Betriebsrat in diesen Fällen keine rechtliche Handhabe besitze. Würde er hier versuchen, „kontra zu geben", wäre das schiedlich-friedliche Verhältnis zwischen Chef und Betriebsrat wahrscheinlich dahin.

In einem Autohaus mit rund 50 Beschäftigten klagt der Inhaber im Interview darüber, das Betriebsverfassungsrecht gewähre dem Betriebsrat zu viel Einfluss bei den Personalentscheidungen: „Wenn ich mit einem guten Mann, der noch bei der Konkurrenz ist, verhandele, dann muss ich die Freiheit zu einer bindenden Zusage haben, ohne dass erst der Betriebsrat gefragt werden muss. Der Mann wäre mir sonst verloren, denn er würde mich fragen: Wer entscheidet bei Ihnen eigentlich, Sie oder der Betriebsrat?" Da habe es in der Vergangenheit öfter Konflikte mit dem Betriebsrat gegeben, der auf seinem Unterrichtungsrecht und die Mitbestimmung beim Einkommen bestehe. Auch der BR-Vorsitzende bestätigt diesen Grunddissens bei Einstellungsentscheidungen. Der Inhaber entscheide über Einstellungen allein, ohne den Betriebsrat vorher zu informieren. Im Fall der beabsichtigten Einstellung eines Meisters habe der Chef mit diesem eine 50stündige Arbeitszeit vereinbart. Dem Betriebsrat bleibe in solchen Fällen nur noch, gegen die Einstellung zu protestieren und im Wiederholungsfall mit dem Arbeitsgericht zu drohen. „Wer entscheidet bei Ihnen eigentlich, Sie oder der Betriebsrat?", diese Formulierung des Inhabers zeigt, dass es bei diesem Konflikt keineswegs nur um eine strittige Mitbestimmungsfrage unter anderen geht. Aus Sicht des Inhabers geht es hier offenbar um Grundsätzliches.

Dieser Inhaber gehört auch zu der Gruppe der von uns befragten Inhaber, die die Position des Betriebsrats zwar grundsätzlich für sinnvoll und nützlich halten, sich aber dafür einsetzen, dass die Betriebsräte in kleineren und mittleren Betrieben zukünftig deutlich weniger Rechte bekommen sollten. Betriebsräte in Familienbetrieben hält er für sinnvoll, fragt sich allerdings manchmal, ob es ein einfacher Ansprechpartner nicht auch täte. Man müsse immer aufpassen, dass die Kosten, die ein Betriebsrat verursache, im verträglichen Rahmen blieben. In seinem Fall wäre es z.b. nicht akzeptabel, wenn die BR-Mitglieder ihren gesetzlichen Anspruch an Weiterbildung voll ausreizen würden. Nein, die Kosten, die der Betriebsrat verursache, würden bei ihm nicht gesondert erfasst. Er habe aber stets ein Auge auf die Stundenabrechnungen des BR-Vorsitzenden und wisse natürlich genau, wie viel Arbeitszeit für die BR-Arbeit und gewerkschaftliche Veranstaltungen verloren gingen.

Auch der bereits zitierte Inhaber der Chemiefabrik mit 150 Beschäftigten, dem es wichtig ist, den Betriebsrat aus den personellen Entscheidungen heraus zu halten, ist für eine Beschränkung der Mitbestimmungsrechte der Betriebsräte. Er kommt mit seinem Betriebsrat gut zurecht, meint aber, dass die Betriebsräte in Zukunft weniger gesetzliche Rechte haben sollten. In seinem Betrieb sei ein Betriebsrat nach dem Gesetz eigentlich überflüssig. Ein einfacher Belegschaftssprecher wäre besser. Seiner Meinung nach sollte es in Betrieben unter 200 Beschäftigten gar keine Betriebsräte mehr geben. Ein Sprecher wäre allerdings nötig, denn die Belegschaft müsse irgendwie vertreten werden. Das müsse aber so geschehen, dass Innovationen und Personalentscheidungen nicht behindert werden könnten. Die gesetzliche Ausstattung der Betriebsrats-Rechte sollte seiner Meinung nach deutlich schwächer als heute sein.

Es ist wohl kein Zufall, dass die Inhaber, die Personalentscheidungen als Kernbereiche ihrer Entscheidungsfreiheit ansehen, die aus der Mitbestimmung der Betriebsräte ausgeschlossen bleiben sollten, auch zu der Gruppe von Mittelständlern gehören, die die derzeitige Ausstattung der Betriebsräte mit Mitbestimmungsrechten kritisieren. Was ihnen in punkto Mitbestimmung vorschwebt, hat offenbar mit dem geltenden Betriebsverfassungsrecht wenig zu tun. Sie wünschen sich zwar einen Ansprechpartner unter den Mitarbeitern, eine Institution zur Vermittlung von Führungsentscheidungen in die Belegschaft, aber sie wollen alles ausschließen, was wie eine gesetzlich institutionalisierten Konkurrenz gegenüber ihrem Führungsanspruch wirken könnte.

3.4 Ringen zwischen Patronat und Mitbestimmung

Aus Sicht der befragten Inhaber und Geschäftsführer mit Mitbestimmungserfahrung sind Betriebsräte entweder gewünschte Kooperationspartner oder ein unvermeidbares Übel, dessen Risiken man versucht, in möglichst engen Grenzen zu halten. Aus der Vielzahl der untersuchten Fälle mit ihren je individuellen Ausprägungen lassen sich zwei Grundtypen des Verhältnisses zwischen mittelständischem Inhabern und Betriebsräten unterscheiden:

(a) In der Gruppe der Firmen mit vorwiegend konstruktiv-ausgleichenden Beziehungen zwischen den betrieblichen Partnern gilt der Betriebsrat als „Ordnungsmacht" (Kotthoff). Die Geschäftsführung ist an der Mitwirkung des Betriebsrats interessiert, das Verhältnis ist durch gegenseitiges Vertrauen gekennzeichnet und der Betriebsrat begleitet die Entscheidungen des Arbeitgebers gewissermaßen in „kritischer Kooperation".

(b) In der Gruppe mit eher konflikthaften Beziehungen zwischen Inhabern und Betriebsräten wird die Existenz und Funktion eines Betriebsrats zwar grundsätzlich akzeptiert. Hier wird aber ständig auf verschiedenen Ebenen versucht, seinen Einfluss zu begrenzen und die Legitimität seines Handelns in Frage zu stellen. Insbesondere gewerkschaftspolitische Verbindungen der Betriebsräte werden als den mittelständischen Verhältnissen unangemessene Einflüsse bekämpft. Hier herrschen spannungsreiche Machtbeziehungen zwischen den Mitbestimmungsakteuren.

Der gesetzliche Rahmen des Betriebsverfassungsrechts wird von vielen Mittelständlern als eine für Klein- und Mittelbetriebe unangemessene Norm angesehen, die durch zu viele formelle Vorschriften den mittelständischen Verhaltens- und Entscheidungsstrukturen in vieler Hinsicht fremd sei. Deshalb wird versucht, die gesetzlichen Normen im Betriebsalltag entsprechend mittelstandstypisch „abzuschleifen": Der Grundanspruch der Interessenvertretung der Beschäftigten durch einen gewählten Sprecher wird im allgemeinen akzeptiert, aber die Betriebsratspraxis soll sich den mittelständischen Verhaltensstandards anpassen. So, wie in der Firmenleitung die Person des Inhabers im Mittelpunkt steht, wird auch der Betriebsrat als eine Gruppe konkreter Personen wahrgenommen, mit denen man aufgrund gegenseitigen Respekts auskommen kann. Passt dieses persönliche Verhältnis zwischen Inhaber und Betriebsratsvorsitzendem nicht, dann empfindet ein mittelständischer Chef dies als Zumutung, die Austauschbeziehungen werden auf das unumgängliche Mindestmaß heruntergeschraubt. Im betrieblichen Alltag konzentriert sich der Austausch im allgemeinen auf die Person des/der Betriebsratsvorsitzenden. Hier entstehen u.U. sehr persönlich geprägte „Paarbeziehungen" zwischen Inhaber und Belegschaftssprecher. Die starke Personalisierung der Beziehungen zwischen Inhaber und Betriebsrat, ihre Reduktion auf wenige Leitpersonen auf beiden Seiten gehören zu den mittelstandstypischen Verhaltensstandards. In dieser Hinsicht überträgt sich der mittelständische Habitus der Inhaberseite zumindest teilweise auch auf die Protagonisten der Betriebsratsseite. Dem „Alleinentscheider" auf der Inhaberseite entspricht in gewisser Weise der

Typ von Betriebsratsarbeit, der durch eine Reduktion auf die Arbeit des Betriebsratsvorsitzenden als „Betriebsrat in Person" gekennzeichnet ist.

Die Mechanismen, nach denen zwischen den betrieblichen Protagonisten Probleme kommuniziert und Lösungen gefunden werden, haben oft sehr wenig mit den Normen des Betriebsverfassungsgesetzes zu tun. Sucht man nach Traditionen und Vorbildern für das typische Rollenverständnis mittelständischer Arbeitgeber als allzuständige, mit speziellen Rechten und Pflichten gegenüber den Untergebenen ausgestatteten Herren, muss man weit in die Geschichte zurückgreifen. Manches in den heutigen Austauschbeziehungen zwischen den Inhabern und ihren „Leuten" erinnert an archaische Patronatsbeziehungen. Bereits das römische Recht kannte ein spezifisches Verhältnis zwischen Patron und Klient, das auf eine asymetrische Symbiose zwischen Herr und Untertan hinaus lief („Schutzherr" und „Schutzbefohlene"). Der Klient war dem Patron gegenüber zu Gehorsam und Gefolgschaft verpflichtet, während der Patron gegenüber dem Klienten soziale Verpflichtungen hatte. Der Begriff des „Gebens und Nehmens", den sehr viele der von uns interviewten Inhaber zur Charakterisierung ihrer Beziehung gegenüber Belegschaft und Betriebsrats wählten, war bereits ein Kernelement in den rechtlichen Beziehungen des Patronats in der römisch-antiken Kultur.[8] Diese vordemokratische Herrschaftskonstellation mag in der Führungsphilosophie mittelständischer Arbeitgeber nach wie vor eine hintergründige Rolle spielen. Sie gilt grundsätzlich für das Verhältnis des Inhabers zu allen Beschäftigten im Betrieb. Der Betriebsrat wird innerhalb dieses Herrschaftskonzepts nicht als Bürger mit gesetzlichen Vertretungsrechten, sondern als Sprecher der Belegschaft mit gewissen Privilegien angesehen. Das Gebot des Gehorsams und der Unterordnung unter die Entscheidungen des Inhabers gilt nach den ungeschriebenen Gesetzen des Patronats für den Betriebsrat in gleicher Weise wie für alle Beschäftigten. Die Normen des Betriebsverfassungsrechts kollidieren deshalb zwangsläufig ständig mit den Normen des Patronats. Die Erwartung der mittelständischen Inhaber an die Betriebsräte ist die, dass sie ihre aus dem Betriebsverfassungsrecht kommenden Rechte möglichst nur im Rahmen der Patronatsbeziehungen realisieren. Wenn also der Betriebsrat nicht „übertreibt", wenn er seine Rechte nicht „bis zum Exzess" einfordert, wenn es zu einem angemessenen „Geben und Nehmen" zum beiderseitigen Wohl kommt, dann scheint Inhaber und Betriebsrat dieses Kunststück zu gelingen. Dann ist Mitbestimmung auch im patriarchalischen Kontext mittelständischer Betriebsführung möglich.

Wenn man den Kern des Betriebsverfassungsrechts als eine Norm zur Herstellung von Bedingungen für eine vom Arbeitgeber rechtlich und faktisch unabhängige Vertretungspraxis des Betriebsrats versteht, dann wird man zu dem Ergebnis kommen müssen, dass diese gesetzliche Norm in mittelständischen Betrieben meist nur in sehr abgeschwächter Weise wirkt. Die mittelstandstypische Variante der Betriebsverfassungspraxis besteht also in einer mehr oder weniger starken Überformung durch patronale Herrschafts- und Austauschbeziehungen zwischen Chef und Belegschaftssprecher. Auch dort, wo Betriebsräte existieren, muss der Inhaber letztlich *Herr im Hause* bleiben. Den deutlichsten und radikalsten Akt der Durchsetzung dieser Herr-im-Hause-Position erleben wir in solchen Fällen, in denen die Inhaberseite „mit allen Mitteln" dafür sorgt, einen Betriebsrat, mit dem aus ihrer Sicht keine Zusammenarbeit möglich ist, durch einen neuen, in ihrem Sinne kooperativeren zu ersetzen. Auch in Betrieben mit einer durchaus modernen, arbeitsteiligen Führung entschließen sich Geschäftsführungen u.U. zur Klarstellung, wer Herr im Hause ist, durch eine derartige, letztlich wiederum archaische „Er-oder-ich-Maßnahme".

Viele Inhaber achten darauf, dass Frequenz und Dauer der Betriebsratssitzungen möglichst gering gehalten werden. Gleiches gilt für andere Institutionen des Betriebsverfassungsgesetzes, wie etwa die Bildung von Ausschüssen des Betriebsrats (Wirtschaftsausschuss), Freistellungen für Weiterbildungsmaßnahmen und Betriebsversammlungen. – „Weniger ist mehr!", dies scheint das Motto zu sein, an dem sich Mittelständler – nicht ohne List – bei wichtigen, die Betriebsräte betreffenden Fragen orientieren. Es gehört einerseits zur Grundsorge mittelständischer Inhaber, dass sich die Kosten für die Betriebsratsarbeit in bestimmten, als angemessen erachteten, Grenzen halten. Dabei handelt es sich weniger um betriebswirtschaftlich kalkulierte Größen. Dies wäre schon allein deswegen nicht möglich, da die Betriebsratskosten in aller Regel nicht exakt erfasst werden. Es geht also eher um eine gewissermaßen „gefühlte Ökonomie" im Umgang mit den Betriebsräten. Auch hier drückt sich – wie in allen betrieblichen Entscheidungen – die allgemeine Sorge des Inhabers um den Bestand des Betriebes und die Vermeidung unnötiger Kosten aus, die sich zum Nachteil der Firma auswirken könnten. Wenn „alles im Rahmen bleibt", wenn den Kosten für die Betriebsratsarbeit eine erkennbarer Nutzen gegenüber steht, wenn also die Gesetze des gegenseitigen „Gebens und Nehmens" funktionieren, dann kann der Mittelständler mit der betrieblichen Mitbestimmung leben.

Inhaber, die letztlich glauben, dass sie es leichter hätten, wenn sie die Geschicke des Betriebes ohne Intervention durch einen Betriebsrat lenken könnten, sehen vor allem die ihrer Meinung nach ungerechtfertigten Kosten, die durch die Betriebsratsarbeit entstehen. Andere Inhaber sehen die Vorteile der Zusammenarbeit mit einem Betriebsrat in erster Linie nicht auf unmittelbar ökonomisch kalkulierbaren Gebieten. Sie heben die Sprecher- und Vermittlerfunktion der Betriebsräte hervor, erkennen an, dass Betriebsräte in bestimmten Situationen als unersetzliche Hilfe sowohl bei innerbetrieblichen Problemen wie gegenüber äußeren Einflüssen dienen können. Schließlich schätzen sie die soziale Funktion des Betriebsrats in der Belegschaft, die zum Zusammenhalt und zur Motivation der Beschäftigten auch in Krisenzeiten und zum persönlichen Engagement der Mitarbeiter für die Firma beitrage. – Die Betriebsräte selbst sehen sich patronalen Erwartungen und Forderungen ihrer mittelständischen Arbeitgeber ausgesetzt, die häufig im Widerspruch zu den gesetzlichen Normen des Betriebsverfassungsrechts stehen. Sie sind ständig bemüht, an einer Vereinbarkeit von Patronat und Mitbestimmung zu arbeiten. Schließlich sind die Betriebsratsmitglieder ja selbst Teil des mittelständischen Milieus ihres Betriebes. Und damit akzeptieren sie meist auch die Grundzüge der mittelständischen Denkweise.

Eine Schwelle zwischen den hier charakterisierten mittelstandstypischen Formen des Austauschs zwischen Inhaber und Betriebsrat zu stärker arbeitsteiliger und formalisierter Praxis scheint im allgemeinen bei einer Belegschaftsgröße von 200 und mehr Beschäftigten zu liegen. In dieser Größenordnung tritt zwischen den Inhaber und die Belegschaft aus organisatorischer Notwendigkeit eine Gruppe angestellter Führungskräfte, die wir als „kleines Management" bezeichnen. Während der Inhaber selbst sich häufig auf die wirtschaftlichen Außenbeziehungen des Unternehmens konzentriert, übernehmen Geschäftsführer, Prokuristen oder Personalleiter die Verhandlungen mit dem Betriebsrat. Innerhalb einer solchen arbeitsteiligen Führungsstruktur steigen die Chancen für eine Akzeptanz des Betriebsrats als innerbetriebliche Funktionsgruppe mit besonderen Aufgaben. Da bestimmte Führungspositionen an einer insgesamt erfolgreichen Zusammenarbeit mit dem Betriebsrat interessiert sein müssen, vermindert sich hier u.U. der Druck auf den Betriebsrat, der in kleineren Unternehmen mit Alleinführung durch die Inhaber zu beobachten ist. Oftmals kommt den Führungskräften die Rolle von Kathalysatoren zu, die eine sonst höchst fragile und störanfällige Beziehung zwischen Inhaber und Betriebsrat gewissermaßen stabilisieren helfen. Von einer „Versachlichung" oder „Bürokratisierung" der Beziehungen zwischen Führung und Betriebsräten, wie sie unter großbetrieblichen Verhältnissen mit einem ausdifferenzierten Management zu beobachten sind, kann in den mittelständischen Betrieben mit „kleinem Management" jedoch nicht die Rede sein. Die Austauschbeziehungen zwischen Betriebsräten und Führungskräften sind auch hier mittelstandstypisch stark von einzelnen Personen geprägt. Die Person des Inhabers wirkt hier meist auch über die Führungskräfte, die sich vor wichtigen Entscheidungen ja meist der Zustimmung durch den Inhaber vergewissern müssen. In vielen Fällen behält sich der Inhaber auch die „letzte Entscheidung" in allen betriebsverfassungsrechtlichen, insbesondere personalpolitischen Fragen vor.

Die Betriebsräte ihrerseits haben in der Größenordnung ab 200 Beschäftigten Chancen zu einer stärker arbeitsteiligen und professionellen Arbeit. Durch die vollständige Freistellung eines Betriebsratsmitgliedes verbessern sich ihre Arbeitsgrundlagen und erweitern sich ihre Handlungsmöglichkeiten grundsätzlich. Eine personelle Kontinuität in der Betriebsratsarbeit, die meist von der Person des Betriebsratsvorsitzenden abhängt, ist die Voraussetzung für den Übergang von einem vorwiegend reaktiven zu einem aktiv-gestalterischen Arbeitsstil. Aber auch in den Betrieben dieser Größenordnung haben wir oftmals beobachten können, dass dort vieles letztlich „mittelständisch" bleibt: Rechtlich mögliche Freistellungen werden oft im Einvernehmen zwischen Inhaber und Betriebsrat vermieden. Das Tauziehen um die Realisierung anderer Ansprüche, wie etwa die Teilnahme an Weiterbildungsveranstaltungen, geht weiter. Dort, wo das Recht auf die Freistellung von der Berufsarbeit durch die Betriebsratsvorsitzenden in Anspruch genommen wird, verändert sich in der Regel nicht die grundsätzlich personenbezogene Form der Zusammenarbeit zwischen Betriebsrat und der Führungskraft, die im Auftrag des Inhabers agiert.

4. Mitbestimmung aus der Sicht der Betriebsräte

4.1 Zwischen Betriebsverfassung und Inhaber

Die Normen des Betriebsverfassungsrechts geben Betriebsrat und Arbeitgeber zwei höchst unterschiedliche Verhaltensstandards mit demokratischen einerseits und patriarchalischen Elementen andererseits auf. Nach dem Gesetz sind Betriebsräte per Wahl demokratisch legitimiert und in ihrer Arbeit rechtlich und materiell unabhängig gegenüber dem Arbeitgeber. Die Organisation und die praktische Durchführung der betrieblichen Interessenvertretung liegen in der Autonomie des Betriebsrats. Innerhalb des gesetzlichen Rahmens entscheidet der Betriebsrat alleine, wann, wie und was im einzelnen er zur Interessenvertretung der Arbeitnehmer unternimmt. Seine Mitbestimmungs- und Mitwirkungsrechte beziehen sich auf Kernbereiche der Arbeitgeberentscheidungen vor allem im personellen und sozialen Bereich. Dies hat in der Konsequenz eine Formalisierung und Entpersonalisierung der Entscheidungen im personalpolitischen Bereich zur Folge. Der Arbeitgeber muss zumindest in personellen Entscheidungen und in Fragen der betrieblichen Ordnung eine Art „Doppelherrschaft" durch den Betriebsrat hinnehmen. Die gesetzlichen Normen geben dem Betriebsrat den Status eines „freien Bürgers", der mit dem Arbeitgeber auf gleicher Augenhöhe verhandeln und mitbestimmen kann.

Diese demokratischen Elemente des Betriebsverfassungsrechts sind mit den Grundstrukturen und Orientierungen patronaler Herrschaftsordnungen in inhabergeführten mittelständischen Betrieben nur schwer vereinbar. Der Anspruch des Patrons ist es, *alles* im Betrieb zu entscheiden. Eine unabhängige zweite Macht wird als Störung der betrieblichen Ordnung empfunden. Im traditionellen System des „Gebens und Nehmens" sind keine Verhandlungen zwischen gleichberechtigten Partnern vorgesehen. Die Position eines Belegschaftssprechers erscheint nur akzeptabel, solange diese sich der Inhaberherrschaft unterordnet. Die Voraussetzung für eine funktionierende Zusammenarbeit zwischen Inhaber und Belegschaftssprecher ist ein solides Vertrauensverhältnis und die Gewissheit, dass man im Grunde am gleichen Strang zieht.

Das Gebot der „vertrauensvollen Zusammenarbeit zum Wohle des Betriebes" bildet das zweite Kernelement des Betriebsverfassungsrechts. Die partnerschaftliche Komponente der betrieblichen Mitbestimmung geht auf die frühen, von Arbeitgebern zugestandenen Beteiligungsregelungen etwa in den sog. „Arbeiterausschüssen" der 90er Jahre des 19. Jahrhunderts zurück. Diese Form der paternalistischen Zusammenarbeit mit der Arbeitnehmerseite wurde zunächst in die Gewerbeordnung (1891) und später in das Betriebsrätegesetz (1920) übernommen. Dieses paternalistische Element, das auch das heutige Betriebsverfassungsgesetz prägt, kann leichter in die Herrschaftsordnung von Mittelstandsunternehmen integriert werden. Die meisten Inhaber, mit denen wir sprachen, wünschen sich deshalb wohl kompetente Belegschaftssprecher, mit denen sie Vereinbarungen treffen können. Sie haben aber Schwierigkeiten mit den Elementen des Betriebsverfassungsrechts, die den Betriebsräten autonome, und von ihnen nicht kontrollierbare Organisationsgrundlagen und Handlungsspielräume sichern. – Wie gehen nun die Betriebsräte in den untersuchten Mittelstandsbetrieben mit diesem Spannungsverhältnis um? Wie sieht die Betriebsratspraxis in kleinen Betrieben aus? Wie sehen die Betriebsräte selbst ihre spezifische Stellung zwischen Gesetz und Patron? Wie beurteilen sie schließlich die Effekte ihrer Arbeit?[9]

4.2 Hintergründe für die erstmalige Wahl von Betriebsräten

Wie kommt es im Mittelstand überhaupt zur Bildung von Betriebsräten? Das Idealbild mittelständischer Unternehmensführung geht im allgemeinen von einer Alleinverantwortung des Inhabers für alle betrieblichen Entscheidungen aus. Dies umfasst auch eine unmittelbare, durch keine Zwischeninstanz unterbrochene, Führung des Personals durch den Inhaber selbst oder durch Personen seines Vertrauens. Warum kommt es in den mittelständischen Betrieben trotz verbreiteter Vertrauensstrukturen in vielen Fällen schließlich doch zur Wahl von Betriebsräten? Auf der Grundlage unserer Interviews mit Inhabern und Betriebsratsmitgliedern der untersuchten Betriebe lässt sich eine Reihe stets wiederkehrender Konstellationen identifizieren, die meist den Hintergrund für Belegschaftsinitiativen zur erstmaligen Wahl von Betriebsräten bilden[10]:

a) Wachstumskonflikte: Konflikte wegen raschem Firmenwachstum, gestiegener Komplexität und Unüberschaubarkeit von Kommunikationsstrukturen bzw. die damit verbundene Anonymisierung von Entscheidungsstrukturen, Organisationswandel vom Team zur Hierarchie, Verunsicherungen durch Rollenwandel im Kreis der „Gründergeneration" des Betriebes.

b) Umbrüche in der Führung: Inhaberwechsel, Misslingen eines innerfamiliären Generationswechsels, Verkauf, Abtrennung bzw. Ausgliederung, Übernahme durch Fremde: Im Vorfeld solcher Ereignisse entstehen Befürchtungen über evtl. Verschlechterungen in Bezug auf Beschäftigung und Einkommen. Nach der Änderung können Konflikte um den Führungsstil des neuen Inhabers bzw. Geschäftsführers, eine Verletzung traditioneller Umgangsformen und damit verbundene Risiken den Ausschlag für eine Wahlinitiative geben.

c) Konflikte um Arbeitsbedingungen und Vorgesetztenverhalten: Dauerkonflikte in Kernbereichen der Arbeitsbedingungen (Eingruppierung, Einkommenshöhe, Lohngerechtigkeit, Arbeitszeitkonflikte, starke Gesundheitsbelastungen, als provokant empfundener, autoritärer Führungsstil durch Vorgesetzte), soweit dies einflussreiche oder größere Belegschaftsgruppen betrifft, und mit den bis dahin praktizierten Formen des Interessenausgleichs nicht mehr lösbar erscheint.

d) Wirtschaftliche Krisensituationen in der Firma: Umsatzrückgang, Entlassungen oder Entlassungsgerüchte, Lösung der Tarifbindung durch den Arbeitgeber, befürchtete oder tatsächliche Lohnsenkungen; der Wunsch der Belegschaft nach einem Sozialplan im Zusammenhang mit einschneidenden Betriebsänderungen, drohendem Konkurs oder Betriebsstilllegungen.

Gemeinsam ist allen Motivgruppen die Situation eines einschneidenden Umbruchs der betrieblichen Situation bzw. der Infragestellung tradierter Umgangsformen, der Gefährdung von Besitzständen sowie der Verunsicherung über die zukünftige Entwicklung. Bisher praktizierte Formen des Interessenausgleichs zwischen einzelnen Arbeitnehmern oder Belegschaftsgruppen und dem Arbeitgeber bzw. den Vorgesetzten greifen in diesen zugespitzten Situationen nicht mehr. Dort, wo man mitunter jahrelang gut mit informellen Absprachen und Regelungen ausgekommen war, fragt man in der Belegschaft jetzt nach gesetzlichen Schutzmöglichkeiten. Die gesetzlich normierte Interessenvertretung durch einen gewählten – und durch das Gesetz geschützten – Betriebsrat bietet sich an. Unter besonderen Umständen kann die Initiative zur Bildung eines Betriebsrats auch von der Arbeitgeberseite kommen. Hier liegen die Motive im Bereich der Bildung einer formellen Austauschbeziehung zur Belegschaft. Ein so zustande gekommner Betriebsrat soll vor allem als Vermittler von Entscheidungen und Veränderungsvorhaben des Arbeitgebers in die Belegschaft dienen.

4.3 Gesetzliche Norm und betriebliche Praxis

Wenn man die Betriebsräte in kleineren Betrieben fragt, wie sie die Betriebsratsarbeit organisiert haben, wie oft sie sich zu Sitzungen treffen, welche Rechte sie in Anspruch nehmen und wie sie sich gegenüber dem Arbeitgeber durchsetzen, dann entsteht oftmals zunächst der Eindruck einer offensichtlichen Zurückhaltung, ja Bescheidenheit aufseiten der Betriebsräte. „Wir kommen mit dem Chef ganz gut zurecht. Meist können wir uns einigen. - Aber wir stellen auch keine allzu hohen Ansprüche ...". Dieses Resümee des BR-Vorsitzenden eines Handwerksbetriebs mit rund 40 Beschäftigten drückt diese Konstellation exemplarisch aus. In einem Baubetrieb mit knapp 50 Beschäftigten beispielsweise führt der dreiköpfige Betriebsrat nur zweimal im Jahr eine Betriebsratssitzung durch. Zusätzliche Sitzungen gebe es, wenn etwas Besonders anliege, erfahren wir. Einmal im Jahr gebe es eine Betriebsversammlung, die vom Chef geleitet würde. Vom Inhaber werden auch die Themen der Versammlung festgelegt, aber der Betriebsrat würde immerhin auch eigene Themen dazutun. Bescheidenheit und Augenmaß für das auf beiden Seiten Akzeptable prägen den Arbeitsstil vieler Betriebsräte unter den beschriebenen Bedingungen.

Viele Betriebsräte, die wir gesprochen haben, beugen sich offenbar den Erwartungen ihrer Arbeitgeber, dass das Ausmaß und die Kosten der Betriebsratstätigkeit möglichst „in vernünftigen Grenzen" gehalten und die gesetzlichen Mitbestimmungsrechte nicht „bis zum Äußersten" ausgereizt werden sollten. Die Teilnahme an gewerkschaftlichen Weiterbildungsveranstaltungen reduziert sich häufig nur auf den Vorsitzenden selbst. Hier spielt allerdings neben dem „Kostenbewusstsein" eher eine typische Rollenverteilung in den kleinen Betriebsräten mit drei, fünf oder sieben Mandaten eine Rolle. Die Betriebsratsarbeit wird kaum arbeitsteilig organisiert. Nur selten übernehmen weitere Mandatsträger feste Aufgaben in der Betriebsratsarbeit. Der Betriebsrat ist in der Praxis häufig der/die Betriebsratsvorsitzende allein. Auch die Firmeninhaber sehen im Betriebsrat weniger das gewählte Gremium, als die Person des/der Betriebsratsvorsitzenden, mit dem es gilt, sich auseinander zu setzen. Die mündliche Abmachung dominiert gegenüber der Schriftform. Damit kommen die Betriebsräte den patronalen Usancen der mittelständischen Personalführung oft weit entgegen, die nach dem Motto verlaufen: „Wir sind zu nichts verpflichtet, tun aber immer gerne Gutes!" - Wir erinnern uns an den Betriebsratsvorsitzenden, der uns sagte: „Ich bekomme beim Chef alles durch, wenn ich ihm nur nicht mit Briefen und schriftlichen Beschlüssen komme!"

Seit der Reform des BetrVG von 2001 haben die Betriebsräte in Betrieben ab 200 Beschäftigten das formelle Recht auf die vollständige Freistellung eines Mandatsträgers für die Interessenvertretungsarbeit. Diese Freistellung wird in der Regel vom Betriebsratsvorsitzenden wahrgenommen. Damit eröffnen sich in Betrieben dieser Größenordnung bessere Chancen zu einer systematischen und kontinuierlich betriebenen Betriebsratsarbeit. Aber in einer Reihe von Betrieben scheinen die Betriebsräte auf dieses neue Recht bisher zu verzichten. Wir konnten bereits anlässlich der Auswertung der Betriebsratswahlergebnisse von 2002 eine überraschend große Zurückhaltung der Betriebsräte in mittelgroßen Mittelstandsbetrieben bei der Wahrnehmung des ihnen erstmals zustehenden Freistellungsrechts feststellen.[11] Nun konnten wir dieses Phänomen auf der Ebene der Fallstudien genauer studieren.

In einem Möbelbetrieb mit über 200 Beschäftigten ging die Durchsetzung der Freistellung für den Betriebsratsvorsitzenden nicht ohne Widerstände vonstatten. Als dieser seine Freistellung beanspruchte, habe er seitens des Inhabers auf einer Betriebsversammlung „Sticheleien" über sich ergehen lassen müssen, berichtete der Betriebsratsvorsitzende. Durch die Freistellung könne er aber jetzt „mehr System in die BR-Arbeit bringen". Früher habe sich der Betriebsrat nur ein Mal pro Monat getroffen, heute sei alle zwei Wochen eine Betriebsrats-Sitzung. Er habe sich nun einfach systematischer mit seinen Betriebsratsaufgaben auseinander setzen können, was früher, angesichts der Belastung als Akkordarbeiter gar nicht möglich gewesen sei. So habe er jetzt auch endlich einen Wirtschaftsausschuss durchsetzen können. Auch der Akkordkontrolle könne er sich heute besser widmen als früher. Auch die Einrichtung des gesetzlichen „Arbeitssicherheitsausschusses" konnte er erst nach seiner Freistellung verwirklichen. Schließlich habe er heute mehr Zeit, sich mit den Kollegen an den Arbeitsplätzen zu unterhalten und auf ihre Fragen und Nöte einzugehen. Ihm gibt die Freistellung also mehr Spielraum für kontinuierliche Arbeit. Insgesamt kommt es offenbar zu einer stärkeren Formalisierung der betrieblichen Mitbestimmung. Bisher ungenutzte Handlungsebenen der Interessenvertretung können jetzt ins Spiel gebracht werden. Allerdings habe die Freistellung bisher nicht zu einer systematischeren Beteiligung der anderen Betriebsrats-Mitglieder an der betrieblichen Interessenvertretung geführt, berichtet er. Eher im Gegenteil: Wenn er andere Mitglieder des Betriebsrats anspreche, sagten die ihm „Du bist ja freigestellt! Du hast die nötige Zeit!" – Insgesamt aber dürfte die Interessenvertretungsarbeit etwa durch die Einrichtung von Wirtschafts- und Arbeitssicherheitsausschuss letztlich doch auf eine breitere personelle Basis gesetzt worden sein.

In einem Maschinenbaubetrieb mit über 200 Beschäftigten dagegen hat der Betriebsrat bisher auf eine Freistellung verzichtet. – Warum? – „... das finden wir nicht so wichtig, das kann man auch so lösen", sagte uns ein Betriebsrats-Mitglied. Der Betriebsratsvorsitzende ergänzt: „Wir haben befürchtet, dass es, wenn ich den ganzen Tag im Büro sitze, zum Kontaktverlust mit den Leuten kommt.

So sehen mich die Leute, und sie kommen direkt zu mir, es gibt kurze Wege und man kann alle Gespräche vor Ort führen und dort auch Lösungen finden". Der Vorsitzende, ein Facharbeiter, ist bereits seit 16 Jahren im Betriebsrat. Er hat, wie er meint, an seinem Arbeitsplatz genügend Spielraum, um Berufstätigkeit und Interessenvertretung miteinander zu vereinbaren. Er will offenbar die Veränderungen vermeiden, die mit einer Freistellung einhergehen würden. Diese „Angst vor dem Büro" und die in diesem Zusammenhang befürchtete „Entfernung von der Basis" ist unter den traditionellen „Arbeiterbetriebsräten" häufig anzutreffen. Eine Einflussnahme des Inhabers auf die Freistellungsentscheidung ist in diesem Fall nicht zu erkennen. Die Tatsache, dass der Betriebsrat auf eine Freistellung verzichtet hat, wird von ihm aber wohlwollend kommentiert. Dies sei im Grunde ein Beleg dafür, dass es sich bei den Betriebsratsmitgliedern um vernünftige Leute handele, und dass die bisherige Form der Zusammenarbeit offenbar erfolgreich gewesen sei.

In nicht wenigen Betrieben sind die Betriebsräte auch in Kernbereichen der betrieblichen Mitbestimmung nicht aktiv. So werden sie etwa weder bei Einstellungen, bei Arbeitszeitfragen (Überstunden, Pausen, Urlaub), noch bei Kündigungen formell beteiligt. Wenn man sie fragt, warum dies so sei, erhält man meist zwei Antworten: Das habe auch der frühere Betriebsrat so gehalten und man wisse eben im Betrieb, dass der Inhaber etwa alle personellen Entscheidungen als Chefsache behandele und dort deshalb niemals eine Beteiligung Dritter zulassen würde. Das Recht auf die Einsicht in die betrieblichen Lohn- und Gehaltsunterlagen hat für die Betriebsräte meist die Bedeutung eines Basis-Rechts für die gesamte Interessenvertretungsarbeit. Nur wenn sie wissen, was die einzelnen Beschäftigten verdienen, können sie versuchen, verdeckte Spannungen zu beseitigen und für mehr Lohngerechtigkeit im Betrieb zu sorgen. Da die Inhaber hier oft Widerstand leisten, gehört die Durchsetzung dieses Informationsrechts jeweils zu den Herausforderungen, die sich den Betriebsräten nach ihrer ersten Wahl stellen.

Der Betriebsratsvorsitzende eines Garten-Landschaftsbau-Betriebes mit über 20 Beschäftigten klagte, dass der Inhaber der Firma eine Betriebsratsarbeit, wie sie im Gesetz vorgesehen sei, einfach nicht zulasse: „Der Chef ist ein Alleinherrscher. Was für ihn gut ist, darin ist er kooperativ". Und gut für ihn sei alles, was kein Geld koste, und allenfalls, was er aufgrund gesetzlicher Vorschriften unbedingt machen müsse. Konkret bemängelt er, dass der Betriebsrat über elementare Dinge nicht informiert werde, vor allem bei Einstellungen und Entlassungen. Überstunden würden einfach angeordnet, da würde der Betriebsrat gar nicht erst gefragt. „Wenn's dann schief geht, wird er sauer, aber wo wir nicht gefragt werden, können wir auch nicht helfen!". Stattdessen habe der Betriebsrat „großzügiges" Mitspracherecht bei „lapidaren Sachen" wie Betriebsausflügen und Weihnachtsfeiern. – Das klingt zunächst so, als habe der Betriebsrat in für die Belegschaft wichtigen Fragen keinerlei Durchsetzungschancen, als würden die Schutznormen des BetrVG hier schlicht übergangen. Aber der Schein trügt: „Im Laufe der Jahre haben wir viele Konflikte miteinander ausgestanden. Wir haben uns inzwischen auf einem gewissen Level aufeinander eingeschossen. Damit können wir inzwischen ganz gut leben", fügt der Vorsitzende nämlich hinzu. – Und dann folgt die etwas überraschende Bewertung der eigenen Handlungsmöglichkeiten durch den Betriebsratsvorsitzenden: „Wenn es einmal hart auf hart kommt, setze ich mich in der Regel weitgehend durch!" Das funktioniere manchmal nur mit der Androhung von Konsequenzen. „Als es zwischen dem Inhaber und zwei Kollegen neulich wegen einer Urlaubsabsprache zum Konflikt kam, habe ich damit gedroht, für das Folgejahr einen umfassenden Urlaubsplan durchzusetzen, wie es im Gesetz steht. Dann war die Sache schnell bereinigt". Gegen betriebsverfassungsrechtliche Normen wird in diesem wie in manch anderem der untersuchten Betriebe mehr oder weniger massiv verstoßen. Trotzdem wirken diese in gewisser Weise indirekt auf die betrieblichen Entscheidungen. Ein Urlaubsplan wird zwar nicht aufgestellt, aber im Konfliktfall droht der Betriebsrat damit, er *könnte* einen durchsetzen. Damit setzt er sich „wenn es darauf ankommt" gegenüber dem Inhaber durch.[12]

Dass eine derartig zurückhaltende Praxis der Betriebsratsarbeit nicht nur in kleinen Betrieben anzutreffen ist, zeigt etwa der Fall eines Chemiebetriebes mit 150 Beschäftigten. Hier war es vor einigen Jahren zu einer vollständigen personellen Auswechslung im Betriebsrat gekommen, nachdem Inhaber und BR-Vorsitzender sich bei Konflikten um personalpolitische Entscheidungen monatelang gegenseitig blockiert hatten. Der Betriebsrat hatte häufig den Weg zum Arbeitsbericht gewählt. Der Inhaber kritisierte die Mitglieder des alten Betriebsrats als „Leute, die nichts anderes wollten, als die alten Verhältnisse unverändert zu verteidigen." Der Betriebsrat resignierte, ein neuer Betriebsrat wurde gewählt, dessen Arbeitsstil den Vorstellungen des Inhabers offenbar weitgehend entgegenkommt. Der neue BR-Vorsitzende ist stellvertretender Abteilungsleiter, er sieht sich als Vermittler zwischen dem Betriebsrat und dem Chef. Es gibt selten Betriebsratssitzungen und auch nur eine Betriebsversammlung im Jahr. Der BR-Vorsitzende hält den Kontakt zur Gewerkschaft in gewissermaßen „diskreter", zurückhaltender Form. Bei Einzelkonflikten zwischen Beschäftigten und Arbeitgeber um Lohnfragen (Eingruppierungen, Zulagen etc.) ist der Betriebsrat nicht beteiligt. Ebenso wird er nicht bei Einstellungsentscheidungen beteiligt, denn dies hält der Inhaber für seinen wichtigsten personellen Entscheidungsbereich. Sowohl Urlaubsplanung als auch die Einteilung der wöchentlichen Arbeitszeit werden in den einzelnen Abteilungen zwischen den Leitern und ihren Leuten ausgehandelt. Auch die Berechnung von Mehrarbeit und Zeitausgleich über Arbeitszeitkonten geht am Betriebsrat vorbei. Bei Entlassungen kommt es in der Regel zu Aufhebungsverträgen zwischen dem Chef und den Arbeitnehmern. Der Betriebsrat wird formell darüber nicht informiert. Der Betriebsrat zieht sich hier darauf zurück, dass er in solchen Fällen keine rechtliche Handhabe besitze.

Allgemein nutze er die rechtlichen Instrumente bewusst nicht extensiv, denn damit könnte ein Betriebsrat einen Betrieb auch „an die Wand fahren", meinte der Betriebsratsvorsitzende. Er umreißt die Philosophie seiner Zurückhaltung so: „Wir schenken dem Chef ein ziemlich großes Vertrauen. Wenn wir auf eine Einhaltung aller Mitbestimmungsregeln nach den Buchstaben des Gesetzes dringen würden, würden wir letztlich verlieren." So verzichtet er bewusst darauf, etwa formelle Mitwirkung bei Einstellungen zu fordern, oder die tariflichen Eingruppierung zu kontrollieren, denn er glaubt, eine solche Politik könnte den Betrieb in seiner Entwicklung blockieren. Aus diesen Überlegungen vermeidet man im Betriebsrat auch den Gang vor das Arbeitsgericht. – Haben wir es hier mit einem „wirkungslosen Betriebsrat" zu tun? Diese Interessenvertretung scheint auf die Durchsetzung wesentlicher Kontrollrechte zu verzichten. Die Stärke des Betriebsratsvorsitzenden ist die Hilfe für Einzelne in Alltagsfragen. Er ist ein bei der Belegschaft anerkannter Helfer/Berater für die Beschäftigten, und zwar *für die unteren 60 % der Belegschaft*, wie der Chef bemerkte. Für den Arbeitgeber ist er der anerkannte Vermittler zu diesem Teil der Belegschaft. Die Stärken dieses Betriebsrats liegen nicht auf der Ebene des formellen Betriebsverfassungsrechts, aber die BetrVG-Normen und die Tarife wirken gewissermaßen im Hintergrund als Orientierung. Äußerlich entspricht dieser Betriebsrat weitgehend dem mittelständischen Wunschbild nach einem rechtlich weitgehend machtlosen Belegschaftssprecher. Der Betriebsratsvorsitzende, mit dem wir sprachen, glaubt aber, dass der Betriebsrat doch durch seine Arbeit zur Sicherung von Ansprüchen der Arbeitnehmer beitragen könne. Er überlässt dem Arbeitgeber wichtige Mitbestimmungsbereiche, weil er glaubt, dass er dadurch das Beste für die Beschäftigten tun könne. Grundlage ist ein Vertrauen, dass der Arbeitgeber dieses Entgegenkommen des Betriebsrats nicht missbrauchen wird. So gedacht wirken in diesem Fall die Normen des BetrVG doch, obwohl sie nicht angewandt werden, denn sie *könnten* angewandt werden. Weil diese Normen bekannt sind und prinzipiell auch durch einen Betriebsrat umgesetzt werden könnten, beeinflussen sie das scheinbar formlose Geben und Nehmen im betrieblichen Alltagshandeln.

Man würde die Bedeutung der Betriebsräte für die Arbeitnehmer kleiner und mittlerer Betriebe verkennen, würde man sie nur an ihrem Umgang mit den gesetzlichen Mitbestimmungsrechten messen. Ihre Anerkennung in den Belegschaften – die sich schließlich alle vier Jahre in ihrer Wiederwahl ausdrückt – basiert eher auf einer Arbeitsebene der Hilfestellung in Alltagsfragen. Viele der Betriebsratsmitglieder, mit denen wir über ihre Arbeit sprachen, sehen die Hauptaufgabe des Betriebsrats in seiner alltäglichen Vermittlungsfunktion zwischen einzelnen Beschäftigten, den Vorgesetzten und dem Chef. Der Betriebsrat hilft denen, die nicht von sich aus den Weg zum Vorgesetzten oder zum Chef finden. Denn für viele Arbeiter ist da aus den unterschiedlichsten Gründen eine große Hürde zu überwinden. Das *Leute ans Händchen nehmen* ist nach Einschätzung eines Betriebsratsvorsitzenden in einem Baubetrieb mit 45 Beschäftigten eine der wichtigsten Hilfeleistungen, die der Betriebsrat den Beschäftigten bieten kann, denn die seien ja oft so unwissend und schüchtern, dass sie sich selbst kaum zu helfen wüssten.

Diese Helfer- und Sprecherrolle gilt meist für die Arbeiterbelegschaft. In den meist „chefnahen" Bürobereichen haben die Arbeitnehmer kürzere Wege zum Chef oder zum Prokuristen. Es kommt aber immer wieder zu Kommunikationsproblemen zwischen den Angestellten im Büro und den Arbeitern im Betrieb oder auf Montage. Auch da treten dann die Betriebsräte ebenfalls als Vermittler auf. Insbesondere dort, wo die Betriebräte aus Vorgesetztenpositionen heraus geführt werden, herrschen – offenbar anders als in den in traditioneller Weise von Facharbeitern geleiteten Betriebsräten – günstige Voraussetzungen für einen Brückenschlag zwischen Arbeitern und Angestellten durch den Betriebsrat vor. Der Betriebsratsvorsitzende eines Handwerksbetriebs nannte im Interview die Bemühungen um eine Verbesserung des *Betriebsklimas* als einen wichtigen Schwerpunkt seiner Arbeit der letzten Jahre. Die Belegschaft sei in den vergangenen Jahren innerlich stark zerstritten gewesen. Gruppen grenzten sich gegeneinander ab, man sprach nicht mehr miteinander. Den Hintergrund bildeten die sich seit Beginn der Baukrise entstandenen Ängste um den Erhalt des Arbeitsplatzes. Die Monteure seien in der Krise stärker „durchgeschüttelt" worden als die Angestellten. Es habe sich eine Frontstellung zwischen Monteuren und Angestellten entwickelt: „Ihr da oben – wir hier unten!" Hier hat sich der Betriebsrat engagiert, hat z.B. Workshops mit verschiedenen Belegschaftsgruppen veranstaltet, sich dafür eingesetzt, dass mehr *miteinander*, als *übereinander* geredet wird. Er hat bei diesen Aktivitäten eng mit dem Chef zusammengearbeitet, was ihm bei diesem große Anerkennung einbrachte: „Wissen Sie, der Wert des Betriebsrats ist auch für die Mitarbeiter nicht allein mit Geld zu bewerten. Er hilft, das Ganze zusammen zu halten, und das ist unbezahlbar."

Betriebsräte erfüllen im betrieblichen Alltag in mancher Hinsicht eine „Filterfunktion" für Probleme und Konflikte zwischen der Arbeitsplatzebene und der Ebene der Unternehmensführung. Ein Personalchef eines Chemiebetriebes mit knapp 400 Beschäftigten begründete den Wert des Betriebsrats in dieser Hinsicht so: „Bei unserer Belegschaft mit mehrheitlich Hilfsarbeitern ist der Betriebsrat als

Filter unerlässlich. Unsere Leute können ihre Interessen meist nicht selbständig artikulieren, die gehen nicht selbstbewusst mit ihren Problemen und Fragen zum Meister. Die brauchen einfach einen Betriebsrat, der für sie spricht. Der erkennt frühzeitig Probleme am Arbeitsplatz. Ohne ihn hätten wir nicht die notwendigen Informationen." Aus dieser Sicht übernimmt der Betriebsrat also auch so etwas wie die Funktion eines Außenpostens für die Personalarbeit im Betrieb. - „Der Betriebsrat ist bei uns im Betrieb im Grunde genommen nichts anders als ein riesiger Schwamm, der die Alltagsprobleme aufsaugt und dafür sorgt, dass der Inhaber seine Ruhe hat!" So versuchte der BR-Vorsitzende eines Metallbetriebes mit über 200 Beschäftigten seine Arbeit (selbst)kritisch zu charakterisieren.

Wir haben viele Fälle kennen gelernt, in denen die Betriebsräte - gemessen an der gesetzlichen Norm - ihre Interessenvertretungsaufgaben nur in offensichtlich reduzierter Weise definieren und wahrnehmen. Es wird noch zu untersuchen sein, ob auch die Effekte ihrer Arbeit insgesamt als defizitär zu bewerten sind. Aber dem Defizit in der Erfüllung gesetzlicher Normen stehen auch Fälle gegenüber, die zeigen, dass sich die Betriebsräte in ihrem Handeln oftmals auch nicht durch die gesetzlichen Normen begrenzen lassen. Ein Großteil ihrer alltäglichen Beratungsleistungen und Hilfestellungen für die Arbeitnehmer beziehen sich ja selbstverständlich nicht nur auf Fragen des Betriebsverfassungsrechts, auf die Auslegung von Tarifverträgen und Arbeitsschutzgesetzen. Beratung beim Umgang mit Ämtern etwa, Hilfestellung bei familiären Problemen, wie etwa die Vermittlung zu geeigneten Beratungsstellen, nehmen einen nicht geringen Teil ihrer Arbeit ein. Auch der Gang zum Inhaber oder dem Personalchef mit Bitte um einen Vorschuss für einen Kollegen, der in Zahlungsnöte geraten ist, gehört zu diesen sozialen Aktivitäten der Betriebsräte. Ein besonders interessanter Fall zeigte, dass Betriebsräte ggf. auch über die Betriebsgrenzen hinaus versuchen, ihren Einfluss für Arbeitnehmer geltend zu machen. Nach der Schließung eines Zweigwerkes in den 90er Jahren, die der Betriebsrat einer Möbelfabrik mit über 300 Beschäftigten nicht verhindern konnte, engagierte sich der Betriebsratsvorsitzende für die Wiederbeschäftigung der von der Schließung betroffenen Arbeitnehmer. Er hat damals die Personalchefs aller umliegenden Firmen und kommunaler Stellen eingeladen und sie aufgefordert, die durch die Betriebsschließung arbeitslos gewordenen Arbeitnehmer einzustellen. Das habe bei fast allen Arbeitern zum Erfolg geführt. Auch im Betrieb mischt sich dieser Betriebsrats-Vorsitzende offenbar aktiv in die Personalpolitik ein. Da er den Betrieb gut kenne, sage er dem Personalleiter auch ab und zu, wo Leute gebraucht würden, wo er welche einstellen solle. Solche Betriebsräte beschränken sich also nicht auf ihre gesetzlich vorgegebenen Mitwirkungsrechte, sie denken und handeln u.U. wie ein Personalmanager oder in besonderen Fällen auch wie Arbeitsmarktpolitiker.

4.4 Anciennität und Betriebsbindung[13]

Die Führungsstruktur in kleinen und mittelgroßen mittelständischen Betrieben basiert wesentlich auf einem Vertrauensverhältnis zwischen dem Inhaber, einer kleinen Gruppe von Führungskräften und der arbeitsplatznahen Vorgesetztenebene, wie Abteilungs- und Gruppenleitern, Polieren, Meistern, Oberkellnern etc. Solche Vertrauensverhältnisse lassen sich nicht per Arbeitsvertrag vereinbaren, sie entstehen in der Regel nur im Verlauf langjähriger Zusammenarbeit. Die Anciennität bewährter Fachkräfte und „Leistungsträger" in der Belegschaft ist aus Sicht der Inhaber in mancher Hinsicht eine sicherere Grundlage für eine „vertrauensvolle Zusammenarbeit" als die auf Status und Weisungsrecht basierende Funktion von Vorgesetzten. Langjährig beschäftigte „alte Hasen" in der Belegschaft bieten in der Regel die Gewähr dafür, dass diese – wie der Inhaber – das Wohl des Betriebes im Blick haben, über ähnliche Erfahrungen verfügen und ähnliche Prioritäten wie diese setzen. Langjährigen Beschäftigten kommt häufig eine Vorbildfunktion zu, und zwar nicht nur gegenüber den ihnen Untergebenen. Auch jüngere Inhaber, die die Firma von der Vorgängergeneration übernommen haben, orientieren sich in hohem Maße an den „alten Hasen im Betrieb", und zwar unabhängig davon, ob sich diese in einer führenden oder untergeordneten Position befinden. „Auf das betriebliche Wissen der alten Hasen kann ich auf keinen Fall verzichten", sagte uns ein Inhaber in diesem Zusammenhang. Betriebstreue und nur durch langjährige Mitarbeit zu erringende Kenntnisse der betrieblichen Strukturen und Zusammenhänge sind so gewiss Teil des „Geheimnisses" erfolgreicher mittelständischer Unternehmensentwicklung.

In den untersuchten Betrieben gehörten die Mitglieder von Betriebsräten überwiegend ebenfalls zur Gruppe dieser „Aktivposten" in den Belegschaften. Die in der Betriebsratsarbeit aktiven Arbeitnehmer gehören meist zum Kern der Belegschaften. Sie sind in aller Regel seit vielen Jahren im Betrieb beschäftigt, kennen Betrieb und Branche aus langer Arbeitserfahrung, verfügen oft über eine qualifizierte Ausbildung und haben im Betrieb verantwortliche Positionen inne. Die Betriebsräte bilden bereits aufgrund der in aller Regel langen Betriebszugehörigkeit ihrer Mitglieder ein Moment der sozialen Kontinuität des Betriebes. Oft sind die Betriebsratsvorsitzenden schon länger im Betrieb als Inhaber oder Geschäftsführer, nicht wenige von ihnen haben bereits einen Eigentümerwechsel in der Firma erlebt. Anciennität und eine Zentralstellung als qualifizierte Arbeitskräfte in verantwortlichen Positionen scheinen in kleinen Betrieben für das Betriebsratsamt geradezu zu prädestinieren. Auch mittlere Vorgesetztenpositionen, die ja bei langjähriger Mitarbeit in kleinen Betrieben gewissermaßen „unvermeidlich" sind, sind kein Hindernis für die Betriebsratsarbeit. Das Gegenteil scheint hier der Fall zu sein: Die Übersicht und die in der Vorgesetztenposition erworbenen

Einsichten in die Funktionsweise der Betriebe gelten - offenbar sowohl bei den Arbeitnehmern als auch auf Arbeitgeberseite - als Aktivposten für eine erfolgreiche Interessenvertretungsarbeit. In den untersuchten Fällen hatten die Betriebsratsvorsitzenden - neben den am häufigsten vertretenen Facharbeiterberufen - u.a. folgende Positionen inne: Poliere, Meister, Monteure, stellvertretender Abteilungsleiter, Leiter des Lagers, Betriebsschlosser, Lkw-Fahrer, Maschinenführer, Leiter Kundendienst, Ex-REFA-Mann, Produktionsleiter, Hausmeister und „Mädchen für alles", stellvertretender Leiter Qualitätssicherung sowie stellvertretende Abteilungsleiterin Logistik.

Eine der Konsequenzen der mit langer Betriebszugehörigkeit erworbenen sozialen Nähe zum Inhaber zeigt sich sicher darin, dass diese Betriebsräte in aller Regel einen wenig auf Konflikt und Konfrontation mit dem Arbeitgeber ausgerichteten Arbeitsstil entwickeln. Sie kennen den Betrieb gewissermaßen „wie ihre eigene Westentasche", sie tragen die im Laufe vieler Jahre im Betrieb entwickelten informellen Verhaltensstandards aktiv mit und sie richten ihre Forderungen an den ihnen meist bekannten wirtschaftlichen Möglichkeiten der Firmen aus. - So orientieren sie sich etwa bei Gesprächen mit dem Arbeitgeber über fällige Lohnerhöhungen durchaus an den aktuellen gewerkschaftlichen Forderungen oder Tarifabschlüssen, sie „übersetzen" diese Daten aber von sich aus jeweils auf das Maß, das aus ihrer Sicht für das Unternehmen ökonomisch vertretbar ist.

Die Doppelfunktion von Betriebsratsmitgliedern in Vorgesetztenpositionen hat u.U. auch zwei gegensätzliche Konsequenzen. Einerseits kann die mit der Vorgesetztenposition verbundene Einbindung in betriebliche Informationsflüsse und das größere Gewicht gegenüber dem Inhaber die Einflussmöglichkeiten des Betriebsrats stärken. Andererseits führt eine starke Loyalitätsbindung des Betriebsratsvorsitzenden zum Inhaber u.a. auch zu Schwierigkeiten, zwischen der Vorgesetztenposition und dem Auftrag als gewählter Interessenvertreter der Belegschaft zu differenzieren. So schildert beispielsweise ein Gesprächspartner seine Nöte mit der Doppelposition als stellvertretender Abteilungsleiter einerseits und BR-Vorsitzender andererseits: Er erhalte in seiner Vorgesetztenrolle viele wichtige Informationen, zum Beispiel auch, wenn es um geplante Entlassungen oder Versetzungen gehe. Der Betriebsrat werde darüber formell nicht informiert, so dass er seine Informationen nicht für die Interessenvertretungsarbeit nützen könne. - Wie kommt er aus diesem Dilemma heraus? - „Naja, da, wo es geht, kann ich manchmal etwas als Vorgesetzter für meine Leute tun." Auch dieses Beispiel zeigt, wie die mittelständische Vorgesetztenstruktur die gesetzliche Interessenvertretung u.U. überlagert.

Die bisher präsentierten Fälle zeigten markante Beispiele für den Mechanismus einer Überlagerung betriebsverfassungsrechtlicher Normen durch mittelstandstypische Vertrauensstrukturen. Die Betriebsräte können sich den vom Inhaber vorgegebenen Loyalitätsverhältnissen kaum entziehen. Alles im Betrieb hat dem vom Inhaber vorgegebenen Kurs zu folgen. Eine zweite, möglicherweise weitgehend unabhängig arbeitende Macht im Betrieb wird nicht akzeptiert. Als in einem Betrieb der Möbelindustrie der Betriebsratsvorsitzende den Betriebsrat als „Opposition im Betrieb" definierte, kam es zu einem „Rieseneklat". Der Inhaber fand das grundfalsch. Der Betriebsrat solle zwar das Sprachrohr der Belegschaft sein, dies aber stets im Sinne der Firma und nicht gegen sie! Und die Definition des Firmenwohls liege schließlich beim Inhaber.

4.5 „Geben und Nehmen" contra Mitbestimmung

Das Prinzip des alltäglichen „Gebens und Nehmens" nach dem Motto „Ich drücke ein Auge zu, wenn Du am Wochenende den Firmenwagen für den Umzug deines Schwagers nutzt. Du bist dafür nicht kleinlich bei der Überstundenabrechnung oder wenn am Wochenende mal durchgearbeitet werden muss!" ist nicht vereinbar mit den betriebsverfassungsrechtlichen Normen. Der Betriebsrat mit seinem Kontroll- und Interventionsrecht wäre in diesem alltäglichen „deal" zwischen Arbeitgeber, Vorgesetzten und Arbeitnehmern nur ein Störfaktor. Die Methode des Gebens und Nehmens folgt anderen Gesetzmäßigkeiten als die betriebsverfassungsrechtlich kodierte Mitbestimmung. Anstelle klarer und ggf. formell durchsetzbarer Ansprüche stehen eher informelle gegenseitige Verpflichtungen und Erwartungen zwischen Arbeitgeber und Arbeitnehmer. Anstelle von Transparenz und Rechtssicherheit steht ein Geflecht informeller Tauschverhältnisse und sich daraus ergebender Abhängigkeiten. Die „Tarife" dieser Austauschbeziehungen sind nicht schriftlich fixiert. Das Prinzip des Gebens und Nehmens ist allerdings nicht prinzipiell und in jedem Falle aus der Sicht der Arbeitnehmer „ungerechter" als formelle vertragliche Regelungen. Da die informellen Regeln aber nur schwer objektivierbar sind, besteht stets die Gefahr eines Missbrauchs oder einer Störung der Austauschbeziehungen.

Die Betriebsräte wissen dies, halten sich bei solchen informellen Arrangements aber oftmals „ raus", auch wenn sie tariflichen oder gesetzlichen Standards widersprechen. Sie nehmen damit eine Einschränkung der betrieblichen Mitbestimmung hin. Schließlich wissen sie, dass der Versuch einer gewissermaßen „unbeirrten" Durchsetzung der gesetzlichen Norm oftmals wenig Verständnis bei den betroffenen Beschäftigten finden würde. Die Folge ist, dass sich die Betriebsräte oftmals selbst den Regeln des Gebens und Nehmens unterwerfen. Sie kommen damit dem typischen Wunsch mittelständischer Arbeitgeber nach möglichst formlosen, nicht schriftlich fixierten und daher auch nicht einklagbaren Regelungen entgegen.

Das System des informellen und teilweise verdeckt verlaufenden „Ausmauschelns" stärkt letztlich die Herrschaftsposition des Arbeitgebers, nicht zuletzt deshalb, weil es Kritik und Überprüfung nicht zugänglich ist. Es handelt sich in der Regel um im Zweifelsfall unverbindliche und jederzeit änderbare Abmachungen zwischen ungleichen Vertragspartnern. Man sollte in diesen mittelständischen Betrieben vielleicht von einer Art „Koexistenz betriebsverfassungsrechtlicher und patronaler Austauschbeziehungen" zwischen Arbeitgeber- und Arbeitnehmerseite sprechen. Das System des Gebens und Nehmens umfasst große Bereiche der für die Arbeitnehmer wichtigen alltäglichen Arbeitsbedingungen. Es sind dies gerade auch Bereiche, die nach dem Gesetz eigentlich der Mitbestimmung bzw. Beteiligung durch den Betriebsrat unterliegen: Arbeitszeitregelungen, Lohnhöhe, Verhältnis zwischen Leistung und Entlohnung, Fragen der betrieblichen Ordnung etc. Hier steht der Betriebsrat u.U. dann „außen vor", wenn diese Regelungsbereiche durch die Praktiken des Gebens und Nehmens belegt sind.[14]

4.6 Betriebsratsarbeit mit Augenmaß

Hängen Betriebsräte in mittelständischen Betrieben also grundsätzlich am Gängelband der Inhaber? In vielen Fällen leisten die Betriebsräte mehr für die Arbeitnehmerinteressen und für das Wohl des gesamten Betriebes, als dies erscheinen mag, wenn man nur den Grad der Abweichung von den betriebsverfassungsrechtlichen Normen betrachtet. Es lässt sich dabei ein Muster von erfolgreicher Betriebsratsarbeit identifizieren, das hier als *Betriebsratsarbeit mit Augenmaß* bezeichnet werden soll. Dazu gehört natürlich zunächst die starke Verwurzelung des Betriebsrats, zumindest des/der Betriebsratsvorsitzenden, mit dem Betrieb und seinen Leuten. Dazu gehört auch der Sinn für das Akzeptable, das wirtschaftlich Nötige, in gewisser Weise für das als von den Belegschaft als *gerecht* empfundene. Diese Betriebsräte haben aufgrund ihrer Kenntnisse, Erfahrungen und Informationen alle Voraussetzungen für die Vereinbarung tragfähiger Kompromisse. Sie kennen die Interessenlage und die Tabuzonen sowohl der Arbeitgeberseite als auch die der Belegschaft bzw. einzelner Beschäftigtengruppen. Aber sie wollen nicht „Frieden um jeden Preis" mit dem Inhaber. Solche Betriebsräte prüfen zunächst die Forderungen und Entscheidungen des Inhabers kritisch, klopfen ihre Folgen unter dem Gesichtspunkt der Interessen der betroffenen Arbeitnehmer ab. Sie nehmen nicht alles hin. Sie sagen – nicht grundsätzlich, aber wenn es ihnen nötig erscheint – auch schon einmal *nein*. Sie kennen ihre gesetzlichen Mitbestimmungsrechte, ohne dabei stets die entsprechenden Paragraphen in den Vordergrund zu stellen. In wirtschaftlich schwierigen Situationen, wie sie für die letzten Jahre typisch waren, in denen es etwa um Forderungen der Arbeitgeberseite nach unbezahlter Arbeitszeitverlängerung, die Streichung von Überstundenzuschlägen oder anderer Lohnbestandteile ging, suchen sie nach eigenen Kompromisslösungen, in denen die Verteilung von Opfern und Nutzen oftmals feiner austariert sind, als in den Arbeitgebervorstellungen. Dabei bedienen sie sich auch gewerkschaftlicher Beratung. Diese Zusammenarbeit ist allerdings u.U. für diese Betriebsräte auch nur taktischer Natur. Wo gewerkschaftliche Tabus („35-Std.-Woche") einer Einigung entgegenstehen, finden sie auch betriebsspezifische Lösungen gewissermaßen „neben" den Tarifnormen. Für konstruktive Vorschläge, von denen sowohl die Firma, als auch die Arbeitnehmer profitieren, sind diese Betriebsräte immer zu haben, auch wenn die Lösungen nicht unbedingt gesetzeskonform sind. Nicht der Buchstabe des Gesetzes, sondern die Interessen der betroffenen Arbeitnehmer, nicht die exakte Erfüllung der gesetzlichen Norm, sondern das unter den gegebenen Umständen „Bestmögliche" für die Arbeitnehmer herauszuholen, ist die Richtschnur.

Der Typus des Betriebsrats einer *Politik mit Augenmaß*, der nicht auf den Gesetzestext fixiert ist, auch schon einmal auf ihm formell zustehende Rechte verzichtet, weil er glaubt damit mehr für die Leute zu erreichen, verlangt auf der Arbeitgeberseite einen Partner, der ebenfalls über ein entsprechendes soziales Augenmaß verfügt und die ungeschriebenen Gesetze des anständigen, sozial gerechten Umgangs untereinander beachtet. Kraftmeiereien, Drohungen und Ultimaten sind Gift für dieses System. Werden die Prämissen dieses „Friedensdeals" vom Arbeitgeber verletzt, beschwört er Konflikte herauf.

Erfolgreich sind solche Konstellationen offenbar vor allem dort, wo im Laufe der Jahre ein enges Vertrauensverhältnis zwischen Inhaber und Betriebsratsvorsitzendem entstanden ist. In einem Betrieb der Möbelindustrie mit über 300 Beschäftigten behauptete der Betriebsratsvorsitzende „Der Chef macht nichts ohne den Betriebsrat!" – Warum? – „Wir haben Vertrauen zueinander, wir schätzen uns. Unsere Geschäftsgrundlage ist gegenseitiges Vertrauen, Versprechen muss man einhalten, egal, ob eine Vereinbarung auf dem Papier steht oder nicht." – Dies Charakterisierung des gegenseitigen Verhältnisses, wird vom Inhaber bestätigt. Der schätzt an seinem BR-Vorsitzenden vor allem dessen Loyalität zur Firma, seine hohe Intelligenz und die Tatsache, dass er zwar engagierter Gewerkschafter sei, aber seinen eigenen Kopf habe: „Er ist ein unabhängiger Kopf, kein Gewerkschaftssprecher!" – Hier scheint der Inhaber das verbreitete mittelstandstypische diffuse Unbehagen gegenüber Betriebsräten überwunden zu haben. Während uns viele Inhaber ihr Wunschbild eines schwachen Betriebsrats ausgemalt haben (Sprecher und Vermittler zur Belegschaft ja, aber ohne Mitbestimmungsrechte!), hat dieser Inhaber offenbar die Vorteile eines starken Betriebsrats mit Rückhalt in der Belegschaft erkannt.

Die Beobachtung der je spezifischen „Paarbeziehungen" zwischen Firmeninhabern und „ihren" Betriebsratsvorsitzenden ist ein reizvolles Thema. Langjährige gemeinsame Erfahrungen mit dem Auf und Ab der Firma bilden den Hintergrund für gemeinsame, oder doch zumindest sehr ähnliche Einschätzungen der betrieblichen Problemlage. In der Regel hat das Verhältnis „vor langer Zeit" mit erheblichen Konflikten begonnen. Da ist in den Erinnerungen beider etwa von großen Eklats auf Betriebsversammlungen und von „Eiszeiten" die Rede, in denen man monatelang nicht miteinander gesprochen hat. Kraftproben und gegenseitige Erfahrungen mit dem Verhalten des Anderen in Konfliktsituationen haben diese ungleichen Pärchen schließlich doch zusammen gebracht. Man achtet sich als Partner *und* als Gegner. Man kann darauf vertrauen, dass der andere auch in zugespitzten Krisensituationen letztlich verantwortungsvoll mit dem *Betrieb* umgeht. Ein solcher gemeinsamer Betriebsbegriff umfasst die Interessen und Sorgen der Arbeitnehmer mit ihren Familien ebenso, wie die Interessen und Bindungen der Inhaberfamilie an ihren Besitz. In solchen abgeklärten Beziehungen sind auch meist die Grundängste der Mittelständler vor einer Fremdsteuerung durch die Gewerkschaft überwunden, wenn der Inhaber einmal erlebt hat, dass die gewerkschaftliche Organisationsbindung des Betriebsrats sich nicht grundsätzlich gegen die betrieblichen Interessen auswirkt. Nicht selten können Erfahrungen, in denen seitens der örtlichen Gewerkschaft auch erhebliche Anstrengungen unternommen wurden, um betriebliche Krisen zu überwinden, dazu führen, dass sich das Duo Betriebsratsvorsitzender und Inhaber in bestimmten Fällen auch um den örtlichen Gewerkschaftssekretär zu einem Dreieck der Zusammenarbeit erweitert.

Betriebsratsvorsitzende in solchen Beziehungssystemen stellen immer wieder aufs Neue unter Beweis, dass sie nicht außen stehen, sondern gewissermaßen „zur Familie" gehören. Natürlich gehören die zahlreichen traditionellen Rituale, wie Sommerfeste und Weihnachtsfeiern zu den Gelegenheiten, zu denen die „Betriebsfamilie" beschworen und gelebt wird. Der Inhaber und weitere in der Firma tätige Mitglieder der Eignerfamilie füllen bei solchen Anlässen ebenso wie der/die Betriebsratsvorsitzende festgelegte symbolische Rollen aus. In solchen Konstellationen bilden sich durchaus auch persönlich-private Kontakte zwischen Betriebsratsmitgliedern und Inhaber einschließlich ihrer Familien heraus. Gemeinsame Hobbies oder die gemeinsame Mitgliedschaft in örtlichen Sportvereinen geben der Beziehung zwischen Chef und Betriebsrat mitunter noch eine weitere, eher persönlich geprägte Ebene der sozialen Nähe.

Was bei solchen Paarbeziehungen auf den ersten Blick wie die völlige Absorption der betriebsverfassungsrechtlichen Rollen und Auseinandersetzungsformen durch mittelständisch-patronale Herrschaftsformen aussehen mag, enthält aber eben auch das wichtige Moment der Emanzipation der Arbeitnehmerseite: Der Betriebsratsvorsitzende hat durch Wahl und Amtsführung eine Position erreicht, in der er – fast – auf gleicher Augenhöhe mit dem Inhaber etwas für die Arbeitnehmerinteressen tun kann. Das hier skizzierte Strukturbild *reifer Konfliktpartnerschaften* zwischen Inhaber und Betriebsratsvorsitzenden geht nach unserer Beobachtung keineswegs zwangsläufig einher mit einer Politik der „Kumpanei" oder mit einer völligen Anpassung oder Unterordnung der Betriebsratsarbeit unter die Arbeitgeberinteressen. Natürlich gibt es diese Variante der aus Belegschaftssicht „zu vertrauensvollen Zusammenarbeit" des Betriebsrats mit dem Chef. Aber die beschriebenen Paarbeziehungen der beiden wichtigsten Repräsentanten eines Betriebes beschreiben zunächst nur eine Grundstruktur archaischer Führung: Den Rat der weisen alten Männer.

In größeren Betrieben, in denen sich die Inhaber aus der unmittelbaren Personalarbeit zurückgezogen und diese Entscheidungen weitgehend einem Personalfachmann übertragen haben, sind häufig charakteristische „Pärchenbildungen" zwischen Betriebsratsvorsitzenden und Personalchefs zu beobachten. Durch häufige Kontakte zwischen ihnen und den Zwang zur konstruktiven Zusammenarbeit entstehen hier u.U. enge Beziehungen, innerhalb derer Veränderungen und Konflikte mit entsprechendem Augenmaß auf beiden Seiten des Verhandlungstisches angegangen werden. Interessant ist, dass die tatsächliche Nähe beider Protagonisten in der betrieblichen Selbstdarstellung oft überspielt wird. Wir hatten jedenfalls nach den Interviews oftmals den Eindruck, dass sich BR-Vorsitzender und Personalchef in der Beurteilung bestimmter Probleme und Konfliktpunkte näher waren, als sie dies nach außen eingestanden. In der betrieblichen Auseinandersetzung müssen die Unterschiede akzentuiert werden. Es geht im Betrieb um Positionen und Symbole, denen gegenüber sich beide Seiten verpflichtet glauben. Man formuliert abweichende Standpunkte, auch wenn man über einzelne Sachverhalte ähnlich urteilt. Die ausgetragenen Gegnerschaften und Differenzen sind offenbar auch das Ergebnis gegenseitiger Zuschreibungen. Wenn der BR-Vorsitzende nach außen erklärt, der Personalleiter wünsche sich im Grunde einen betriebsratslosen Betrieb, dann weiß er gleichzeitig, dass dies nicht so ist. Denn was sollte der Personalleiter ohne Betriebsrat anfangen? – Man spricht also oftmals schlecht übereinander, denn beide Seiten brauchen das, um sich gegenüber Inhabern und Beschäftigten zu legitimieren.

In den Betrieben mit arbeitsteiliger Führung herrschen dann auch nicht mehr die für kleinere inhabergeführte Betriebe typischen Forderungen nach einer möglichst bescheidenen und sparsamen Amtsführung des Betriebsrats vor. Freistellungen und Kosten für die Weiterbildung von Betriebsratsmitgliedern bilden in arbeitsteilig geführten Unternehmen mittlerer Größenordnung in aller Regel keine

Gegenstände grundsätzlicher Konflikte mehr. Die Personalleiter selbst sind an qualifizierten und arbeitsfähigen Verhandlungspartnern auf der Betriebsratsseite interessiert. Wo Geld für eine professionelle Personalarbeit ist, und dies gilt in aller Regel für die untersuchten Betriebe mittlerer Größenordnung, da sind die Kosten für die Betriebsratsarbeit kein grundsätzliches Problem.

4.7 Wie sähe es im Betrieb ohne Betriebsrat aus?

Zum Abschluss der Interviews mit den Betriebsräten stellten wir unseren Gesprächspartnern jeweils die gleiche Frage: „Versuchen Sie sich einmal vorzustellen, wie die Situation im Betrieb heute wäre, wenn es hier keinen Betriebsrat gäbe. Was wäre dann anders?" – Wir wollten damit den Betriebsräten noch einmal die Gelegenheit geben, über den Stellenwert der Betriebsratsarbeit, über ihr Gewicht gegenüber dem Inhaber zu reflektieren. Die Antworten kamen meist sehr spontan. Die Wortwahl war weniger kontrolliert, als im Verlauf der meisten Interviews. Hier nutzten die Betriebsratsvorsitzenden offenbar die Gelegenheit, betont emotional die Konfliktkonstellation, wie sie sie empfinden, mit wenigen Stichworten zu kennzeichnen. Wir glauben nicht, dass die hier von den BR-Vorsitzenden entworfenen Szenarien in jedem Falle „realistisch" sind. Die Antworten sind aber vor allem in sofern interessant, als sie die Grundkonstellation von Interessengegensätzen andeuten und die Rolle der Betriebsräte als Korrekturelement gegenüber Alleinentscheidungen mittelständischer Inhaber beleuchten. In den Antworten werden die Gesetze des gegenseitigen Umgangs zwischen Chef und Betriebsrat besonders sichtbar: „Wie es in den Wald hinein schallt ..." Je härter die Formen der Auseinandersetzung im betrieblichen Alltag sind, desto schärfer formulieren die Betriebsräte ihre Antwort auf diese Frage. Hier war plötzlich nicht mehr von Vertrauensverhältnissen und partnerschaftlichem „Geben und Nehmen" die Rede. Eine zweite, eher konfliktbeladene Realitätsebene wurde plötzlich sichtbar.

Wie schätzen die Betriebsräte nun ihre Bedeutung im innerbetrieblichen Tauziehen ein? Wir geben hier in stark kondensierter Form eine Reiher typischer Reaktionen der Betriebsräte auf unsere Frage wieder: „Ohne Betriebsrat herrschte *Anarchie* im Betrieb!" – „Wenn es keinen Betriebsrat gäbe, dann würde der Alte wahrscheinlich noch mit der Peitsche durch den Betrieb laufen!" – „Jeder Vorgesetzte könnte dann machen, was er will!" – „Alles ginge wahrscheinlich drunter und drüber! Bei der Arbeitszeit würde es heißen: Heute könnt ihr kommen - morgen könnt ihr zu Hause bleiben! Und die Akkorde wären nicht in Ordnung!" – „Die Kollegen hätten jedenfalls nichts zu lachen!" – „Die Situation wäre chaotisch!" – „Ohne den Betriebsrat ginge es auch dem Inhaber schlecht. Denn er hätte alltäglich das reine Chaos!" – „Wir hätten keine Gewerkschaft im Haus. Es gäbe keine Betriebsvereinbarungen, keine klaren Spielregeln für Lohn und Arbeitszeit. Mancher würde mehr schlucken müssen. Die Ordnung im Betrieb wäre schlechter!" - etc., etc.

Eine überraschende Übereinstimmung in den Reaktionen und Einschätzungen der Betriebsratsvorsitzenden ergab sich bei konkreteren Nachfragen bezüglich des „outputs" der Betriebsratsarbeit für die Beschäftigten: „Wir hätten bestimmt schon wieder die 40-Std.-Woche, es gäbe Entlassungen je nach Nase, insgesamt mehr Hauen und Stechen im Betrieb und bei den Vorgesetzten mehr Willkür in der Menschenbehandlung", sagte uns der BR-Vorsitzende einer Maschinenfabrik mit knapp 500 Beschäftigten ohne Zögern.

Der Betriebsratsvorsitzende eines Handwerksbetriebes mit 40 Beschäftigten muss einige Zeit überlegen, um sich ein betriebliches Szenario ohne Betriebsrat vorstellen zu können. Er glaubt, dass einiges von dem, was die Arbeitnehmer heute hätten (z.B. tarifliche Zuschläge, die Arbeitszeit und andere tarifliche Rechte), wohl nicht mehr in dem Maße wie bisher angewandt werden könnte. „Vielleicht gäbe es die 40-Std.-Woche schon wieder." - Es gäbe längere Arbeitszeiten und die Samstage würden stets voll mit eingeplant, glaubt er. Vor allem die Menschenbehandlung durch den Prokuristen wäre nach Einschätzung des BR-Vorsitzenden eines Autohauses mit 50 Beschäftigten noch unwürdiger, als er sie uns vorher im Interview eindringlich geschildert hatte. Auch der Betriebsratsvorsitzende eines Elektrobetriebes mit 150 Beschäftigten, in dem durch Initiative des Betriebsrats vor kurzem eine vorübergehende Arbeitszeitverlängerung vereinbart wurde, glaubt, dass es ohne Betriebsrat in der Arbeitszeitfrage für die Beschäftigten noch schlechter aussähe: „Dann hätten wir die 40-Std.-Woche wahrscheinlich schon ..."

„Wir hätten längst die 40-Std.-Woche für alle und zwar ohne Lohnausgleich, denn das wollte der Chef am liebsten! - Wir hätten wahrscheinlich auch nur 25 statt 30 Urlaubstage und kein Weihnachtsgeld mehr!" - Dies sagte uns der BR-Vorsitzende aus einem tarifungebundenen Metallbetrieb mit 130 Beschäftigten. Dies zeigt einerseits die selbstbewusste Einschätzung des Betriebsrats über seinen Wert für die Belegschaft. Es zeigt aber auch noch einmal die hohe Bedeutung der Orientierungsfunktion des Flächentarifvertrags für die Arbeitsbedingungen im tarifungebundenen Betrieb.

Der Betriebsratsvorsitzende aus einem nicht tarifgebundenen Chemiebetrieb mit 150 Beschäftigten hatte seine Arbeit im Interview derart zurückhaltend dargestellt, dass man den Eindruck gewinnen konnte, hier führe der Betriebsrat eine recht wirkungslose Randexistenz. Um so überraschender fällt dann seine Antwort auf unsere Schlussfrage aus: Ja, der Chef würde wohl alle Möglichkeiten zu weiteren Lohnsenkungen ausnutzen, die Löhne bis zum „Geht-nicht-mehr" runterfahren. Ohne Betriebsrat gäbe es sicher nur den gesetzlichen Urlaub und auch eine 48-Stunden-Woche. Der Betriebsrat könne immerhin aufpassen, dass das nicht passiere. Auch hier stuft der Betriebsrat seine Leistungen also recht selbstbewusst ein: Ohne Betriebsrat würden Armut und Willkür herrschen! - Hier, wie in einigen anderen Fällen, kann man den Eindruck gewinnen, dass demnach bereits von der Existenz eines Betriebsrats eine gewisse Schutzfunktion für die Beschäftigten ausgehen könnte.

Soweit einige der typischen Reaktionen. Sicher, hier handelt es sich um bewusst zugespitzte, sehr subjektive Aussagen. Aus ihnen sollte man nicht versuchen, ein repräsentatives Bild über die Verhältnisse in mittelständischen Betrieben abzuleiten. Wir haben es hier nicht mit methodisch gesicherten Tatsachenaussagen zu tun, sondern eher mit spontanen Stimmungsbildern. Diese wiederum verweisen auf eine zweite, meist verborgene Ebene betrieblicher Beziehungen, Spannungen und Konflikte hin.

Insgesamt zeigen die Antworten der Betriebsräte auf unsere hypothetische Frage eine recht selbstbewusste Einschätzung ihrer Leistungen in der Interessenvertretung. Ohne Betriebsräte würden demnach die Inhaber - ungehinderter als sie dies heute könnten - ihre Interessen gegenüber den Beschäftigten durchsetzen und sich über herrschende Schutzregeln hinwegsetzen. Davon sind sie überzeugt. Nicht wenige glauben sogar, in vielen Betrieben würde gewissermaßen ein „Entscheidungschaos" herrschen: Nicht nur der Inhaber, auch jeder Vorgesetzte könnte dann machen, was er wolle. Dagegen stehe aber die „Ordnungsfunktion" der Betriebsräte. Eine Ordnungsfunktion, die vor allem den Arbeitnehmern Schutz vor Willkür oder zumindest ungerechter Behandlung biete. Das wäre insbesondere im mittelständischen Betriebsmilieu, dessen Führungsstrukturen doch in hohem Maße von den sehr persönlichen Stärken und Schwächen der Verantwortlichen geprägt sind, von großem Wert für die Beschäftigten - zumindest für jene, die sich nicht aus eigener Kraft zu wehren vermögen.

Nach ihrem Verständnis sorgen die Betriebsräte also für klare Regeln bei Eingruppierungen, Arbeitszeiten und für einen mehr oder weniger zivilen Umgang im Verhältnis zwischen Vorgesetzten und Arbeitnehmern. Sie versuchen, Willkür einzudämmen und schützen einzelne Arbeitnehmer vor unfairen Zumutungen. Ohne die ordnende Hand des Betriebsrats bräche im Betrieb das Chaos aus, befürchten manche. Ungerechtigkeiten wären stärker verbreitet, Schwache hätten mehr zu leiden als heute. Betriebsräte sehen sich also auch als so etwas, wie das moralische Gewissen ihrer Betriebe. Und viele halten sich zugute, dass sie durch ihre Ordnungsfunktion nicht nur für Gerechtigkeit, sondern auch für die nötige Ruhe im Betrieb sorgen, ohne die eine produktive Arbeit gar nicht möglich wäre.

Auch zur aktuellen Auseinandersetzung um eine Rückkehr zur 40-Stunden-Woche zogen die befragten Betriebsräte - wie wir erlebten - eine durchaus selbstbewusste Zwischenbilanz. Wir wissen ja aus den Fallstudien, die wir in den Interviews mit Inhabern, Geschäftsführern und Betriebsräten erstellt haben, dass die Betriebsräte in ihrer Rolle als „Manager der Beschäftigungssicherung" durchaus in vielen Fällen bei Modellen einer vorübergehenden oder differenzierten Arbeitszeitverlängerung „mitspielen", um dazu beizutragen, dass die Betriebe wieder konkurrenzfähig werden. Ihre Strategie ist es dabei nicht, etwa jede Arbeitszeitverlängerung grundsätzlich zu blockieren. Sie versuchen aber den Schaden für die Beschäftigten möglichst in Grenzen zu halten und im Gegenzug Beschäftigungsgarantien zu erhalten und ggf. die Arbeitszeitverlängerung zeitlich zu befristen, so dass dann eine Rückkehr zur tariflichen Arbeitszeit wieder möglich sein soll. Sie agieren dabei teilweise auch in Abstimmung mit den Gewerkschaften. In anderen Fällen scheinen solche betrieblichen Einzellösungen unterhalb des Tarifniveaus jedoch nur möglich, wenn die Gewerkschaft nicht einbezogen wird. Ihre Bilanz ist selbstbewusst: „Ohne uns Betriebsräte wäre die 40-Stundenwoche schon längst wieder der Normalfall!" Dass unter dem Druck erodierender Tarifstrukturen die Arbeitszeitfragen und andere Regelungen in den Manteltarifverträgen in den Betrieben aber Gegenstand von Auseinandersetzungen und Kompromissen sind, das halten die Betriebsräte für ihr Verdienst.

Den Objektivitätsgehalt solcher Einschätzungen können wir natürlich nicht überprüfen. Wir fanden, dass diese Einschätzungen angesichts der vielen Fälle, in denen die gesetzlichen Arbeitsgrundlagen der Betriebsräte nicht realisiert und Mitbestimmungsrechte zumindest formell nicht in Anspruch genommen werden, zumindest als Ausdruck eines gesunden Selbstbewusstseins der Betriebsräte zu werten sind. Wir fragten uns: Überschätzen die Betriebsräte ihr Gewicht in den betrieblichen Auseinandersetzungen etwa?

Im April 2006 veröffentlichte das Projekt „Betriebliche Interessenregulierung in Deutschland (BISS)" an der Universität Bochum erste Ergebnisse einer Befragung in rund 3.300 Betrieben. Dort wurde u.a. nach den in der Praxis herrschenden wöchentlichen Arbeitszeiten gefragt. Die Ergebnisse aus dem Bereich von Betrieben mit 10 bis 99 Beschäftigten – dies entspricht dem Bereich kleiner und mittlerer mittelständischer Betriebe, die auch wir in unseren Fallstudien untersucht haben – zeigen eine interessante Unterscheidung der Verhältnisse zwischen Betrieben mit und ohne Betriebsräte. Während nach Angaben der dort befragten Arbeitgeberseite die durchschnittliche wöchentliche Arbeitszeit in betriebsratslosen Betrieben demnach heute durchschnittlich 40 Std. beträgt, wurde aus Betrieben mit Betriebsräten eine durchschnittliche wöchentliche Arbeitszeit von 38,5 Stunden gemeldet. In größeren Betrieben war der Unterschied zwischen Betrieben mit und ohne Betriebsräte (37,7 Std./Woche zu 39 Std./Woche) ähnlich (vgl. HAUSER-DITZ u.a. 2006). Diesen statistischen „Betriebsräte-Effekt" von rund 1½ Wochenstunden haben die von uns befragten Betriebsratsvorsitzenden demnach offenbar intuitiv sehr gut eingeschätzt.

5. Interessenvertretung und Arbeitnehmerbeteiligung in betriebsratslosen Betrieben

5.1 Was sind „andere Vertretungsorgane" und was leisten sie?

Zu den aktuellen Problemstellungen, mit denen sich die Mitbestimmungsforschung zur Zeit verstärkt beschäftigt, gehört die Frage, welche Formen der Interessenvertretung und Beteiligung von Arbeitnehmern in Klein- und Mittelbetrieben existieren, in denen keine Betriebsräte gewählt wurden. Im Rahmen des IAB-Betriebspanels 2003 wurden die Arbeitgeber erstmals gefragt, ob es in ihrem Betrieb einen Betriebsrat oder *eine andere Form der Mitarbeitervertretung* gebe. Dabei zeigte sich, dass insbesondere im Bereich kleiner Betriebe (5 bis 100 Beschäftigte) offenbar recht häufig derartige Formen der betriebsspezifischen Beteiligung zu finden sind. Während in der Größenklasse von 5 bis 50 Beschäftigten nur 7 % der Arbeitgeber die Existenz eines Betriebsrats meldeten, gaben immerhin noch einmal 4 % der Befragten an, bei ihnen gebe es eine andere Form der Mitarbeitervertretung. In der Betriebsgrößenklasse mit 50 bis 100 Beschäftigten scheint die Verbreitung dieser Beteiligungsformen noch stärker zu sein. 8 % der westdeutschen und 5 % der ostdeutschen Betriebe gehören nach den Ergebnissen des IAB zu dieser Szene. Während in Deutschland insgesamt rund 50 % der Arbeitnehmer in Betrieben mit gewählten Betriebsräten arbeiten, werden allerdings lediglich 5 % der Arbeitnehmer durch derartige andere Beteiligungsformen vertreten. Dies verweist noch einmal darauf, dass es sich bei den betrieblichen Sonderformen der Partizipation im wesentlichen um ein kleinbetriebsspezifisches Phänomen handelt (vgl. ELLGUTH/KOHAUT 2004).[15]

Auch in der schriftlichen Mittelstandsbefragung des IfM, Bonn, die Teil des hier präsentierten gemeinsamen Projekts ist, wurden die Arbeitgeber nach dem eventuellen Vorhandensein „anderer Vertretungsorgane" in den Firmen gefragt. In der schriftlichen Befragung wurden als mögliche betriebsspezifische Formen der Mitarbeitervertretung genannt: „Runder Tisch, Mitarbeiter mit Moderatorenfunktion, Mitarbeiter-Ausschuss, Sprecher der Belegschaft, Regelmäßige Aussprachen mit Mitarbeitern, Sonstiges". In rund 16 % der Mittelstandsbetriebe zwischen 20 und 499 Beschäftigten existiert demnach die eine oder andere dieser Vertretungsformen. Das Phänomen der „anderen Vertretungsorgane" tritt überwiegend in kleineren Betrieben auf. In Firmen der Größenklasse zwischen 20 und 49 Beschäftigten verfügen nach der IfM-Mittelstandsbefragung über 18 % über eine derartige Institution. Damit wären diese Beteiligungsformen in dieser Größenklasse ebenso stark verbreitet, wie Betriebsräte (17 %). Die absolute Mehrheit der Firmen dieser Größenordnung hat nach Auskunft der befragten Firmenleitungen weder einen Betriebsrat, noch eine der angesprochenen anderen Vertretungsformen. In der Größenklasse zwischen 50 und 99 Beschäftigten dominiert dann bereits der Betriebsrat als Vertretungsform. Knapp 31 % der Firmen meldeten hier einen Betriebsrat, nur 15 % eine der „anderen Vertretungsformen". In größeren Mittelstandsfirmen, wo Betriebsräte in der großen Mehrheit der Betriebe anzutreffen sind (60 bis 70 %), weisen die „anderen Vertretungsformen" nur noch eine marginale Verbreitung auf.[16]

5.2 Diskontinuität und unscharfe Organisationsstrukturen

Interessant ist zunächst, dass die betriebsspezifischen Formen der Interessenregulierung deutlich weniger institutionellen Charakter als die Betriebsräte aufweisen. So erklärten die Arbeitgeber in rund 50 % der Fälle, diese Mitarbeitervertretung sei keine feste Institution, die regelmäßig zum Einsatz komme. Es handele sich dabei lediglich um eine *ad hoc-Erscheinung*, die nur für einen bestimmten Zweck eingerichtet wurde und seitdem nicht mehr in Erscheinung getreten sei. Ein großer Teil der sog. „anderen Vertretungsorgane" in betriebsratslosen Betrieben hat demnach eher einen „flüchtigen Charakter", sie weisen weder längerfristige Kontinuität, noch feste organisatorische Grundlagen auf, wie diese im Allgemeinen für Betriebsräte charakteristisch sind.

Sieht man sich die Nennungen zu den einzelnen beispielhaft genannten Beteiligungsformen an, so wird ebenfalls deutlich, dass das Gros der genannten Phänomene keine eigenständige organisatorische Struktur aufweist. Neun von zehn Nennungen (bei einer Frage mit der Möglichkeit von Mehrfachnennungen) beziehen sich auf die Form der „regelmäßigen Aussprache mit Mitarbeitern". Diese Aussprachen können also sowohl auf der Betriebsebene (Belegschaftsversammlungen), als auch auf arbeitsplatznaher Ebene (Abteilungsversammlungen, Arbeitsgruppenbesprechungen etc.) angesiedelt sein. Auch „Vier-Augen-Gespräche" zwischen Chef und Mitarbeiter können darunter verstanden werden. Die hohe Zahl der Nennungen zu Formen der „regelmäßigen Aussprache mit den Mitarbeitern" repräsentiert damit zunächst einmal die recht banale Einsicht, dass eben in einem Betrieb ohne Gespräche „gar nichts geht", ohne damit bereits eine spezifische Organisationsform des Interessenausgleichs zwischen Chef und Belegschaft zu benennen.

Die Initiative zu solchen Besprechungen wird in der Regel von der Arbeitgeber- bzw. Vorgesetztenseite ausgehen. In wieweit sie festen Regeln unterliegen und etwa auch Abstimmungen vorsehen, bleibt unklar. Sicher unterliegen solche Versammlungs- und Gesprächsformen gewissen, im Betrieb allgemein bekannten Rhythmen. Dies können etwa jährlich stattfindende Aussprachen (nach der Tarifrunde, vor Weihnachten etc.) sein. Auf der stärker arbeitsplatznahem Ebene dürfte es sich eher um ad hoc-Versammlungen zur Klärung spezifischer Probleme (Auftragsvorbereitung, Änderungen in der Arbeitszeitorganisation etc.) handeln, die jeweils bei bestimmten Anlässen einberufen werden. Das „Institutionelle" dieser Formen besteht also ausschließlich darin, dass es sich um „betriebliche Übung" bzw. um betriebsübliche Formen der Information und Auseinandersetzung zwischen Arbeitnehmern und Geschäftsleitung handelt.

Als im engeren Sinne institutionelle Formen wurden die sog. „runden Tische" (knapp 60 % der genannten Vertretungsformen), „Mitarbeiterausschüsse" (15 %), Belegschaftssprecher (17 %), sowie „Mitarbeiter mit Moderatorenfunktion" (14 %) genannt (Mehrfachnennungen). Dass es sich bei diesen Vertretungsformen ganz überwiegend um Kreationen der Arbeitgeberseite handelt, wird aus der Tatsache deutlich dass in fast 80 % der Fälle die Geschäftsführungen als Gründungsinitiatoren genannt wurde. Zu den am häufigsten genannten Anlässen für die Gründung dieser Vertretungsformen wurden von den befragten Geschäftsführungen eine gewünschte Motivationssteigerung der Mitarbeiter (62 %) sowie das Ziel einer allgemeinen Stärkung des Unternehmens (46 %) genannt. Letzten Endes muss auf dieser Ebene die Frage unbeantwortet bleiben, in welchem Umfang es sich bei den genannten Gremien und Institutionen tatsächlich um Vertretungsformen handelt, in denen es primär um Mitarbeiterinteressen geht, und in welchem Umfang dies eher auf Beteiligungsregelungen im Sinne moderner dezentraler Managementmethoden hinausläuft. Die Verbreitung dieser betrieblichen Organe mit Vertretungs- oder Vermittlungsaufgaben sollte aber nicht überbewertet werden. Der Verbreitungsgrad der einzelnen identifizierbaren kontinuierlichen Formen (Runde Tische, Belegschaftssprecher etc.) liegt in den befragten Unternehmen – wenn man die am häufigsten genannten „regelmäßigen Aussprachen" einmal außer Acht lässt – jeweils zwischen etwa 1 und 4 %. Mit Blick auf die Verbreitung der diversen Erscheinungsformen sog. „anderer Formen der Mitarbeitervertretung" insbesondere in kleinen Betrieben unterhalb der Betriebsgröße von rund 100 Beschäftigten liegt es nahe, diese Phänomene als Varianten mittelstandstypischer Beteiligungspraktiken anzusehen.

Im Rahmen unserer Fallstudien hatten wir nun die Gelegenheit, einige dieser mittelstandstypischen Beteiligungspraktiken etwas näher kennen zu lernen. Bei etwa einem Drittel der von uns untersuchten Fälle (15 Fallstudien) handelte es sich um Betriebe ohne Betriebsräte. Wir wollten wissen, wie unter solchen Umständen – d.h. ohne die vermittelnde Rolle eines Betriebsrats – die Verständigung zwischen Arbeitgeber und Beschäftigten und der Interessenausgleich zwischen beiden Seiten organisiert ist, welche organisierten Formen des Interessenausgleichs dort gefunden wurden, auf welche betrieblichen Probleme und Regelungsgegenstände sich deren Arbeit bezieht und welche Ergebnisse so erzielt werden. In diesem Zusammenhang ging es auch darum, zu erkunden, in wieweit diese Praktiken zur Verhinderung von Betriebsratsgründungen eingeführt wurden oder eher einem dem gesamten betrieblichen Milieu adäquate Form der Verständigung darstellen.[17]

Zunächst ist darauf hinzuweisen, dass unsere Fragen in Richtung einer gesonderten formellen Organisationsform der Mitarbeiterinteressenvertretung, also Fragen nach dem Vorhandensein besonderer „Belegschaftssprecher", nach „Mitarbeiterausschüssen" oder „besonderen Beschäftigten mit Moderatorenfunktionen" – wie dies in den schriftlichen Befragungen gehandhabt wurde – bei unseren Gesprächspartnern meist gewissermaßen ins Leere liefen. In den meisten untersuchten Betrieben existieren zwar Praktiken des Interessenausgleichs zwischen Inhaber- und Belegschaftsseite, diese haben aber nur höchst selten die Form eines festen Gremiums. Die vorhandenen mittelstandstypischen Praktiken der Konflikt- und Interessenregulierung zwischen Inhaber und Belegschaft sind mit den bisher gebräuchlichen Namen und Begriffen für die sog. „anderen Vertretungsorgane" nur schwer zu fassen. Wo die Forscher zunächst Institutionalisiertes und Organisiertes vermuten, treffen sie meist nur auf wenig formalisierte und kaum organisatorisch gefasste Praktiken.

Wenn Forscher auf der Suche nach „alternativen" Vertretungsformen neben den Betriebsräten ihr Augenmerk aber mehr oder weniger ausschließlich auf institutionelle Phänomene richten, die bereits zu einer eigenständigen und mit einem Namen versehenen Existenz geronnen sind (siehe etwa die vielzitierten „runden Tische"), laufen sie Gefahr, viele mittelstandstypische Beteiligungsmechanismen mit weitgehend informellen und diskontinuierlichen Formen zu übersehen oder falsch zu bewerten. Einerseits werden manche gelegentlich tagende Foren, in denen Arbeitnehmerbeteiligung stattfindet und wo Arbeitnehmer und Inhaber an Einvernehmen für betriebliche Regelungen arbeiten, vorschnell zu „betriebsratsähnlichen" Organen stilisiert. Viele dieser vor allem in kleinen Betrieben agierenden hausgemachten Beteiligungsbräuche sind eher dem Thema „arbeitsplatzbezogene Arbeitnehmerbeteiligung" zuzuordnen als dem Aspekt der Interessenvertretung der Arbeitnehmerseite. Oft führen auch die bisher für betriebsspezifische Formen der Interessenvertretung verwandten Begriffe in die Irre. Der Inhaber eines mittelsgroßen Chemiebetriebes charakterisierte beispielsweise seine im Rahmen der ISO-Norm 9000 eingerichteten Arbeitsgruppen zur Qualitätssicherung mit der Bemerkung „Wir haben hier viele *Runde Tische* im Betrieb".

Das Charakteristische von Normen und Mechanismen des Interessenausgleichs in inhabergeführten Mittelstandsbetrieben liegt vor allem in der weitgehenden *Formlosigkeit* dieser Praktiken. Im Rahmen schriftlicher Befragungen kann es hier also u.U. zu einer Überbewertung des institutionellen Charakters von Beteiligungspraktiken kommen. Andererseits werden möglicherweise aus methodischen Gründen durchaus wirksame Alltagsphänomene der Interessenvertretung einzelner Arbeitnehmer oder Arbeitnehmergruppen nicht erfasst, da sie wenig formalisiert sind, also keine betriebsratsähnliche Struktur aufweisen.[18] – Die Ergebnisse unserer Fallstudien zeigen, dass die Grenzen zwischen gesonderten Arbeitnehmervertretungsorganen einerseits und mehr oder weniger formalisierten hausgemachten Beteiligungspraktiken andererseits recht fließend sind. Charakteristisch für die Verhältnisse in kleinen mittelständischen Betrieben scheinen mehr oder weniger kreative Mischformen zwischen organisierter und informeller Beteiligungspraxis zu sein.

5.3 Vorgesetze als Interessenvertreter ihrer Leute

Die in unseren Interviews mit Inhabern und Geschäftsführern am häufigsten genannte Form der Vermittlung von Belegschafts- und Inhaberinteressen besteht darin, dass bestimmte Vorgesetztengruppen der unteren und mittleren Hierarchieebene neben ihrer Leitungsfunktion auch – mehr oder weniger informell – eine Interessenvertretungsfunktion für „ihre Leute", d.h. die in ihrem Bereich arbeitenden Arbeitnehmer innehaben. So berichtete der Inhaber eines Metallbetriebes mit immerhin knapp 200 Beschäftigten, wesentliche Entscheidungen über technische und organisatorische Veränderungen würden regelmäßig in Besprechungen der acht *Bereichsleiter* vorbesprochen. Dort, wo Entscheidungen über neue Techniken oder Arbeitszeitregimes anstehen, würden von den Bereichsleitern auch stets die Interessen der von den Veränderungen betroffenen Arbeitnehmergruppen mit ins Spiel gebracht. Der Inhaber: „Die Bereichsleiter argumentieren auch auf dem Hintergrund ihres sozialdemokratischen Milieus, aus dem sie kommen. Sie denken dabei auch an die Interessen ihrer Leute." – „Jeder Vorgesetzte hat bei uns auch eine soziale Ader!" Er verdeutlichte diesen Mechanismus am Beispiel der Einführung eines neuen Computersystems, bei dessen Vorbereitung durch Bedenken und Einsprüche einzelner Bereichsleiter auch mögliche Verschlechterungen für die Mitarbeiter frühzeitig erkannt und vermieden werden konnten. Nach der Beratung trifft der Inhaber die letzte Entscheidung. Er kann dabei auch die Interessen der Beschäftigten berücksichtigen, denn er weiß von seinen Bereichsleitern genau, „was geht und was nicht geht".

Eine ähnliche Funktion kommt der sog. *„Polierrunde"* in einem Baubetrieb mit rund 60 Beschäftigten zu. Hier hatte vor ein paar Jahren die zuständige Gewerkschaft versucht, einen Betriebsrat zu installieren. Der Inhaber konnte diese Initiative stoppen, indem er der Belegschaft ankündigte, er werde die Betriebsratskosten vom Lohn der Arbeitnehmer abziehen. Gleichzeitig hob er – gewissermaßen als Ersatz für die Betriebsratswahl – eine sog. „Polierrunde" aus der Taufe. Die Runde aus Polieren sowie technischen und kaufmännischen Leitern tritt zwei Mal jährlich zusammen. Sie tagt jeweils 2 - 3 Stunden („Das kostet mich im Unterschied zu einem Betriebsrat fast nichts!", meint der Inhaber.) Wichtige betriebliche Entscheidungen einschließlich Entlassungen, Arbeitszeitveränderungen oder Veränderungen bei den Löhnen werden hier vorgeklärt. Wenn der Inhaber Entlassungen aus persönlichen Gründen für nötig hält, trägt er seine Gründe bisweilen vor und holt sich die Zustimmung der Poliere. „Was die Poliere nicht mittragen, kann ich nicht durchsetzen...", sagt uns der Inhaber. Auf den Treffen herrscht nicht nur Befehlsausgabe. Der Chef sucht die Diskussion. Es geht ihm dabei darum, die Meinung der Leute einzuholen. Bei betriebsbedingten Entlassungen, wie sie in letzter Zeit vorgenommen wurden, berät er sich mit den Polieren auch über die Kriterien der Sozialauswahl. – „Das ist mein Betriebsrat!", sagt er nicht ohne Ironie.

Auch in einem weiteren Baubetrieb mit rund 40 Beschäftigten spielen die Poliere die traditionelle Doppelrolle als Vorgesetzte und Interessenwahrer für „ihre Leute". Hier ist jedoch der Grad der Institutionalisierung noch geringer. Es gibt hier keine Polierrunde mit spezifischen Aufgaben, die Poliere nehmen ihre Vermittlungsrolle im betrieblichen Alltag von Fall zu Fall wahr. Diese Zwitterstellung der unmittelbaren Vorgesetzten ist für das Baugewerbe charakteristisch. Die Poliere vermitteln ständig „zwischen Büro und Baustelle", und zwar in beide Richtungen. In anderen handwerksnahen Branchen kommt diese Vermittlungsfunktion den Meistern zu. In „Meisterrunden" werden wichtige Veränderungen vorbesprochen. Die Meinung der Meister ist für Entscheidungen der Inhaber von erheblichem Gewicht. Dies gilt insbesondere dort, wo in kleineren Betrieben in ländlicher Umgebung die Meister als angesehene, langjährig Beschäftigte Inhaberentscheidungen unter dem Gesichtspunkt der im Betrieb geltenden Gerechtigkeits- und Billigkeitsvorstellungen, gewissermaßen der betriebsspezifischen „moral economy" kommentieren: Was wird in der Belegschaft (und u.U. auch im Ort) für sozial gerecht und für akzeptabel gehalten? Welche Entscheidung würde etwa Widerstand hervorrufen? So manche Entlassungsentscheidung aus persönlichem Grunde durchläuft hier u.U. Beratungen mit Meistern und anderen älteren Betriebsangehörigen, die über einen „guten Draht" zum Chef verfügen.[19]

Sieht man sich die personelle Zusammensetzung von Betriebsräten in Firmen vergleichbarer Größenordnung mit ähnlichem handwerklichen Hintergrund an, stellt man fest, dass gerade die Gruppen der Poliere und Meister, ebenso wie andere Vorgesetztengruppen ähnlicher Ebene in den Betriebsräten häufig eine dominierende Rolle spielen. Die Belegschaften wählen diese Vorgesetzten in die Betriebsräte, weil sie wissen, dass sie als qualifizierte und meist seit langem im Betrieb Beschäftigte auch gute Voraussetzungen für die Interessenvertretung mitbringen. Die Inhaber akzeptieren einen in den Betriebsrat gewählten Meister als Verhandlungspartner eher, als ein aus ihrer Sicht randständiges Belegschaftsmitglied. Mit einem, von dem man weiß, dass er Verantwortung für das Unternehmen mitträgt, kann man verhandeln! Die traditionelle soziale Ordnung, die den Meistern und Polieren wegen ihres Vertrauensverhältnisses zum Chef auch in gewisser Weise das Recht einräumt," einmal den Mund aufzumachen und dem Chef die Meinung zu sagen," überlagert also die Normen des Betriebsverfassungsrechts. Es ist dieses Vertrauensverhältnis zwischen Vorgesetzten und Chef, das sie auch in betriebsratslosen Betrieben zu Vermittlern zwischen Inhaber und Arbeitnehmer qualifiziert. Kommt u.U. das Betriebsratsamt hinzu, erweitert sich der Aufgabenbereich der Interessenvertreter, die Rollenanforderungen verändern sich. Aber viele Betriebsräte aus dem Meister- oder Poliermilieu verbleiben auch oft auf dem Niveau ihrer Rolle als traditionelle Interessenvertreter ohne Auftrag per Wahl.

5.4 Versammlungen und Gesprächsrunden

Auf unsere Frage an den Inhaber einer Großhandelsfirma mit knapp 40 Beschäftigten, wie er es denn mit der innerbetrieblichen Demokratie halte, erhielten wir die Antwort: „Wir haben hier eine Art *Betriebsparlament*." Jeden Monatsanfang, wenn die wirtschaftlichen Zahlen vorliegen, trifft sich während der Arbeitszeit eine Runde von Mitarbeitern aus jedem Arbeitsbereich des Betriebes mit der Geschäftsleitung, insgesamt acht bis zehn Personen. Auch die Auszubildenden schicken einen Vertreter. Dann wird die Situation durch die Geschäftsleitung geschildert, die Finanzen und Problemlagen werden besprochen. Dies geht in zwei Richtungen – die Geschäftsleitung informiert, die Abteilungen stellen die Dinge aus ihrer Perspektive dar. Diese Runde ist kein Entscheidungsgremium, die Diskussionen dort dienen aber zur Vorbereitung von Entscheidungen, die dem Inhaber vorbehalten bleiben. Dieser nutzt die Diskussionen in der Runde auf seine Art: „Auf das Wissen der 'alten Hasen' in der Belegschaft, die den Betrieb ja viel besser kennen als ich, kann ich nicht verzichten."

Die Beschäftigten der Arbeitsbereiche entscheiden im übrigen selbständig, *wen* sie in die Runde schicken. So kommt es auch zur Rotation in der Vertretung einzelner Belegschaftsgruppen. Die Runde verfügt nach Auskunft des Inhabers über hohe Akzeptanz in der Belegschaft. Sie wurde von ihm nach seiner Übernahme des Unternehmens eingeführt und stellt damit eine seiner Maßnahmen zur sozialen Innovation des Betriebes dar. Diese Beteiligungsform hebt sich deutlich ab gegenüber der traditionell-autoritären Führungsmethode der Vorgängergeneration in der Firmenleitung. „Ich brachte die Idee von außen mit, im Betrieb gab es aber bereits ähnliche Überlegungen", berichtet uns der Inhaber. Ursprünglich habe er auch einmal überlegt, ein formalisiertes Wahlverfahren und einen programmatischen Namen für die Runde einzuführen, war dann aber davon abgekommen. Bei dem eher glanzlosen Begriff „Monatsbesprechung" ist es dann geblieben.

Dies ist eine durch Initiative der Arbeitgeberseite ins Leben gerufene Beteiligungsform, die am ehesten wahrscheinlich dem vielzitierten Typ des sog. *„Runden Tisches"* entspricht: Firmenleitung und Belegschaftsvertreter sitzen an einem Tisch und beraten über Probleme, Perspektiven und notwendige Entscheidungen. Dabei kommen – meist eher indirekt – auch Interessenlagen der Beschäftigten – etwa wenn es um Fragen der Arbeitszeitorganisation geht – zu Wort. Aber Konflikte und Spannungen im Zusammenhang mit personellen Entscheidungen (Eingruppierung, Zuschläge, Abmahnungen und u.U. Entlassungen) stehen nicht auf der Tagesordnung. Hier entscheidet der Chef alleine, nachdem er sich mit den zuständigen Vorgesetzten beraten hat. Eine dem Betriebsrat entsprechende Form der Interessenvertretung der Arbeitnehmer ist der „runde Tisch" also nicht. Aber die *„Monatsbesprechung"* in unserem Fall ist zweifellos mehr als die auch in anderen Betrieben anzutreffende regelmäßige Besprechung zwischen Chef und Vorgesetzten. Dadurch, dass sie durch die Teilnahme gewissermaßen gewählter Arbeitnehmervertreter ein demokratisches Element enthält, sind die Ergebnisse der Besprechungen gleichzeitig Gegenstand der Betriebsöffentlichkeit. Denn die Belegschaftssprecher berichten natürlich anschließend in ihren Abteilungen.

In einem kleinen Metallbetrieb mit High-Tech-Charakter, der 25 Arbeitnehmer beschäftigt, gibt es keinerlei Hierarchie. Der Gründer und Inhaber der Firma hat lediglich an seiner Seite einen Prokuristen. Der Betrieb ist in drei Funktionsgruppen (Verwaltung/Vertrieb, Anlagenbau, Verfahrenstechnik) gegliedert. Bei Bedarf können Arbeitskräfte aus den beiden technischen Gruppen untereinander ausgetauscht werden. Jede Gruppe ist für ihren Bereich eigenverantwortlich. Die drei Gruppen haben keine vom Inhaber ernannten Vorgesetzten, sondern Sprecher, die von den Gruppen selbst bestimmt werden. Diese Gruppensprecher kommen alle zwei bis vier Wochen zur *Gruppensprecherrunde* zusammen, wo anstehende technische und organisatorische Fragen besprochen werden. Soziale Fragen oder Konflikte sind hier nicht Gegenstand. Wenn soziale Probleme auftauchen, werden diese zwischen den Mitarbeitern und dem Inhaber bzw. dem Prokuristen direkt besprochen. Dabei geht es meist um Wünsche nach Lohnerhöhung oder Hilfe in schwierigen familiären Situationen. Auch in diesem Fall enthält der Beteiligungsmechanismus gewissermaßen demokratische Elemente. Aber es geht eben auch hier ausschließlich um betriebliche Entscheidungen. Konflikte um Lohn, soziale Fragen oder auch Entlassungen werden im traditionellen Rahmen zwischen Geschäftsleitung und den betroffenen Arbeitnehmern separat geregelt.

In einer Reihe anderer betriebsratsloser Betriebe fanden wir eine Vielzahl von Versammlungs- und Gesprächstypen, die offenbar die Aufgabe haben, die Verbindung zwischen Firmenleitung und Beschäftigten sicherzustellen, neue Lösungen zu erarbeiten und Entscheidungen vorzubereiten. In einem Betrieb der Leuchtenherstellung finden regelmäßige Diskussionen in den sog. „Abteilungsteams" statt. In diesem Betrieb existiert zwar kein formelles Mitsprache- und Beteiligungssystem, aber die Diskussion finde laufend in den „Abteilungsteams" statt, erklärt der Inhaber. In regelmäßigen Besprechungen auf Abteilungsleiterebene werde „über alles" gesprochen. In den Abteilungen fänden zusätzlich von Fall zu Fall „ad hoc-Besprechungen" statt. Man habe vor ein paar Jahren auch einmal ein „Firmen-Brainstorming" zur Produktentwicklung veranstaltet. Da seien viele kreative Vorschläge zusammen gekommen. Auch hier herrscht also gewissermaßen „Beteiligung statt Interessenvertretung".

Da gibt es beispielsweise in einem Unternehmen der Fotoverarbeitung mit 75 Beschäftigten an drei Standorten immer wieder *„kleine und große Meetings"*. Im gesamten Unternehmen werden standortbezogen regelmäßig „Meetings" abgehalten. „Früher haben wir das mal 'Betriebsversammlung' genannt, weil es aber nicht immer der gesamte Betrieb ist, der sich trifft, nennen wir diese Einrichtung heute 'Meetings'", erläutert der Inhaber. Es gibt „kleine Meetings" - da kommen - etwa alle zwei Wochen - die Beschäftigten eines Tätigkeitsbereichs oder einer Abteilung zusammen,. Und es gibt „große Meetings", da treffen sich alle drei Monate alle Beschäftigten eines Standorts, einschließlich Geschäftsführer und Inhaber. Bei den kleinen Meetings ist der Inhaber in der Regel nicht dabei. Die zu besprechenden Themen sind vielfältig, es geht meist um Dinge, die zur Veränderung anstehen. „Die Beteiligung an der Diskussion ist gut, es gibt durchaus auch Ablehnung und kritische Worte zu meinen Plänen", berichtet der Inhaber. „Ich versuche dann zu überzeugen, anders geht es nicht. Wissen Sie, ich selbst habe kein Profilierungsproblem. Ich bin da total aufgeschlossen". Die Erfahrung mit den Meetings sei jedenfalls sehr gut. Negative Erfahrungen mit selbsternannten Wortführern gebe es nicht, allerdings meldeten sich diejenigen häufiger zu Wort, die bestimmte Verantwortung tragen.

Belegschafts- und Abteilungsversammlungen sind eine traditionell verbreitete Form des Austausches zwischen Inhabern, Firmenleitung und Belegschaft. Dies gilt auch für betriebsratslose Betriebe. Man kann durchaus den Eindruck gewinnen, dass diese durch die Inhaber initiierten Belegschaftsversammlungen in den mittelständischen Betrieben stärker verbreitet sind, als die betriebsverfassungsrechtlichen *Betriebsversammlungen* in der Regie der Betriebsräte. Solche Belegschaftsversammlungen finden in tarifgebundenen Betrieben traditionell jeweils nach dem Abschluss einer Tarifrunde statt und sind folglich im wesentlichen der Geschäftslage und der Einkommensentwicklung gewidmet. In einem 20-köpfigen Textilbetrieb beispielsweise werden drei- bis viermal im Jahr alle Beschäftigten zusammengeholt, zu diesen Treffen gehört auch die obligatorische Weihnachtsfeier. Auf solchen Belegschaftsversammlungen werden auch die wichtigsten aktuellen Angelegenheiten besprochen, die Beteiligung durch die Arbeitnehmer ist nach Auskunft unseres Gesprächspartners aus der Firmenleitung dabei immer sehr gut, und zwar nicht nur zahlenmäßig, auch hinsichtlich von Diskussionsbeiträgen. Zwei Details aus dem Bericht des Inhabers illustrieren gewissermaßen die „Lebensnähe" solcher Versammlungen in dem kleinen Betrieb: In sommerlichen Belegschaftsversammlungen passiert es schon einmal, dass Inhaber oder Inhaberin sich ins Auto setzen und von der nächsten Eisdiele 20 Portionen Eis für alle im Saal mitbringen. Auf der Versammlung im Frühjahr 2006 wurde z.B. auch eine Arbeitszeitregelung für die Zeit der Fußballweltmeisterschaft gemeinsam festgelegt.

In dem bereits anfangs erwähnten Metallbetrieb mit knapp 200 Beschäftigten existiert unterhalb der Ebene der Bereichsleiterbesprechungen eine weitere Ebene, auf der es zu unmittelbaren Gesprächen und Auseinandersetzungen zwischen Führung und Belegschaft kommt. Zu gegebenem Anlass werden in den Abteilungen, in denen Veränderungen durchgesetzt werden, *Abteilungsversammlungen* durchgeführt. Ihre Funktion erläuterte der Inhaber am Beispiel eines Konfliktes um Arbeitszeitfragen: Er habe eine Arbeitszeitverlängerung um wöchentlich zwei Stunden durchsetzen wollen. Dieser Plan habe das Klima im Betrieb erheblich verschlechtert. Das ganze sei für ihn letztlich zu einer „schweren Geburt" geworden. Die Idee hatte er bereits früher mit den Bereichsleitern diskutiert, die aber abgeraten hätten. Man musste ihrer Meinung nach befürchten, dass einige gute Facharbeiter als Reaktion auf eine Arbeitszeitverlängerung die Firma verlassen würden.

Schließlich habe er sich dann doch für die Maßnahme entschieden, und zwar mit der Maßgabe, dass die Verlängerung nicht nur in der Werkstatt, sondern auch in der Verwaltung und im Service gelten sollte. Der Plan wurde in den betroffenen Abteilungen heftig und kontrovers diskutiert. Der Inhaber sprach von harten und auch emotional geführten Diskussionen mit einigen „Rädelsführern" in der Werkstatt. Denn da alle fast bereits Mehrarbeit leisteten, bedeutete das Projekt Arbeitszeitverlängerung in der Konsequenz, keine Verlängerung der täglichen Arbeitszeit, sondern einen Verzicht auf Überstundenzuschläge, also Lohnsenkung. Das ursprüngliche Ziel des Inhabers, die Mehrarbeitszuschläge durch Einführung eines sog. „Flexikontos" ganz zu streichen, konnte er angesichts des Widerstandes der Facharbeiter schließlich nicht erreichen. Es gab nach seinen Worten einen „Riesenaufstand", eine ganze Abteilung habe als Reaktion vier Monate alle Überstunden verweigert. Am Ende stand – wiederum nach Diskussionen in Abteilungsversammlungen – ein Kompromiss. Ein Teil der Überstundenzuschläge wird heute nach wie vor gezahlt. Bei der Formulierung diese Kompromissen spielten die beteiligten Bereichsleiter schließlich eine wichtige Rolle.

Die Abteilungsversammlungen dienen hier der unmittelbaren Konfliktaustragung um wichtige materielle Interessen der Arbeitnehmer. Hier steht das Kollektiv der Arbeitnehmer dem Inhaber unmittelbar gegenüber, Maßnahmen des Arbeitskampfes werden in den Konflikt einbezogen. Er muss deswegen in die unmittelbare Konfrontation mit der Belegschaft gehen. Der Inhaber, der über seinen Führungsstil sagt, er schätze die Arbeiter, suche den Kontakt zu ihnen und habe keine sozialen Berührungsängste ihnen gegenüber, will seinen Betrieb unbedingt ohne Betriebsrat *auf menschliche Art führen*: „Wir wollen einen Betriebsrat durch vernünftige Führung verhindern!" – Der Konfliktverlauf zeigt nun aber, dass sowohl der Prozess der Auseinandersetzung (Abteilungsversammlungen, Überstundenverweigerung, Vermittlung durch Bereichsleiter) als auch der schließlich gefundene Kompromiss viel Ähnlichkeit mit vergleichbaren Konflikten in Betrieben mit Betriebsrat aufweisen. Es ist sogar anzunehmen, dass die Auseinandersetzung unter Beteiligung eines Betriebsrats einen weniger kritischen und langwierigen Verlauf genommen hätte. Auch das Ergebnis wäre ähnlich ausgefallen.

Berührungspunkte zu betriebsverfassungsrechtlichen Vertretungsnormen sind auch in einem Metallbetrieb mit rund 50 Beschäftigten zu erkennen. In diesem Betrieb existierte in den 80er und der ersten Hälfte der 90er Jahre bereits ein Betriebsrat. Mitte der 90er Jahre kam es zu schweren Konflikten, als der Inhaber die Aufgabe der Tarifbindung und eine Massenentlassung zur wirtschaftlichen Rettung der Firma betrieb. Die Situation war zugespitzt. Es kam auf Betriebsversammlungen immer wieder zu harten und für beide Seiten kräfteraubenden Zusammenstößen. In dieser für die Position des Betriebsrats als Beschützer der Belegschaft offenbar chancenlosen Situation resignierten die BR-Mitglieder. Sie traten zurück, und zu einer neuen Wahl kam es nicht mehr. Der Inhaber stand nun vor dem Problem, seine Sanierungspläne ohne einen Betriebsrat als Gesprächspartner der Belegschaft durchzuführen. Er entwickelte, wie er heute sagt, ein *System des direkten Dialogs* auf von ihm einberufenen Versammlungen. Aus den betriebsverfassungsrechtlichen Betriebsversammlungen wurden also Belegschaftsversammlungen, mit deren Hilfe der Inhaber versuchte, den Dialog mit der Belegschaft zu organisieren. Er begann damals damit, einmal pro Monat auf Versammlungen von 30 bis 45 Minuten Dauer die aktuellen Umsätze und die wirtschaftliche

Lage der Firma vorzustellen. Jeder Beschäftigte konnte Fragen dazu stellen. Auf diese Weise wurden später auch wichtige Arbeitsbedingungen und Absprachen wie etwa die Einführung einer zweiwöchigen Kernurlaubszeit mit der Belegschaft geregelt. Hier werden in den Versammlungen also offenbar auch Gegenstände thematisiert, die früher durch die Vermittlung eines Betriebsrats geregelt worden waren. Es scheint dem Inhaber mit dieser Methode gelungen zu sei, die Vermittlungslücke, die der zurückgetretene Betriebsrat hinterlassen hatte, aus seiner Sicht wieder auszufüllen. Diese Form des regelmäßigen Austauschs mit der Belegschaft auf betrieblichen Versammlungen nennt er heute sein Modell einer *betrieblichen Demokratie*.

Betrachtet man die „hausgemachten" Vertretungs- und Beteiligungspraktiken genauer, so entsteht zumindest teilweise der Eindruck, dass in solchen Modellen auch ein gewisser „Ausstrahlungseffekt" des Betriebsverfassungsrechts zur Geltung kommt. In einigen Fällen ist es klar: Hier haben sich die Inhaber bemüht, durch eigene Modelle die gesetzliche Mitbestimmung zu vermeiden. Polierrunden, Monatsgespräche und andere Kreationen sollen Betriebsräte funktionell ersetzen. Belegschaftssprecher ohne Mitbestimmungsrechte bieten ihnen die Vorteile der Arbeitnehmerbeteiligung und vermeiden die Risiken, die der gesetzlichen Mitbestimmung aus ihrer Sicht anhaften. In anderen Fällen sind die Bezüge weniger deutlich. Versammlungen und Diskussionen auf verschiedenen betrieblichen Ebenen gehören offenbar sowohl in Betrieben mit und solchen ohne Betriebsräte zur betrieblichen Ordnung. Und auch das Gebot der „vertrauensvollen Zusammenarbeit" zwischen Inhabern, Vorgesetzten und Belegschaft – ein Kernelement des Betriebsverfassungsrechts – schleicht sich bisweilen in die Führungsgrundsätze mittelständischer Betriebe. In manchem Fall hat man aber den Eindruck, dass hier Inhaber – natürlich nicht ohne Einfluss der Beschäftigten, die die Beteiligungsmodelle ja nutzen – in weitgehender Unkenntnis der betriebsverfassungsrechtlichen Normen einfach ein Beteiligungsmodell „geschneidert" haben, das ihrer Interessenlage und den besonderen betrieblichen Verhältnissen entsprach.

5.5 Familiäre Beziehungsstrukturen im Betrieb

Die große Mehrheit insbesondere kleiner und mittlerer mittelständischer Firmen verfügt nach den Befragungsergebnissen der IfM-Mittelstandsbefragung weder über einen Betriebsrat, noch über ein identifizierbares „anderes Vertretungsorgan". Auch in einem Drittel der von uns besuchten Betriebe ohne Betriebsräte war zunächst weder eine der bekannten alternativen Vertretungsformen noch eine andere Form der systematischen Beteiligung der Beschäftigten an betrieblichen Entscheidungen zu erkennen. – Aber was ist es, das Inhaber, Geschäftsführung und Belegschaft in diesen Betrieben dennoch zusammenhält? Wir fanden solche Betriebe ohne jede formelle Vertretungs- oder Beteiligungsregelung in Betrieben der Größenklassen zwischen Betrieben mit 20 und 200 Beschäftigten. Am häufigsten handelte es sich aber erwartungsgemäß um die kleineren Betriebe unter 50 Beschäftigten mit einer unmittelbaren Inhaberführung. Natürlich sind bei unserer geringen Fallzahl keine repräsentativen Ergebnisse zu erwarten. Immerhin hilft die Methode der betrieblichen Fallstudie, dort qualitative Hinweise zu vermitteln, wo die schriftlichen Befragungen an ihre Grenzen stoßen.

Naturgemäß sind Angaben von Inhabern zu dieser Frage mit einer gewissen Vorsicht zu bewerten, befinden wir uns hier doch in einem stark von Ideologien und auch von subjektiven Vorstellungen und Tabus geprägten Bereich. Da wir kontrollierende Interviews mit Belegschaftsmitgliedern nicht führen konnten, fehlte die Möglichkeit einer Überprüfung oder Ergänzung der Angaben der Inhaber aus anderer Sicht.[20] Überhaupt ist es schwer, nach Phänomenen zu forschen, für die man noch keinen Namen hat. Dort, wo es keinerlei formelle Gremien der Interessenvertretung oder der Beteiligung von Arbeitnehmern gibt, ist zunächst natürlich zu vermuten, dass Konfliktaustragung und Interessenregulierungen auf informeller, in mancher Hinsicht verdeckter Ebene verlaufen. Aber wie werden diese Praktiken vom Inhaber wahrgenommen? Gibt es im Betrieb einen Begriff dafür? Sieht er überhaupt Konflikte im Betrieb, und ist er bereit, über diese vermeintlichen Schwachstellen seiner betrieblichen Ordnung zu sprechen?

In einem ländlich gelegenen Metallbetrieb mit immerhin fast 180 Beschäftigten existiert kein Betriebsrat und der Inhaber glaubt, dies sei der Erfolg seiner, wie er es ausdrückt „*partnerschaftlichen Personalarbeit*". Zunächst bieten die wirtschaftlichen Rahmenbedingungen der Firma eine gute Voraussetzung für eine hohe Arbeitszufriedenheit: kontinuierliches Wachstum, keine betriebsbedingten Entlassungen in den vergangenen zehn Jahren, Tarifbindung und übertarifliche Einkommen. Doch wie wird die Verbindung zwischen Führung und Belegschaft organisiert? Der Inhaber selbst hält den Kontakt zu den Leuten, deren Namen und Familienverhältnisse er kennt, durch regelmäßige Betriebsrundgänge. Er hat alle seine Abteilungsleiter angewiesen, dies in ihren Bereichen ebenso zu tun. Er nennt diese Methode „*Management by walking around*".[21] Aufkeimende Spannungen und Konflikte sollen so bereits im Frühstadium erkannt und entschärft werden. Die Arbeitnehmer sollen durch die persönliche Ansprache der Vorgesetzten motiviert werden. Gute Leistungen sollen mit Lob bedacht, Fehler mit Nachsicht und konstruktiver Hilfe behandelt werden.

2004 hat der Inhaber – ganz in paternalistischer Manier – seine persönlichen „Führungsgrundsätze" erlassen. Darin werden die Vorgesetzten verpflichtet, Wertschätzung und Vertrauen gegenüber den Beschäftigten zu zeigen, ihnen Freiräume zur eigenen Gestaltung ihres Aufgabenbereichs zu gewähren, ihnen Verantwortung zu übertragen und ihnen dabei Rückendeckung zu geben. Über- und Unterforderung sollen vermieden werden, Eigenmotivation soll gefördert werden. Sie sollen die Mitarbeiter für ihre Arbeit begeistern und gute Leistungen einfordern. Offene und verdeckte Konflikte sollen konsensorientiert gelöst werden. Auftretende Fehler sollen, wenn sie sich nicht chronisch wiederholen, verziehen werden. Die Vorgesetzten sollen einen partnerschaftlichen Umgang mit ihren Untergebenen führen. An anderer Stelle ist vom Prinzip der „vertrauensvollen Zusammenarbeit" zwischen Führung und Mitarbeitern die Rede. Diese Formulierung hat keinen bewussten Bezug auf das Betriebsverfassungsrecht, zeigt aber, dass der Führungsgeist im Betrieb durchaus partnerschaftliche Elemente, wie sie eben auch im BetrVG enthalten sind, aufweist.

Darüber bietet die Firma ihren Beschäftigten ein bemerkenswert breites Spektrum von sozialen Angeboten, Praktiken und Einrichtungen, die sicher zur Motivation und zum Engagement für die Firma beitragen: Kinderkrippe und Ferienprogramme für Kinder von Beschäftigten, Weiterbildungsangebote etwa zur Bewältigung von Alltagskonflikten in Betrieb und Familie. Hinzu kommen freiwillige *Arbeitskreise*, in denen die Beschäftigten sich für betriebliche und soziale Belange einsetzen können. Dazu gehören etwa die Vorbereitung von Sommerfesten und Weihnachtsfeiern. In einem Falle wurde in einem solchen Arbeitskreis aber auch eine neue Gleitzeitregelung erarbeitet, die nun im Betrieb angewandt wird. Zum Thema „Mitarbeiterbindung" gehören auch jährliche Kunstveranstaltungen mit renommierten Künstlern. Aber auch Mitarbeiter mit eigenen künstlerischen Ambitionen können hier ihre Werke präsentieren. Schließlich gibt es natürlich Nikolausfeiern (auf denen der Inhaber zusammen mit dem Personalchef Präsenttüten verteilt), Weihnachtsfeiern und Sommerfeste etc. Das Nikolausfest findet traditionell bis heute am Geburtstag des Firmengründers statt. Man gewinnt den Eindruck, dass der Betrieb nicht nur Arbeitsplatz und Broterwerb bietet, sondern für die Beschäftigten mit ihren Familien auch nach Feierabend einen kulturellen und sozialen Anziehungspunkt bildet.

Die Geschäftsleitung spornt die Beschäftigten zu Engagement und Bestleistungen an, meidet dabei aber jede Form einer institutionalisierten Beteiligung oder Qualitätsförderung etwa nach dem TQM-System oder der Kaizen-Methode. Alles bleibt gewissermaßen „freiwillig", feste Verpflichtungen werden vermieden. Tatsächlich ist in diesem Betrieb das Phänomen zu beobachten, dass eine Reihe von Beschäftigten immer wieder Ideen zur Verbesserung der Produktionsweise einbringt. Ein formalisiertes Regelsystem zur Prämierung solcher Verbesserungsvorschläge existiert nicht. „Das ist gar nicht nötig, die Leute kommen ja von selbst", meint der Inhaber dazu. Hier wirkt offenbar eine besondere Variante des mittelständischen Prinzips des „Gebens und Nehmens": Der Inhaber sorgt für vernünftige Löhne und eine anständige Behandlung der Beschäftigten, und diese liefern dafür gerne auch Mehr- und Besserleistungen.

Der Inhaber glaubt, dass es die „familiäre Atmosphäre" sei, die den Betrieb in Harmonie zusammenhalte und so einen Betriebsrat erübrige. Nun ist die Metapher der „Familie" und des „Familienbetriebs" ja eine verbreitete Vokabel zur Charakterisierung betrieblicher Sozialordnungen, in denen allein der Inhaber „Herr im Hause" ist und reglementierende Eingriffe von außen (Gewerkschaften, Öffentlichkeit) keine Rolle spielen. In der Tat weist der hier portraitierte Betrieb eine Reihe wirksamer familiärer Elemente auf, die das Arbeitsleben der Beschäftigten beeinflussen. Nicht nur die Inhaberfamilie ist über die Erbfolge und Mitarbeit zahlreicher Familienmitglieder mit dem Betrieb eng verbunden. Auch unter den Arbeitnehmern scheint es so etwas wie eine „Erbfolge von Arbeitsplätzen" im Betrieb zu geben. Mitglieder mehrerer ortsansässiger Familien arbeiten seit Gründung der Firma als Arbeitnehmer im Betrieb. Die Arbeitsplätze werden gewissermaßen von den Eltern auf die Kinder übertragen. Der Inhaber spricht in diesem Zusammenhang von einigen „Leuten der vierten Generation" im Betrieb. In mehreren Fällen arbeiten auch Vater und Mutter oder andere Verwandte gleichzeitig im Betrieb. Es ist üblich, dass die Kinder von Betriebsangehörigen auch einen Ausbildungsplatz oder – je nach den vorhandenen Möglichkeiten – zumindest eine Beschäftigung bekommen. Auch die Einrichtung einer Kinderkrippe für die Kinder von im Betrieb beschäftigten Müttern zeigt, dass hier offenbar die Arbeitnehmer auch mit ihrem familiären Hintergrund wahrgenommen werden.

Familienbeziehungen und daraus entstehende Loyalitätsbindungen spielen hier allem Anschein nach eine gewichtige Rolle. Sie prägen auch die personalpolitischen Entscheidungen in der Firma. So berichtet der Inhaber von einem Fall, in dem er einen Auszubildenden entlassen musste, dessen Leistungen und Disziplin trotz wiederholter Ermahnungen weit unterhalb der Mindestanforderungen geblieben waren. Die Entscheidung fiel dem Inhaber vor allem deswegen schwer, weil der Vater des Jungen seit Jahren als angesehener Facharbeiter im Betrieb arbeitet. So kam die Kündigungsentscheidung auch erst nach einem Gespräch mit dem Vater zustande, in dem schließlich auch dieser seine Zustimmung zur Kündigung gegeben hatte. Diese Form quasi familiärer Mitbestimmungs-Strukturen dürfte den Beschäftigten eine gewisse Grundsicherheit vermitteln. Ungerechte Kündigungen müssen sie nicht fürchten, Schikanen seitens der Vorgesetzten sind zumindest formell ausgeschlossen, Massenentlassungen haben sie noch nicht erlebt. Natürlich dürften die anhaltend stabilen wirtschaftlichen Rahmenbedingungen der Firma einerseits und andererseits die ländliche Lage, die den Mitarbeitern wenig Beschäftigungsalternativen in der Umgebung bietet, eine ebenso wichtige Rolle für die

Stabilität der sozialen Beziehungen in diesem Betrieb bilden. Sensibilität gegenüber den familiären Problemen der Arbeitnehmer und ein Klima im Betrieb, das Motivation und Engagement fördert, scheinen zu den Elementen zu gehören, mit denen eine Interessenregulierung zwischen Inhaber und Belegschaft auch ohne formelle Vermittlungs- oder Interessenvertretungsinstanz möglich ist.

Derart partnerschaftlich orientierte Führungskonzepte, die von einer gewissermaßen „organischen Einheit" zwischen Inhaber und Belegschaft ausgehen, weisen aber mitunter eine enge Nachbarschaft zu traditionell-autoritären Herrschaftsformen auf. Auf unsere Frage, was er unternehmen würde, wenn in der Belegschaft doch einmal der Wunsch nach der Wahl eines Betriebsrats aufkäme, sagt dieser Inhaber: „Ich würde natürlich dagegen argumentieren. Meine Alternative zum Betriebsrat hieße „Hundert Prozent Konsens zwischen mir und meinen Leuten!" – Eine völlige Übereinstimmung zwischen Herrscher und Beherrschten ist aber faktisch nicht möglich. Wo dies behauptet wird, werden bestehende Differenzen ideologisch überdeckt. Die Vorstellung einer vollständigen Identität von Regierenden und Regierten ist letztlich antidemokratisch. Hier wird das Partnerschaftskonzept u. U. zur autoritären Ideologie. Solche Hintergründe partnerschaftlicher Führungskonzepte sind ihren Verfechtern sicher subjektiv meist nicht bewusst. Ihre patriarchalische Führungskonzeption versteckt sich gewissermaßen hinter einem subjektiv sicher gut gemeinten Streben nach unbedingtem „Einvernehmen mit den Leuten". Die Spannungen und Risiken des demokratischen Streits um Interessen und konkurrierende Lösungen sind ihnen unerträglich.

Der Inhaber eines mittelständischen Hotels mit rund 35 Beschäftigten spricht ebenfalls von einem „familiären Klima", das für den Erfolg des Unternehmens von unverzichtbarer Bedeutung sei. Er ist nicht nur Inhaber, sondern auch Ansprechpartner für die Beschäftigten in allen Fragen: „Ich bin für alles zuständig!" Er übt einen Führungsstil aus, der sich durch ständige tätige Mitarbeit und Einmischung in fast allen Bereichen auszeichnet. Dabei ist er sich nicht zu schade, auch bei „niederen Arbeiten" mit anzupacken. Er arbeitet vormittags in der Küche mit, am Abend ist er im Restaurant, berät die Gäste und beteiligt sich auch am Service. Der Inhaber bevorzugt im Umgang mit dem Personal familiär-formlose und möglichst flexible Formen. Wenn Arbeitnehmer aus persönlichen Gründen einmal einen Tag frei haben wollen, dann findet er grundsätzlich dafür eine Lösung. Er hält nichts von starren Bereichsabgrenzungen zwischen den Berufsgruppen. Ein Koch muss bei ihm eben auch bereit sein, einmal beim Aufräumen in der Küche mit anzupacken. Auch der Inhaber geht da mit gutem Beispiel voran. Die Umgangsformen, die er gegenüber den Beschäftigten pflegt, bezeichnet er als „freundschaftlich formlos". Das sei aber nicht immer so gewesen: „Vor 40 Jahren, als ich anfing, war das alles viel steifer und förmlicher!"

Insgesamt herrscht nach Einschätzung unseres Gesprächspartners ein gutes, *quasi familiäres Betriebsklima*. Dies drücke sich auch im Zusammenhang mit der Rekrutierung von Personal aus. Obwohl es in der Umgebung (einem städtischen Ballungsraum) aufgrund der großen Konkurrenz schwer sei, qualifiziertes Personal zu bekommen, sei ihm dies bisher immer noch gelungen. Er glaubt, dass neben der übertariflichen Bezahlung vor allem auch das gute Betriebsklima dazu beitrage, die Leute auch langfristig an den Betrieb zu binden. Viele Beschäftigte sind seit vielen Jahren im Betrieb: Ein Portier seit 35 Jahren, ein Kellner seit 28 Jahren, zwei Köche seit 15 Jahren, auch unter den Zimmermädchen arbeiten einige schon mehrere Jahre im Hotel. Persönliche Gesten und Rituale, die auch die Familien der Beschäftigten mit einbeziehen, gehören ebenfalls zum Führungsstil. Belegschaft und Eigentümer essen z.B. im gleichen Raum, allerdings an getrennten Tischen. Es gibt ab und zu Anlass zu gemeinsamen Feiern, etwa zu Weihnachten oder anlässlich wichtiger Geburtstage. Der Chef verfolgt auch das Wohl und Wehe der Familienangehörigen: Geburt, Schule, Hochzeit, Hausbau, Krankheit, Tod. Sicher ist es mit einem derartigen unmittelbar persönlichen Führungsstil möglich, Konflikte zu kontrollieren, Unzufriedenheiten und Spannungen frühzeitig zu erkennen und von allen Beteiligten als gerecht empfundene Lösungen zu finden. Ein Vergleich mit einem anderen, allerdings wesentlich größeren Hotelbetrieb, in dem es einen Betriebsrat gibt, zeigt die besondere Leistungsfähigkeit des Führungsstil des Inhabers in dem kleinen Hotel. Während in dem anderen Betrieb ein jahrelanges Tauziehen zwischen Betriebsrat und Direktor notwendig war, um zu einer akzeptablen Arbeitszeitstruktur zu kommen, gelang es hier durch die Initiative des Inhabers, ein flexibles und von allen anerkanntes Arbeitszeitsystem zu entwickeln. Natürlich sei das nicht möglich gewesen, ohne mit den Beschäftigten ausführlich darüber zu reden, betont der Inhaber. Dies geschah in *Gruppengesprächen* mit den Beschäftigten der einzelnen Arbeitsbereiche (Küche, Service, Zimmermädchen). Es ist also nicht nur das sog. „familiäre Klima", das Chef und Belegschaft zusammenhält. Es bedarf auch in einem solchen Kleinbetrieb gewisser Kommunikationstechniken, die eine Einigung von Geschäftsführung und Mitarbeitern ermöglichen. Wo der Inhaber in einem kleinen Betrieb wichtige Reibungspunkte und Interessenlagen von Belegschaftsgruppen erkennt und Initiativen zu einer akzeptablen Lösung beiträgt, kann er typische Handlungsfelder von Betriebsräten offenbar u.U. selbst ausfüllen, und ihn in dieser Hinsicht tatsächlich „ersetzen".

Konsequenterweise sieht der Inhaber keinen Bedarf an einem Betriebsrat. Er vermutet, dass sich durch die damit verbundene Formalisierung der Entscheidungen die Dinge „eher verkomplizieren" könnten. Der Inhaber glaubt aber, „wo die Leute schlecht behandelt würden", sei es legitim, dass diese sich dann auch zur Wehr setzten. Nach diesem Verständnis wäre eine Forderung nach der Bildung eines Betriebsrats in seinem Betrieb gewissermaßen ein Beleg für Fehler in der Betriebsführung durch den Chef. Dass in seiner Belegschaft bisher keinerlei Wunsch nach einer eigenen Interessenvertretung aufgekommen ist, ist demnach aus seiner Sicht auch als Erfolg seines Führungsstils zu verstehen.

Eine besondere betriebsfamiliäre Kultur fanden wir in einem Handelsunternehmen mit rund 90 Beschäftigten vor. Es handelt sich um eine formelle Ausgliederung aus einem größeren industriellen Familienunternehmen, in dem Mitbestimmung gewissermaßen fast so alt wie die Firmendynastie selbst ist. Aber im Handelshaus kommt man ohne Betriebsrat aus. Warum? Die geschäftsführende Gesellschafterin führt dies auf die „spezielle familiäre Atmosphäre im Betrieb" zurück. Sie steht einer fünfköpfigen Geschäftsführung vor, deren Mitglieder alle einmal im Betrieb als Lehrlinge angefangen haben. Und heute sind sie Geschäftsführer. „Was glauben Sie, was das für eine Identifikationsbereitschaft bei den jungen Leuten schafft?" Den Begriff „Management" mag sie weniger. Sie als Inhaberin ist für den Personalbereich zuständig. Sie wird immer wieder von einzelnen Angestellten angerufen, die mit privaten oder familiären Problemen zu ihr kommen. „Die Familie" – gemeint ist die Eignerfamilie, deren Repräsentantin sie ist – „hat im Grunde genommen hier die Rolle des Betriebsrats übernommen. Hier in diesem kleinen überschaubaren Betrieb sind die Beziehungen persönlicher als im Werk."

Auf von der Firmenleitung veranstalteten Belegschaftsversammlungen wird jeweils über die Ergebnisse der Tarifverhandlungen berichtet. Auf einer solchen Veranstaltung sei auch einmal die Frage gestellt worden, ob die Belegschaft für die Umsetzung der Tarifvereinbarung nicht doch einen eigenen Betriebsrat brauche. Niemand habe sich dafür stark gemacht. Man war der Meinung, dass das nicht nötig sei. Mit den Belegschaftsversammlungen habe man vor ein paar Jahren begonnen, als man merkte, dass viele alte Mitarbeiter den Betrieb verlassen hatten und die jungen Nachwuchskräfte relativ wenig über die betriebliche Tradition und Übung mussten. Die Versammlungen sollten die jungen Leute also betrieblich „sozialisieren". Es gibt aber auch andere zusätzliche Formen von Treffen. So setzt man sich im Abteilungsrahmen in der Kantine zusammen, wenn etwas besonderes anliegt. „Treffen auf Zuruf" nennt das die Chefin.[22]

Unsere Gesprächspartnerin befürwortet den Anspruch einer paternalistischen Führung mit sozialen Pflichten gegenüber den Beschäftigten. Allerdings habe sich seit der Zeit feudaler Verhältnisse eben in der Gesellschaft einiges verändert. Arbeitnehmer seien heute freie Bürger, die einen Anspruch auf eine Führung auf gleicher Augenhöhe hätten. Nur eine faire, respektvolle Behandlung käme heute in Betracht. Wenn man Mitarbeiter mit Respekt behandele, sei dies ein Element von Demokratie. Sie ergänzt, sie sei bereits in der eigenen Familie demokratisch geprägt worden. Man habe über bestimmte Fragen untereinander oft lange diskutiert und nach ausgewogenen Lösungen gesucht. Sicher, wenn es eine Entscheidung gegeben habe, habe der eine oder andere auch zurückstecken müssen. Aber dies sei das Prinzip, das sie auch in der Führung der Firma pflege, für die sie verantwortlich sei. Familiäre Führung heiße, dass letztlich der Verantwortliche entscheide, heiße aber nicht, dass der Inhaber einfach auf den Tisch haue. Beteiligung bei der Erarbeitung von akzeptablen Lösungen sei ein wichtiges Element. Familienherrschaft und Demokratie sind nach Ansicht dieser Unternehmerin kein Widerspruch.

Natürlich ist die Wirkungsweise familiärer Beziehungsstrukturen nicht auf betriebsratslose Betriebe beschränkt. Dort, wo Betriebsräte in mittelständischen Betrieben in die betriebliche Ordnung integriert sind, entgeht auch die betriebliche Interessenvertretung nicht einer gewissen Überlagerung durch familiäre und quasi familiäre Beziehungsstrukturen. Man trifft dort nicht nur Betriebsratsgremien, in denen gleichzeitig oder in Folge Vater und Sohn aktiv sind. In patriarchalischen Führungsstrukturen mit dem Inhaber als starker Vaterfigur gerät ein Betriebsratsvorsitzender u.U. auch in die Rolle des ältesten Sohnes, der gegenüber seinen jüngeren Geschwistern zwar gewisse Vorrechte genießt, sich im Zweifelsfalle dem Willen des Vaters aber beugen muss.

Insgesamt zeigt die Szenerie der Betriebe ohne Betriebsräte also ein „weites Feld" höchst unterschiedlicher, mehr oder weniger informeller Praktiken der Kommunikation und des Interessenausgleichs zwischen Arbeitnehmern, einzelnen Beschäftigtengruppen, Vorgesetzten und Inhabern. In kleinen Betrieben ist die Form traditioneller Austauschbeziehungen zwischen Chef und Belegschaft ohne formelle Interessenvertretungsinstanz, sei es ein Betriebsrat oder eine andere betriebsspezifische Vertretungsinstanz, bis heute gewissermaßen der „Normalfall". Aber die Voraussetzungen für einen Übergang zur institutionellen Mitbestimmung durch einen gewählten Betriebsrat sind stets vorhanden. In dem Moment, in dem eine Belegschaft merkt, dass Fragen, die ihr wichtig sind, mit den traditionellen Mitteln nicht mehr gelöst werden, kommt Interesse an einem Betriebsrat auf. Das „Personal" für die Betriebsratsarbeit wird nicht selten aus dem Kreis von Akteuren kommen, die auch in der bisherigen Praxis des informellen Interessenausgleichs aktiv waren.

6. Gibt es noch ein Patriarchat?[23]

6.1 Mittelstandshabitus

Der soziologische Begriff des „Habitus" bezeichnet ein System kollektiv angelegter, unbewusst wirkender Denkstile und Verwaltensweisen. Menschen entwickeln auf dem Hintergrund ihrer je spezifischen sozialen Position entsprechende Lebensstile. Der Habitus gilt in diesem theoretischen Konzept als Verbindungsglied zwischen der sozialen und wirtschaftlichen Position einer Person einerseits und deren spezifischen Praktiken, Verhaltensweisen, Vorlieben, Geschmack etc. andererseits. Der Zusammenhang ist allerdings kein mechanischer oder deterministischer. Der Habitus besteht eher in einer allgemeinen Grundhaltung, einer Disposition gegenüber der Welt. Der Habitus wird durch Sozialisation und Tradierung an die jeweils nächste Generation weitergegeben. Da soziale Unterschiede ihrerseits durch den Habitus bewertet werden, ist der Habitus zugleich Ursache und Ergebnis von Gruppenabgrenzung und Milieubildung. Es ist der Habitus, der unseren Lebensstil eingrenzt, er zieht damit in gewisser Weise auch die Grenzen des Denkens (Vgl. BOURDIEU 1984).

Bereits der Nationalökonom Gustav Schmoller definierte Ende des 19. Jahrhunderts die mittelständische Existenz als eine komplexe Lebenssituation, die eben nicht allein durch die ökonomische Stellung, sondern auch durch kulturelle, politische und ideologische Orientierungen geprägt ist: „Der Begriff *Mittelstand* umschließt eine ganze Reihe verschiedener Seiten und Merkmale: er schließt sich an die Vorstellungen der Vermögens- und Einkommensverteilung, wie an Vorstellungen der Ehre, des sozialen Ranges, der technischen und menschlichen Bildung, der Lebenshaltung, der Berufs- und Arbeitsteilung an; jeder, der das Wort braucht, verwendet es in einer Art Durchschnitt aus diesen Vorstellungsreihen und grenzt es nach oben und unten anders ab" (SCHMOLLER 1897). Der Mittelstand, gewissermaßen „der Stand der Ärmeren unter den Reichen", ist in sich vielfältig differenziert und weist nur diffuse Grenzen „nach oben und unten" auf. Heute gilt die Figur des mittelständischen Unternehmers gewissermaßen als die Hauptgruppe des Mittelstands.

Die soziale Position als Inhaber eines Unternehmens verschafft dem mittelständischen Unternehmer spezifische ökonomische Machtmittel. Hinzu kommt eine an Bildung und Tradition gebundene gesellschaftliche Stellung. Trotz der immensen Vielfalt mittelständischer Existenzformen lassen sich bei Mittelständlern spezifische Denkstile und Verhaltensformen erkennen. Mittelstandshabitus bezeichnet im engeren Sinne die Grundeinstellungen der Inhaber mittelständischer Betriebe gegenüber der „Außenwelt" und gegenüber den Arbeitnehmern im Betrieb.

In einem erweiterten Sinne gibt es aber auch einen gemeinsamen Vorrat von Werten, Verhaltens- und Sichtweisen, die Betriebsinhaber und Arbeitnehmer in mittelständischen Betrieben in gewisser Weise teilen. Das oft missbrauchte Bild des „in einem Boot Sitzens" kann als Metapher dieses gemeinsamen Mittelstandshabitus gelten. Die häufig zu beobachtende Ähnlichkeit der Sichtweisen und Bewertungen bei Inhabern und Beschäftigten bildet letztlich die Grundlage dafür, dass in der mittelständischen Wirtschaft – trotz unterschiedlicher und natürlich bisweilen auch gegensätzlicher Interessen beider Seiten – manches charakteristisch anders abläuft als in der „großen Industrie".

Kernelement der gesellschaftlichen Position mittelständischer Unternehmer ist die freie Verfügung über das Eigentum, woraus sich auch das persönliche Herrschaftsverhältnis über die Arbeitnehmer des Unternehmens ableitet. Für die Führung eines mittelständischen Betriebes ergibt sich hieraus der Anspruch einer persönlichen „Gesamtverantwortung" für alle Vorgänge und Entscheidungen innerhalb des Betriebes. Dieser hegemoniale Anspruch schließt auch eine Fürsorgepflicht für die Arbeitnehmer ein. Eine Teilung von Verantwortung und Macht scheint nicht möglich zu sein. Die Institution der betrieblichen Mitbestimmung gilt aus der Sichtweise des Eigentümers eines Unternehmens konsequenterweise als politische Einschränkung bzw. Infragestellung der freien Verfügungsgewalt über den Betrieb. In der Art und Weise der Auseinandersetzung mit dieser gesetzlichen Norm zeigen sich mittelstandstypische Sicht- und Verhaltensweisen. Aber auch hier gilt, dass der Habitus zwar eine Grundhaltung gegenüber der Mitbestimmung charakterisiert, nicht aber alle konkreten Handlungsweisen der Betriebsinhaber vorbestimmt.

Mittelständler fühlen sich grundsätzlich in einer prekären Situation zwischen anderen mächtigen gesellschaftlichen Gruppen und Institutionen. Historisch sah sich der Mittelstand lange Zeit bedroht durch Banken und Großkapital auf der einen und die Arbeiterbewegung auf der anderen Seite (vgl. WINKLER 1991). Nach dem zweiten Weltkrieg ist dem wirtschaftlichen Mittelstand jedoch eine weitgehende Integration in das Unternehmerlager gelungen, und auch die Sozialdemokratie hat weitgehend Mittelschichtwerte übernommen. Der Schutz des Privateigentums erhielt Verfassungsrang. Die These einer „nivellierten Mittelstandsgesellschaft", wie sie von Helmut Schelsky angesichts von „Wirtschaftswunder" und „Wohlstand für alle!" (Ludwig Erhard) propagiert wurde, signalisierte diesen allgemeinen Integrationsprozess. Trotz des Nachlassens der klassischen Bedrohungssituation hält man im Mittelstand jedoch bis heute an manchem der alten Feindbilder fest. Staat und staatliche Aufsicht erscheinen nach wie vor in mancher Hinsicht als feindliche oder zumindest bedrohliche Elemente. So gilt es allgemein, Konflikte mit Behörden zu vermeiden. Finanz- oder Gewerbeaufsichtsämter und Arbeitsgerichte gelten als derartige staatliche Instanzen, die tendenziell in betriebliche Belange eingreifen und dort Schaden anrichten können. Deswegen gehört es zum mittelständischen Habitus, betriebliche Konflikte, etwa im Zusammenhang mit Kündigungen, möglichst „betriebsintern", d.h. nicht vor Arbeitsgerichten auszutragen. Dies verlangt ein funktionierendes innerbetriebliches Konfliktmanagement zur Lösung solcher Konflikte unterhalb der Ebene der Rechtssprechung. Innerhalb solcher innerbetrieblichen Konfliktlösungsstrategien spielt eine traditionelle Vertrauensbindung zwischen Inhaber und Belegschaft eine entscheidende Rolle.

6.2 Mittelständische Urängste

Es ist kein Geheimnis mehr, dass das Bürgertum in seiner revolutionären Phase nicht in erster Linie die Abschaffung des Adels im Auge hatte, sondern lieber selbst die Adelsprivilegien in Anspruch nehmen wollte. Der materielle Lebensstandard, die verfeinerten Manieren und Umgangsformen des Adels galten dem Bürgertum in jeder Hinsicht als Vorbilder. Nach der Französischen Revolution konnte sich jeder Bürger mit der ehemals dem Adel vorbehaltenen Anrede „Monsieur" schmücken, in Deutschland wurde einige Zeit später der ehemalige Untertan zum „Herrn". Die frühen Fabriken im älteren, südlichen Teil des Ruhrgebietes wurden hinter Fassaden versteckt, die mittelalterlichen Ritterburgen glichen. Und die Fabrikantenvillen stellten den Versuch dar, dem wohlhabend gewordenen Bürgertum repräsentative Herrschaftssitze nach klassisch-feudalem Vorbild zu ermöglichen – je nach Vermögen. Auch in der Wirtschaft trat das Bürgertum das Erbe der adligen Herrschaft an. In den Fabriken nahmen die neuen Herren weitgehend die Stellung der Feudalherren ein. Das Modell der unbeschränkten unternehmerischen Herrschaft mit väterlichen Pflichten gegenüber den Untergebenen war ein Erbe des Feudalismus. Eine spezifisch „bürgerliche", d.h. konstitutionelle Form der betrieblichen Herrschaftsordnung bildete sich erst allmählich in der Auseinandersetzung mit Fabrikgesetzgebung, Gewerbeordnung und der erstarkenden Arbeiterbewegung heraus. „Prinzipale", Fabrikanten und Kommerzienräte, die neuen Herren, waren allgemein fasziniert von der Lebensweise des Adels. „Die für den Bestand des Adels entscheidenden, über die Jahrhunderte hinweg nicht abreißenden Geschlechterketten hatten ein gleichsam stellvertretend für das ganze Volk geführtes genealogisches Register geschaffen, in dem die Geschichte als eigene Vorgeschichte erfahrbar wurde (vgl. ASSERATE 2003)." Hier knüpfte das Bürgertum an: Was dem Adel die über Jahrhunderte verlaufende Erbfolge einer *Dynastie* war, wurde dem Unternehmer die Führung eines Geschäftes über möglichst viele Generationen. Dynastien wurden auch in der bürgerlichen Gesellschaft zum Ausdruck wirtschaftlichen und gesellschaftlichen Erfolges. In keiner der Selbstdarstellungen heutiger Familienunternehmen fehlt der Hinweis auf Gründerväter und Firmentradition.

Das Gelingen einer solchen, über Erbschaft und innerfamiliäre Generationswechsel gesicherten Firmendynastie war allerdings stets von erheblichen Risiken begleitet. Scheiterte ein Nachfolger, gelang es ihm nicht, in den großen Fußstapfen des Vaters zu laufen, war nicht nur er alleine ruiniert. Das materielle und soziale Schicksal der gesamten Familie stand dabei stets auf dem Spiel. Und dies ist auch heute noch so. Geschäftsführende Gesellschafter überwerfen sich, Stämme führen Grabenkriege, Nachfolgeregelungen werden blockiert, die große Mehrheit der Konflikte in Familienbetrieben spielt sich innerhalb der Eignerfamilie ab. Industrietypische Konflikte mit oder in der Belegschaft, etwa solche um Lohn und Leistung, rangieren gegenüber den Familienquerelen ganz hinten. „Die Risiken mittelständischer Firmen sind genau da, wo auch ihre Chancen liegen: in der Familie" (August Oetker).

Die Schwierigkeiten der „Erbfolge" in mittelständischen Firmen nahmen auch einen wichtigen Teil unserer Gespräche mit den Arbeitgebern ein. Gewissermaßen zu den „Urängsten" der Inhaber von Familienunternehmen gehört die Furcht, gegenüber dieser historischen Aufgabe zu versagen. Das Wohlergehen der eigenen Familie ist letzlich Ziel und letzte Sinngebung der traditionellen mittelständischen Unternehmensführung. Einer unserer Gesprächspartner, heute Inhaber eines vor 175 Jahren gegründeten Unternehmens, vertraute uns an, dass er als junger Nachfolger große Ängste auszustehen hatte, ob er die Firma würde halten können. Seinen ursprünglichen Berufswunsch „Missionar" musste er aus Familienräson aufgeben, als er die Firmenleitung übernahm. Das „Buddenbrook-Syndrom" sei ihm nicht fremd gewesen.[24] – Als die Firma in die Krise gerät, sieht er sich gezwungen, Stützungsgelder aus dem Kreise der Familie anzunehmen. „Ich habe zu spüren bekommen, dass ich eben kein Manager war, sondern als Inhaber mit meiner Familie und ihrem Vermögen eng mit dem Schicksal des Betriebes verwoben bin. Daher kommt sicher meine fast libidinöse Verbindung zum Familienvermögen." Es sei letztlich seine Aufgabe, das Vermögen der Familie zu schützen – auch vor dem Zugriff Dritter, zu denen in letzter Konsequenz auch Betriebsräte und Gewerkschaften zählen. Die grundsätzliche Existenzangst lässt mittelständische Inhaber demnach u.U. zu kompromisslosen Verteidigern patriarchalischer Alleinentscheidung werden.

Die Inhaber stehen offenbar häufig in einer komplizierten Position zwischen den Ansprüchen und Erwartungen der Eignerfamilie einerseits und dem Unternehmen mit seinen Marktanforderungen andererseits. Schließlich ist das Schicksal der Familie eng mit dem Wohl des Unternehmens verbunden. Das Unternehmen ist für die Familie sowohl die zentrale Einkommensquelle, Existenzgrundlage und auch sinnstiftender Lebensinhalt. In dieser stark emotional geprägten Konstellation ist es für den geschäftsführenden Gesellschafter nicht einfach, die Rolle eines „freien Unternehmers" zu finden.

Eine zweite „Urangst", die in den Schilderungen der Inhaber häufig anklingt, bezieht sich auf das Verhältnis zur Belegschaft. Es zeigt sich, dass die patriarchalische Stellung alles andere als ein „Freibrief" zu Herrschaftsausübung ist. Patriarchalische Führung kann auf Dauer nur erfolgreich sein, wenn sich die „Leute" im Betrieb mit ihr letztlich identifizieren. Paternalismus gelingt nie als die Hegemonie des väterlichen Chefs allein. Als Äquivalent ist auf der Belegschaftsseite die Akzeptanz der Verhältnisse durch die Untergebenen notwendig. Dies gilt heute viel stärker, als in Zeiten, in denen die gesamte gesellschaftliche Ordnung paternalistisch geprägt war. Einer der Inhaber, die wir kennen lernten, sprach in diesem Zusammenhang von einer notwendigen *geistigen Verbindung* zwischen Belegschaft und Firma.

Max Weber hat in seiner Definition patriarchalischer Herrschaft darauf hingewiesen, dass die autoritäre Herrschaft eben auch auf der Zustimmung durch die Beherrschten beruhe: Deswegen könne das patriarchalische Legitimationsprinzip u.U. auch antiautoritär umgedeutet werden: Der kraft eigenem Charisma legitimierte Herr sei letztlich auch nur Gewalthaber *von Gnaden der Beherrschten* (vgl. WEBER 1988, S. 478 ff.). Bei schweren Verstößen gegen die als gerecht empfundenen Austauschverhältnisse könnten patriarchalische Herrscher bis zu einem gewissen Grade auch zu „Gefangenen des Volkes" werden, fügt E.P. Thompsen in seiner Untersuchung der Bedeutung der „moral economy" in den Frühphasen des Industriepatriarchats in England hinzu (THOMPSON 1979, S. 13 ff.).

Diese „Urangst vor dem Volk" spielt offenbar auch heute noch im Gefühlshaushalt mittelständischer Inhaber eine bedeutende Rolle. Mitbestimmung der Arbeitnehmer in betrieblichen Entscheidungen ist in diesem Kontext ein Risikofaktor. „Der Betriebsrat darf kein Gegner sein. Ich hafte für den Betrieb mit meinem Vermögen! Da hat keiner das Recht, meine Entscheidungen zu beeinflussen!", sagte uns ein über 70jähriger Seniorchef. Kam das Gespräch auf demokratische Forderungen, auf Mitbestimmung und Gewerkschaften, dann fielen unseren Gesprächspartnern häufig Geschichten über die ruinösen Auswirkungen gewerkschaftlicher Forderungen und Aktivitäten in anderen mittelständischen Betrieben ein. So berichtete etwa ein Inhaber mit traditionell patriarchalischer Führungsmentalität vom Schicksal eines benachbarten Wäschereibetriebes. In diesem 25-Leute-Betrieb sei ein Betriebsrat gewählt worden. Die Gewerkschaft hätte dann dem Chef durch ständige Versammlungen, Klagen vor dem Arbeitsgericht und durch Kosten für den Schulungsbesuch der BR-Mitglieder im Laufe der Zeit schweren, vor allem nervlichen Schaden zugefügt. Der Inhaber sei schließlich an den Folgen dieser Auseinandersetzungen gestorben. Sein Sohn als Nachfolger habe dann bald Pleite gemacht. – Auch ein anderer Geschäftsführer trägt ein derartiges Schlüsselerlebnis vom Missbrauch von Gewerkschaftsmacht mit sich herum. Er berichtet über einen Fall, den er in der Nachbarschaft beobachtet habe, ohne freilich selbst davon berührt worden zu sein. Eine Papierfabrik hatte nach der Grenzöffnung 1990 alle staatliche Zonenrandförderung verloren. Zur Rettung der Firma habe die Geschäftsleitung einen massiven Belegschaftsabbau durchsetzen wollen. Dagegen habe die Gewerkschaft 6 Wochen gestreikt. Daraufhin seien Großkunden abgesprungen, was der Firma trotz guter Auftragslage dann den wirtschaftlichen Garaus gemacht habe.

Es kann hier nicht darum gehen, den jeweiligen Wahrheitsgehalt solcher mündlichen Überlieferungen zu beurteilen. Tatsache ist, dass fast jeder Mittelständler derartige, meist aus Hörensagen stammende Fälle „parat" hat. Die Legende der ruinösen Gefahren, die von durch verantwortungsloses gewerkschaftliches Handeln aufgehetzten Belegschaften ausgehen können, bildet eben auch heute, inmitten einer weitgehend demokratischen Gesellschaftsordnung, den Hintergrund für charakteristische Abwehrhaltungen mittelständischer Firmeninhaber gegenüber der Mitbestimmung. Die Bewältigung dieses Dilemmas zwischen alten Urängsten und den demokratischen Anforderungen der Zeit gelingt den Mittelständlern offenbar in höchst unterschiedlicher Weise und mit sehr unterschiedlichen Ergebnissen.

6.3 Vom Patriarchat zur „Teamorientierung"?

Die patriarchalische Unternehmensführung wird im Allgemeinen als die Traditionsform mittelständischen Führungsstils verstanden. Damit geht meist die Vorstellung eines autoritären, auf die Position des Inhabers oder des geschäftsführenden Gesellschafters zentrierten Regimes einher. Im viel zitierten sog. „Herr-im-Hause-Standpunkt" verschmelzen Elemente feudaler Herrenmentalität mit der exklusiven Rechtsstellung des bürgerlichen Eigentümers. Merkmale einer derart traditionellen Führung sind also die Einheit von Eigentum und Leitung sowie der Anspruch des Eigentümers auf alleinige, mit keinem Zweiten geteilte Führung. Sofern eine Teilung der Führungsverantwortung auf mehrere Personen infrage kommt, geschieht dies traditionellerweise innerhalb der Inhaberfamilie, z.B. in der Form der „Vater&Sohn"-Führung.

Der Begriff des „Patriarchats" stammt ursprünglich aus gesellschaftlichen Zusammenhängen der griechischen Antike. Der Patriarch war „der Erste unter den Vätern" bzw. der Stammesführer. Der Begriff wurde dann auch auf die orthodoxe Kirchenhierarchie angewandt. Bis heute nehmen die Kirchenführer der russischen und der katholisch-orientalischen Kirchen die Stellung von Patriarchen ein. Zu dieser Position gehört auch die Hoheit der Rechtssprechung in Kirchenfragen. Patriarchate repräsentieren darüber hinaus sehr alte Führungstraditionen in von Männern (Vätern) dominierten Gesellschaftsformen. Die Patriarchen der mittelständischen Wirtschaft führen in sofern archaische Führungstraditionen fort.[25] Dazu gehört das Selbstverständnis einer sich aus der Alleinverantwortung für das Unternehmen ergebenden Alleinentscheidung. Die herausgehobene Position des Vaters als Familienoberhaupt gilt in aller Regel nicht nur für die betriebliche Herrschaft. Die väterliche Führungsposition bezieht sich grundsätzlich auch auf die Stellung in der Inhaberfamilie selbst. Die legendären Führungspersönlichkeiten der deutschen Wirtschaftsgeschichte (Max Grundig, Joseph Neckermann etc.) herrschten gleichermaßen in ihrer Familie wie im Betrieb.[26]

Das Verständnis väterlicher Führung in der Wirtschaft unterscheidet sich aber von anderen historischen autoritären Herrschaftsformen, wie etwa der Diktatur oder der Despotie. Während letztere allein auf einer absoluten Machtstellung beruhen, die keinerlei Widerspruch duldet, trägt der väterliche Herrscher grundsätzlich gegenüber den ihm Untergebenen eine soziale Verpflichtung. Ein gütiger Vater entscheidet zwar allein, er hat dabei aber stets das Wohl der ihm Anvertrauten im Auge. Die Beschäftigten haben keine Mitwirkungsrechte gegenüber dem väterlichen Chef, wohl aber können sie bis zu einem gewissen Grad mit Milde und Nachsicht rechnen. Das Bild der „Betriebsfamilie" weist dem Inhaber die Vaterposition und den Arbeitnehmern die Rolle der – unmündigen – Kinder oder Halbwüchsigen zu. Hier ist auch die Heimat des von manchem Arbeitnehmer heute noch immer gebrauchten Bildes der „harten aber gerechten" Führung durch den Inhaber.

Der Begriff des mittelständischen Patriarchats wird heute mehr oder weniger bedeutungsgleich mit denen des „Patronats" oder des „Paternalismus" gebraucht. Auch der Patron ist aufgrund von Tradition und Eigentumsstellung der klassische Alleinherrscher im Betrieb. Der Patron und seine „Leute" gehören zwei verschiedenen sozialen Ständen an. Die Trennungslinie zwischen ihnen ist nicht durchlässig. Nach altem römischem Recht ist der Patron der Schutzherr über seine Schutzbefohlenen. Seine Klientel ist zu Gehorsam und Gefolgschaft gegenüber dem Patron verpflichtet, der Patron trägt in gewissen Grenzen aber die soziale Verantwortung für seine Untergebenen. Es herrscht also, ähnlich wie bei der väterlichen Herrschaft, eine asymmetrische gegenseitige Abhängigkeitsbeziehung. Der Begriff des „Klientelismus" bezeichnet das patronale Herrschaftsverhältnis aus der Perspektive der Untergebenen. Der Patron und sein Klientel sind durch eine Vielzahl informeller Bindungen und Verpflichtungen verbunden. Aus diesen

Zusammenhängen stammt auch der Begriff des „Gebens und Nehmens", den die Mittelständler, mit denen wir sprachen, immer wieder als Orientierung für eine aus ihrer Sicht sozial ausgewogene Unternehmensführung anführten.[27] Der parallel verwendete Begriff des „Paternalismus" betont im Kontext betrieblicher Herrschaft – ebenso, wie die beiden anderen Begriffe – die quasi väterliche Herrschaftsattitüde des Arbeitgebers. Als Gegengewicht zur Unterwerfung unter den Willen des Inhabern werden den Beschäftigten soziale Leistungen (betriebliche Sozialpolitik, Hilfe in Notlagen) geboten. Von Robert Owen stammt eine sozialutopische Variante paternalistischer Betriebsherrschaft. Seine Vision war es, den Betrieb als integrierten Herrschafts- und Produktionsbereich und als Lebensgemeinschaft der Arbeitenden auszubauen. „Alles für den Arbeiter – nichts durch den Arbeiter", lautet seine utopische Parole.

Welche Bedeutung haben die traditionellen Führungsformen heute in der mittelständischen Wirtschaft? Hermann Kotthoff hatte Anfang der 90er Jahre in einer Wiederholungsuntersuchung Betriebe aufgesucht, in denen er bereits Mitte der 70er Jahre Befragungen zum Zustand der betrieblichen Mitbestimmung angestellt hatte. Er machte dabei die interessante Entdeckung, dass sich in vielen mittelständischen Betrieben, in denen sich die Inhaber und Geschäftsführer bei der ersten Befragung als entschiedene Mitbestimmungsgegner profiliert hatten, die Betriebsräte und die Praxis der betrieblichen Mitbestimmung deutlich an Boden gewonnen hatten. Er beobachtete in der Mehrzahl der Betriebe, die er und seine Kollegen noch in den 70er Jahren als entschiedene Verfechter des traditionellen „Herrn-im-Hause"-Standpunkts kennen gelernt hatten, Resultate eines grundlegenden Wandels der Führungspraxis und der Einstellung des Managements zu Partizipation und betrieblicher Mitbestimmung. Er bezeichnete Mitte der 90er Jahre den offensichtlichen „Niedergang des Patriarchats" in diesen Betrieben als das eindrucksvollste Ergebnis seiner Nachfolgestudie (vgl. KOTTHOFF 1994). Kotthoff stellte also einen unmittelbaren Zusammenhang zwischen dem Prozess einer allmählichen Akzeptanz von Normen der betrieblichen Mitbestimmung und dem Zurückweichen patriarchalischer Herrschaftsformen her.

Wir wollten wissen, ob man heute – wiederum ein Jahrzehnt später – wirklich von einem „Abschied vom Patriarchat" sprechen kann. Die Erfahrung hatte uns gelehrt, mit derartigen geschichtsträchtigen Urteilen zurückhaltend zu sein. Schließlich wurde die mittelständische Wirtschaft insgesamt schon mehr als einmal für geschichtlich überholt und zum Aussterben verurteilt erklärt. Tatsächlich gelten in der wirtschaftspolitischen Debatte heute bestimmte Elemente mittelständischer Unternehmensführung geradezu als vorbildhafte Tugenden einer kreativen und innovativen Entwicklung. Musste diese neue „Modernität" mittelständischer Unternehmensführung mit ihren Traditionselementen nicht auch Wirkung auf die Entwicklung des mittelständischen Führungsstils haben? Steht mittelständische Führungspraxis heute unter einem beteiligungsorientierten Modernisierungsdruck oder gibt es gar einen Trend zur Rehabilitierung traditioneller patriarchalischer Führungsmuster?

Wenn man Mittelständler heute nach ihrem persönlichen Führungsstil fragt, erhält man in neun von zehn Fällen zunächst eine klare Absage an alles, was an traditionelle autoritäre Führungsformen erinnern könnte: „Mein Führungsstil? Der ist in keinem Fall autoritär, ich würde sagen, sehr kollegial!", sagte uns der Inhaber eines kleinen Baubetriebes. - „Ich fühle mich nicht als Chef, eher als eine Führungsperson im Team", sagte der junge Inhaber eines Metallbetriebes mit 60 Beschäftigten. Er wünscht sich, dass die Mitarbeiter aus eigener Erkenntnis und Überzeugung für den Fortschritt des Betriebes und damit für die Sicherheit ihrer eigenen Arbeitsplätze arbeiten. - Der über 60jährige Inhaber eines Möbelbetriebes mit über 300 Beschäftigten nennt seinen Führungsstil „kooperativ, teamförmig, aber zielorientiert". Es gibt einen sog. „Führungskreis", in dem der Inhaber mit den Leitern der Technik, der Finanzen und des Marketing berät und alle wichtigen Entscheidungen trifft bzw. vorbereitet. - Der Chef eines größeren Maschinenbauunternehmens meint: „Ich begreife meine Rolle als teamorientiert, und versuche das auch zu leben. Der Chef trifft hier keine einsamen Entscheidungen - er veranstaltet gemeinsame Treffen und bereitet dort seine Entscheidungen vor. Ich wünsche mir, dass dann alle dahinterstehen!" - Usw., usw., der Begriff der „Teamorientierung" hat offensichtlich zumindest in der Selbsteinschätzung vieler Mittelständler die Metapher des väterlichen Chefs abgelöst. An die Stelle des traditionellen Gehorsamsverhältnisses gegenüber dem Inhaber sollte die Bereitschaft der Arbeitnehmer getreten sein, angesichts der schwierigen wirtschaftlichen Verhältnisse aus eigenem Antriebe alles für die Firma zu tun. So wünschen es sich jedenfalls die Inhaber, die sich selbst als teamorientiert bezeichnen. In diesem neuen Modell wird die Verantwortung für den Unternehmenserfolg teilweise vom Inhaber auf die Beschäftigten verschoben: „Es ist letztlich die Aufgabe jedes einzelnen Mitarbeiters, dazu beizutragen, dass sein Arbeitsplatz erhalten bleibt." Diese Aussage stammt aber charakteristischer Weise nicht von einem in traditioneller Weise mit Betrieb und Belegschaft verbundenen Inhaber, sondern von einem Mann, der als „Übernahme-Unternehmer" zum Mittelständler geworden ist.

6.4 Beteiligung ja – aber ohne Verpflichtung!

Teamorientierung und partizipative Führung sind demnach – so scheint es zumindest auf den ersten Blick – die neuen Mottos mittelständischer Führung. Doch was wird darunter verstanden? Welche konkreten Beteiligungsregeln werden in den Betrieben praktiziert? Sind hier wirklich Alleinherrschaft und das klassische Prinzip der Anweisung von oben durch kooperative Entscheidungsstrukturen und eine Beteiligung von unten nach oben ersetzt worden? – Uns fiel auf, dass in überraschend wenigen der untersuchten Betriebe standardisierte und formalisierte Beteiligungsverfahren angewandt wurden. Lediglich in einer Hand voll größerer Mittelstandsbetriebe fanden wir professionelle Praktiken etwa nach dem Kaizen-System mit entsprechenden „work-shops", der TQM-Methode oder ähnlichen im Zusammenhang mit ISO 2000-Zertifizierungen verbundenen Partizipationstypen. Auch die eher traditionellen Systeme des sog. „Verbesserungsvorschlagwesens" wurden selten im Rahmen klar definierter Anforderungs- und Prämierungsrichtlinien praktiziert. Oft sind beteiligungsorientierte Führungsformen in den Betrieben offenbar mehr Programm als Realität. So erläuterte uns etwa der Geschäftsführer eines Maschinenbauunternehmens mit knapp 500 Beschäftigten ausführlich die Ziele und Vorteile eines neuen Beteiligungssystems, das man mit Hilfe japanischer Berater eingeführt hatte. Danach sollten nach seinen Worten mehr „bottom up"-Elemente anstelle der traditionellen „top-down"-Führung eingeführt werden. Im anschließenden Gespräch mit dem Betriebsrat erfuhren wir allerdings, das ein zwei Jahre vorher mit erheblichem Aufwand eingeführtes KVP-System nach kurzer Zeit wieder „eingeschlafen" sei. Den wesentlichen Widerstand gegen die Anwendung der Arbeitnehmerbeteiligung sah man hier aber nicht bei der Geschäftsführung, sondern in der „Meisterherrschaft" auf Abteilungsebene. Autoritäre und von niemandem kontrollierte Verhaltensweisen älterer, mit dem Betrieb seit Jahrzehnten gewissermaßen „verwobener" Meister seien häufig starke Bastionen gegen jede Veränderung. Die despotische Meisterherrschaft sei so etwas wie das klassische Patriarchat der Inhaber im Kleinen. So entsteht das Bild, dass zwar in der Geschäftsleitung eine Abkehr von alten patriarchalischen Führungsmustern propagiert wird, im Mittelbau aber die Herrschaft patriarchalischer „Fürstentümer", wie sie unser Gesprächspartner nannte, anhält. Häufig beschränken sich Workshops und Teambesprechungen nur auf den leitungsnahen Angestelltenbereich. Bis zu den Arbeitern im Betrieb reicht die Teamorientierung meist nicht.

Der Inhaber eines prosperierenden und in den letzten Jahren stetig gewachsenen Metallbetriebes mit 160 Beschäftigten setzt ganz auf informelle Methoden. Er berichtet, bei ihm sei es selbstverständlich, dass aus einer Gruppe besonders motivierter Beschäftigter regelmäßig wertvolle Verbesserungsvorschläge gemacht würden, die oft zu kostensenkenden oder qualitätsverbessernden Veränderungen im Betrieb führten. Dafür gebe es keinerlei Prämien, aber ausdrückliches anspornendes Lob. Als wir nach weiteren Partizipationspraktiken in seiner Firma fragen, fällt ihm eine andere typisch mittelständische Methode kluger und sehr sparsamer innovativer Entwicklung ein. Die Mitarbeiter, die er zu Messen geschickt hat, fragt er im Anschluss an ihren Messebesuch gezielt nach Beobachtungen und Neuigkeiten bei der Konkurrenz aus.

Formalisierte Beteiligungsstrukturen sind in kleineren Betrieben mit unter 100 Beschäftigten nach unserem Eindruck noch sehr selten. Wir fanden in diesem Zusammenhang nur einen Großhandelsbetrieb mit rund 35 Beschäftigten, in dem der Inhaber ein regelmäßig tagendes Gremium aus Firmenleitung und delegierten Arbeitnehmern aus den verschiedenen Abteilungen initiiert hat, das er nicht ohne Witz als sein „Betriebsparlament" bezeichnete. In einem Metallbetrieb mit rund 60 Beschäftigten gibt es zwar kein formelles Mitsprache- und Beteiligungssystem, aber die Diskussion finde laufend in den „Abteilungsteams" statt, erfahren wir vom Inhaber. In regelmäßigen Besprechungen auf Abteilungsleiterebene werde „über alles" gesprochen. In den Abteilungen fänden dann „ad hoc-Besprechungen" statt.

Der Geschäftsführer eines Betriebes des Baunebengewerbes mit rund 30 Beschäftigten weist auf die Grenzen von sinnvoller Arbeitnehmerbeteiligung mit, so wie er sie erfahren hat: Er selbst halte einen kooperativen Führungsstil grundsätzlich für richtig. Bei größeren Vorhaben halte er Rücksprache mit den Leuten, man diskutiere das vor einer Entscheidung aus. Auch sonst komme es nicht selten vor, dass man sich zusammensetze. Aber er ist auch skeptisch geworden: „Wir hatten neulich eine Investition in der Halle zu entscheiden. Aber viele der Leute sind mit einer solchen Mitentscheidung u.U. überfordert, wenn man mal ehrlich ist". Das sei auch von einigen Mitarbeitern zum Ausdruck gebracht worden, und man habe letztlich doch die Entscheidung des Chefs erwartet: „Sie wollen dann die Anweisung". Die Belegschaft erwarte bei aller Beteiligungskultur letzten Endes doch den Erhalt patronaler Letztentscheidung.

In sehr kleinen Betrieben ohne Hierarchie kann die Arbeitnehmerbeteiligung offenbar selbstverständlicher Bestandteil des täglichen Arbeitslebens sein. Der Inhaber eine Textilbetriebs mit 20 Beschäftigten schilderte das so: „Aufgrund unserer geringen Größe behandeln wir alle Beschäftigten als ein Team. Es gibt hier keine tayloristische Arbeitsform! Die Dinge werden situativ gelöst. Nur so sind die Leute zufrieden!" Man lasse sich einiges zur Motivationsschaffung und -steigerung einfallen, allerdings nicht auf künstliche Weise, sondern „weil wir alle untereinander ein familiär-persönliches Verhältnis haben."

Generell liebäugeln mittelständische Inhaber mit den Vorteilen einer beteiligungsbereiten Belegschaft. Sie haben verstanden, dass durch die Mobilisierung von Eigeninitiative und Engagement bei den Arbeitnehmern die Konkurrenzfähigkeit des Betriebes gesteigert werden kann. Aber die traditionell sozialisierten Inhaber können eben oft nicht über ihren eignen Schatten springen. Sie scheuen nach patriarchalischer Manier meist eine Formalisierung und Fixierung von Rechten zur Beteiligung. Sie bevorzugen eher mehr oder weniger informelle Beteiligungspraktiken. Teilweise mag dies mit der generellen Abneigung gegenüber „unnötiger Bürokratisierung" zusammenhängen. Stets wirkt aber im Hintergrund das patriarchalische Motiv, zwar Gutes zu tun, sich aber möglichst zu nicht zu verpflichten, in diesem Fall also keine verbindlichen Regeln einzugehen, die den Arbeitnehmern etwa gewisse Beteiligungsrechte oder Erfolgsprämien bei Verbesserungsvorschlägen einräumen würden. Die Abkehr von patriarchalischen Führungsprinzipien scheint im Mittelstand keineswegs immer eine notwendige Voraussetzung für die Einführung teamartiger Kooperation und die Beteiligung von Arbeitnehmern an Entscheidungen zu sein. Kluge Patriarchen machen sich offenbar Methoden der Mitarbeitermotivation durch Förderung und Beteiligung zunutze. Als wir einen Inhaber, der sich als „aufgeklärter Patriarch" versteht, fragten, ob er Macht ausübe, bestätigte er dieses: „Ja, indem ich die Menschen dahin führe, wohin ich sie haben will, nämlich zu engagierter und verantwortlicher Arbeit. Jeder muss seine möglichstes tun. Wir haben nichts zu verschenken."

Die Bereitschaft mittelständischer Firmenchefs, sich gegenüber den Beschäftigten gewissermaßen „nobel" zu verhalten, sie fair und menschlich zu behandeln und ihnen in Notlagen auch zu helfen, wird stets begleitet durch den Wunsch, formelle Verpflichtungen gegenüber der Belegschaft so weit wie möglich zu vermeiden. Dies folgt einer sehr traditionellen Herrschaftsorientierung: Man gibt, ist aber nicht dazu verpflichtet. Teil klassischen patriarchalischen Umgangs mit den Beschäftigten ist das Element der „Gnade". Unter Gnade versteht man eine wohlwollende Zuwendung an Abhängige. Dabei hat der Gnadenempfänger keinerlei Anspruch auf dieses Wohlwollen. Er ist grundsätzlich der Willkür des Gewährenden ausgesetzt.[28] Übertarifliche Zahlungen und andere soziale Leistungen sind derartige „Wohltaten" ohne Rechtsansprüche. Diese Traditionsmechanismen sind nicht selten auch bei Inhabern erkennbar, die die Normen der betrieblichen Mitbestimmung in gewissem Umfang akzeptieren und gewissermaßen in zivilisierter Form mit Betriebsräten kooperieren, Führungspersönlichkeiten also, die man als „aufgeklärte Patriarchen" bezeichnen könnte. Es ist mitunter faszinierend, zu beobachten, wie sich auch im partnerschaftlichen Umgang mit Belegschaftsvertretern gewisse patriarchalische Attitüden erhalten: So berichtet der Betriebsratsvorsitzende eines Möbelbetriebes mit rund 190 Beschäftigten über seinen Chef, bei ihm könne er alles erreichen, er dürfe es nur nicht schriftlich machen: „Wenn ich ihm einen schriftlichen Beschluss vorlegen würde, dann bekäme er einen

Wutanfall! – Nein, man muss mit ihm erst reden." – Und er lässt die komplementäre Seite dieser Herrschaftsattitüde nicht unerwähnt. Man kann sich auf das Wort des Chefs verlassen: „Der Chef hält sich immer an sein einmal gegebenes Wort, in dieser Beziehung ist er eben noch ganz der alte ehrbare Kaufmann."

Manche Inhaber betonten auf die Frage nach dem Führungsstil ihre soziale Nähe zur Belegschaft. Der Inhaber eines größeren Kfz-Betriebes sagte: „Ich mag die Arbeiter, ich schätze sie, suche den Kontakt zu ihnen und habe keine sozialen Berührungsängste ihnen gegenüber. Ich arbeite gerne mit den einfachen Leuten zusammen." Ihm sei es wichtig, ein Unternehmen auf menschliche Art zu führen. In diesem Fall wurde der Betrieb nicht ererbt. Der neue Inhaber hatte die Firma mit Hilfe von Finanzinvestoren erworben. – Der über 60jährige Besitzer einer Möbelfirma beschreibt sein Verhältnis zur Belegschaft so: „Ich habe ja selbst jahrelang im Akkord gearbeitet, ich kenne die Alltagssituation am Arbeitsplatz und die Probleme und Konflikte dort. Ich bemühe mich zu meinen Leuten um ein kollegiales Verhältnis, versuche also, nicht alles über Anweisungen von oben zu regeln. Aber es gibt natürlich Grenzen." Dieser Inhaber sieht sich und die Belegschaft in einer Art „*Schicksalsgemeinschaft*": „Wir sitzen letztlich in einem Boot. Wir müssen gut sein, um uns gegenüber der Konkurrenz zu behaupten. Und das sieht die Belegschaft im Großen und Ganzen wie ich." – Die gelebte oder bisweilen vielleicht nur gewünschte soziale Nähe zur Belegschaft ist zweifellos ein bis heute wirksames Grundelement mittelständischer Führung. Je näher sich Belegschaft und Inhaberfamilie einander fühlen, desto geringer ist die Gefahr, dass sich ein Dritter, also etwa Betriebsrat, Gewerkschaft oder Staat in die betrieblichen Belange einmischt.

6.5 Intergenerativer Wandel im Führungsstil

Viele jüngere Inhaber grenzen sich bei der Frage des Führungsstils gegenüber ihren Vorgängergenerationen ab. Da werden die Väter oft als traditionsgebundene, autoritär orientierte Männer dargestellt, die nach dem Motto „hart aber gerecht" Respekt bei der Belegschaft genossen. Aber ihren eigenen Führungsstil charakterisieren sie dann eher als modern und ökonomisch rational. „Mein Vater hat den Betrieb aus dem Bauch heraus geführt und damit viele Jahre Erfolg gehabt. Aber heute geht das nicht mehr. Ich arbeite lieber mit objektiven Zahlen." – Der Sohn bezeichnet seinen Führungsstil als *partizipativ*. Dies unterscheide ihn sehr von seinem Großvater, der Jahrzehnte lang die Geschicke der Firma in Händen gehabt hatte. Der sei wohl noch ein Patriarch gewesen, bei dem die Leute gezittert hätten. Er sagt „Ich bin kein Machtmensch, ich versuche immer, mit den Menschen auszukommen." – In einem Handwerksbetrieb mit 35 Beschäftigten berichtete der etwa 50jährige Inhaber, der legendäre Großvater, der die Firma 60 Jahre leitete, habe mit einem autoritären Führungsstil regiert. Er habe aber auch das nötige Charisma besessen, so dass sich die Leute ihm gerne untergeordnet hätten. Der Vater, der die Geschicke der Firma nur sechs Jahre mit wenig Fortune in Händen hatte, blieb immer der „Junior", wurde also nicht als ausgereifte Führungsperson anerkannt. Der heutige Chef, der damals sein Ingenieurstudium abbrechen musste, um die Firma zu übernehmen, arbeitet eher *systematisch-wissenschaftlich*, wie er sagt. So nimmt er gerne externe Beratung durch die sog. „Führungsakademie" der Handwerkskammer in Anspruch. In Zusammenarbeit mit Externen und seinen Leuten will er die Führungsstruktur weiterentwickeln, „zukunftsfähig" machen. Die Tradition des patriarchalischen Führungsstils, der ganz auf die Person des Inhabers zentriert war und den Betrieb möglichst gegen äußere Einflüsse abzuschotten trachtete, scheint also von Generation zu Generation zu verblassen und durch einen eher beteiligungsorientierten und arbeitsteilig organisierten Führungsstil abgelöst zu werden.

Die Selbsteinschätzung des Inhabers und sein Bild in den Augen der Belegschaft können jedoch mitunter deutlich auseinander klaffen, wie das Beispiel eines kleineren Gartenbaubetriebes zeigt. Der Inhaber meinte auf unsere Frage nach seinem persönlichen Führungsstil: „Ich werde den Teufel tun und immer meine Meinung durchsetzen. Ich bin nämlich auch mal drei Wochen in Urlaub, und dann muss es auch laufen". – Der Betriebsratsvorsitzende sah das anders: „Der Chef ist ein Alleinherrscher. Was für ihn gut ist, darin ist er kooperativ". Und gut für ihn sei alles, was kein Geld koste und allenfalls, was er gesetzlich unbedingt machen müsse. Er habe ihm schon öfter gesagt: „Die Zeiten des Feudalismus sind vorbei!".

Der Wandel von Traditionen der autoritären Alleinherrschaft zu arbeitsteiligeren und beteiligungsorientierten Führungsformen vollzieht sich häufig gewissermaßen intergenerativ. Während der Vater noch traditionellen Mustern folgte, versucht der Sohn, neue Wege zu gehen. Die traditionelle, in vielen Handwerksbranchen heute noch stark verbreitete Nachfolgeregelung sieht den Junior bereits mit jungen Jahren gewissermaßen als Assistent des Seniors in der Verantwortung der Geschäftsführung. Erst nach meist langen Jahren der Führungspraxis unter der Aufsicht des Vaters kann er die Unternehmerrolle alleine ausfüllen. In solchen Konstellationen sind die Chancen eines Bruchs mit alten Führungstraditionen gering. Die Chancen, eine neue zeitgemäße Führungspraxis zu entwickeln, werden in starkem Maße davon beeinflusst, inwieweit es dem Nachfolger gelingt, im Laufe seiner Ausbildung andere Einflüsse außerhalb von Betrieb, Familie und Branche aufzunehmen. So konnte beispielsweise ein Praktikumaufenthalt in Schweden den designierten Juniorchef eines Möbelunternehmens von den Vorteilen partnerschaftlichen Umgangs zwischen Arbeitgeber- und Arbeitnehmerseite überzeugen. Kurz nach der Übernahme des väterlichen Betriebs initiierte er daraufhin in Zusammenarbeit mit der zuständigen Gewerkschaft die Wahl eines Betriebsrats.

In einem anderen Fall kam ein künftiger Inhaber eines Metallhandwerksbetriebes im Zusammenhang mit seinem Ingenieurstudium in Kontakt zu einer sozialdemokratischen Studentengruppe. Er beteiligte sich an der Reformdiskussion der 70er Jahre. Als er dann die Firma übernommen hatte, legte er großen Wert darauf, sein Verhältnis zum Betriebsrat, mit dem sein Vater stets „überkreuz gelegen" hatte, zu normalisieren und vernünftige Arbeitsbeziehungen zu entwickeln. Auch Lehr- und Ausbildungszeiten in fremden, meist größeren Firmen leisten u.U. einen wichtigen Einfluss auf die spätere Orientierung der Nachwuchsmittelständler. So berichtete uns der Chef eines Maschinenbauunternehmens mit rund 150 Beschäftigten, er habe sein Vorbild keineswegs in seinem Vater, sondern in einer Führungskraft mit großer persönliche Ausstrahlung in einem größeren Betrieb gefunden, in dem er nach seiner Lehre einige Zeit arbeitete. Ihm gefiel dessen Arbeitsstil, den er als „sachlich, offen und konfliktfähig" charakterisiert. Da dieser Mann auch einen sachlichen, unaufgeregten Umgang mit dem Betriebsrat pflegte, fiel es unserem jungen Nachfolger im väterlichen Betrieb dann auch leichter, den Betriebsrat als eine legitime und u.U. auch nützliche Instanz im Betrieb zu sehen.

Häufig kommt der Gruppe der langjährigen Führungskräfte in mittelständischen Betrieben, also etwa der Geschäftsführer oder Prokuristen, die im Auftrage des Inhabers die Geschäfte weitgehend selbständig führen, eine Schlüsselrolle bei der betrieblichen Sozialisierung der Inhabernachfolger zu. Häufig haben sie im Laufe ihrer langen Betriebspraxis ein solides Vertrauensverhältnis zur Belegschaft aufgebaut und eine wichtige Vermittlerrolle zwischen Inhaber und Belegschaft bzw. deren Sprechern gespielt. Juniorchefs, die sich an solchen *Respektpersonen* orientieren, haben es mitunter leichter, sich aus den festgefahrenen Spuren väterlicher Führung zu lösen. In anderen Fällen kann eine angesichts einer nur schwachen Präsenz des Senior-Inhabers im Betrieb über lange Jahre verfestigte Herrschaft der Prokuristen auch zu einem Hindernis für neue Initiativen durch den Nachfolger werden. In solchen Konstellationen scheint die Entlassung solcher altgedienter Führungskräfte die Voraussetzung für einen Neuanfang zu sein. Biografische Prägungen und je unterschiedliche Chancen zur Aufnahme fremder Einflüsse beeinflussen offenbar die Chancen mittelständischer Unternehmer, die vorgegebene Traditionslinie des dynastischen Erbes durch neue Elemente und zeitgemäße Orientierungen zu ersetzen oder auch nur zu ergänzen.

Bei der Bewertung dieses intergenerativen Modernisierungseffekts ist allerdings auch zu bedenken, dass sich die Betriebe im Laufe der Jahrzehnte in Bezug auf die Marktstellung, ihre Größe und ihren technisch-organisatorischen Zuschnitt mitunter erheblich verändert haben. Rund ein Drittel der von uns untersuchten Betriebe wurde bereits im 19. Jahrhundert gegründet, ein weiteres Drittel in der ersten Hälfte des 20. Jahrhunderts. Die überwiegende Mehrzahl dieser Betriebe ist im Laufe ihrer Entwicklung gewachsen und weist heute eine Struktur auf, die nichts mehr mit den Verhältnissen in der Gründerphase gemein haben. Besonders auffallend ist etwa ein teilweise rapides Belegschaftswachstum vieler Mittelstandsbetriebe seit den fünfziger oder sechziger Jahren. Wo aus kleinen Handwerksbetrieben mit einem Dutzend Beschäftigten heute teilweise international agierende Industrie- und Dienstleistungsbetriebe geworden sind, haben sich die Anforderungen an die Führungspraxis zwangsläufig verändert. Und doch ist es faszinierend, auch in den modern gemanagten, arbeitsteilig geführten Inhaberbetrieben nach wie vor deutliche Elemente traditioneller Führung zu entdecken.

6.6 Charisma und Führungskunst

Verfügen die neuen Mittelständler des Typs „aufgeklärter Patriarch", wie wir sie angetroffen haben, noch über das *Charisma*, das man dem traditionellen Typus des erfolgreichen mittelständischen Unternehmers und Alleinherrschers stets zugeordnet hat? Der von Max Weber in die Sozialforschung eingeführte Begriff des *Charismatikers* kommt ursprünglich aus dem religiösen Bereich. Er kennzeichnet eine Führungspersönlichkeit, die mit einer starken persönlichen Ausstrahlung ausgestattet ist und deren Leben gewissermaßen durch „Außeralltäglichkeit" bis hin zur „Fähigkeit zur Ekstase" gekennzeichnet ist. Dem Charismatiker folgen die Anhänger, weil sie sich seinen außergewöhnlichen Fähigkeiten gerne anvertrauen.[29] – Nun, angesichts verbreiteter Teamorientierung, betrieblicher Diskussions- und Beteiligungspraktiken und einer „Versachlichung", u.U. auch Demokratisierung betrieblicher Führungsmechanismen dürfte heute kaum noch Raum sein für charismatische Führer, möchte man meinen. Aber wir stießen bei unseren Betriebsbesuchen auf eine Reihe von Führungsphänomenen, die zumindest in der Tradition charismatischer Führung stehen. Der Mechanismus charismatischer Herrschaft soll hier wenigstens an einem Beispiel verdeutlicht werden.

Da ist beispielsweise der Inhaber einer erfolgreichen Möbelfabrik, eine grauhaarige, quasi aristokratische Erscheinung von knapp 70 Jahren. Er behauptet von sich, sein Führungsstil sei „kooperativ, teamförmig, aber zielorientiert". Er hält nichts von Demokratie im Betrieb, setzt aber auf eine Einbeziehung der Beschäftigten in möglichst viele wichtige Entscheidungen. – Nur ein „aufgeklärter Patriarch", wie wir viele andere getroffen haben? Im Gespräch mit dem Betriebsratsvorsitzenden wird deutlich, welche außergewöhnliche Anerkennung dieser

Inhaber bei der Belegschaft genießt: Vor ein paar Jahren war es zu einer schweren Führungskrise gekommen, als sich der vom Inhaber eingesetzte neue Geschäftsführer als Versager herausstellte. Die Firma verlor nicht nur Aufträge, auch innerbetrieblich machte sich eine verhängnisvolle Lähmung und Demotivierung breit. Der Betriebsrat erklärte die Zusammenarbeit mit diesem Geschäftsführer „mangels Vertrauen" für beendet. Viele Beschäftigte weigerten sich, angesichts der allgemeinen Unzufriedenheit Leistungen zu erbringen, die in irgendeiner Weise über ihre vertraglichen Mindestverpflichtungen hinausgegangen wären. Schließlich entschloss sich der Inhaber, den Geschäftsführer fristlos zu entlassen und die Leitung der Firma wieder selbst zu übernehmen. „Da ging", wie uns der BR-Vorsitzende anvertraute, „durch die ganze Belegschaft ein großes Aufatmen! Plötzlich waren die Leute wieder bereit zu zusätzlichen Leistungen, sie übernahmen wieder notwenige Arbeiten an Wochenenden, damit die Aufträge fristgerecht abgeliefert werden konnten. *Für den Alten machen wir's,* sagten sie.". - Auch eine weitere Episode zeigt die außergewöhnliche Bindung zwischen dieser Belegschaft und ihrem Chef. Einige Zeit später kam die Firma aufgrund anhaltend schlechter Auftragslage in eine schwierige finanzielle Situation. Die Banken wollten keine weiteren Kredite geben, wenn es nicht kurzfristig gelänge, die Kosten zu reduzieren. Da für den Inhaber die Streichung von Arbeitsplätzen nicht infrage kam, forderte er die Belegschaft auf, einmalig auf die Hälfte ihres tariflichen Urlaubsgeldes zu verzichten. Der Betriebsrat widersprach zwar, er wusste aber, dass er schon verloren hatte, denn die Belegschaft würde dem Chef folgen. Daraufhin ließ sich der 69jährige Chef in der Fertigungshalle von zwei Arbeitern auf eine Maschine helfen und hielt von dort oben vor der gesamten Belegschaft eine Ansprache. Er appellierte, dieses Opfer zu bringen, um die Arbeitsplätze zu retten. Und er bekam dafür Applaus. In der folgenden namentlichen Abstimmung per Stimmzettel haben sich dann - bis auf zwei Personen - alle Beschäftigten mit der Kürzung des Urlaubsgeldes einverstanden erklärt. Die Entwicklung gab dem Inhaber schließlich Recht. Die Ertragslage verbesserte sich, und er war inzwischen in der Lage, wenigstens einen Teil des Krisenopfers an die Belegschaft zurückzuzahlen.

Die Herausforderung, vor der mittelständische Arbeitgeber heute stehen, lautet: „Wie Tradition und Modernität, wie Alleinentscheidungsanspruch und Beteiligungspraktiken miteinander vermitteln?" Die Ansprüche und Erwartungen der Belegschaften gegenüber einer entwicklungsfähigen, legitimierten und gleichzeitig sozial gerechten Unternehmensführung sind gewachsen. Ein traditionelles Stichwort mittelständischer Führungskunst ist heute so zeitgemäß wie eh und je: Wie gelingt es, ein wirkliches Vertrauensverhältnis zu schaffen und aufrecht zu erhalten? Denn nur auf dieser Grundlage kann ein Betrieb mit Krisen und Einschnitten fertig werden, sowie neue, teilweise noch unbekannte Herausforderungen bewältigen. Gerade in Zeiten unsicherer wirtschaftlicher Entwicklung und unter dem Eindruck immer wieder drohender Verluste für die Arbeitnehmer wird von den Geschäftsführungen eine hohe Sensibilität im Umgang mit den Belegschaften, mit ihren über Jahre erworbenen Besitzständen und bei der Durchsetzung notwendiger Veränderungen erwartet.

Kennzeichen einer sensiblen, den sozialen Ansprüchen der Beschäftigten gegenüber bewussten Führung ist auch die Fähigkeit zur Abwägung der Folgen personalpolitischer Maßnahmen, und zwar nicht nur gegenüber den betroffenen Arbeitnehmern, sondern auch hinsichtlich der Gesamtwirkung bestimmter Sanktionen auf Betriebsklima, Mitarbeitermotivation und die Identifikationsmöglichkeiten der Arbeitnehmer mit ihrer Arbeit und auch mit der Firma insgesamt. Hier gilt es, „das rechte Maß" nicht nur für das wirtschaftlich Wünschbare und Notwendige zu entwickeln, sondern auch bei möglicherweise einschneidenden Veränderungen die feinen Fäden des Vertrauens und das Gerechtigkeitsempfinden zwischen Arbeitgeber und Belegschaft, die letztlich den Betrieb zusammenhalten, nicht zu zerreißen. Der hier bereits portraitierte Inhaber eines Möbelunternehmens glaubt beispielsweise, dass eine Belegschaft auch eine *geistige Verbindung* zum Unternehmen haben sollte. Wenn eine Belegschaft stolz auf das Unternehmen sei, sei das von unschätzbarem Wert auch für den Unternehmenserfolg. Auch wenn es darum gehe, Geld einzusparen, was zum Zeitpunkt unserer Befragung in der Firma ja der Fall war, müsse man aufpassen, dass man nicht die Motivation der Leute zerstöre: „Wenn 5 % Lohnkostenersparnis durch 20 % Motivationsverlust erkauft werden, dann ist das eine falsche Entscheidung."

Die Kunst einer sensiblen Personalführung auch unter schwierigen Rahmenbedingungen beherrschen natürlich nicht alle Mittelständler. Wir haben andere Inhaber und Geschäftsführer angetroffen, die zu einer derartigen Abwägung von Maßnahmen unter dem Gesichtspunkt der Aufrechterhaltung des sozialen Friedens im Betrieb offenbar nicht in der Lage sind. In solchen Fällen muss manche Maßnahme, die von Inhaberseite ursprünglich nur zur Effizienzsteigerung oder Kostensenkung gedacht war, in den Augen der Belegschaft als herrschaftlicher Affront, als Bruch der ungeschriebenen Regeln der „moral economy" aufgefasst werden. „Wo die guten Sitten aufhören, müssen Gesetze anfangen", schrieb Niccolò Machiavelli, Verfasser grundlegender Einsichten über die Alleinherrschaft. Die Beziehungen zwischen Belegschaft und Führung werden formeller, gewissermaßen „steifer". Der Betriebsrat besinnt sich auf die gesetzlichen Bestimmungen, und der Arbeitgeber kommt u.U. in große Schwierigkeiten.

Der Geschäftsführer und Mitinhaber einer Baufirma mit 85 Beschäftigten beispielsweise ordnete eine Überprüfung der Tachometerscheiben in den Lkws der Firma an, um damit die Arbeitszeitkontrolle der auf den Baustellen beschäftigten Leute zu perfektionieren. Dies geschah auf dem Hintergrund einer laufenden Sanierung der Firmenfinanzen, in deren Rahmen bereits unbezahlte Mehrarbeit auf den Baustellen geleistet wurde. Mit der technischen Kontrollmaßnahme wollte der Geschäftsführer gegen „Schummeleien" einiger Arbeiter bei der Stundenabrechnung angehen, löste damit aber einen schwerwiegenden Konflikt im Betrieb aus. Der Betriebsrat widersprach, weil er diese Art von Kontrolle unzumutbar fand. Schließlich würden damit „wegen einer Hand voll kleiner Gauner" alle Arbeiter unter Generalverdacht gestellt. Der Tachoscheibenkonflikt führte zu bösem Blut in der Belegschaft. Eine Mehrheit der Leute auf den Baustellen beteiligte sich an einer Unterschriftenliste gegen die geplante Maßnahme. Über diese Blockadehaltung empört, weigerte sich nun der Geschäftsführer wochenlang, überhaupt mit dem Betriebsrat zu sprechen. In der Zeit der „Funkstille" zwischen Geschäftsführer und Betriebsrat wurde dann bekannt, dass man in der Geschäftsleitung erwäge, zur Kontrolle der Arbeiter auf den Baustellen künftig das GPS-System einzusetzen. Das heizte den Konflikt zusätzlich an. Der Betriebsratsvorsitzende: „Die Firma ist nach wie vor in der Krise, die Belegschaft arbeitet gratis, um sie aus dem Dreck zu ziehen. Und da diskutiert man oben darüber, wie man die Arbeiter mit modernen technischen Mitteln besser kontrollieren kann!" - Hier ist der Geschäftsführer offenbar zu weit gegangen. Er hat nicht erkannt, dass er mit dieser Kontrollmaßnahme mehr Schaden anrichten würde, als er durch sie an Lohngeldern einzusparen hoffte. Und er hat mit seinen Kontrollplänen offensichtlich bei den Arbeitern die Grenze des Zumutbaren überschritten. Nach Ende des Interviews versucht der Betriebsratsvorsitzende seinen Ärger noch einmal in Worte zu fassen: „Das Misstrauen wirkt wie Gift in der Belegschaft. Man fühlt sich in dieser Firma seit einiger Zeit wie im Gefängnis!"

Das Geheimnis erfolgreicher autoritärer Herrschaft scheint in der richtigen Mischung aus Strenge und Milde zu liegen. Niccolò Machiavelli, unser Gewährsmann in allen Fragen mittelalterlicher Herrschaftskunst, meinte zur Streitfrage, ob es für einen Herrscher besser sei, geliebt zu werden als gefürchtet, oder umgekehrt: „Die Antwort lautet, dass es am besten wäre, geliebt *und* gefürchtet zu sein; da es aber schwer ist, beides zu vereinigen, ist es weit sicherer, gefürchtet zu sein ...". Hier finden wir also die mittelalterliche Tradition der Herrschaft vor, die auch heute noch von manchem Mittelständler - manchmal nur in Spurenelementen - praktiziert wird. Es ist die Art, die von den Beschäftigten - nicht ohne Anerkennung - als „hart aber gerecht" bezeichnet wird.[30]

6.7 Traditionelles und aufgeklärtes Patriarchat

Nur eine Minderheit unserer Gesprächspartner sprach sich offen für den Erhalt gewisser Traditionen patriarchalischer Führung aus. Da ist zunächst der 64jährige Handwerksmeister, Inhaber eines Dachdeckerbetriebes mit rund 35 Beschäftigten. Gefragt nach seinen Führungsprinzipien sagte er: „Ich bin hier der uneingeschränkte Herrscher aller Reußen! - Das ist allen im Betrieb klar. Wie in der Familie kann nur einer das letzte Wort haben". Tatsächlich gebe es bei ihm aber keine „Friss- oder-stirb-Anweisungen". Es werde vorher genau überlegt, wie man eine bestimmte Leistung am besten erbringen könne. - Aber Gegenmeinungen kann er nun einmal nicht dulden. Ein Meister, den er nach einer schweren persönlichen Krise eingestellt hatte, entwickelte nach seiner Genesung andere Vorstellungen und opponierte gegen Entscheidungen des Chefs. - „Man musste sich trennen". - Auch die soziale Seite des paternalistischen Führungsverständnisses ist vorhanden: „Bei uns geht alles *redlich* und *gerecht* zu." Bei sozialen Problemen der Mitarbeiter, sei es in der Familie, sei es gegenüber Banken oder Behörden, ist man bemüht, zu helfen. Dieser Inhaber steh also - in ganz selbstbewusster Weise - zu den Traditionen autoritärer Alleinherrschaft. Ein Betriebsrat käme ihm nicht ins Haus. Da würde er die Firma eher schließen: „Ich bin 64 Jahre alt. Ich muss mir nichts mehr gefallen lassen. Vielleicht würde ich dann den Laden zu machen. Konkurs. Ende!" - Der Umschwung vom gütigen, väterlichen Chef zum Despoten kann offenbar sehr abrupt sein. Auch seine ironisch gemeinte Bemerkung, dass er Demokratie im Betrieb schätze, solange man sich nach seiner Meinung richte, weist auf diese autoritäre Grundstruktur hin: Der *Januskopf des Patriarchen*.

Im Falle des 60jährigen Inhabers eines größeren, international erfolgreichen Betriebes der Metallindustrie (175 Beschäftigte) klingt das Bekenntnis zu patriarchalischen Führungsbildern etwas zurückhaltender, oder - wenn man so will - in einer modernisierten Variante: Es gibt ein Führungsteam aus 5 Führungskräften, alle sind Akademiker: Personalführung, Technische Leitung, Vertriebsleitung, Exportleiter, IT-Leiter. Wo ist er als Inhaber? „Irgendwo darüber! - Frei schwebend!" Auf Nachfrage bestätigt er aber, dass er sich die letzte Entscheidung in allen Führungsbereichen vorbehält. Insgesamt scheint er so etwas wie ein „aufgeklärter Patriarch" zu sein. Er hält in einem mittelständischen Unternehmen nach wie vor grundsätzlich - schon wegen der Eigentumsverhältnisse - die zentrale Herr-im-Hause-Stellung für notwendig. Er betont aber gleichzeitig, man müsse zeitgerechte *subtile* Formen dafür finden. Aber „ein bisschen Patriarchat muss sein", meint er. Dieser Inhaber ist ein dezidierter Gegner der betrieblichen Mitbestimmung. Die Wahl eines Betriebsrats in seinem Betrieb würde er als Scheitern seines - wie er es nennt - „partnerschaftlichen Führungskonzepts" verstehen. -

Wie sehen nun aber die „subtileren Formen des Patriarchats" in dieser Firma aus? 2004 hat der Inhaber – ganz in paternalistischer Manier – Führungsgrundsätze erlassen. Darin werden die Vorgesetzten verpflichtet, Wertschätzung und Vertrauen gegenüber den Beschäftigten zu zeigen, ihnen Freiräume zur eigenen Gestaltung ihres Aufgabenbereichs zu gewähren, ihnen Verantwortung zu übertragen und ihnen dabei Rückendeckung zu geben. Über- und Unterforderung sollen vermieden werden, Eigenmotivation soll gefördert werden. Sie sollen die Mitarbeiter für ihre Arbeit begeistern und gute Leistungen einfordern. Offene und verdeckte Konflikte sollen konsensorientiert gelöst werden. Auftretende Fehler sollen, wenn sie sich nicht chronisch wiederholen, verziehen werden. Die Vorgesetzten sollen einen partnerschaftlichen Umgang mit ihren Untergebenen führen. An anderer Stelle ist vom Prinzip der „vertrauensvollen Zusammenarbeit" zwischen Führung und Mitarbeitern die Rede. Diese Formulierung hat keinen bewussten Bezug auf das Betriebsverfassungsrecht, zeigt aber, dass der Führungsgeist in der Firma durchaus partnerschaftliche Elemente, wie sie eben auch das BetrVG prägt, aufweist. Die Führungsgrundsätze des Inhabers nehmen also ausschließlich die Vorgesetzten in die Pflicht. Sie sollen nicht nur die disziplinarische, sondern auch die fürsorgliche Seite patriarchalischer Herrschaft – im Auftrage des Chefs- gegenüber den „Leuten" ausfüllen. Es wird deutlich, dass zur paternalistischen Betriebskultur eben nicht nur die Lichtgestalt des charismatischen Chefs gehört. In der Belegschaft muss dazu auch die Bereitschaft zur Einordnung in die betriebsfamiliäre Kultur vorhanden sein. Dies gelingt offenbar in Betrieben in ländlich abgelegener Lage – wie in diesem Fall – besser, als in großstädtischen Ballungsräumen. Man gewinnt den Eindruck, dass für den Inhaber wie für die Beschäftigten der Betrieb mehr ist, als nur die alltägliche Erwerbsquelle. Unter solchen Verhältnissen erhält der arg strapazierte Begriff der „Betriebsfamilie" für die Beteiligten wahrscheinlich eine recht konkrete Bedeutung.

6.8 Vom Januskopf mittelständischer Führung

Das Phänomen einer gewissen Gespaltenheit zwischen beteiligungsorientierter Modernität („Teamorientierung") einerseits und einer dahinter liegenden traditionellen „Herr-im-Hause"-Haltung haben wir bei einer ganzen Reihe unserer mittelständischen Gesprächspartner gefunden. Betriebliche Beteiligungskultur und erztraditionelle Herrschaftsformen liegen nicht selten dicht beieinander. Dies zeigt etwa der Fall eines Inhabers eines Autohauses mit rund 60 Beschäftigten. Der Mann ist 40 Jahre alt. Seit kurzem hat er die alleinige Geschäftsführung übernommen, während der alte Seniorchef im Betrieb nur noch eine beratende Rolle spielt. Auf die Frage nach seinem Führungsstil bezeichnete er sich als „teilweise autoritär", denn er wolle immer seine Meinung durchsetzen. Er treffe aber keine einsamen Entscheidungen sondern suche durchaus die Diskussion. - „Fürchten ihn die Leute im Betrieb?", fragen wir. Nein, von Furcht möchte er nicht sprechen, aber sie respektierten ihn, so wie er sei, glaubt er. - Soweit die offizielle Seite der Führungspraxis.

Neben den offiziellen betriebsverfassungsrechtlichen Austauschbeziehungen betreibt der Inhaber aber die Tradition des patriarchalischen „Gebens und Nehmens" mit der Belegschaft in einer besonders systematischen Form. Über die freiwilligen „Wohltaten", die er gegenüber einzelnen Beschäftigten gewährt, wird gewissermaßen betriebswirtschaftlich genauestens Buch geführt. Er führt akribisch eine Liste, auf der freiwillige Leistungen und Vergünstigungen verzeichnet sind. Wer hat welche Vergünstigung bekommen, und welchen Geldwert besitzt diese? Dazu gehören Dinge wie Betriebsdarlehen für insolvente Mitarbeiter, Möglichkeit einer betrieblichen Altersversicherung, übertarifliche Überstundenzuschläge sowie Hilfe und Beratung, wenn z.B. ein Mitarbeiter ein Haus kaufen will. Diese Art der Hilfeleistung ist nach dem Verständnis des Inhabers ein *deal*, der sich auszahlt - „Der Mann, dem ich ein günstiges Darlehen besorgt habe, lässt mich natürlich nicht hängen, wenn ich einmal etwas außergewöhnliches von ihm verlange", sagt er. „Das ist eben immer ein *Geben und Nehmen*."

Plötzlich schwenkt der Inhaber im Gespräch mit uns um: Er halte den Betriebsrat ja für im Großen und Ganzen akzeptabel, auch wenn der ihm manchmal zusätzlich Stress verursache. Einen Betriebsrat könne man aber immer loswerden. Das sei nur eine Frage des Preises, den man zu zahlen bereit sei. Der besondere Kündigungsschutz erhöhe eben nur die Höhe der Abfindung. Wenn man wolle, bekomme man jeden Betriebsrat vor die Tür! Er erzählt auch von einer Firma, wo der Arbeitgeber einen frisch gewählten Betriebsrat unter Fortzahlung der Bezüge für drei Jahre „freigestellt" habe, d.h. der durfte den Betrieb dann nicht mehr betreten. Heute sei die wirtschaftliche Situation für Arbeitgeber, die ihren Betriebsrat loswerden wollten, doch besonders günstig. Seitdem Harz IV vor der Tür stehe, seien die Belegschaften erpressbar - usw.

Dieser Inhaber führt offenbar einen inneren Kampf zwischen dem traditionellen Alleinentscheider und dem aufgeklärten Managerunternehmer, der sich an die Spielregeln der Mitbestimmung hält. Es fällt ihm - ganz nach paternalistischer Manier - viel leichter, spontan etwas Gutes für die Leute zu tun, als die gesetzlichen Regeln des Umgangs mit dem Betriebsrat anzuerkennen. Er ist abstrakt davon überzeugt, dass Mitbestimmung heutzutage sein müsse, aber er scheut eine verbindliche Form der Zusammenarbeit mit dem Betriebsrat. Seine Bemerkungen über die jederzeitige Möglichkeit, einen Betriebsrat loszuwerden, klingen durchaus bedrohlich. „Ich halte mich an die Spielregeln, aber wenn ich will, kann mir die ganze Macht niemand rauben!" Schließlich ist er der Inhaber, und letztlich darf nur er entscheiden. Deswegen ist es für ihn wohl wichtig, sich ab und zu vergewissern, dass er den Betriebsrat auch notfalls vor die Tür setzen könnte.

Eine nachhaltige Abkehr von autoritären Führungstraditionen ist u.U. nicht leicht. Vor dieser Situation trafen wir einen jungen Juniorchef eines Bauunternehmens mit rund 60 Beschäftigten. Sein Vater, mit dem er sich noch auf ungewisse Zeit die Geschäftsführung teilen muss, ist offenbar ein klassischer Vertreter einer autoritären, gegenüber der Belegschaft sehr distanzierten Führungspraxis. Über den Seniorchef heißt es in der Belegschaft: „Alles geht gut, wenn sich nur der Alte raus hält". Der Juniorchef versucht nun einen zaghaften Neuanfang in den Beziehungen zu den Beschäftigten. Er bezeichnet seinen persönlichen Führungsstil als kooperativ. Er sei stets offen für Vorschläge, die Tür zu seinem Büro stehe immer offen. Er habe jetzt z.B. einen „Meckerkasten" eingeführt, der unerklärlicherweise von den Leuten bisher allerdings noch nicht genutzt werde. Er selbst besuche im Unterschied zu seinem Vater regelmäßig ein Mal pro Woche alle Baustellen. Aber es sei eben nicht leicht, einen wirklichen Gesprächsfaden zu den Leuten aufzubauen. Auf unsere Frage nach Möglichkeiten einer demokratischen Öffnung der überkommenen Führungsstruktur reagiert er zurückhaltend. Ein Betrieb könne grundsätzlich nicht nach demokratischen Regeln geführt werden. Das Vorbild der Familie passe besser zu den Mechanismen eines kleinen Betriebes. Zum Bild der Familie gehöre auch die Hierarchie. Der Vater sei eben der Herrscher, der letztlich entscheidet. Aber der solle nicht einfach autoritär herrschen. Ein guter Vater werde seine Kinder stets von der Richtigkeit seiner Entscheidungen überzeugen können. Aber es müsse eben einen geben, der die Verantwortung habe, sonst komme es zur *Anarchie*. In der Wahl eines Betriebsrats sehe er keine Lösung: Zuviel Aufwand und Kosten ohne erkennbaren Nutzen! – Er habe schon einmal überlegt, ob es sinnvoll wäre, jemanden aus der Belegschaft als Vertrauens- oder Obmann zwischen Belegschaft und Geschäftsführung zu ernennen. Aber er habe die Idee dann wieder fallengelassen, weil der Effekt höchst fraglich, die auftretenden Kosten hingegen sicher gewesen wären. Der Senior sei auch dagegen gewesen. „Es geht auch ohne. Die Leute können ja jederzeit zu mir kommen!" – Nun, sie scheinen aber bisher nicht zu kommen.

Der Juniorchef bemüht sich, die Anerkennung durch die „Leute" für sich persönlich als neuer Chef zu erringen. Während es früher offenbar üblich war, dass an den Weihnachtsfeiern nur die Angestellten aus dem Büro teilnahmen, hat er nun eingeführt, dass alle betrieblichen Festivitäten auch den Arbeitern offen stehen. So wurden etwa zur 50-Jahr-Feier erstmals alle Betriebangehörigen mit Familie eingeladen. Und vor kurzem hat er die ganze Belegschaft zu seiner Hochzeit eingeladen. Die Meisten seien auch gekommen und er hebt hervor, dass es für ihn wichtig gewesen sei, mit den Leuten auch einmal private Gespräche führen zu können. Soweit seine Versuche, über die Herstellung familiärer Nähe seinem Bild einer harmonischen Beziehung zur Belegschaft ein wenig näher zu kommen.

Im weiteren Gespräch über den Zusammenhang zwischen Mitarbeitermotivation, Wirtschaftskrise und Steigerung der Arbeitsleistung kommt er dann allerdings zu einer bemerkenswerten Metapher: „Ich denke mir, es ist ein großer Unterschied, ob die Mannschaft im Dunkeln rudert oder das Ziel erkennen kann. Dann geht das doch viel schneller!" – Wird hier nicht aus dem bekannten mittelständischen „gemeinsamen Boot" unter der Hand so etwas wie eine Rudergaleere?

Auf ähnliche Äußerungen stößt man im Gespräch mit Mittelständlern öfters. Man gewinnt nicht selten den Eindruck, der aktuelle Modernisierungsdruck, der sich bei mittelständischen Inhabern auch zu Führungsbildern à la „Teamorientierung" verdichtet, überfordere sie in ihrer praktischen Führungstätigkeit. Moderne Beteiligungsansätze vermischen sich immer wieder mit Relikten der gewissermaßen darunter liegenden alten „Herr-im-Hause"-Überzeugungen.

Nicht alles, was Teamführung und Beteiligung genannt wird, steht in den mittelständischen Betrieben auch für einen aufgeklärten, egalitären Führungsstil. Beteiligungsorientierte und traditionsgebundene, autoritäre Leitbilder purzeln gewissermaßen ständig durcheinander. Der Inhaber eines international aktiven High-Tech-Unternehmens mit rund 150 Beschäftigten, das er aus der Konkursmasse eines gescheiterten Elektrounternehmens übernommen und neu ausgerichtet hatte, gibt sich im Gespräch ganz als akademisch gebildeter, weltläufiger *Businessman*. Nach der Übernahme seien die Mitarbeiter in den übernommen Betrieben natürlich zunächst verunsichert gewesen. „Sie hatten Zukunftsangst: Was wird aus uns? – Aber seit ich zeigen konnte, dass die neue Firma erfolgreich war, ist wieder Ruhe eingekehrt." – Der Übernahme-Unternehmer inszeniert sich als eine Art charismatischer Führer: „Meine Erfolgsgeschichte als Unternehmer ist den Leuten ja bekannt. Ich bin für sie ein Garant des Erfolges. Deswegen sind die Leute bereit, mir zu folgen. Die Mitarbeiter verbinden ihr Schicksal mit mir."

Seine Führungsphilosophie ist überraschend traditionell. Auf die Frage nach demokratischen Beteiligungsansätzen in seiner Firma sagt er u.a.: „Ich wünsche mir, dass die Mitarbeiter sich mit mir in einem Boot fühlten. Schließlich hängt der Mitarbeiter selbst von seinem Arbeitsplatz ab, ich nicht. Für mich gibt es kein finanzielles Risiko mehr..." – Einen Betriebsrat lehnt er grundsätzlich ab, würde ihn als destruktiv für seine unternehmerischen Ziele empfinden, weil er einseitig für die Mitarbeiter agiere. Eine parteiliche Haltung sei in der Wirtschaft nicht gut. Außerdem hätten Betriebsräte eben auch nicht die richtige Qualifikation für Führungsaufgaben: „Wie soll so einer beurteilen können, was für das

Unternehmen gut ist? Die Leute halten doch immer nur an ihrem Besitzstand fest. Damit kann man ein Unternehmen nicht führen!" – Auf die Frage, ob er sich nicht einen in seinem Sinne unternehmensorientierten und kooperationsfähigen Betriebsrat vorstellen könne, entschlüpft ihm: „Es gibt ebenso wenig einen idealen Betriebsrat, wie es einen idealen Diktator gibt!"

6.9 Varianten mittelständischer Führung heute

Die bisherige Untersuchung hat gezeigt, dass trotz einer allgemein erkennbaren Tendenz zur Auflösung traditionell-autoritärer Führungspraktiken und einer Hinwendung zu teamorientierten und partizipativen Führungsstilen Elemente patriarchalischer Herrschaft den Alltag in mittelständischen Betrieben nach wie vor beeinflussen. Fasst man die im Kreis von 50 Mittelstandbetrieben beobachteten Phänomene zusammen, so kommt man zu vier unterschiedlichen Ausprägungen im Tauziehen zwischen traditioneller und moderner Führungspraxis. Interessanterweise war es möglich, im Rahmen der schriftlichen Mittelstandsbefragung des IfM, deren Ergebnisse im ersten Teil dieser gemeinsamen Studie wiedergegeben werden, eine ganz ähnliche Typologie von Einstellungen der befragten mittelständischen Arbeitgeber hinsichtlich ihrer Entscheidungsstile und deren Verhältnis zur Mitbestimmung zu erstellen.

6.9.1 Kollegiale Führung

Diese Ausprägung treffen wir vor allem in kleineren Betrieben mit etwa bis zu 50 Beschäftigten an. Hier ist der Chef gewissermaßen „Erster unter Gleichen", herrschaftliche Attitüden sind ihm weitgehend fremd. Seine Führungs- und Entscheidungstätigkeit findet mehr im Betrieb selbst als in einer Führungsetage statt. Solche Mittelständler sprechen von ihrer Rolle als „Führung auf Zuruf", als „Troubleshooter" oder sie sagen „Ich bin immer mitten drin!". Das Gespräch und die Abstimmung vor Entscheidungen ist meist unkompliziert und verläuft weitgehend formlos im alltäglichen Arbeitsprozess selbst. Natürlich liegt die Alleinverantwortung und damit auch die letzte Entscheidung in *allen* betrieblichen Angelegenheiten beim Chef. Aber für die alltäglichen Willensbildungs- und Entscheidungsprozesse scheint der oftmals missbrauchte Begriff des „Teams" hier durchaus angebracht. Den Arbeitnehmern werden auf der Ebene der Gestaltung ihrer Arbeit relativ große Spielräume für Eigenentscheidungen eingeräumt. Da eine gesonderte Hierarchie fehlt, gibt es kaum klare Trennungen zwischen anweisenden und ausführenden Tätigkeiten. Eigeninitiative ist gefragt. Die Achtung vor den Menschen, mit denen der Inhaber zusammenarbeitet, drückt sich auch in Aufmerksamkeit für deren persönliche und private Probleme aus. Wo er helfen kann, tut er es. Die Wahl eines Betriebsrats ist hier in den Augen der Inhaber insbesondere der kleinen Betriebe eigentlich nicht nötig. Sie stellt für diesen Führungsstil aber auch kein grundsätzliches Problem dar, denn der Inhaber muss nicht befürchten, dass dieser gegen ihn in Konkurrenz um das Vertrauen der Belegschaft treten könnte. Betriebsräte, meist reduziert auf eine dominierende und in der Belegschaft allgemein anerkannte Persönlichkeit, fügen sich meist recht gut in die überwiegend durch mündliche Absprachen gekennzeichnete betriebliche Ordnung ein. Die zum Belegschaftsstamm gehörenden Arbeitnehmer haben hier – in Anlehnung an Hermann Kotthoffs Kennzeichnung – gewissermaßen „Bürgerstatus".

Diese Gruppe entspricht dem Typ des „mitarbeiterbezogenen Entscheidungsstils", wie er in der IfM-Befragung identifiziert wurde. Ein solcher liegt vor, wenn die Mitarbeiter gleichberechtigt mit der Geschäftsführung zusammen entscheiden, bzw. auch eigenständig Entscheidungen fällen dürfen. Dies schließt auch die Zusammenarbeit mit Betriebsräten oder anderen Beteiligungsgremien der Arbeitnehmerseite ein. Nach der statistischen Auswertung ist ein derartiger Führungsstil mit durchschnittlich 7 % der im Mittelstand am wenigsten verbreitete Führungstyp. In dieser Gruppe ist nach den statistischen Ergebnissen der IfM-Befragung der Verbreitungsgrad von Betriebsräten mit rund 40 % deutlich überdurchschnittlich.

6.9.2 Aufgeklärtes Patriarchat

Diesen Typus trifft man meist in größeren, in den letzten Generationen stark gewachsenen Betrieben, etwa ab einer Größenordnung von 150 Beschäftigten an. Der Inhaber ist weiterhin in der Firma tätig, meist hat er sich auf bestimmte strategische Fragen, wie etwa die Außenbeziehungen, konzentriert. Die Führung wird durch ein kleines Management (Geschäftsführer, Prokuristen, Personalleiter, Ressortchefs etc.) verstärkt. Dieses Management agiert gewissermaßen unter Aufsicht des Inhabers, der sich in allen wichtigen Fragen die Letztentscheidung vorbehält. Bezogen auf das Verhältnis zur Belegschaft übernehmen bestimmte Führungskräfte eine Vermittlungsfunktion. Der Inhaber ist aber im Betrieb und gegenüber der Belegschaft nach wie vor präsent und interveniert deutlich sichtbar bei wichtigen Entscheidungen. Sein persönlicher Führungsstil prägt auch das Handeln seines „Führungskreises". Aber bei aller Modernität im Führungsverhalten bleibt die traditionelle Hegemonie des Inhabers erhalten: „Ein bisschen Patriarchat muss schon noch sein", sagte uns einer dieser Mittelständler. In solchen Betrieben gelingt offenbar eine lebensfähige Synthese aus patriarchalischer Präsenz und Managementführung. Die Existenz von Betriebsräten ist in Betrieben dieses Typs die Regel. Zwischen den für personelle Fragen verantwortlichen angestellten Führungskräften und den Betriebsräten wird gewissermaßen ein Personalmanagement mit verteilten Rollen praktiziert. In einigen Sonderfällen gelingt Vertretern des „aufgeklärten Patriarchats" jedoch offenbar auch ein in den Augen der Belegschaft akzeptabler Interessenausgleich ohne Betriebsrat. Systematische Formen der Beteiligung oder der Mitarbeitermotivation stehen neben traditionellen, personenbezogenen Führungsmethoden. Es gibt in vielen Fällen eine „Diskussionskultur", die dazu dient, die Erfahrung und das Wissen vor allem der qualifizierten „Leistungsträger" aus der Belegschaft für Entscheidungsvorbereitungen zu nutzen. Arbeitnehmer sind in diesem Zusammenhang auch so etwas wie Erziehungsobjekte, Schüler auf dem Weg zu besserer Qualität und Leistung.

Die Gruppe des „aufgeklärten Patriarchats" entspricht in etwa dem „stark interaktiven" Entscheidungsstil aus der Mittelstandsbefragung des IfM. Hier werden wichtige Entscheidungen vom Geschäftsführer erst gefällt, nachdem die Mitarbeiter, bzw. Betriebsräte oder andere Mitarbeitervertretungen gehört worden sind. Mit fast 44 % der Nennungen hat dieser Typ nach Selbsteinschätzung durch die Geschäftsführer die stärkste Verbreitung unter den untersuchten Unternehmen. In den kleinen Unternehmen unterhalb der 50-Mitarbeiterschwelle ist er mit rund 38 % etwas weniger verbreitet, in den mittleren und größeren Unternehmen ab 100 Beschäftigten umfasst er mit rund 57 % die absolute Mehrheit der befragten Unternehmen. In dieser Gruppe ist der Verbreitungsgrad von Betriebsräten mit 37 % überdurchschnittlich.

6.9.3 Gespaltenes Patriarchat

Die Führung in Inhaberbetrieben dieser Gruppe ist durch zahlreiche Brüche zwischen Tendenzen moderner „aufgeklärter" Führungsmethoden und weiterhin wirkender, traditionell-autoritärer Überzeugungen und Führungspraktiken des Inhabers geprägt. Diese spezifische Ausprägung mittelständischer Herrschaft ist in Betrieben aller Größenordnungen anzutreffen und beschränkt sich nicht auf bestimmte Branchen. Die Inhaber sind ständig hin-und-her-gerissen zwischen dem Modernisierungsdruck einerseits, der von ihnen eine zunehmend arbeitsteilige und teamorientierte Führungspraxis verlangt. Andererseits lässt aber ihre meist autoritär orientierte Persönlichkeitsstruktur eine eindeutige Delegation von Entscheidungen auf den Führungsstab oder gar auf andere Beschäftigte nicht zu. Der leidenschaftliche Hang zur Alleinentscheidung selbst in banalsten Alltagsentscheidungen steht dem im Wege. In diesen Betrieben herrscht zeitweise gewissermaßen „Sonnenschein", weil der Chef sehr menschlich und umgänglich sein kann.

Aber ein durchgängiges stabiles Vertrauensverhältnis kann sich nicht entwickeln, denn der Inhaber interpretiert die Vaterrolle nicht nur als gütige, fürsorgliche Herrschaft, sondern auch gewissermaßen „alttestamentarisch". Er tritt mitunter auch als drohender, cholerischer Herrscher auf. Die Arbeitnehmer erscheinen in diesem Wechselbad zeitweise als Freunde, aber zeitweise auch als Feinde. Inhaber mit solchem Führungsverhalten versuchen die Bildung von Betriebsräten möglichst zu verhindern, denn sie müssen die Konkurrenz einer zweiten Instanz um die Anerkennung durch die Belegschaft fürchten. Wo dies nicht gelingt, versuchen sie, den Betriebsrat möglichst „klein zu halten". Ihr Wunschbetriebsrat ist eher ein weitgehend machtloser Vermittler zur Belegschaft ohne eigene Konfliktfähigkeit. Das damit verbundene Tauziehen um die Anerkennung der gesetzlichen Rechte der Betriebsräte schafft eine zusätzliche Ebene von teilweise Kräfte raubenden Konflikten. Praktiken des patronalen „Gebens und Nehmens" überlagern die betriebliche Mitbestimmung.

Die Gruppe, die wir aufgrund ihrer speziellen Widersprüche in der Führungspraxis als „gespaltenes Patriarchat" bezeichnen, entspricht vermutlich einem Entscheidungsstil, den die IfM-Forscher in ihrer Mittelstandsbefragung als „schwach interaktiven" Typ identifizierten. Hier existiert vor wichtigen Entscheidungen zwar eine Rückkoppelung „mit der Belegschaft", verbindlichere Formen einer Abstimmung mit Betriebsräten oder anderen Mitarbeitervertretungen gibt es hier jedoch meist nicht. Rund 27 % der befragten Unternehmen wiesen entsprechende Merkmale auf. In den kleineren Unternehmen unterhalb der 100-Mitarbeiterschwelle scheint dieser Typus etwas stärker vertreten zu sein, als in den mittleren Unternehmen. In rund 26 % der Unternehmen dieser Gruppe existiert ein Betriebsrat. Er liegt damit unterhalb der durchschnittlichen Verbreitung von Betriebsräten in den untersuchten Unternehmen.

6.9.4 Traditionelles Patriarchat

Hier herrscht der Inhaber nach den Regeln traditioneller Alleinherrschaft. Eine Teilung der Macht ist unvorstellbarer, denn „wie in einer Familie kann nur einer das Sagen haben!" Diese Führungsweise gehört keineswegs der Vergangenheit an. Man findet sie heute überwiegend in kleineren Betrieben mit unmittelbarer Inhaberführung. Sie ist in vielen Handwerksbranchen nach wie vor zuhause, aber keineswegs auf das Handwerk beschränkt. Der Inhaber führt sein Regime nach traditionellen Regeln. Er verlangt auf der einen Seite unbedingten Gehorsam, fühlt sich andererseits aber seinen „Leuten" gegenüber sozial stark verbunden. Hier gilt noch das traditionelle Motto „hart aber gerecht". Der Chef hat eine „soziale Ader", er kümmert sich auch um persönliche und familiäre Probleme seiner Beschäftigten.

In Notlagen kann man Hilfe erwarten. Aber die Wohltaten werden grundsätzlich freiwillig und gewissermaßen „privat" gewährt. In den Beziehungen zwischen Chef und Belegschaft existieren kaum schriftliche verbindliche Regeln. Der Chef trifft in jedem Einzelfall seine Entscheidung. „Geben und Nehmen", „Treu und Glaube" und Vereinbarungen „per Handschlag" sind charakteristische Orientierungen und Formen des Interessenausgleichs. Den Arbeitnehmern kommt in dieser, an historischen Familienbildern orientierten Ordnung gewissermaßen die Rolle unmündiger Kinder zu. Allerdings sind auch hier alt-autoritäre Formen des „mit der Faust auf den Tisch Schlagens" oftmals durch eher pädagogische Methoden der Führung abgelöst worden. Betriebsräte werden hier von den Inhabern meist als Gefährdung der betrieblichen Ordnung abgelehnt. Aber auch unter den Bedingungen des traditionellen Patriarchats findet man Konstellationen, in denen eine von Vertrauen und gegenseitiger Achtung getragene Kooperation zwischen Inhaber und Betriebsrat möglich ist. Voraussetzung dafür ist eine klare Unterordnung des Betriebsrats unter die patriarchalischen Spielregeln des Chefs.

Die Gruppe, die wir hier als „traditionelles Patriarchat" bezeichnet haben, entspricht strukturell dem „zentralistischen Entscheidungsstil" aus der Mittelstandsbefragung des IfM. Dieser liegt vor, wenn Geschäftsführungen Entscheidungen treffen, ohne sich mit den Mitarbeitern zu beraten: „Die Geschäftsführung entscheidet allein." Nach den statistischen Auswertungen zeigen immerhin rund 23 % der befragten Unternehmen ein derartiges Führungsverhalten. Dabei wird der zentralistische Entscheidungsstil vornehmlich in Unternehmen der Größenklasse unter 50 Beschäftigten ausgeübt. Fast ein Drittel (29,5 %) der kleinen Unternehmen mit 20 bis 49 Mitarbeitern ist dem zentralistischen Führungsstil zuzurechnen. Nur in rund 13 % der befragten Unternehmen mit zentralistischem Führungsstil existiert ein Betriebsrat.

Uns ging es in diesem Zusammenhang um Nachweise für die heute immer noch verbreiteten Elemente patriarchalischer Herrschaftsformen in mittelständischen Betrieben. Und wir hatten den Eindruck, dass es sich hierbei nicht einfach um dem Untergang geweihte Restbestände einer aus dem 19. Jahrhundert stammenden Tradition handelt. Gerade die oftmals zu beobachtende Zerrissenheit vieler Mittelständler zwischen traditionellen Mustern und den Anforderungen modernisierter, arbeitsteiliger Führungsformen lässt vermuten, dass wir es noch für längere Zeit mit einer Art Doppelherrschaft archaischer und moderner Führung im Mittelstand zu tun haben werden. Natürlich sind die heutigen Patriarchen nicht die gleichen, wie vor hundert Jahren. Ein Diederich Hessling als kleiner betrieblicher Diktator innerhalb eines insgesamt autoritär geprägten wilhelminischen gesellschaftlichen Umfeldes, wie es Heinrich Mann beschrieben hat, wäre heute wahrscheinlich nicht mehr möglich.[31] Aber der Herr-im-Hause-Standpunkt, teilweise vermischt mit Zugeständnissen an die veränderten gesellschaftlichen Umgebungsbedingungen, scheint heute alles andere als passé. Wie sagte einer unserer Gesprächspartner so treffend? „Man muss dafür heute einfach subtilere Formen finden". Patriarchalische Führungsformen in mittelständischen Betrieben sind mit Blick auf die sie umgebende Gesellschaft heute zweifellos ein Anachronismus, aber – aus Sicht der Verfasser – ein durchaus stabiler.

Die Differenzierung in vier verschiedene Ausprägungen mittelständischer Führungsweise erhebt nicht den Anspruch einer Allgemeingültigkeit für den gesamten Bereich der mittelständischen Wirtschaft. Wir haben in unseren empirischen Fallstudien überwiegend die Bereiche von Handwerksbranchen und mittelständischen Industriebetrieben in Bereichen wie Holz-, Metall-, Elektro- wie Chemie- und Kunststoffindustrie, sowie – mit etwas geringerem Gewicht – Handels- und Dienstleistungsbetriebe erfasst. Die von uns untersuchten Betriebe gehören zur mittleren Größenordnung zwischen 20 und 499 Beschäftigten. Weitere mittelständische Bereiche, wie etwa High-Tech-Firmen oder Software- und E-Business-Firmen waren nicht in unserer Firmenauswahl vertreten.

6.10 Patriarchat und Mitbestimmung

Eine mittelstandstypische Grundhaltung besteht darin, mehr oder weniger klare Distanz gegenüber Verbänden und externen Interessenvertretern jeglicher Art zu wahren. In den Arbeitgeberverbänden erleben Mittelständler die Dominanz der Vertreter von Kapitalgesellschaften und deren Ignoranz gegenüber den Problemlagen kleiner, personengeführter Betriebe. Die Mitgliedschaft in Kammern wird häufig schon deswegen abgelehnt, weil sie eine Zwangsmitgliedschaft darstellt. Die Leistungen und der Nutzen solcher Verbände für den eigenen Betrieb werden häufig angezweifelt. Nicht zuletzt weil Mittelständler in ihren eigenen Betrieben wenig finanziellen Spielraum für die Beschäftigung einer Bürokratie sehen, misstrauen sie dem für Verbände typischen Funktionärswesen.

Mit ähnlicher Distanz werden im Allgemeinen Gewerkschaften beurteilt. Wenn auch ihre Rolle bei der Festsetzung tariflicher Normen auf Branchenebene traditionell akzeptiert wird, will man jeden konkreten Einfluss der Gewerkschaften auf innerbetriebliche Entscheidungen und Entwicklungen vermeiden. Die Abwehr gegenüber der Bildung von Betriebsräten bezieht sich in aller Regel weniger auf die Institution Betriebsrat als betrieblichen Vermittler und Gesprächspartner, als auf die Befürchtung, mit der Wahl eines Betriebsrats komme zwangläufig auch die Gewerkschaft in den Betrieb. Seit den 90er Jahren herrscht in manchen Branchen die Tendenz, sich auch zunehmend von überbetrieblichen Tarifnormen abzukoppeln und betriebsspezifische Arrangements mit der Belegschaft zu treffen.

Schließlich gehört traditionell eine möglichst weitgehende Abschottung der betrieblichen Sphäre gegenüber der kritischen Öffentlichkeit zur mittelständischen Grundhaltung. Dieses Phänomen ist zwar auch in größeren Kapitalgesellschaften in gewissem Maße zu beobachten, in Familienbetrieben geht es dabei aber auch um den persönlichen Ruf der Inhaber. Öffentliche Berichterstattung über innerbetriebliche Vorgänge wird so weit wie möglich vermieden, denn nach mittelständischer Auffassung werden Medienberichte als Eingriff in die Intimsphäre der betrieblichen Verhältnisse empfunden. Wird der Betriebsalltag mit seinen Konflikten und Problemen also gegenüber der Öffentlichkeit möglichst abgeschottet, so wird andererseits etwa anlässlich von Firmenjubiläen die Selbstdarstellung unternehmerischer Traditionen und Erfolge auch mit Hilfe der Medien gesucht.

Gegenüber der Institution Betriebsrat im eigenen Betrieb besteht bei den Inhabern häufig eine diffuse Abwehr, denn es gehört zu ihrem Selbstverständnis, alle betrieblichen Probleme selbst am besten lösen zu können. Kommt es in mittelständischen Betrieben dann doch zur Wahl eines Betriebsrats, dann wird dieser Vorgang typischer Weise oftmals als Versagen der eigenen Führungs- und Integrationsfähigkeit verstanden. Aber die mittelständische Grundhaltung erlaubt es auch, Betriebsräte in den bestehenden betrieblichen Führungsstil unter bestimmten Bedingungen nutzbringend zu integrieren. Betriebliche Mitbestimmung ist aus Sicht der Mittelständler dann möglich, wenn sich die Betriebsräte der Hegemonie des Inhabers grundsätzlich unterordnen und den traditionellen Austauschbeziehungen des „Gebens und Nehmens" anpassen. In vielen Mittelstandsbetrieben besteht deshalb eine Art Doppelherrschaft zwischen ungeschriebenen archaischen und formellen demokratischen Normen. Einerseits passt sich die Mitbestimmung der Arbeitnehmerseite teilweise der Inhaberführung an, andererseits reformiert und modernisiert sie traditionelle paternalistische Herrschaftsformen.

Den mittelstandstypischen Wunschvorstellungen entsprechen Betriebsräte dann, wenn sie ihre gesetzlichen Rechte nicht kompromisslos durchsetzen, wenn sie keine „unbilligen" Forderungen stellen und sich die Kosten ihres Arbeitsstils in Grenzen halten. Ein Betriebsrat, der viel Energie in die Freistellung von der Arbeit oder für die Durchsetzung von Weiterbildungsansprüchen aufwendet, gerät in den Verdacht eines gewissen „Schmarotzertums". Als betriebliche Verhandlungspartner, die insbesondere in Krisensituationen zur Lösung von Konflikten beitragen können, werden Betriebsräte im Allgemeinen geschätzt und anerkannt. Das Primat der Chefentscheidungen in Personalfragen darf nach dem Verständnis der Inhaber durch Betriebsräte grundsätzlich nicht infrage gestellt werden. Wenn der Arbeitgeber in der Belegschaft Veränderungen durchsetzen will, dann bietet sich der Betriebsrat als Vermittler und Umsetzer an. Wenn Vereinbarungen abgeschlossen werden, legitimiert er diese durch seine Unterschrift für die Belegschaft. Diese Legitimationsfunktion wirkt u.U. auch nach außen, dann nämlich, wenn die Zusammenarbeit mit dem Betriebsrat dem Inhaber gegenüber staatlichen Kontrollen und Eingriffen den Rücken frei hält. Der Betriebsrat legitimiert durch seine Kooperations- und Vermittlungsfähigkeit insgesamt die Entscheidungen des Inhabers.

Diese gespaltenen Ansprüche an Betriebsräte als maßvolle Partner bei der betrieblichen Problemlösung und Sprecher der Belegschaft, die ihre Position aber nicht auf unabhängige Mitbestimmungsrechte, sondern auf gewachsene soziale Vertrauensbeziehungen gründen, bilden auch den Hintergrund dafür, dass in kleineren mittelständischen Betrieben offenbar nicht selten Belegschaftsvertretungen außerhalb der Normen des Betriebsverfassungsgesetzes existieren. Die große Mehrzahl dieser Vertretungs- oder Vermittlungsorgane gehen auf die Initiative der Arbeitgeber zurück und werden nicht von der Belegschaft gewählt, sondern von der Geschäftsleitung bestellt. Meist handelt es sich bei diesen Gremien nicht um exklusive Arbeitnehmervertretungen, sondern um Gruppierungen, in denen auch die Arbeitgeberseite vertreten ist.[32]

Die allgemein zu beobachtende Tendenz in mittelständischen Betrieben zu weniger autoritären Führungsstrukturen, die auch eine Öffnung zur Arbeitnehmerbeteiligung einschließt, geht demnach offensichtlich nicht gleichzeitig einher mit einer Öffnung mittelständischer Arbeitgeber gegenüber der betrieblichen Mitbestimmung nach betriebsverfassungsrechtlichen Normen. Betriebsräte werden oftmals auch in Betrieben mit eher teamorientierten Führungsstrukturen nach wie vor abgelehnt. Von Arbeitgeberseite selbst initiierte Beteiligungs- bzw. Interessenvertretungsstrukturen der Belegschafen oder einzelner Arbeitnehmergruppen (z.B. „Runde Tische", „Belegschaftssprecher" etc.) werden häufig als Alternative zur gesetzlichen Mitbestimmung bzw. auch als Mittel zur Verhinderung von Betriebsratsbildungen angesehen. In diesen mittelständischen Kreationen drückt sich das Bestreben der Mittelständler, vorwiegend in kleinen Firmen, aus, die Vorteile einer kontrollierten Beteiligungskultur zu erlangen, ohne die mit der betrieblichen Mitbestimmung aus ihrer Sicht verbundenen Kosten und Risiken einzugehen.

Grundsätzlich muss man aber zu dem Schluss kommen, dass sich die heute zu beobachtenden Traditionselemente patriarchalischer Führung einerseits und betriebliche Mitbestimmung andererseits in der Praxis nicht grundsätzlich ausschließen. Viele Beispiele auch aus kleinen Mittelstandsbetrieben mit Mitbestimmungspraxis belegen, dass offenbar eine Koexistenz zwischen mittelständischer Inhaberführung und Mitbestimmung möglich ist. Daran ändert auch nicht, dass solche mittelstandstypischen Mischformen weder den gewerkschaftlichen Puristen, noch den Herrim-Hause-Ideologen auf der Verbandsseite gefallen können. Zu dieser Koexistenz zwischen Inhaberherrschaft und einer moderaten Form der betrieblichen Mitbestimmung trägt vor allem die Tatsache bei, dass soziale Beziehungen hier in erheblichem Maße von Charaktereigenschaften, persönlichen Stärken und Schwächen der Inhaber sowie der Protagonisten auf Belegschaftsseite geprägt sind. Entscheidend dafür, dass ein Mittelständler eine zweite legitimierte Macht in seinem Betrieb anerkennen kann, ist ein persönliches Vertrauensverhältnis zu den Betriebsratsmitgliedern. Wenn sich Betriebsräte nicht als „Opposition" verstehen, sondern ihren Einfluss in der Belegschaft grundsätzlich im Sinne einer Sicherung und Weiterführung der Firma einsetzen, kann sich - meist nach einer notwendigen Phase offener Konflikte und gegenseitigen Lernens zwischen Betriebsräten und Inhabern - durchaus ein stabiles sozialpartnerschaftliches „Co-Management" entwickeln. Wichtiger als die Durchsetzung des „Prinzips" - sei es das demokratische oder das eigentumsrechtliche - scheint hier die Fähigkeit zur Formulierung „lebensnaher" Kompromisse zu sein.

Diese mittelstandstypische Mitbestimmungspraxis unterscheidet sich in ihren Formen mitunter stark von den formellen betriebsverfassungsrechtlichen Normen. Aber was auf den ersten Blick manchmal als „Betriebsrat-light" aussehen mag, ist nicht von vornherein mit einer Wirkungslosigkeit der betrieblichen Mitbestimmung gleichzusetzen. Betriebsräte übernehmen unter diesen Verhältnissen eine Vielzahl wichtiger sozialer, kommunikativer und partizipativer Funktionen. Sie ergänzen, entlasten und übernehmen teilweise sogar wichtige Teile der betrieblichen Personalarbeit. Aufgrund ihrer häufig beträchtlichen sozialen Kompetenz bilden sie mitunter so etwas wie das „soziale Gewissen des Betriebes". Auf ihre Kooperationsbereitschaft sind die Inhaber angewiesen. Dies schließt übrigens, wie wir an vielen Fällen gesehen haben, eine Verbindung zwischen den Betriebsräten und ihren Gewerkschaften nicht aus. Hier sind oftmals gerade in Situationen krisenhafter Entwicklung recht erfolgreiche Dreiecksbeziehungen zwischen Inhabern, Gewerkschaften und Betriebsräten entstanden.

Schließlich ist zu beobachten, dass sich unter den Bedingungen patriarchalisch geprägter Inhaberführung auch auf der Seite der Belegschaftsvertretung gewissermaßen patriarchalische Strukturen herausbilden können. Persönliche Beziehungen und Vertrauensverhältnisse überdecken dabei die offiziellen Normen der im Gesetz geforderten „vertrauensvollen Zusammenarbeit". Die dominanten Persönlichkeiten der Belegschaftsseite sind hier die langjährig beschäftigten Betriebsratsvorsitzenden. Sie werden sowohl seitens der Belegschaft als auch vom Inhaber mit der Institution Betriebsrat identifiziert. Es handelt sich also um eine Personifizierung eines formellen Status, ganz ähnlich wie auf der Arbeitgeberseite der Inhaber oftmals mit der Person „des Alten" identifiziert wird. Diese Betriebsratsvorsitzenden „herrschen" im Betriebsrat selbst in quasi patriarchalischer Manier. Sie erhalten von der Belegschaft regelmäßig ein Mandat, das ihre

Verbundenheit mit der Mehrheit der Arbeitnehmer im Betrieb dokumentiert. Sie verstehen sich dabei oftmals als von der Belegschaft direkt gewählte Repräsentanten mit entsprechenden Vollmachten. Der „Rest" der Betriebsratsmitglieder wird unter diesen Bedingungen oftmals zu Statisten. Während der Inhaber durch das Eigentum und die Tradition in seiner Führungsrolle legitimiert ist, ist es der Betriebsratsvorsitzende durch seine Wahl. Während der Inhaber mitunter mit Stolz auf eine lange Reihe von Vorgängern in der Familiendynastie zurückblicken kann, schöpft der Betriebsratsvorsitzende u.U. aus der Vielzahl der von ihm erfolgreich absolvierten Wahlen sein Selbstbewusstsein. Betriebliche Anciennität und die damit verbundene Verwachsenheit mit den betrieblichen Verhältnissen bilden die Grundlage für seine Machtposition und seine Konfliktfähigkeit im Umgang mit dem Inhaber, aber auch mit den Beschäftigten im Betrieb.

Die Betriebsratsvorsitzenden der älteren Generation kennen den Betrieb und seine Verhältnisse oftmals besser, als der Inhaber selbst, der erst seit wenigen Jahren den Betrieb führt. Sie beherrschen unter solchen Bedingungen gewissermaßen den Zugang zur Belegschaft. Gewachsene Vertrauensbeziehungen zum Seniorchef setzen hier den Betriebsratsvorsitzenden mitunter auch in die Lage, auf dem Wege der Direktintervention beim „Senior" Politik zu machen. Hier sind dann gewissermaßen „Patriarchen unter sich". In Konstellationen, in denen Inhaber und Betriebsratsvorsitzender der gleichen Generation angehören, sind ebenfalls oftmals gute Voraussetzungen für eine partnerschaftliche Kooperation im Interesse von Betrieb und Belegschaft gegeben. In manchem Betrieb, der von einem mehr oder weniger aufgeklärten Patriarchen geführt wird, kann man in der Person des Betriebsratsvorsitzenden auch die entsprechende Gegenfigur auf der Belegschaftsseite erkennen. Solche Formen eines gewissen „Männerbundes" zwischen Inhaber und Betriebsratsvorsitzendem erweisen sich u.U. gerade in Krisenzeiten als *solides Gespann* für Krisenmanagement und Fortentwicklung von Betrieb und Belegschaft.

Die Betriebsratspraxis in mittelständischen Betrieben trägt also in gewisser Weise selbst mittelständische Züge. Sowohl im betrieblichen Alltag als auch bei herausgehobenen Problemen und Konfliktsituationen entsteht nicht selten der Eindruck, dass die Betriebsräte durch ihre spezielle Form der Kooperation mit dem Inhaber selbst am Erhalt mittelständischer Führungsstandards und betrieblicher Umgangsformen mitwirken. So festigen sie beispielsweise durch ihre Bereitschaft, betriebliche Regelungen und Vereinbarungen entsprechend dem Wunsch des Arbeitgebers mehr oder weniger informell zu handhaben, den traditionellen Führungsstil des Mittelständlers. Wenn Betriebsräte beispielsweise in schwierigen Krisensituationen „wegsehen", wo der Arbeitgeber bei Leistungskürzungen auch das Tarifniveau unterschreitet, dann mögen sie dies aus Einsicht in ökonomische Zwänge tun oder auf Grund der Einschätzung, dass sie hier keine Erfolgschancen für einen

Konflikt mit dem Arbeitgeber sehen. Sie setzen anschließend aber ihren ganzen Einfluss ein, dass bei verbesserter wirtschaftlicher Lage der Arbeitgeber den finanziellen Verlust, den die Belegschaft in kauf nehmen musste, ganz oder wenigstens teilweise wieder kompensiert. Sie sind es oftmals, die unter veränderten wirtschaftlichen Verhältnissen auf die Einlösung von Zusagen des Arbeitgebers drängen, die er in einer schwierigen Situation abgegeben hat,. Sie erweisen sich hier gewissermaßen als Agenten des sozialen Gerechtigkeitsempfindens im Betrieb. Sie sorgen für die Einhaltung der Gesetze des „Gebens und Nehmens". So stricken sie letztlich mit am Erhalt patriarchalischer Führung und werden mitunter zumindest teilweise selbst zu ihrem Element.

D. Zum Verhältnis von Mittelstand und Mitbestimmung – Ausgewählte Untersuchungsergebnisse

1. Die Fragen der Untersuchung

Ausgangspunkt der Frage nach dem Verhältnis von Mittelstand und Mitbestimmung war die Beobachtung, dass entgegen den Normen des Betriebsverfassungsrechts in der überwiegenden Zahl der mittelständisch geführten Betriebe mit fünf und mehr Beschäftigten bisher keine Betriebsräte existieren. Die Fragestellungen des Projekts richteten sich folglich auf die Führungs- und Kommunikationsstrukturen in kleinen und mittleren Unternehmen, auf typische Formen der Entscheidung, der Konfliktregelung und der Arbeitnehmerbeteiligung. Die Sichtweise und die Einstellungen mittelständischer Arbeitgeber gegenüber dem Komplex Mitbestimmung/Beteiligung sollten eingehend untersucht werden: Was wissen Mittelständler über Mitbestimmung? Was sind die ihr Verhalten beeinflussenden Befürchtungen und Ängste im Zusammenhang damit? Welche mit der betrieblichen Mitbestimmung verbundenen Ängste und Befürchtungen beeinflussen ihr Verhalten? Welche alternativen Mechanismen zur Arbeitnehmerbeteiligung und Konfliktlösung existieren in den Betrieben? Welche Erfahrungen haben Mittelständler schließlich in der Auseinandersetzung bzw. Zusammenarbeit mit Betriebsräten in ihren Betrieben gemacht und wie sehen die Arbeitnehmervertreter ihrerseits die Mitbestimmung im Mittelstand?

Im Rahmen einer schriftlichen Erhebung wurden vom IfM Bonn 809 Geschäftsführer mittelständischer Unternehmen, die mindestens 20 und maximal 499 Mitarbeiter beschäftigen, befragt. Hierbei standen Fragen zu den unternehmensspezifischen Kommunikations- und Entscheidungsprozessen, aber auch zu den Charakteristika der Geschäftsführung und ihrer Einstellung zur betrieblichen Mitbestimmung im Vordergrund. Daneben wurden Informationen zur jeweiligen Form der Arbeitnehmervertretung (Betriebsrat, andere Formen der Arbeitnehmervertretung, keine Arbeitnehmervertretung) erhoben. Um ein umfassendes Bild der Mitbestimmungssituation in mittelständischen Unternehmen zu gewinnen, wurden, wenn vorhanden, auch die jeweiligen Arbeitnehmervertreter befragt.

In einer parallel durchgeführten mündlichen Befragung mit Inhabern bzw. Geschäftsführern sowie, wo vorhanden, mit Betriebsratsvorsitzenden in 50 Mittelstandsbetrieben wurden vom BfS Kassel betriebliche Fallstudien zur Mitbestimmungs- bzw. Beteiligungssituation erstellt. Diese Fallstudien zeigen ein je spezifisches Amalgam traditionsbezogener, patriarchalischer und moderner, beteiligungsbezogener Austauschbeziehungen zwischen Arbeitgeber- und Arbeitnehmerseite.

2. Warum gibt es nur wenige Betriebsräte in mittelständischen Betrieben?

Zur Beantwortung unserer Forschungsfrage nach den Determinanten der geringen Verbreitung von Betriebsräten in mittelständischen Unternehmen wurde ein logistisches Regressionsmodell verwendet. Darin konnten diejenigen Faktoren isoliert werden, die einen Einfluss auf die Wahrscheinlichkeit der Existenz eines Betriebsrats in mittelständischen Unternehmen haben. Werden diese Einflussfaktoren nach ihrer Bedeutsamkeit geordnet, so steht die Einstellung der Geschäftsführung zur betrieblichen Mitbestimmung an erster Stelle. D.h. Unternehmen mit Inhabern bzw. Geschäftsführern, die eine stark positive Einstellung zur betrieblichen Mitbestimmung haben, weisen unter sonst gleichen Bedingungen eine höhere Wahrscheinlichkeit auf, dass es dort einen Betriebsrat gibt als solche mit Geschäftsführern, die über eine stark negative Einstellung zur betrieblichen Mitbestimmung verfügen.

Der zweitstärkste Einfluss auf die Wahrscheinlichkeit der Existenz eines Betriebsrats geht – selbst wenn nur KMU betrachtet werden – von der Größe des Unternehmens aus. Dabei gilt: Je kleiner ein Unternehmen, desto geringer ist die Wahrscheinlichkeit, dass es in diesem einen Betriebsrat gibt. Den drittstärksten Einfluss übt die Entwicklung der Zahl der Beschäftigten in den letzten drei Jahren aus. Unternehmen, die ihr Personal stark abgebaut haben, haben unter sonst gleichen Bedingungen eine höhere Wahrscheinlichkeit, über einen Betriebsrat zu verfügen, als Unternehmen, die ihr Personal in diesem Zeitraum stattdessen aufgebaut haben. Auch die unmittelbare Führung durch den Inhaber selbst senkt die Wahrscheinlichkeit der Existenz eines Betriebsrats in den mittelständischen Unternehmen. Hinsichtlich der Auswirkungen anderer Vertretungsformen auf die Wahrscheinlichkeit der Existenz von Betriebsräten konnte gezeigt werden, dass Unternehmen, in denen es eine solche regelmäßige Vertretungsform gibt, seltener einen Betriebsrat haben. Offensichtlich gibt es also ein substitutives Verhältnis zwischen den unterschiedlichen Formen der Arbeitnehmervertretungen.

Die Einstellung der Inhaber gegenüber der betrieblichen Mitbestimmung stellt gemäß unserem Modell somit die wichtigste Voraussetzung für eine mögliche weitere Ausbreitung des Betriebsrätewesens auch in kleineren Unternehmen dar. Da mehr als die Hälfte der befragten mittelständischen Geschäftsführer von Unternehmen ohne Betriebsrat eine neutrale – d.h. nicht mitbestimmungsfeindliche - Einstellung zur betrieblichen Mitbestimmung aufweisen, liegt hier ein erhebliches Entwicklungspotenzial für die Gründung von Betriebsräten im Mittelstand. Gleichzeitig deutet dieses Ergebnis aber auch darauf hin, dass die Etablierung eines Betriebsrats in diesen Unternehmen nicht als feindliche Aktion interpretiert und behindert worden wäre.

Im Rahmen der Fallstudien konnten die Einstellungen derjenigen Inhaber, die sich gegen die gesetzlich normierte Mitbestimmung in ihrem Betrieb richten, genauer hinterfragt werden. Zum Grundverständnis mittelständischer Führung gehört traditionell die Tendenz einer Abschottung der betrieblichen Verhältnisse gegenüber äußeren Einflüssen. Zwar wird in vielen Branchen nach wie vor die Ordnungsfunktion von Tarifverträgen und damit auch die gesellschaftliche Rolle von Gewerkschaften akzeptiert, aber gegen unmittelbare gewerkschaftliche Einflüsse auf betriebliche Entscheidungen wehrt man sich. Das Führungsverständnis mittelständischer Inhaber sieht eine zweite, rechtlich legitimierte und mit Macht ausgestattete Instanz im Betrieb nicht vor, weil sich die Inhaber als die Alleinverantwortlichen sehen, die alle wichtigen Entscheidungen am besten selbst treffen. Aus dieser Perspektive kann die Wahl eines Betriebsrats, die auch eine Öffnung für gewerkschaftliche Einflussnahme mit sich bringen könnte, als Gefährdung empfunden werden. Die Bandbreite der Ablehnung von Betriebsräten reichte bei den befragten Mittelständlern von einer „diffusen Abwehr" gegenüber einer eventuellen Wahl bis zu ausgesprochen militantem Abwehrverhalten gegenüber Betriebsräten. Autoritär agierende Inhaber neigen mitunter dazu, Betriebsratswahlen zu verhindern, indem sie Druck auf die Belegschaft ausüben und Machtmittel zur Verhinderung von Wahlen einsetzen. Andere würden die Wahl eines Betriebsrats durch die Belegschaft als Scheitern ihres persönlichen Führungsstils empfinden. Wieder andere Inhaber haben offenbar Formen der Kommunikation und Beteiligung an Entscheidungen gefunden, mit denen ein akzeptabler Interessenausgleich zwischen Führung und Belegschaft auch ohne formelle Wahl eines Betriebsrats nach den gesetzlichen Normen möglich ist.

Für das Phänomen mittelstandstypischer Mitbestimmungsabstinenz sind damit vor allem Faktoren wie das Führungsverständnis der Inhaber, die Betriebsgröße sowie damit verbundene Organisations- und Entscheidungsstrukturen von Bedeutung. In kleineren KMU hält der Inhaber die Führung meist selbst in der Hand. Hier herrscht ein mehr oder weniger persönlich geprägtes, fast intimes Verhältnis zwischen Führung und Belegschaft. Aufgrund der durchschaubaren organisatorischen und sozialen Verhältnisse gelingt hier häufig auch ohne Dazwischentreten einer formellen Interessenvertretungsinstanz der notwendige Interessenausgleich zwischen Belegschaft und Inhaber. Andererseits sind hier aufgrund der ausgeprägten „sozialen Nähe" zwischen Arbeitnehmern und Arbeitgeber die Hürden gegenüber der Realisierung einer Betriebsratswahl besonders hoch. Deutlich anders sind in aller Regel die Verhältnisse in mittleren und größeren Mittelstandsbetrieben. Hier kommt es unvermeidlich zu arbeitsteiligeren und stärker objektivierten Führungs- und Entscheidungsstrukturen. Der Inhaber gibt seine Alleinführung an eine Gruppe von Managern ab. Auch dort, wo die Inhaber im Betrieb noch präsent sind, übernehmen Vorgesetzte die Vermittlung zur Belegschaft und ihrer Vertretung. Betriebsräte sind hier kein Fremdkörper mehr, sondern ein meist akzeptiertes und mehr oder weniger integriertes Element von Entscheidungsfindung, Konfliktschlichtung und Interessenausgleich. Während in den inhabergeführten Kleinbetrieben die Existenz eines Betriebsrats zu den Ausnahmeerscheinungen gehört, gehört die Existenz von Betriebsräten in den skizzierten mittleren und größeren Mittelstandsbetrieben gewissermaßen zur Führungsnorm.

3. Betriebliche Mitbestimmung in mittelständischen Betrieben

In den mittelständischen Unternehmen, in denen es einen Betriebsrat gibt, entstand dieser hauptsächlich im Zusammenhang mit Eigentümerwechseln, aufgrund des Wunsches der Mitarbeiter nach mehr Beteiligung oder wegen anstehender größerer Änderungen in der betrieblichen Organisation. Die Gründung des Betriebsrats ging in zwei Dritteln der Fälle von den Mitarbeitern des jeweiligen Unternehmens aus. Bei weiteren 40 % der Betriebsratsgründungen spielte zusätzlich die Initiative einer Gewerkschaft eine Rolle. Immerhin gab aber auch fast jeder vierte Geschäftsführer an, sich ursprünglich selbst für die Gründung des Betriebsrats eingesetzt zu haben.

In der Zusammenarbeit mit dem Betriebsrat hat die Geschäftsführung grundsätzlich verschiedene Möglichkeiten, diesen in die betrieblichen Entscheidungsprozesse einzubeziehen: Sie kann einen Kompromiss mit dem Betriebsrat anstreben oder ihm darüber hinausgehend eine aktive Rolle im Unternehmen zugestehen. Sie kann den Betriebsrat aber auch ignorieren oder gar versuchen, Entscheidungen gegen den Willen des Betriebsrats durchzusetzen. Nach Auskunft der Geschäftsführungen der untersuchten Unternehmen steht in der Zusammenarbeit mit dem Betriebsrat eher ein kooperatives Miteinander im Vordergrund: So wird bei organisatorischen Veränderungen in der Hälfte der mittelständischen Unternehmen ein Kompromiss angestrebt. In weiteren 41 % der Unternehmen erwartet die Geschäftsführung sogar, dass sich der Betriebsrat aktiv in betriebliche Veränderungsprozesse einbringt. 'Ausschluss' oder 'Konfrontation' haben aus Sicht der Geschäftsführer hingegen eine eher randständige Bedeutung. Fragt man hingegen die Betriebsräte nach ihrer Einschätzung der Zusammenarbeit von Geschäftsführung und Betriebsrat, zeigen sich Diskrepanzen: So ist zwar auch die Mehrzahl der Betriebsräte der Auffassung, dass der Kompromiss und die aktive Beteiligung in der Zusammenarbeit mit der Geschäftsführung im Vordergrund stehen, jedoch gibt auch mehr als ein Viertel der Betriebsräte an, dass sie bei wichtigen Entscheidungen von der Geschäftsführung ausgeschlossen werden.

Die Zusammenarbeit wird von beiden Unternehmensparteien bemerkenswert übereinstimmend als eher positiv bewertet: So geben sowohl die Geschäftsführungen als auch die Betriebsräte an, dass die Beziehung zueinander gut sei. Dabei fallen die Antworten der Betriebsräte jeweils um einige Grade skeptischer bzw. kritischer aus als die der Geschäftsleitungen. Die betont hohe Übereinstimmung zwischen beiden Akteursgruppen war allerdings nicht immer von Anfang an gegeben, wie von beiden Seiten eingeräumt wird. Es scheint in den Betrieben auch in solchen Fällen, in denen die Geschäftsführungen Betriebsräte und Mitbestimmung anfangs ablehnten, zu einem Annäherungsprozess zu kommen: Im Laufe der Zeit änderte sich die Meinung der Geschäftsführer im Allgemeinen von einer „eher negativen" zu einer „eher positiven" Haltung gegenüber den Betriebsräten.

Über einige Aspekte der Mitbestimmungspraxis in den Mittelstandsbetrieben können die Ergebnisse der Fallstudienanalysen Auskunft geben. Der Arbeitsstil vieler Betriebsräte in den untersuchten mittelständischen Betrieben ist in aller Regel selbst gewissermaßen durch mittelstandstypische Merkmale geprägt. Ebenso wie ihre Arbeitgeber bevorzugen sie möglichst wenig formalisierte Entscheidungen und Regelungen im Betrieb. Persönliche Absprachen mit dem Chef werden zumindest in Routineentscheidungen gegenüber komplizierten schriftlichen Vereinbarungen bevorzugt. Die Arbeit der Betriebsräte ruht in aller Regel auf nur wenigen Schultern. Oft reduziert sich die aktive Interessenvertretungsarbeit auf die Person des/der Betriebsratsvorsitzenden. Der Umfang der Sitzungs- und Versammlungstätigkeit, des Aufwandes für die Teilnahme an Weiterbildungsveranstaltungen und auch die Wahrnehmung des gesetzlichen Rechts auf die Freistellung von der Arbeit liegt im allgemeinen deutlich unter den im Betriebsverfassungsgesetz vorgeschriebenen Normen. Betriebsratsvorsitzende und andere wichtige Akteure in den Betriebsräten gehören zum Kern der Belegschaften, werden von den Arbeitgebern sehr häufig als Leistungsträger anerkannt und haben nicht nur anerkannte Facharbeiterpositionen, sondern auffallend häufig auch mittlere Vorgesetztenpositionen inne. Ancienität und hohe Betriebsbindung sind auffallende Merkmale der Betriebsräte in kleinen und mittleren Mittelstandsbetrieben.

Dem offensichtlichen Verzicht auf formelle Mitbestimmungspositionen steht aber eine Vielzahl mehr oder weniger informell erbrachter sozialer und integrativer Leistungen für die Arbeitnehmer und den gesamten Betrieb gegenüber. Betriebsräte sind in kleinen und mittleren Betrieben oft wichtige Vertrauensinstanzen. Sie klären Konfliktsituationen auf Arbeitsplatzebene bereits im Frühstadium, wirken ausgleichend bei Spannungen innerhalb der Belegschaft, wirken oftmals als sensible Sprecher für Gerechtigkeit und Fairness im betrieblichen Alltag. Es lässt sich dabei ein Muster von erfolgreicher Betriebsratsarbeit identifizieren, das hier als *„Betriebsratsarbeit mit Augenmaß"* bezeichnet werden soll. Dazu gehört zunächst die starke Verwurzelung des Betriebsrats, zumindest des/der Betriebsratsvorsitzenden, mit dem Betrieb und seinen Leuten. Dazu gehört auch der Sinn für das Akzeptable, das wirtschaftlich Nötige, in gewisser Weise für das als von der Belegschaft als gerecht Empfundene. Diese Betriebsräte haben aufgrund ihrer Kenntnisse, Erfahrungen und Informationen alle Voraussetzungen für die Vereinbarung tragfähiger Kompromisse. Sie kennen die Interessenlage und die Tabuzonen sowohl der Arbeitgeberseite als auch der Belegschaft bzw. einzelner Beschäftigtengruppen. Aber sie wollen nicht „Frieden um jeden Preis" mit dem Inhaber. Solche Betriebsräte prüfen zunächst die Forderungen und Entscheidungen des Inhabers kritisch, klopfen ihre Folgen unter dem Gesichtspunkt der Interessen der betroffenen Arbeitnehmer ab. Sie nehmen nicht alles hin. Sie sagen – nicht grundsätzlich, aber wenn es ihnen nötig erscheint – auch schon einmal nein. In wirtschaftlich schwierigen Situationen, wie sie für die letzten Jahre typisch waren, in denen es etwa um Forderungen der Arbeitgeberseite nach unbezahlter Arbeitszeitverlängerung, die Streichung von Überstundenzuschlägen oder anderer Lohnbestandteile ging, suchen sie nach eigenen Kompromisslösungen, in denen die Verteilung von Opfern und Nutzen oftmals feiner austariert sind als in den Arbeitgebervorstellungen. Dabei bedienen sie sich auch gewerkschaftlicher Beratung. Für konstruktive Vorschläge, von denen sowohl die Firma als auch die Arbeitnehmer profitieren, sind diese Betriebsräte immer zu haben, auch wenn die Lösungen nicht unbedingt gesetzeskonform sind. Nicht der Buchstabe des Gesetzes, sondern die Interessen der betroffenen Arbeitnehmer, nicht die exakte Erfüllung der gesetzlichen Norm, sondern das unter den gegebenen Umständen „Bestmögliche" für die Arbeitnehmer herauszuholen, ist die Richtschnur.

4. Mittelständische Führungs- und Entscheidungsmuster und ihr Verhältnis zur Mitbestimmung

Der geringe Verbreitungsgrad von Betriebsräten in mittelständischen Unternehmen lässt vermuten, dass es Strukturen im Mittelstand gibt, die dazu führen, dass Betriebsräte seltener gegründet werden. Aus diesem Grund wurden u.a. die Entscheidungsprozesse und auch die Einstellung der Geschäftsführer zur betrieblichen Mitbestimmung in mittelständischen Unternehmen näher betrachtet.

Um das Entscheidungsverhalten von mittelständischen Geschäftsführern zu erfassen, wurden den Geschäftsführern sechs unterschiedliche Aussagen vorgegeben: Diese reichten von „die Geschäftsführung entscheidet allein" bis hin zu „die zuständigen Mitarbeiter entscheiden eigenständig". Die große Mehrheit der Geschäftsführer gab an, einen mehr oder weniger ausgeprägten „interaktiven Entscheidungsstil" im Umgang mit ihren Mitarbeitern zu pflegen. D.h., sie beziehen ihre Mitarbeiter in die Entscheidungsfindung ein, in dem Entscheidungen erst gefällt werden, nachdem der Geschäftsführer die Mitarbeiter angehört hat bzw. nachdem Lösungsmöglichkeiten mit den Mitarbeitern entwickelt worden sind. Eine Differenzierung dieses Entscheidungsverhaltens nach einer „schwach interaktiven" und einer „stark interaktiven" Variante bietet sich an. Ein knappes Viertel der Geschäftsführer gab dagegen an, dass sie ein „zentralistisches Entscheidungsverhalten" pflegen, d.h. alle Entscheidungen werden von der Geschäftsführung allein getroffen. Diese Form der Entscheidungsfindung wird häufiger von Geschäftsführern von Unternehmen in der Größenklasse 20 bis 49 Mitarbeiter angewandt (29,5 %), in der Größenklasse 250 bis 499 Beschäftigte sind es nur noch 6,7 %. Eine Minderheit der mittelständischen Geschäftsführer übt nach eigener Einschätzung einen „mitarbeiterbeteiligenden Entscheidungsstil" aus, da die Mitarbeiter nach Auskunft der Geschäftsführer mit ihnen gleichberechtigt entscheiden bzw. ganz eigenständig Entscheidungen fällen dürfen. Beim Vergleich der Angaben der Geschäftsführer und der Betriebsratsmitglieder der jeweils gleichen Unternehmen zeigen sich häufig Diskrepanzen. So schätzt die Mehrheit der Betriebsräte den Entscheidungsstil ihrer Geschäftsführung als zentralistisch ein, während nur eine Minderheit der Geschäftsführer dies bei sich selbst so sieht. Diese Differenzen in den Einschätzungen sind vermutlich auf die unterschiedlichen Interessenlagen der beiden Unternehmensparteien zurückzuführen.

Die Entscheidungsstile der Geschäftsführer unterscheiden sich darüber hinaus in Abhängigkeit von der betrieblichen Mitbestimmungssituation: In den Unternehmen mit Geschäftsführern mit einem mehr oder weniger stark ausgeprägten interaktiven Entscheidungsstil sind sehr viel häufiger auch Betriebsräte vorhanden, während in zentralistisch geführten Unternehmen Betriebsräte stark unterdurchschnittlich verbreitet sind. In den stark zentralistisch geführten Unternehmen sind auch die sog. „anderen Vertretungsorgane", wie sie beispielsweise unter dem Begriff Runder Tisch bekannt sind, kaum verbreitet.

Interessant ist, dass sowohl die ökonomisch ausgerichtete standardisierte Unternehmensbefragung als auch die soziologische Analyse auf der Grundlage mündlicher Interviews zu einer ähnlichen Typenbildung des mittelständischen Führungs- und Entscheidungsverhaltens in seinem Wechselverhältnis zur betrieblichen Mitbestimmung gelangten:

Kollegialer Führungsstil: Vor allem in kleineren inhabergeführten Betrieben trafen wir den Typus eines in vieler Hinsicht kollegialen Führungsstils an. Mittelständler, die kollegial führen, suchen den Austausch mit der Belegschaft und wollen stets möglichst konsensuale Entscheidungen. Die Abstimmung vor Entscheidungen ist meist unkompliziert und verläuft weitgehend formlos im alltäglichen Arbeitsprozess selbst. Natürlich liegt die Alleinverantwortung und damit auch die letzte Entscheidung in allen betrieblichen Angelegenheiten beim Chef. Aber für die alltäglichen Willensbildungs- und Entscheidungsprozesse scheint der oftmals missbrauchte Begriff des „Teams" hier durchaus angebracht. Den Arbeitnehmern werden auf der Ebene der Gestaltung ihrer Arbeit relativ große Spielräume für Eigenentscheidungen eingeräumt. Da eine gesonderte Hierarchie fehlt, gibt es kaum klare Trennungen zwischen anweisenden und ausführenden Tätigkeiten. Eigeninitiative ist gefragt. Insbesondere kleinere Betriebe mit einer solchen Ordnung kommen oftmals ohne formelle Interessenvertretung der Belegschaft aus. Aber da sie vom Inhaber nicht als Konkurrenz um die Loyalität der Belegschaft empfunden werden müssen, finden Betriebsräte hier grundsätzlich ihren Platz. Sie sind in die Entscheidungsstrukturen integriert und üben oft ihrerseits eine Belegschaft und Führung integrierende soziale Funktion aus.

Diese Gruppe entspricht dem Typ des „mitarbeiterbeteiligenden Entscheidungsstils", wie er in der schriftlichen Befragung identifiziert wurde. Nach der statistischen Auswertung ist ein derartiger Entscheidungsstil mit durchschnittlich 7 % der im Mittelstand am wenigsten verbreitete Entscheidungstyp. In dieser Gruppe ist der Verbreitungsgrad von Betriebsräten mit rund 41 % am höchsten.

Aufgeklärtes Patriarchat: Diesen Typus, in dem patriarchalische Tradition und modernere, beteiligungsorientierte Führungselemente miteinander kombiniert sind, trafen wir vor allem in gewissermaßen „groß gewordenen" Inhaberbetrieben vor. Der Inhaber ist weiterhin in der Firma tätig, meist hat er sich auf bestimmte strategische Fragen, wie etwa die Außenbeziehungen, konzentriert. Die Führung wird durch ein kleines Management (Geschäftsführer, Prokuristen, Personalleiter, Ressortchefs etc.) verstärkt. Dieses Management agiert weitgehend unter Aufsicht des Inhabers, der sich in allen wichtigen Fragen die Letztentscheidung vorbehält. Bezogen auf das Verhältnis zur Belegschaft übernehmen bestimmte Führungskräfte eine Vermittlungsfunktion. Der Inhaber ist aber im Betrieb und gegenüber der Belegschaft nach wie vor präsent und interveniert deutlich sichtbar bei wichtigen Entscheidungen. Sein persönlicher Führungsstil prägt auch das Handeln seines „Führungskreises". Die Existenz von Betriebsräten ist in Betrieben dieses Typs die Regel. Zwischen den für personelle Fragen verantwortlichen angestellten Führungskräften und den Betriebsräten wird gewissermaßen ein Personalmanagement mit verteilten Rollen praktiziert. In einigen Sonderfällen gelingt Vertretern des „aufgeklärten Patriarchats" jedoch offenbar auch ein in den Augen der Belegschaft akzeptabler Interessenausgleich ohne Betriebsrat. Interessant ist es, die Lernprozesse innerhalb von Führung, Führungsstil und betrieblicher Kommunikation zu beobachten, die sich nach Aussage der beteiligten Akteure nach der erstmaligen Installation von Betriebsräten in aller Regel ergeben. In den Erinnerungen sowohl der Inhaber als auch der Betriebsräte war die Phase nach der Bildung von Betriebsräten durchweg von Konfrontationen und scharfen Konflikten geprägt. Im Laufe von Jahren kommt es dann aber offenbar meist zu einem Prozess der gegenseitigen Annäherung und des Dialogs zwischen Inhabern und Arbeitnehmervertretern. Dies hinterlässt dann auch Spuren in der Führungsphilosophie und -praxis der Inhaberseite. Oft hörten wir Inhaber sagen: „Ich habe eine Menge gelernt, seitdem es einem Betriebsrat gibt. Ich weiß nicht, wie wir ohne ihn heute zurechtkämen ..." – Der Prozess der „Aufklärung" in der Führungspraxis manches mittelständischen Inhabers hat offenbar auch mit Einflüssen durch die betriebliche Mitbestimmung zu tun.

Die Gruppe des „aufgeklärten Patriarchats" entspricht in etwa dem „stark interaktiven" Entscheidungstyp aus der schriftlichen Befragung. Hier werden wichtige Entscheidungen vom Geschäftsführer erst gefällt, nachdem Lösungsmöglichkeiten mit den Mitarbeitern entwickelt worden sind. Mit fast 44 % der Nennungen hat dieser Typ nach Selbsteinschätzung durch die Geschäftsführer die stärkste Verbreitung unter den untersuchten Unternehmen. In den kleinen Unternehmen unterhalb der 50-Mitarbeiterschwelle ist er mit rund 38 % etwas weniger verbreitet, in den mittleren und größeren Unternehmen ab 100 Beschäftigten umfasst er mit rund 57 % die absolute Mehrheit der befragten Unternehmen. In dieser Gruppe ist der Verbreitungsgrad von Betriebsräten mit 37 % auch noch vergleichsweise hoch, aber weniger verbreitet als beim kollegialen Führungsstil.

Gespaltenes Patriarchat: Die Führung ist hier durch zahlreiche Brüche zwischen moderner „aufgeklärter" Führung und weiterhin wirkenden, traditionell-autoritären Führungspraktiken geprägt. Diese spezifische Ausprägung mittelständischer Führung ist in Betrieben aller Größenordnungen anzutreffen und beschränkt sich nicht auf bestimmte Branchen. Die Inhaber sind ständig hin-und-her-gerissen zwischen dem Modernisierungsdruck einerseits, der von ihnen eine zunehmend arbeitsteilige und teamorientierte Führungspraxis verlangt. Andererseits lässt aber ihre meist autoritär orientierte Persönlichkeitsstruktur eine eindeutige Delegation von Entscheidungen auf den Führungsstab oder gar auf andere Beschäftigte nicht zu. Der Hang zur Alleinentscheidung selbst in banalsten Alltagsentscheidungen steht dem im Wege. In diesen Betrieben herrscht zeitweise ein gutes Betriebsklima, weil der Chef sehr menschlich und umgänglich sein kann. Aber ein durchgängiges stabiles Vertrauensverhältnis kann sich nicht entwickeln, denn der Inhaber interpretiert die Vaterrolle nicht nur als gütige, fürsorgliche Herrschaft, sondern auch gewissermaßen „alttestamentarisch". Er tritt mitunter auch als drohender, cholerischer Herrscher auf. Inhaber mit solchem Führungsverhalten versuchen die Bildung von Betriebsräten möglichst zu verhindern, denn sie müssen die Konkurrenz einer zweiten Instanz um die Anerkennung durch die Belegschaft fürchten. Wo es doch zur Wahl eines Betriebsrats kommt, versuchen sie, diesen möglichst „klein zu halten". Ihr Wunschbetriebsrat ist eher ein weitgehend machtloser Vermittler zur Belegschaft ohne eigene Konfliktfähigkeit. Praktiken des patronalen „Gebens und Nehmens" überlagern die betriebliche Mitbestimmung.

Diese Konstellation entspricht offenbar weitgehend einem Entscheidungsstil, der in der schriftlichen Mittelstandsbefragung als „schwach interaktiver" Typ identifiziert wurde. Hier existiert vor wichtigen Entscheidungen zwar eine Rückkoppelung „mit der Belegschaft", verbindlichere Formen einer Abstimmung mit Betriebsräten oder anderen Mitarbeitervertretungen gibt es hier jedoch in der Regel nicht. Rund 27 % der befragten Unternehmen wiesen entsprechende Merkmale auf. In den kleineren Unternehmen unterhalb der 100-Mitarbeiterschwelle scheint dieser Typus etwas stärker vertreten zu sein als in den mittelgroßen Unternehmen. In rund 26 % der Unternehmen dieser Gruppe existiert ein Betriebsrat. Er liegt damit unterhalb der durchschnittlichen Verbreitung von Betriebsräten in den untersuchten Unternehmen.

Traditionelles Patriarchat: Hier führt der Inhaber nach den Regeln traditioneller Alleinherrschaft. Eine Teilung der Macht ist unvorstellbar, denn „wie in einer Familie kann nur einer das Sagen haben!" Diese Führungsform gehört keineswegs der Vergangenheit an. Man findet sie heute überwiegend in kleineren Betrieben mit unmittelbarer Inhaberführung. Sie ist in vielen Handwerksbranchen nach wie vor zuhause, aber keineswegs auf das Handwerk beschränkt. Der Inhaber führt sein Regime nach traditionellen Regeln. Er verlangt auf der einen Seite Gehorsam, fühlt sich andererseits aber seinen „Leuten" gegenüber sozial stark verbunden. Hier gilt noch das traditionelle Motto „hart aber gerecht". Der Chef hat eine „soziale Ader", er kümmert sich auch um persönliche und familiäre Probleme seiner Beschäftigten. Der Chef trifft in jedem Einzelfall seine Entscheidung. „Geben und Nehmen", „Treu und Glaube" und Vereinbarungen „per Handschlag" sind charakteristische Orientierungen und Formen des Interessenausgleichs. Allerdings sind auch hier traditionell autoritäre Formen des „mit der Faust auf den Tisch Schlagens" oftmals durch eher pädagogische Methoden der Führung abgelöst worden. Betriebsräte werden hier von den Inhabern meist als Gefährdung der betrieblichen Ordnung abgelehnt. Aber auch unter den Bedingungen des traditionellen Patriarchats findet man Konstellationen, in denen eine von Vertrauen und gegenseitiger Achtung getragene Kooperation zwischen Inhaber und Betriebsrat möglich ist. Voraussetzung dafür ist eine klare Unterordnung der betrieblichen Interessenvertretung durch den Betriebsrat unter die patriarchalischen Spielregeln des Chefs.

Die Gruppe entspricht strukturell dem „zentralistischen Entscheidungsstil" aus der schriftlichen Mittelstandsbefragung. Nach den statistischen Auswertungen zeigen immerhin rund 23 % der befragten Unternehmen ein derartiges Entscheidungsverhalten. Dabei wird der zentralistische Entscheidungsstil vornehmlich in Unternehmen der Größenklasse unter 50 Beschäftigten ausgeübt. Fast ein Drittel (29,5 %) der kleinen Unternehmen mit 20 bis 49 Mitarbeitern ist dem zentralistischen Entscheidungsstil zuzurechnen. Nur in rund 13 % der befragten Unternehmen mit zentralistischem Entscheidungsstil existiert ein Betriebsrat.

Tabelle 13: Typologie mittelständischer Führungs- und Entscheidungsstile in Bezug auf Beteiligung und Mitbestimmung

Ergebnisse der Fallstudienanalyse (Basis: 50 Fallstudien - BfS)	Ergebnisse der Mittelstandsbefragung (Basis: Antworten von Geschäftsführern aus 809 Unternehmen - IfM)	Verbreitungsgrad der Entscheidungsstile (IfM-Befragung)	Anteil von Unternehmen mit Betriebsräten (IfM-Befragung)
„Kollegiale Führung"	„Mitarbeiterbeteiligender Entscheidungsstil"	7 %	41 %
„Aufgeklärtes Patriarchat"	„Stark interaktiver Entscheidungsstil"	44 %	37 %
„Gespaltenes Patriarchat"	„Schwach interaktiver Entscheidungsstil"	27 %	26 %
„Traditionelles Patriarchat"	„Zentralistischer Entscheidungsstil"	23 %	13 %

5. Andere Formen der Beteiligung und Interessenvertretung

Partizipation und Beteiligung der Arbeitnehmer ist nicht nur durch einen Betriebsrat möglich. Es gibt auch andere Formen der Arbeitnehmervertretung. Hierunter wurden in der vorliegenden Untersuchung Belegschaftssprecher, Runde Tische u.ä. verstanden, also Gremien oder einzelne Arbeitnehmer, die sich für die Belange der Beschäftigten in ihrem Unternehmen gegenüber der Geschäftsführung einsetzen. Etwa 16 % der von uns befragten mittelständischen Unternehmen verfügen über derartige andere Formen der Arbeitnehmervertretung. Diese können nach regelmäßig arbeitenden und Ad-Hoc-Formen unterschieden werden: Während Ad-Hoc-Vertretungsformen nur aus einem bestimmten Anlass heraus gegründet werden und danach nicht wieder in Erscheinung treten, stellen regelmäßige Vertretungsorgane – ähnlich dem Betriebsrat – eine konstante Institution im Unternehmen dar. In knapp der Hälfte der Unternehmen mit anderen Vertretungsformen (7,7%) handelt es sich um regelmäßig agierende Gremien. Im Bereich kleiner Unternehmensgrößenklassen (bis zu 50 Beschäftigten) ist ihr Verbreitungsgrad deutlich höher als in größeren mittelständischen Unternehmen. In der Mehrzahl der Fälle handelt es sich bei diesen regelmäßigen Vertretungsformen um Gremien, in denen sowohl die Arbeitnehmer als auch die Geschäftsführer vertreten sind. Auch die Initiative zur Bildung solcher Gremien ging in der großen Mehrheit der Fälle von den Geschäftsleitungen aus. Aber in einer nicht unbedeutenden Minderheit der Fälle (32 %) gehen diese anderen Formen der Interessenvertretung nach Auskunft der befragten Geschäftsführer auch auf eine Initiative der Arbeitnehmer zurück. Eine schnelle Abqualifizierung des Phänomens der anderen Vertretungsorgane etwa als „scheindemokratische Arbeitgeberkreationen" würde den Verhältnissen in diesen Gremien sicher nicht gerecht. In mancher Hinsicht sind bei ihnen durchaus strukturelle Ähnlichkeiten zu den Betriebsräten zu erkennen: Die in ihnen agierenden Arbeitnehmer werden in der Mehrheit der Fälle gewählt, nur in einer Minderheit werden sie vom Arbeitgeber ernannt. In der Mehrheit der Fälle arbeiten sie im Auftrag aller Arbeitnehmer des Unternehmens, nur eine Minderheit vertritt spezielle Gruppeninteressen. Wir haben es hier demnach mit auf partnerschaftliche Problemlösungen orientierten Institutionen zu tun, die ihre Legitimation aber keineswegs alleine per Inhaberentscheidung, sondern in nicht geringerem Maße auch durch ein Belegschaftsvotum erhalten. Zudem konnten wir nachweisen, dass es sich bei den anderen Formen der Arbeitnehmervertretung um keine Modeerscheinung der New-Economy handelt. Die alternativen Arbeitnehmergremien sind vielmehr häufig gerade im Bereich traditioneller Unternehmen des produzierenden Gewerbes zu finden und weisen eine teilweise jahrzehntelange Tradition auf.

 Im Rahmen der Fallstudien konnten einige dieser betriebsspezifischen Beteiligungs- und Vertretungsformen etwas näher untersucht werden. Als am häufigsten angetroffene Formen der Interessenvertretung – gewissermaßen unterhalb der betriebsverfassungsrechtlichen Ebene – trafen wir unterschiedlichste Formen des Versammlungs- und Diskussionswesens an. Auch im Rahmen der schriftlichen Mittelstandsbefragung wurden aus Unternehmen mit einer anderen regelmäßigen Form der Interessenvertretung „regelmäßige Aussprachen mit Mitarbeitern" mit großen Abstand gegenüber anderen Praktiken als häufigste Form genannt. Die Bandbreite der Auseinandersetzungsformen reichen vom „Vier-Augen-Gespräch" mit dem Inhaber bis zu regelmäßigen Abteilungs- und Belegschaftsversammlungen. Hier werden wesentliche Interessenkonflikte thematisiert und u.U. ausgetragen. Eine Interessenvertretungsrolle kommt traditionell auch bestimmten Vorgesetztenpositionen zu. Meister, Abteilungsleiter und andere Vorgesetzte der mittleren Hierarchieebene setzen sich für die Interessen „ihrer Leute" ein.

Die Übergänge zwischen derartigen Traditionsformen des Interessenausgleichs und den in den letzten Jahren unter dem Einfluss neuerer Managementlehren hinzugekommenen Beteiligungsformen wie „meetings" oder „workshops" scheinen dabei fließend zu sein. Dabei wurde deutlich, dass viele Inhaber zwar versuchen, das Interesse und die Motivation in der Belegschaft für eine möglichst engagierte Mitarbeit bei der Vorbereitung von Entscheidungen zu wecken, gleichzeitig aber oft davor zurückschrecken, ihren Beschäftigten formelle Rechte und Ansprüche auf Mitentscheidung zu überlassen. Das Charakteristische der von Arbeitgeberseite initiierten Spielarten von Arbeitnehmerbeteiligung in inhabergeführten Mittelstandsbetrieben scheint vor allem in der weitgehenden Formlosigkeit dieser Praktiken zu liegen. Diese Praktiken verlaufen nicht ohne Regeln und sind mitunter nicht weniger dauerhaft als rechtlich formalisierte Normen. Charakteristisch sind mehr oder weniger kreative Mischformen zwischen organisierter und informeller Vertretungs- bzw. Beteiligungspraxis.

Insgesamt zeigt die Szenerie der Betriebe ohne Betriebsräte also ein „weites Feld" höchst unterschiedlicher, mehr oder weniger informeller Praktiken der Kommunikation und des Interessenausgleichs zwischen Arbeitnehmern, einzelnen Beschäftigtengruppen, Vorgesetzten und Inhabern. In kleinen Unternehmen ist die Form traditioneller Austauschbeziehungen zwischen Chef und Belegschaft ohne formelle Interessenvertretungsinstanz, sei es ein Betriebsrat oder eine andere betriebsspezifische Vermittlungsinstanz, bis heute gewissermaßen der „Normalfall". Aber die Voraussetzungen für einen Übergang zur institutionellen Mitbestimmung durch einen gewählten Betriebsrat sind stets vorhanden. Dort, wo sich betriebsspezifische Praktiken des Interessenausgleichs bewähren, bilden sie gleichzeitig ein Element zur Substitution formeller gesetzlicher Interessenvertretung. Wo Unternehmen in die Krise geraten, bilden sie u.U. aber auch die Basis für einen Umbruch zur Wahl eines Betriebsrats. In dem Moment, in dem eine Belegschaft feststellt, dass sie in schwierigen Konflikten, etwa bei drohendem Personalabbau, mit den hergebrachten Mitteln nicht mehr weiterkommt, entsteht verstärktes Interesse an einem Betriebsrat. Das „Personal" für die Betriebsratsarbeit kommt dann nicht selten aus dem Kreis von Akteuren, die auch in der betriebsratslosen Phase aktiv an der Interessenvertretung der Arbeitnehmer beteiligt waren.

Anmerkungen

B. Mittelstand, Mitbestimmung und Partizipation

1 Das IAB-Betriebspanel ist eine jährliche Wiederholungsbefragung von mittlerweile mehr als 16.000 Betrieben, in der u.a. nach der Existenz eines Betriebsrats gefragt wird.
2 Folgende Mitbestimmungsstrukturen wurden abgefragt: Unternehmen mit Betriebsrat/Unternehmen ohne Betriebsrat/Unternehmen mit anderen Vertretungsformen/ Unternehmen sowohl mit anderen Vertretungsformen als auch mit Betriebsrat.
3 So erhielt zum Beispiel Unternehmen X folgende drei Passwörter (fiktives Beispiel): g22445 für die Geschäftsführung; b22445 für den Betriebsrat und m22445 war das Passwort für eine andere Vertretungsform.
4 Diese Daten basieren auf den Erhebungen von CREDITREFORM, der größten deutschen Kreditauskunftei. Die Datenbank enthält Geschäftsinformationen zu 700.000 in Deutschland ansässigen Unternehmen. Aufnahmekriterien für die Unternehmen sind: handelsregisterliche Eintragung, wirtschaftliche Marktaktivität und nicht-negative Zahlungserfahrung.
5 Unzustellbar bedeutet: Das Unternehmen ist unbekannt verzogen, der angeschriebene Geschäftsführer ist aus dem Unternehmen ausgeschieden bzw. die Annahme des Schreibens wurde verweigert.
6 Rücklaufquote bezieht sich auf den Rücklauf der angeschriebenen Geschäftsführer.
7 Nach Angaben des IAB-Betriebspanels verfügten 2004 93 % der Betriebe mit 501 und mehr Beschäftige über einen Betriebsrat.
8 Der Begriff Unternehmen bezeichnet eine organisatorische Einheit, die zur Produktion von Gütern und Dienstleistungen in der Lage ist und hierfür über die ihr zufließenden Mittel frei verfügen kann. Die amtliche Statistik geht davon aus, dass das Unternehmen einer rechtlichen Einheit entspricht. Dagegen bezeichnet der Begriff Betrieb lediglich Unternehmensteile, die geographisch, z.B. durch das Grundstück, auf dem sie angesiedelt sind, abgegrenzt werden können. Ein Unternehmen kann dabei aus mehreren Betrieben bestehen.
9 Die Existenz eines Betriebsrats bzw. einer anderen Vertretungsform wurde in den befragten Unternehmen über die Variable 'Gibt es in Ihrem Unternehmen eine der folgenden Mitarbeitervertretungen?' abgefragt. Die Antwortkategorien waren: 'ja, und zwar ein Betriebsrat'; 'ja, und zwar eine andere Form der Mitarbeitervertretung'; 'ja, und zwar sowohl einen Betriebsrat als auch eine andere Form der Mitarbeitervertretung' und 'nein'.
10 Unter dem Begriff Geschäftsführer werden im folgenden sowohl Inhaber als auch angestellte Manager subsumiert.
11 Daneben werden aber auch die Unternehmensgröße sowie das Unternehmensalter Einfluss auf die persönliche Bindung des Inhabers haben. Der Einfluss dieser Variablen wird aus methodischen Gründen erst in Kapitel 3.3 im Rahmen der logistischen Regression berücksichtigt.

12 Nach Angaben des IAB-Betriebspanels verfügten 2004 93 % der Betriebe mit 501 und mehr Beschäftigte über einen Betriebsrat.

13 Notwendige Voraussetzung hierfür ist eine einheitliche Orientierung der Aussagen. Deshalb wurden die negativ gefärbten Aussagen in positive umgewandelt, damit für alle Aussagen eine hohe Zustimmung gleichbedeutend mit einer positiven Einstellung zum Betriebsrat ist (vgl. BROSIUS 2002, S. 763).

14 Eine Aussage wurde herausgenommen, da dadurch der Wert des Cronbachs Alpha (Maß für die Zuverlässigkeit der Gesamtskala) für die Einstellungsskala von a=0,816 auf a=0,872 erhöht werden konnte (vgl. BROSIUS 2002, S. 764 ff.).

15 Eine Einstellungsausprägung von 11 bzw. 55 liegt dann vor, wenn ein Geschäftsführer alle 11 Aussagen stark ablehnt bzw. allen 11 Aussagen stark zustimmt und daher die Antwortkategorie 1 bzw. 5 gewählt hat.

16 Wir haben uns auf diese Art von Entscheidungen konzentriert, weil diese zum einen häufiger im Unternehmen getroffen und zum anderen auch auf leitende Angestellte oder zuständige Mitarbeiter übertragen werden.

17 Ob diese Antworten das tatsächliche Entscheidungsverhalten beschreiben oder eher die subjektive Sicht der Geschäftsführung widerspiegeln, wird in Kapitel 5 durch eine Gegenüberstellung der Sicht der Geschäftsführung mit der Sicht des Betriebsrats überprüft.

18 Die Antwort des Geschäftsführers wurde mittels einer 4er Skala gemessen. Antwortausprägungen: 1=zentralistischer Entscheidungsstil; 2=schwach interaktiver Entscheidungsstil, 3=stark interaktiver Entscheidungsstil und 4=mitarbeiterbeteiligender Entscheidungsstil.

19 Die Antwort des Geschäftsführers wurde mittels einer 5er Skala gemessen. Antwortausprägungen: 1=stimme ich gar nicht zu und 5=stimme ich voll zu.

20 Für das Regressionsmodell werden nachfolgend nur noch ungewichtete Daten verwendet. Dieses Vorgehen wird gewählt, da nach wie vor umstritten ist, ob im Falle multivariater Analysemethoden Gewichtungen der Daten zu valideren Ergebnissen führen (vgl. BRÜDERL et al. 1998, S. 73).

21 Die Antwortausprägungen sind: 0=nein und 1=ja

22 Dieses Vorgehen soll verhindern, dass Ausreißerwerte im Unternehmensalter (also z.B. ein einzelnes Unternehmen, das über 200 Jahre alt ist) das Ergebnis verzerren. Die Verteilungskurve wird quasi „gestaucht" und der einer Normalverteilung ähnlicher.

23 Das Cox/Snell-R^2, als Maß für den Zusammenhang insgesamt, liegt mit 0,423 auf einem sehr guten Niveau und der Nagelkerkes-R^2 mit einem Wert von 0,567 weist ebenfalls ein sehr gutes Niveau auf.

24 Von einer Signifikanz des Zusammenhangs wird ausgegangen, wenn die Irrtumswahrscheinlichkeit unter 5 % liegt.

25 Um dem Problem der Heteroskedastizität Rechnung zu tragen, werden alle Modelle mit robusten Standardfehlern gerechnet.

26 Weitere Begriffe hierfür sind: interner Betriebsrat (vgl. HILBERT/SPERLING 1993, S. 185 ff.), betriebsspezifische Form der Mitarbeiterbeteiligung (vgl. IAB 2003), infor-

melle Vertretungsstrukturen (vgl. MARTENS 2003, S. 41), andere Vertretungsorgane (vgl. HAUSER-DITZ et al. 2006, S. 500).

27 Runde Tische sind Verfahren, bei dem Vertreter verschiedener Interessengruppen an einem Tisch zusammenkommen, um einen bestimmten Aufgabenkatalog zu bearbeiten und im Konsens zu lösen.

28 Durch die Filterführung im Fragebogen konnte sichergestellt werden, dass nur solche Vertretungsformen angegeben werden, die wirklich eine indirekte Form der Partizipation darstellen. So wurden die Befragten zunächst gefragt, ob es überhaupt eine andere Vertretungsform gibt, welche die Interessen der Arbeitnehmer gegenüber der Geschäftsführung vertritt. Erst wenn diese Frage mit ja beantwortet worden ist, wurden den Befragten Auswahlmöglichkeiten vorgegeben.

29 Die Frage, ob diese Sicht der Geschäftsführung von den jeweiligen Arbeitnehmervertretungen geteilt wird, wird in Kapitel 5 überprüft.

30 Die Antwort des Geschäftsführers wurde mittels einer 5er Skala gemessen. Antwortausprägungen: 1=sehr schlecht und 5=sehr gut.

31 Für ein vollständiges Bild wären wohl auch die vertretenen Arbeitnehmer selbst zu berücksichtigen, als diejenigen, um deren Interessen es schließlich geht.

32 Im Rahmen der IfM Bonn Befragung erhielten die Arbeitnehmervertreter den Fragebogen über die jeweilige Geschäftsführung, so dass im Idealfall aus allen Unternehmen mit Betriebsrat sowohl ein Fragebogen der Geschäftsführung als auch ein Fragebogen des dazugehörigen Betriebsrats vorliegen sollte. Tatsächlich gibt es nur 90 dieser Fälle. D.h., etwa 223 Betriebsräte haben unabhängig von ihrer Geschäftsführung geantwortet und bei 255 Geschäftsführern von Unternehmen mit Betriebsrat fehlen die Angaben des dazugehörigen Betriebsrats. Es ist daher von einer Verzerrung auszugehen. Da diese systematisch sein kann, sind die Angaben der Arbeitnehmervertreter nicht als repräsentativ für die mittelständischen Unternehmen anzusehen.

33 Die Antwort des Geschäftsführers sowie des Betriebsrats wurde mittels einer 5er Skala gemessen. Antwortausprägungen: 1=nie und 5=immer.

34 Die Antwort des Geschäftsführers sowie des Betriebsrats wurde mittels einer 5er Skala gemessen. Antwortausprägungen: 1=sehr schlecht und 5=sehr gut.

35 Die Antwortausprägung „trifft voll zu" bei der Aussage „Das Unternehmen ist so klein, dass ..." wurde in 56,2 % der Fälle von Unternehmen der Größenklasse 20-49 Beschäftigte gewählt.

C. Mittelständler und Betriebsräte

1 Der hier geschilderte Typus patriarchischer Ordnung ähnelt den Herrschaftsmustern, die Hermann Kotthoff als sog. „Imperien und Patriarchate" identifiziert hatte. Er ist jedoch nicht gleichzusetzen mit einer offen tyrannischen Form der absoluten Betriebsherrschaft, in der es keine anerkannten Regeln des „Gebens und Nehmens" gibt. Wir sind aber auf Beispiele für die „seelenlosen Arbeitshäuser", wie sie Kotthoff genannt hat (KOTTHOFF, H.; REINDL, J. 1990), in dieser Studie nicht gestoßen. An anderer

Stelle haben wir Fälle krassen „Union-bustings" dokumentiert und untersucht (vgl. WASSERMANN 2002).

2 Dass diese Gruppe der „Übernahmeunternehmer" innerhalb der mittelständischen Wirtschaft in Zukunft auch von erheblicher quantitativer Bedeutung sein wird, zeigen die verfügbaren statistischen Zahlen und Prognosen. Da der traditionelle innerfamiliäre Generationswechsel offenbar immer seltener gelingt, dürfte die Übernahme und Weiterführung mittelständischer Betriebe durch Außenstehende immer stärker an Bedeutung gewinnen. Dem hessischen Mittelstandsbericht 2006 zufolge ist derzeit nur in rund 40 Prozent der Familienbetriebe die Nachfolge durch ein Familienmitglied gesichert (vgl. „Betrieben fehlen Nachfolger" in FR v. 29.9.2006).

3 Diese „Übernahme-Unternehmer" gleichen in mancher Hinsicht dem Typ des Unternehmers, den Joseph Schumpeter als „Entrepreneure" bezeichnet hat. Er verfügt nicht über die mittelstandstypische „Bodenhaftung" in seiner Branche oder in einem Unternehmen. Schumpeters Entrepreneur wird angetrieben „durch Freude am Erschaffen, durch den Willen zu erobern und durch den Traum, ein privates Königreich zu gründen". Die Vision des privaten Königreiches erinnert wieder sehr stark an alte Traditionsorientierungen des wirtschaftlichen Mittelstandes (vgl. SCHUMPETER 1912). Heute wird Entrepreneurship vor allem mit Gründungsunternehmertum und der Fähigkeit, auf neuen Wegen zu unternehmerischem Erfolg zu gelangen, identifiziert.

4 Vgl. MIND-Studie 1999, S. 166 f. Neuere Umfragen haben diese Gewichtung mehrfach bestätigt. Im März 2005 veröffentlichte die Unternehmensberatung Weissmann und Cie., Nürnberg, Ergebnisse einer Managementbefragung in 500 Unternehmen mit Umsätzen zwischen 3 Millionen und einer Milliarde €. Zur Gruppe der wirtschaftlich relevanten Mittelstandsunternehmen zählt man im allgemeinen Firmen mit Jahresumsätzen zwischen 2 und 50 Millionen €. Dieser aktive Teil des Mittelstands war an dieser Umfrage demnach beteiligt. Über 96 Prozent der Geschäftsführer und Eigentümer sehen nach dieser Umfrage die Zusammenarbeit mit dem Betriebsrat positiv. „Ganz offensichtlich ist die Wirklichkeit der Zusammenarbeit zwischen Unternehmen und Betriebsräten viel besser als gedacht", kommentierte Weismann die Ergebnisse seiner Befragung (vgl. WEISSMANN 2005).

5 Die nach unseren Studien offenbar weitverbreitete Praxis des nach informellen Regeln ablaufenden „Gebens und Nehmens" zwischen Arbeitgeber- und Arbeitnehmerseite erinnert in gewisser Weise an die Prinzipien des sog. „psychologischen Vertrages". Der psychologische Vertrag zwischen Mitarbeitern und Organisationen beschreibt die wahrgenommenen gegenseitigen Erwartungen und Verpflichtungen, die über den juristischen Arbeitsvertrag hinausgehen. Psychologische Verträge werden definiert über die Wahrnehmung des Individuums, dass im Gegenzug für sein Engagement auch die Organisation die in sie gesetzten Erwartungen des Individuums erfüllt. Der psychologische Vertrag ist in gewisser Weise als „psychologisches Pendant" zur formalen Arbeitnehmer-Arbeitgeber-Beziehung zu verstehen (vgl. MILLWARD/BREWERTON 2001).

6 Schließlich mag der Verdacht einer die betriebliche Gemeinschaft schädigenden Verfolgung privater Sonderinteressen durch die Betriebsratsmitglieder bei den Inhabern eine Rolle spielen. Aus der Versicherungswirtschaft ist in einem solchen Zusammen-

hang der Begriff des „moral hazard" bekannt. Ein moral hazard („moralisches Risiko") droht, wenn es einen Widerspruch gibt zwischen dem, was für die Allgemeinheit (für das Kollektiv) und dem, was für das Individuum vernünftig ist. Ein solches Verständnis würde aber nur offenbaren, dass der Inhaber für sich allein beansprucht, das Kollektivinteresse von Betrieb und Belegschaft zu definieren.

7 Als bei der Reform des BetrVG von 1972 der heute geltende erweiterte Anspruch der Betriebsratsmitglieder auf Weiterbildung eingeführt wurde, richtete sich der Protest der Arbeitgeberverbände massiv gegen diese neuen Rechte der Betriebsräte. Dass die Gewerkschaften in den 70er Jahren das Weiterbildungsrecht der Betriebsräte in mehreren Tausend Arbeitsgerichtsverfahren erstreiten mussten, lässt erahnen, wie groß der Widerstand der Arbeitgeber in den Betrieben gegen dieses neue Freiheitsrecht der Betriebsräte damals war (vgl. WASSERMANN 2002).

8 Vgl. HORVAT 1997. Die Begriffe „Patronat", „Paternalismus" und „Patriarchat" haben unterschiedliche geschichtliche und etymologische Hintergründe. Bezogen auf die Stellung mittelständischer Inhaber in ihren Betrieben werden sie heute in aller Regel als analoge Begriffe verwandt. In der Schweiz und in Frankreich ist „le patron" bis heute die umgangssprachliche Bezeichnung für den Arbeitgeber. In Deutschen hatte der Begriff „Patron" im 19. Jahrhundert neben dem des „Prinzipals" mit feudalgeschichtlichen Hintergrund ebenfalls noch die Bedeutung eines „Handelsherren" bzw. Unternehmers.

9 Dieser Abschnitt basiert auf der Auswertung von Interviews mit Betriebsratsmitgliedern aus 33 Betrieben. Dabei handelte es um Betriebe mit 20 bis 49 Beschäftigten (10 Fälle), 50 bis 99 Beschäftigten (10 Fälle) und Betriebe mit 100 und mehr Beschäftigten (13 Fälle). In der Regel sprachen wir mit dem/der Betriebsratsvorsitzenden. In einigen Fällen nahmen mehrere BR-Mitglieder an den Interviews teil.

10 Dieser Auswertung liegen auch Ergebnisse früherer Untersuchungen der Autoren im Zusammenhang mit der erstmaligen Bildung von Betriebsräten im Bereich kleiner Betriebe zugrunde (vgl. RUDOLPH/WASSERMANN 2006b).

11 Nach unseren Erhebungen im Rahmen des „Trendreport BR-Wahlen 2002" hatten etwa im Organisationsbereich der IG Metall die Betriebsräte in Betrieben zwischen 200 und 300 Beschäftigten – dies war die Gruppe, in der das neue Freistellungsrecht ab 2001 erstmals galt – nur zu rund 50 Prozent diese Freistellung auch genutzt. Danach hatte damals nur jeder zweite Betriebsrat sein Freistellungsrecht auch durchgesetzt (vgl. RUDOLPH/WASSERMANN 2002).

12 Allgemein scheint in mittelständischen Betrieben auf Arbeitgeberseite eine erhebliche Unkenntnis und Unsicherheit gegenüber arbeitsrechtlichen Normen zu bestehen. Schramm und Zachert kamen 2005 in einer Studie zur betrieblichen Praxis arbeitsrechtlicher Normen sogar zu dem Ergebnis, dass das Arbeitsrecht für viele Arbeitgeber faktisch keine Rolle spiele. Sie behandelten ihre Beschäftigten so, wie sie meinen, dass sie das könnten und sollten; eben auf der Basis dessen, was sie für richtig und vielleicht auch rechtens halten – wenn ein Betriebsrat vorhanden ist, auf der Basis dessen, was sie gemeinsam mit diesem für rechtens erachten (vgl. SCHRAMM/ZACHERT 2005). Das könne im Einklang mit dem Arbeitsrecht stehen, aber oft sei

das nicht der Fall, ohne dass dies weiter auffalle („Wo keine Kläger, da kein Richter") (vgl. PFARR 2005). Andererseits sind oftmals die Betriebsratsmitglieder durch ihr Wissen aus den gewerkschaftlichen oder anderen Weiterbildungskursen die einzigen Personen in kleinen Betrieben mit wenigstens rudimentären Arbeitsrechtskenntnissen.

13 Der Begriff der „Anciennität" stammt aus dem Bereich militärischer Beförderungsordnungen. Er bezeichnet ursprünglich die Rangfolge, die sich aufgrund des Dienstalters, in unserem Falle also der Dauer der Betriebszugehörigkeit, ergibt. Das Anciennitätsprinzip unterscheidet sich vom Senioritätsprinzip, das auf dem Lebensalter basiert.

14 Der von Arbeitgeberseite gerne gebrauchte Slogan des gegenseitigen „Gebens und Nehmens" zum beiderseitigen Vorteil wird in Betriebsräterunden – wenn man gewissermaßen „unter sich ist" – häufig kritisch gewendet. Sie sagen: „Ja, bei uns im Betrieb herrscht auch ein „Geben und Nehmen": Wir geben und der Arbeitgeber nimmt!"

15 Hausgemachte Beteiligungseinrichtungen haben im Bereich mittelständischer Betriebskulturen bereits eine lange Tradition. Historisch sind auf Initiative der Arbeitgeberseite zustande gekommene Sprechergruppen der Arbeitnehmerseite deutlich älter als die gesetzlich normierten Betriebsräte. Als mit der Gewerbenovelle 1891 erstmals die Wahl sog. „Arbeiterausschüsse" eingeführt wurde, hatte diese gesetzliche Einrichtung bereits viele von Betriebsinhabern zusammen mit der Belegschaft praktizierte Vorläufer in der betrieblichen Praxis. In einer soziologischen Arbeit von Max Sering aus dem Jahre 1890 wurde bereits die Tätigkeit von rund 50 freiwillig von Arbeitgebern eingerichteten Arbeiterausschüssen vor allem im Bereich der Textilindustrie, der Chemischen und Keramischen Industrie sowie in der Metall- und Hüttenindustrie dokumentiert (vgl. SERING 1890). Eine genauere Untersuchung solcher im Schatten der gesetzlichen Mitbestimmung stets existierender hausinterner Modelle der Konfliktschlichtung und des Interessenausgleichs würde möglicherweise eine Traditionslinie zwischen frühen Betriebsordnungsversuchen, wie etwa dem sozialreformerisch-aufgeklärten Ansatz von Ernst Abbé bis zu heutigen „Round-Table"-Modellen sichtbar machen. Eine solche Analyse würde wohl auch zeigen, dass zwischen den hausgemachten Vertretungsmodellen und der gesetzlich genormten betrieblichen Mitbestimmung stets Wechselbeziehungen bestanden.

16 Auf die Ergebnisse der Studie „Betriebliche Interessenregulierung in Deutschland (BISS)", die sich auch mit dem Phänomen der „anderen Vertretungsorgane" beschäftigt, gehen wir in Abschnitt B.4. dieses Berichts ein (vgl. HAUSER-DITZ et al. 2006).

17 Methodische Anmerkung: Bei den Fallstudien zu den betriebsratslosen Betrieben stützen wir uns allein auf die Interviews mit der Inhaber- bzw. Geschäftsleitungsseite. Eine „zweite Meinung", wie im Fall der Betriebe mit Betriebsräten, wo wir mit Hilfe der Betriebsratsinterviews auch Kritik und Korrekturen der Inhaberdarstellungen aufnehmen konnten, steht uns hier nicht zur Verfügung.

18 Kotthoff und Reindl haben in ihrer Mittelstandsstudie „Die soziale Welt kleiner Betriebe" in ihren Fallstudien eine Fülle solcher Interessenvertretungs- und Beteiligungsphänomene gewissermaßen unterhalb der Betriebsratsebene dargestellt. Da wird etwa von lebhaften Diskussionen auf Belegschaftsversammlungen oder von Vorgesetzten,

die als informelle Interessenvertreter ihrer Leute agieren, berichtet. Solche mittelstandstypischen Phänomene können von schriftlichen Befragungen mit dem Focus „andere Interessenvertretungsorgane" kaum adäquat erfasst werden (vgl. KOTTHOFF/REINDL 1990, S. 101 ff).

19 Der Begriff der „moral economy" bedeutet im Deutschen etwa „sittliche Ökonomie", wobei der Begriff der Sitte im traditionellen Sinne „guter, allgemein anerkannter Sitten" zu verstehen ist. Es handelt sich um einen Schlüsselbegriff für die Zeit der entstehenden englischen Arbeiterbewegung im 18. und 19. Jahrhundert. „Moral economy" war der Ausdruck relativ fest umrissener Vorstellungen der Arbeiter über ein gesellschaftliches Allgemeinwohl, das ihnen eine im Großen und Ganzen akzeptable Lebensgrundlage sicherte. Ein derartiges Verständnis allgemein anerkannter guter Sitten orientierte sich beispielsweise an der Brotqualität oder der Höhe des Brotpreises. Wurden hier Grenzen überschritten, kam es zu Protesten und Aufruhr. Diese kollektive Sichtweise der Belegschaften, die auch in gewisser Weise als Gegenbegriff zur später dominierenden „politischen Ökonomie" des Kapitals verstanden werden kann, war ein integriertes Element patriarchalischer Herrschaft der Unternehmer, wie der ebenfalls in paternalistischer Tradition waltenden Behörden. Die „sittliche Ökonomie" wirkte also durchgehend auf Herrschaftspraxis und Denken in der Epoche des frühen Kapitalismus (vgl. THOMPSON 1979). Auf die heutige Situation bezogen könnte der Begriff eine in den Belegschaften aufgrund von Traditionen und allgemeinen Lebensumständen vorhandene allgemeine Vorstellung über akzeptable Arbeitsbedingungen kennzeichnen. Mittelständische Inhaber kennen diese ungeschriebenen Schwellenwerte ihrer Belegschaften im Allgemeinen und respektieren sie in aller Regel. Dauerhafte Verstöße gegen das Sittlichkeits- und Gerechtigkeitsempfinden der Belegschaft würden u.U. zu ruinösen Störungen in Betrieb und Produktion führen.

20 Immerhin konnten wir in den meisten Fällen auf betriebliche Dokumente wie Betriebszeitungen oder sog. „Führungsgrundsätze" der Geschäftsleitungen zurückgreifen, um so die Angaben der Inhaber in gewisser Weise zu ergänzen. In einigen Fällen war es auch möglich, ein paar ergänzende Informationen und Einschätzungen, etwa durch Betriebsräte benachbarter Betriebe oder seitens örtlicher Gewerkschaftssekretäre aufzunehmen.

21 „MBWA" ist der Name einer aus den USA stammenden Managementlehre. In einer Zusammenfassung dieser Lehre heißt es u.a.: „Der wohl größte Vorteil von MBWA ist der direkte Kontakt, der zwischen dem Management und den Mitarbeitern entsteht. Meetings oder Besprechungen werden in aller Regel von den herrschenden Machtstrukturen verzerrt und man hat es oft nur mit vorformulierten Statements zu tun. Direkt am Arbeitsplatz angetroffen ist der Mitarbeiter eher zu einem offenen Gespräch bereit. Die Unternehmensführung bleibt also einerseits nahe an den Problemen der Mitarbeiter. Umgekehrt dient MBWA als Führungswerkzeug: die Mitarbeiter erhalten die Informationen, wie z. B. Visionen oder strategische Vorhaben, aus erster Hand. Der direkte Kontakt kann einen Austausch von Gedanken ermöglichen, der für beide Seiten fruchtbar ist. MBWA bevorzugt die kurzen Wege. Bevor sich ein kleines Problem zu einer Krise auswächst, kann es durch ein direktes Treffen der Betroffenen

schnell behoben werden. MBWA räumt Missverständnisse frühzeitig aus und fördert daher die Arbeitseffizienz und das Arbeitsklima. Als Teil der Unternehmenskultur prägt es die Arbeitsabläufe positiv." (vgl. PETERS/WATERMAN 1982).

22 Petra Frerichs und Margarete Steinrücke machten bereits in einer 1989 erschienenen Studie darauf aufmerksam, dass gerade in Kreisen weiblicher Angestellter offenbar weniger formelle, gewissermaßen „intime" Gesprächs- und Versammlungsformen als Medium einer Mitsprache und Mitwirkung bei Entscheidungen geschätzt werden (vgl. Frerichs/Steinrücke, 1989).

23 1962 veröffentlichte Marianne Feuersenger in der Europäischen Verlagsanstalt eine Aufsatzsammlung unter dem Titel „Gibt es noch ein Proletariat?" mit Beiträgen von Walter Dirks, Hans Paul Bahrdt u.a. Die Autoren beschäftigten sich u.a. mit der Frage, ob der Begriff „Proletariat" noch zeitgemäß war. Auch unsere Untersuchung heute, also rund 45 Jahre später, gilt ebenfalls der Aktualität eines historischen Begriffs. Wenn wir seit den 60er Jahren eines gelernt haben, dann ist es das, dass traditionelle Herrschaftsformen auch in Zeiten der Demokratie sich als äußerst dauerhaft erweisen können und Veränderung betrieblicher Herrschaftsformen sich keineswegs linear zu gewissermaßen aufgeklärteren Formen weiterentwickeln.

24 Das sog. „Buddenbrook-Syndrom" bezeichnet das Scheitern der Firmennachfolge in einem Familienunternehmen. Wir erinnern uns: Der junge Hanno Buddenbrook, der Enkel des legendären Firmengründers, Patriarchen und Lübecker Konsuls Johann Buddenbrook, ist zart und kränklich, fühlt sich eher zu den schönen Künsten hingezogen, als zur Ökonomie. Als sein Vater Thomas, verschlissen von der seine Kräfte übersteigenden Aufgabe der Firmenleitung, kurz nach der Hundertjahrfeier der Firma an einem Schlaganfall stirbt, fehlt der Nachfolger. Hanno, der letzte männliche Erbe, stirbt mit 15 Jahren an Typhus. Die Firma wird liquidiert. (Thomas Mann, 1901, „Die Buddenbrooks") Vgl. hierzu auch HILKER 2001.

25 Max Weber bezeichnet die patriarchalische Herrschaft als den reinsten Typus traditioneller Herrschaftsformen. „Gehorcht wird der Person kraft ihrer durch Herkommen geheiligten Eigenwürde. (...) Der Inhalt der Befehle ist durch Tradition gebunden, deren rücksichtslose Verletzung seitens des Herrn die Legitimität seiner eigenen (...) Herrschaft selbst gefährden würde. (...) ... seine Herrschaft zerfällt daher in ein streng traditionsgebundenes Gebiet und ein solches der freien Gnade und Willkür, in dem er nach Gefallen, Zuneigung, Abneigung und rein persönlichen, insbesondere auch durch persönliche Gefälligkeiten zu beeinflussenden Gesichtspunkten schaltet ..." (WEBER 1988, S. 487)

26 Patriarchalische Führung ist nach wie vor auch *Männersache*. Im Rahmen unserer 50 Betriebsfallstudien trafen wir nur in einem einzigen Fall eine Unternehmerin. Auch auf der Arbeitnehmerseite herrschen ähnliche patriarchalische Verhältnisse. In den 33 Betriebsräten, in denen wir Interviews führten, sprachen wir nur mit einer einzigen Frau. Und diese stellte sich nur für das Interview zur Verfügung, weil der eigentlich avisierte Vorsitzende verhindert war. Zwar wissen wir, dass nicht zuletzt infolge der Reform des Betriebsverfassungsgesetzes von 2001 heute mehr Frauen in die Betriebs-

räte gewählt werden. Die Betriebsratsspitzen in unserer Untersuchung waren jedoch ausnahmslos in diesem besonderen Sinne patriarchalisch besetzt. – In den letzten Jahren wurde der Begriff des „Patriarchats" auch im Rahmen der sog. „Genderforschung" im Kontext Matriarchat-Patriarchat eingesetzt. Dies ändert jedoch nichts an seiner generellen Bedeutung in der soziologischen Untersuchung von Herrschaftsformen in Staat und Wirtschaft, so wie ihn Max Weber in die Forschung eingeführt hat.

27 Dabei sind interessante Unterschiede der mittelständischen Führungstradition in verschiedenen europäischen Gesellschaften zu beobachten. Während etwa in Frankreich der „patron" die soziale Distanz zu seinen Untergebenen traditionell stark betont, akzentuiert das Bild des deutschen „Familienbetriebes" stärker die familiären Bindungen als soziale Nähe innerhalb der paternalistischen Herrschaftsordnung.

28 Das Gegenelement ist die Ungnade. Diese hat für die Betroffenen den Charakter einer Strafe. Beide Begriffe stammen aus der mittelalterlichen christlichen Ethik. Der gütige Patriarch lässt u.U. „Gnade vor Recht ergehen". Er sichert sich damit seitens der derart mit Gnade Bedachten die unbedingte Folge- und Unterwerfungsbereitschaft.

29 „*Charisma* soll eine außeralltäglich (...) geltende Qualität einer Persönlichkeit heißen, um derentwillen sie als mit übernatürlichen oder übermenschlichen oder mindestens spezifisch außeralltäglichen, nicht jedem zugänglichen Kräften oder Eigenschaften (begabt) oder als gottgesandt oder als vorbildlich und deshalb als *Führer* gewertet wird. Wie die betreffende Qualität von irgendeinem ethischen, ästhetischen oder sonstigen Standpunkt aus „objektiv" richtig zu bewerten sein würde, ist natürlich dabei begrifflich völlig gleichgültig; darauf allein, wie sie tatsächlich von charismatisch Beherrschten, den *Anhängern* bewertet wird, kommt es an." (WEBER 1922, S. 179)

30 Vgl. Machiavelli, „Der Fürst", 17. Kapitel „Von der Grausamkeit und Milde, und ob es besser ist, geliebt als gefürchtet zu werden, oder umgekehrt" (MACHIAVELLI 1961)

31 Heinrich Manns satirischer Roman „Der Untertan" erschien 1916. Der Papierfabrikant Hessling präsentiert sich seiner Belegschaft, als er die Firmenleitung übernimmt, mit den Worten: „Jetzt habe ich das Steuer selbst in die Hand genommen. Mein Kurs ist der richtige, ich führe euch herrlichen Tagen entgegen. (...) Einer ist hier der Herr, und das bin ich. Gott und meinem Gewissen allein schulde ich Rechenschaft. Ich werde euch stets mein väterliches Wohlwollen entgegenbringen. Umsturzgelüste aber scheitern an meinem unbeugsamen Willen. Sollte sich ein Zusammenhang irgendeines von euch mit sozialdemokratischen Kreisen herausstellen, so zerschneide ich zwischen ihm und mir das Tischtuch ..."

32 Vgl. die Ergebnisse der IfM-Mittelstandsbefragung in diesem Bericht, sowie auch HAUSER-DITZ/HARTWIG/PRIES 2006

Abbildungsverzeichnis

Abbildung 1:	Vergleich der beiden Rückläufe	16
Abbildung 2:	Branchenverteilung der befragten Unternehmen	18
Abbildung 3:	Branchenverteilung der befragten Handwerksunternehmen	18
Abbildung 4:	Unternehmensgrößenklassen der befragten Unternehmen	19
Abbildung 5:	Rechtsform der befragten Unternehmen	20
Abbildung 6:	Unternehmensalter der befragten Unternehmen	21
Abbildung 7:	Rechtliche und wirtschaftliche Abhängigkeit der befragten Unternehmen	22
Abbildung 8:	Anteil inhabergeführter Unternehmen nach Unternehmensform	22
Abbildung 9:	Anteile von Mitarbeitergruppen an der Belegschaft der befragten Unternehmen	23
Abbildung 10:	Verbreitung von Arbeitnehmervertretungen im betrachteten Mittelstand	25
Abbildung 11:	Verbreitung von Betriebsräten in Abhängigkeit von der Unternehmensführung und der Unternehmensgröße	28
Abbildung 12:	Gründungsformen der inhabergeführten Unternehmen	29
Abbildung 13:	Einstellung der Geschäftsführung zur betrieblichen Mitbestimmung	31
Abbildung 14:	Interaktionsbeziehungen in Unternehmen mit und ohne Betriebsrat	34
Abbildung 15:	Konflikte in Unternehmen mit und ohne Betriebsrat und der Umgang mit ihnen	35
Abbildung 16:	Entscheidungsstil der Geschäftsführung in Abhängigkeit der Unternehmensgröße	37
Abbildung 17:	Beteiligung der Mitarbeiter in Abhängigkeit des Entscheidungsstils der Geschäftsführung	38
Abbildung 18:	Verbreitung von Betriebsräten und anderen regelmäßigen Vertretungsformen in Abhängigkeit von der Unternehmensgröße	53
Abbildung 19:	Formen anderer regelmäßiger Arbeitnehmervertretungen	53
Abbildung 20:	Gründungsursachen von Betriebsräten und anderen regelmäßigen Vertretungsformen	55
Abbildung 21:	Gründungsinitiatoren von Betriebsräten und anderen regelmäßigen Vertretungsformen	56
Abbildung 22:	Ernennung der Mitglieder der anderen regelmäßigen Vertretungsformen	57

Abbildung 23:	Von den anderen regelmäßigen Vertretungsformen vertretene Mitarbeitergruppen	57
Abbildung 24:	Rückhalt von Betriebsräten und anderen Vertretungsformen nach Arbeitnehmergruppen	59
Abbildung 25:	Beteiligung von Betriebsräten und anderen regelmäßigen Vertretungsformen bei betrieblichen Veränderungen	61
Abbildung 26:	Rücklauf der Befragung „Mitbestimmung und Mittelstand"	65
Abbildung 27:	Interaktionsbeziehungen im Unternehmen aus Sicht des Betriebsrats und der Geschäftsführung	67
Abbildung 28:	Konfliktregelung im Unternehmen aus Sicht des Betriebsrats und der Geschäftsführung	67
Abbildung 29:	Entscheidungsstil der Geschäftsführung aus Sicht des Betriebsrats und der Geschäftsführung	68
Abbildung 30:	Ursachen der Betriebsratsgründung aus Sicht des Betriebsrats und der Geschäftsführung	69
Abbildung 31:	Gründungsinitiator des Betriebsrats aus Sicht des Betriebsrats und der Geschäftsführung	70
Abbildung 32:	Ausmaß der Beteiligung des Betriebsrats an betrieblichen Veränderungsprozessen aus Sicht des Betriebsrats und der Geschäftsführung	71
Abbildung 33:	Ursachen der eigenen „Betriebsratslosigkeit" aus Sicht der Geschäftsführer mit und ohne regelmäßige andere Vertretungsformen	74
Abbildung 34:	Ursachen der eigenen „Betriebsratslosigkeit" aus Sicht der Vertreter anderer Vertretungsformen	75
Abbildung 35:	Nutzen eines Betriebsrats aus Sicht von Geschäftsführern und Vertretern aus Unternehmen mit anderen regelmäßigen Vertretungsformen	76
Abbildung 36:	Nutzen eines Betriebsrats aus Sicht von Geschäftsführern und Vertretern von Ad-hoc-Vertretungsformen sowie Geschäftsführern ohne Arbeitnehmervertretung	77

Tabellenverzeichnis

Tabelle 1:	Vorgaben für die Auswahl der Adressen - Anzahl der Unternehmen	16
Tabelle 2:	Verbreitung von Betriebsräten nach Beschäftigtengrößenklassen, in %, (IfM Bonn vs. IAB)	26
Tabelle 3:	Verbreitung von Betriebsräten nach Beschäftigtengrößenklassen, in %, (IfM Bonn vs. BISS)	26
Tabelle 4:	Einstellung der Geschäftsführer zur betrieblichen Mitbestimmung in Unternehmen mit und ohne Betriebsrat, in %	32
Tabelle 5:	Einflussfaktoren auf die Existenz eines Betriebsrats	45
Tabelle 6:	Verbreitung anderer Vertretungsformen nach Beschäftigtengrößenklassen, in %, (IfM Bonn vs. BISS)	52
Tabelle 7:	Verbreitung anderer Vertretungsformen nach Beschäftigtengrößenklassen, in %, (IfM Bonn vs. IAB)	52
Tabelle 8:	Anteil an anderen regelmäßigen Vertretungsformen, die gewählt werden und alle Mitarbeiter vertreten, in %	58
Tabelle 9:	Einfluss anderer regelmäßiger Vertretungsformen auf die Existenz eines Betriebsrats	62
Tabelle 10:	Zentrale Charakteristika mittelständischer Unternehmen in Abhängigkeit der betrieblichen Mitbestimmungssituation	79
Tabelle 11:	Fallstudien nach Wirtschaftsbereichen und Betriebsgröße	82
Tabelle 12:	Interviews und Fallstudien nach Betriebsgröße (Zahl der untersuchten Betriebe und Zahl der Interviews)	84
Tabelle 13:	Typologie mittelständischer Führungs- und Entscheidungsstile in Bezug auf Beteiligung und Mitbestimmung	235

Literatur

ABEL, J.; ITTERMANN, P. (Hrsg.) (2001): Mitbestimmung an den Grenzen? - Arbeitsbeziehungen in Deutschland und Europa. Rainer Hampp Verlag, München und Mering.

ADDISON, J. T.; SCHNABEL, C.; WAGNER, J. (1995): On The Determinants of "Mandatory" Works Councils in Germany. Arbeitsbericht Nr. 151.

ADDISON, J. T.; SCHNABEL, C.; WAGNER, J. (1999): Verbreitung, Bestimmungsgründe und Auswirkungen von Betriebsräten. In: B. Frick, N. Kluge, W. Streeck (Hrsg.): Die wirtschaftlichen Folgen der Mitbestimmung. Campus Verlag, Frankfurt/New York.

ADDISON, J. T.; SCHNABEL, C.; WAGNER, J. (2000): Die mitbestimmungsfreie Zone aus ökonomischer Sicht. Arbeitsbericht Nr. 222.

ANDERSON, R.; REEB, D. (2003): Founding-Family Ownership and Firm Performance: Evidence from the S&P 500. In: Journal of Finance 58 (3), S. 1301-1328.

ASSERATE, A.W. (2003): Manieren, Frankfurt am Main.

BACKES-GELLNER, U.; WALLAU, F.; KAYSER, G. (2001): Das industrielle Familienunternehmen – Kontinuität im Wandel, Untersuchung im Auftrag des Bundesverbandes der Deutschen Industrie e.V. (BDI) und der Ernst & Young AG Wirtschaftsprüfungsgesellschaft, hrsg. vom Bundesverband der Deutschen Industrie e.V. (BDI), Berlin.

BERGHOFF, H. (2003): Abschied vom klassischen Mittelstand. In: BERGHAHN, V.; UNGER, S.; ZIEGLER, D. (Hrsg.): Die deutsche Wirtschaftselite im 20. Jahrhundert, Bochum.

BIERBAUM, H.; HOUBEN, M; SCHMIDT, M. (2001): Nutzen und Kosten der Mitbestimmung – Quantitative Analysen und qualitative Aspekte zur Mitbestimmungsreform; Gutachten im Auftrag der Hans-Böckler-Stiftung; www.info-institut.de/doc/Gutachten_NuKoMit.pdf am 27.10.06.

BOES, A. (2006): Die wundersame Neubelebung eines vermeintlichen Auslaufmodells: IT-Beschäftigte und Mitbestimmung nach dem Ende des New-Economy-Hype. In: ARTUS, I.; BÖHM, S.; LÜCKING, S.; TRINCZEK, R. (Hrsg.) (2006): Betriebe ohne Betriebsrat, Frankfurt/New York.

BOURDIEU, P. (1984): Die feinen Unterschiede, Kritik der gesellschaftlichen Urteilskraft, Frankfurt am Main.

BROSIUS, F. (2002): SPSS 11. mitp Verlag, Bonn.

BRÜDERL, J.; PREISENDÖRFER, P.; ZIEGLER, R. (1998): Der Erfolg neugegründeter Betriebe – Eine empirische Studie zu den Chancen und Risiken von Unternehmensgründungen. Duncker & Humblot, Berlin.

DABROWSKI, H.; GÖRRES, H.-J.; ROSENBAUM, W.; VOSSWINKEL, S. (1986): Humanisierung des Arbeitslebens – Humanisierungsprobleme und Belegschaftsvertretung in Klein- und Mittelbetrieben, Forschungsbericht HA 86-016, Bundesministerium für Forschung und Technologie, Freiburg.

DOMEYER, V.; FUNDER, M. (1991): Kooperation als Strategie. Eine empirische Studie zu Gründungsprozessen, Organisationsformen, Bestandsbedingungen von Kleinbetrieben. Opladen.

DÖRRE, K. (2001): Partizipation im Arbeitsprozess: Alternative oder Ergänzung zur Mitbestimmung. In: Industrielle Beziehungen, 8. Jg., Heft 4, S. 379-407.

EDWARDS, P. (1999): Konflikt und Konsens. Die Organisation der industriellen Beziehungen im Betrieb. In: Müller-Jentsch, W. (Hrsg.), Konfliktpartnerschaft. Rainer Hampp Verlag, München und Mering, S. 257-272.

ELLGUTH, P.; KOHAUT, S. (2004): Tarifbindung und betriebliche Interessenvertretung, Ergebnisse des IAB-Panels 2003. In: WSI-Mitteilungen, Heft 8, S. 450-454.

ELLGUTH, P; KOHAUT, S. (2005): Tarifbindung und betriebliche Interessenvertretung: Aktuelle Ergebnisse aus dem IAB-Betriebspanel. In: WSI Mitteilungen 7/2005; S. 398-403.

FEUERSENGER, M. (Hrsg.) (1962): Gibt es noch ein Proletariat?, Frankfurt am Main.

FISCHER, L.; WISWEDE, G. (2002): Grundlagen der Sozialpsychologie. Oldenbourg Wissenschaftsverlag, München.

FITZROY, F. R.; KRAFT, K. (1987): Efficiency and Internal Organization: Works Councils in West German Firms. In: Economica Vol. 54; S. 493-504.

FRANZ, O. (Hrsg.) (1979): RKW-Handbuch – Führungstechnik und Organisation, 1. Band. Erich-Schmidt Verlag, Berlin.

FRERICHS, P.; STEINRÜCKE, M. (1989): Graueninteressen und neue Politikformen im Betrieb. Eine Broschüre für Bildungsarbeit und betrieblich-gewerkschaftliche Praxis, ISO Institut zur Erforschung sozialer Chancen, Köln.

FRERICHS, P.; POHL, W; FICHTER, M.; GERSTER, J.; ZEUNER, B. (2004): Zukunft der Gewerkschaften. Zwei Literaturstudien. In: Arbeitspapier 44, 2. Auflage.

FRICK, B.; SADOWSKI, D. (1993): Works Councils, Unions, and Firm Performance: The Impact of Worker's Participation in Germany. Quint Essenzen Nr. 35. Trier: Institut für Arbeitsrecht und Arbeitsbeziehungen in der Europäischen Gemeinschaft, Dezember.

FRICK, B. (1997): Die Funktionsfähigkeit der bundesdeutschen Betriebsverfassung. In: Industrielle Beziehungen, 4. Jahrgang, Heft 3, S. 172-195.

GÜNTERBERG, B.; WOLTER, H.-J. (2003): Unternehmensgrößenstatistik 2001/2002 – Daten und Fakten. IfM Materialien Nr. 157, Bonn.

HAMER, E. (2000): Mitbestimmung taugt nicht für den Mittelstand – Kleinbetriebe brauchen Teamgeist, aber keine Funktionäre". In: Frankfurter Allgemeine Zeitung von 2.11.2000.

HAUSER, H.-E. (2005): The European Commission Recommendation on Small and Middle Enterprises – Impacts of the incorrect application of a rigid definition. In: Jahrbuch zur Mittelstandsforschung 1/2005, Institut für Mittelstandsforschung Bonn (Hrsg.), S. 47-66.

HAUSER-DITZ, A.; HERTWIG, M.; PRIES, L. (2006): Betriebsräte und andere Vertretungsorgane im Vergleich – Strukturen, Arbeitsweisen und Beteiligungsmöglichkeiten. In: WSI Mitteilungen 9/2006, S. 500-506.

HILBERT, J.; SPERLING, H. J. (1993): Die kleine Fabrik: Beschäftigung, Technik und Arbeitsbeziehungen. Rainer Hampp Verlag, München und Mering.

HILBERT, J.; SPERLING, H. J.; FRETSCHNER, R. (1999): Interessenvertretung in Klein- und Mittelbetrieben. In: Müller-Jentsch, W. (Hrsg.), Konfliktpartnerschaft, 3. Auflage, Rainer Hampp Verlag, München und Mering, S. 257-272.

HILKER, T. (2001): Das Buddenbrook-Syndrom – Ursachen des Niedergangs von Familienunternehmen. In: Familiendynamik, Interdisziplinäre Zeitschrift für systemorientierte Praxis und Forschung, Heft 4, Oktober 2001, Stuttgart.

HORVAT, P. (1997): Das Patronat im alten Rom, Universität Wien (Seminararbeit).

IAB Betriebspanel 2000, 8. Welle West, 5. Welle Ost; Institut für Arbeitsmarkt und Berufsforschung Nürnberg.

ITTERMANN, P. (2003): Mitbestimmung in der digitalen Wirtschaft. Trendreport. In : Forum Mitbestimmung und Unternehmen, Gütersloh.

KLENNER, C. (2005): Balance von Beruf und Familie – Ein Kriterium guter Arbeit. In: WSI Mitteilungen 4/2005, S. 207-213.

KLUGE, N.; RIESS, B. (2002): Mitbestimmung in der digitalen Wirtschaft – (k)ein Widerspruch, Gütersloh

KOHAUT, S.; SCHNABEL, C. (2006): Tarifliche Öffnungsklauseln: Verbreitung, Inanspruchnahme und Bedeutung. Diskussionspapier No. 41 5/2006 der Friedrich-Alexander-Universität, Erlangen-Nürnberg.

KOTTHOFF, H.; REINDL, J. (1990): Die soziale Welt kleiner Betrieb. Wirtschaften, Arbeiten und Leben im mittelständischen Industriebetrieb. Otto Schwartz & Co, Göttingen.

KOTTHOFF, H. (1994): Betriebsräte und Bürgerstatus, Wandel und Kontinuität betrieblicher Mitbestimmung. München und Mehring.

LARMANN, W. (2006): AVOs – Mitbestimmung der etwas anderen Art. In: Unternehmen und Gesellschaft, Institut der Deutschen Wirtschaft, Köln, S. 24-25.

LECORNU, M.; MCMAHON, R.; FORSAITH, D.; STANGER, A. (1996): The Small Enterprise Financial Objective Function. In: Journal of Small Business Management 34 (3), S. 1-14.

MACHIAVELLI, N. (1961): Der Fürst, Stuttgart (Reclam).

MANN, H. (1916): Der Untertan, Roman, Berlin.

MANN, T. (1901): Die Buddenbrooks – Verfall einer Familie, Roman.

MARTENS, B.; MICHAILOW, M.; SCHMIDT, R. (Hrsg.) (2003): Managementkulturen im Umbruch, SFB 580 Mitteilungen, Universität Jena, Heft 10.

MARTENS, H. (2003): Primäre Arbeitspolitik und Interessenvertretung in der New Economy, Beiträge aus der Forschung, Band 137, Sozialforschungsstelle Dortmund.

MARTENS, H. (2005): Nach dem Ende des Hype – Zwischen Interessenvertretungsarbeit und Arbeitspolitik, Münster.

MARTIN, A.; BARTSCHER-FINZER, S. (2006): Die Führung mittelständischer Unternehmen – Zwischen Defizit und Äquivalenz. In: Krüger, W. et al. (Hrsg.): Praxishandbuch des Mittelstands, Gabler Verlag, S. 205-215.

MILLWARD, L.J.; BREWERTON, P.M. (2001): Psychological Contracts: Employee Relations for the twenty-first century? In: Robertson, I., COOPER, C. (Eds.) Personnal Psychology an HRM, Chichester.

IMPULSE; DRESDNER BANK (Hrsg.) (1999): MIND - Mittelstand in Deutschland, Berichtsband, bearbeitet von Institut für Mittelstandsforschung Bonn, Köln

NEGT, O. (1968): Soziologische Phantasie und exemplarisches Lernen, Frankfurt am Main.

PETERS/WATERMAN (1982): In Search of Excellence: lessons from America's best-run companies, New York.

PFARR, H. (2005): Arbeits- und Sozialrecht - Eine bürokratische Beschäftigungsbremse? In: WSI-Mitteilungen, Heft 8/2005, S. 454-458.

PRIES, L.; ITTERMAN, P; ABEL, J. (2002): Neue Wirtschaft - Neue Mitbestimmung? In: Die Mitbestimmung, Heft 5, S. 32 - 35.

REISS, M. (Hrsg.), (1998): Der Neue Mittelstand, Start up-Unternehmer in agilen Netzwerken, FAZ Verlag, Frankfurt am Main.

RÖBENACK, S. (1996): Betriebe und Belegschaftsvertretungen. In: Bergmann, J.; Schmidt, R. (Hrsg.): Industrielle Beziehungen - Institutionalisierung und Praxis unter Krisenbedingungen; Leske + Budrich, Opladen.

RUDOLPH, W.; WASSERMANN, W. (1998): Trendreport Betriebsrätewahlen '98 - das Profil der Betriebsräte zum Ende der 90er Jahre. Hrsg. Von Hans-Böckler-Stiftung und DGB-Bundesvorstand, Düsseldorf.

RUDOLPH, W.; WASSERMANN, W. (2002): Betriebsrätewahlen 2002 - Erosionstendenz gestoppt. In: Personalführung Heft 11 - November 2002.

RUDOLPH, W.; WASSERMANN, W. (2002): Neue Betriebsräte in kleinen Betrieben - Die Reform zeigt erste Wirkung. In: Arbeitsrecht im Betrieb, Heft 3/2002.

RUDOLPH, W.; WASSERMANN, W. (2006a): „Anders, aber nicht völlig anders ...", Sozialstrukturen und Normenbildung in deutschen Kleinbetrieben, erschienen in französischer Sprache. In: HEGE, A.; DUFOUR, Chr.; MURHEM, S.; RUDOLPH, W.; WASSERMANN, W. (2006): „Les relations sociales dans les petites entreprises- Une comparaison France, Suède, Allemagne", Peter Langen, Frankfurt, London, Brüssel.

RUDOLPH, W.; WASSERMANN, W. (2006b): Übergänge zwischen Betriebsratslosigkeit und Betriebsratsgründung: Neue Betriebsratsgründungen im Bereich kleiner Betriebe und Reform der Betriebsverfassung 2001. In: Artus, I. et al. (Hrsg.): Betriebe ohne Betriebsrat - Informelle Interessensvertretung in Unternehmen; Campus Verlag, Frankfurt/New York, S. 81-105.

SCHACHNER, M.; SPECKBACHER, G.; WENTGES, P. (2006): Steuerung mittelständischer Unternehmen: Größeneffekte und Einfluss der Eigentums- und Führungsstruktur. In: ZfB 76. Jg. (2006); H. 6; S. 589-614.

SCHMOLLER, G. (1897): Was verstehen wir unter dem Mittelstande?, Vortrag auf dem 8. Evangelisch-sozialen Kongress in Leipzig, Göttingen.

SCHNABEL, C.; WAGNER, J. (1998): Betriebsräte - Verbreitung, Bestimmungsgründe und Effekte. In: WiSt Heft 4, S. 191-196.

SCHRAMM, F.; ZACHERT, U. (Hrsg.) (2005): Arbeitsrecht - Personalpolitik - Wirklichkeit - Eine empirische Analyse zur betrieblichen Umsetzung von Arbeitsrechtsreformen, Baden-Baden.

SCHRÖER, E.; FREUND, W. (1999): Neue Entwicklungen auf dem Markt für die Übertragung mittelständischer Unternehmen. IfM-Materialien Nr. 136, Bonn.

SCHUMPETER, J. (1912): Theorie der wirtschaftlichen Entwicklung, Berlin (Nachdruck 2006).

SERING, M. (1890): Arbeiterausschüsse in der deutschen Industrie, Gutachten, Berichte, Statuten herausgegeben im Auftrag des Vereins für Socialpolitik, Leipzig.

STATISTISCHES BUNDESAMT (2003): Wo bleibt die Zeit? Die Zeitverwendung der Bevölkerung in Deutschland 2001/02, Wiesbaden.

SYBEN, G. (1997): Interessenvertretung in Kleinbetrieben im Baugewerbe, BAQ-Forschungsinstitut, Bremen.

THOMPSON, E. P. (1979): Die „sittliche Ökonomie" der englischen Unterschichten im 18. Jahrhundert. In: PULS, D.; THOMPSON, E.P. u.a. Wahrnehmungsformen und Protestverhalten, Studien zur Lage der Unterschichten im 18. und 19. Jahrhundert, Frankfurt am Main.

WASSERMANN, W. (1992): Arbeiten im Kleinbetrieb - Interessenvertretung im deutschen Alltag. Bund-Verlag, Köln.

WASSERMANN, W. (1999): Kampf den mitbestimmungsfreien Zonen? Überlegungen zu einer den Bedingungen in Kleinbetrieben angemessenen Weiterentwicklung der Betriebsverfassung. In: WSI Mitteilungen 11/1999; S. 770-782.

WASSERMANN, W. (2002): Die Betriebsräte - Akteure für Demokratie in der Arbeitswelt, Verlag Westfälisches Dampfboot, Münster.

WASSERMANN, W. (2002): Perspektiven gewerkschaftlicher Betriebspolitik nach der Betriebsverfassungsreform 2001. In: WSI-Mitteilungen. Heft 6/2002.

WASSERMANN, W., (2002): Die Reform 2001 eröffnet Entwicklungschancen, In: WSI-Mitteilungen, Heft 2/2002.

WASSERMANN, W. (2006): „Wie demokratiefähig ist der Mittelstand?", Referat auf der 2. Mittelstandspolitischen Konferenz der IG Metall, Berlin September 2006.

WEBER, M. (1988): Die drei reinen Typen der legitimen Herrschaft. In: Weber, M., Gesammelte Aufsätze zur Wissenschaftslehre, Tübingen.

WEISSMANN, A. (2005): Die meisten Unternehmer sind Freunde der betrieblichen Mitbestimmung, Pressemitteilung der Unternehmensberatung Weissmann und Cie., Nürnberg vom 14. März 2005.

WINKLER, H. A. (1991): Zwischen Marx und Monopolen, Der deutsche Mittelstand vom Kaiserreich zur Bundesrepublik Deutschland, Frankfurt am Main.